JN056924

新潟100名山 +10

新潟県山岳協会 監修

新潟日報事業社

はじめに

　山々では雪消えとともに次々と花が咲きはじめ、柔らかな日差しを受けて木々が芽吹く季節になりました。新潟県の山の特徴は、豊富な積雪によるところが大きく、四季折々に全く異なる表情を見せ、豊かな自然を育んでいます。

　そして、およそ 670km といわれる新潟県の県境には、北から「朝日連峰」「飯豊連峰」「越後山脈」「三国山脈」「関田山脈」「頸城アルプス」と、日本の脊梁をなす山塊が存在します。深田久弥の『日本百名山』には新潟県の山が 9 座名を連ね、これに朝日と飯豊を加えた 11 座は、長野県の 29 座に次ぐものです。新潟県は全国的に見ても屈指の山岳県なのです。

　新潟県山岳協会では、この誇るべき新潟の山々をより深く知ってもらい、親しんでいただくために、2010 年に「新潟 100 名山」を選定し、新潟日報事業社から登山ガイドブックとして発行しました。

　本年は「新潟 100 名山」が生まれてから 10 年になります。この節目に、これまでの 100 山に 10 山を加える形で本書が企画されました。

　本書は 2017 年に発行の『新版 新潟 100 名山』をもとに、2019 年に実踏調査を行い、それぞれの山の最新情報を網羅しました。中には、大雨などの災害で登山道が使用できなくなったもの、地元山岳会の高齢化で登山道が維持できなくってしまったものなど、現在は登ることができない山も含まれます。あらかじめご了承ください。

　最後に、新潟県山岳協会の会員たちが総力を挙げて取り組んだ本書が、皆様の山行の一助となれば幸いです。

2020 年 4 月
新潟県山岳協会会長
稲田春男

目　次

【写真】
2・3ページ
「黎明落月景」（頼母木小屋から新潟平野の夜景）
野島俊介
5ページ
「初夏緑風」（頼母木山頂上より二王子岳を望む）
野島俊介
6・7ページ
火打山から妙高山　　　　　　　米山孝志

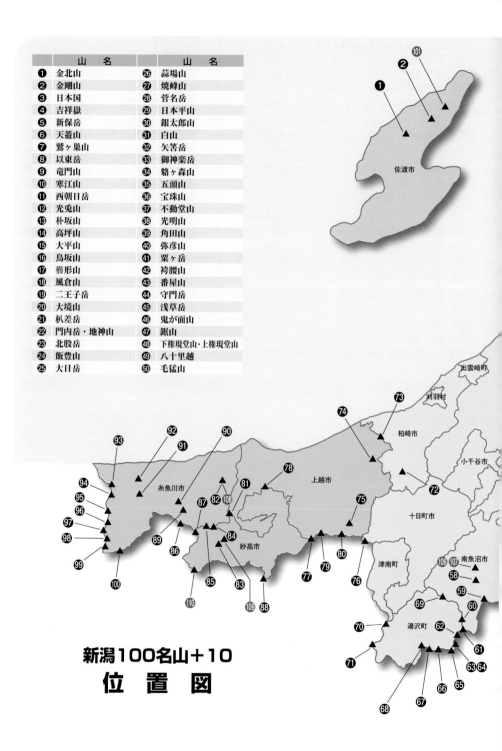

	山　名		山　名
❶	金北山	㉖	蒜場山
❷	金剛山	㉗	焼峰山
❸	日本国	㉘	菅名岳
❹	吉祥嶽	㉙	日本平山
❺	新保岳	㉚	銀太郎山
❻	天蓋山	㉛	白山
❼	鷲ヶ巣山	㉜	矢筈岳
❽	以東岳	㉝	御神楽岳
❾	竜門山	㉞	貉ヶ森山
❿	寒江山	㉟	五頭山
⓫	西朝日岳	㊱	宝珠山
⓬	光兎山	㊲	不動堂山
⓭	朴坂山	㊳	光明山
⓮	高坪山	㊴	角田山
⓯	大平山	㊵	弥彦山
⓰	鳥坂山	㊶	粟ヶ岳
⓱	櫛形山	㊷	袴腰山
⓲	風倉山	㊸	番屋山
⓳	二王子岳	㊹	守門岳
⓴	大境山	㊺	浅草岳
㉑	杁差岳	㊻	鬼が面山
㉒	門内岳・地神山	㊼	鋸山
㉓	北股岳	㊽	下権現堂山・上権現堂山
㉔	飯豊山	㊾	八十里越
㉕	大日岳	㊿	毛猛山

新潟100名山＋10
位　置　図

山 名		山 名	
51	未丈ヶ岳	76	天水山
52	越後駒ヶ岳	77	鍋倉山
53	中ノ岳	78	青田南葉山
54	八海山	79	関田峠～伏野峠(信越トレイル)
55	荒沢岳	80	伏野峠～深坂峠(信越トレイル)
56	丹後山	81	不動山
57	平ヶ岳	82	鉾ヶ岳
58	金城山	83	妙高山
59	巻機山・割引岳	84	火打山
60	大源太山	85	焼山
61	七ッ小屋山	86	雨飾山
62	武能岳	87	金山
63	茂倉岳	88	斑尾山
64	一ノ倉岳	89	海谷山塊 鋸岳
65	谷川岳	90	海谷山塊 駒ヶ岳
66	万太郎山	91	明星山
67	仙ノ倉山	92	黒姫山(青海黒姫山)
68	平標山	93	白鳥山
69	飯士山	94	犬ヶ岳
70	苗場山	95	黒岩山
71	佐武流山	96	長栂山
72	黒姫山(刈羽黒姫山)	97	朝日岳
73	米山	98	雪倉岳
74	尾神岳	99	鉾ヶ岳
75	菱ヶ岳	100	小蓮華山

山 名	
101	山毛欅ガ平山
102	白根山
103	金鉢山
104	魚止山
105	日向倉山
106	阿寺山
107	高倉山
108	権現岳
109	神奈山
110	高妻山

難易度別標高差一覧

記載されている標高はおおよその標高です。山頂の標高は小数点以下を四捨五入しました。

難易度	No	エリア	山　名	スタート地点の標高	山頂の標高	標高差
★	3	下越	日本国	旧小俣小学校前登山口　110m	555m	445m
	4	下越	吉祥嶽	鳥坂コース登山口　240m	500m	260m
	5	下越	新保岳	林道新保岳線登山口　408m	852m	444m
	6	下越	天蓋山	登山口駐車場　445m	634m	189m
	13	下越	朴坂山	朴坂集落　38m	438m	400m
	14	下越	高坪山	虚空蔵登山口　200m	571m	371m
	15	下越	太平山	南大平キャンプ場　162m	561m	399m
	16	下越	鳥坂山	羽黒登山口駐車場　66m	439m	373m
	17	下越	櫛形山	大沢登山口駐車場　201m	568m	367m
	34	下越	貉ヶ森山	峠の駐車場　1,130m	1,315m	185m
	36	下越	宝珠山	赤松山森林公園駐車場　80m	559m	479m
	37	下越	不動堂山	林道ゲート　50m	557m	507m
	39	下越	角田山	稲島コース65m／灯台コース0m	482m	417m／482m
	40	下越	弥彦山	登山口　48m	634m	586m
	42	下越	袴腰山	八木ヶ鼻駐車場　110m	526m	416m
	43	下越	番屋山	吉ヶ平山荘　396m	933m	537m
	47	中越	鋸山	花立峠登山口　210m	765m	555m
	72	中越	黒姫山（刈羽黒姫山）	登山口　461m	891m	430m
	74	上越	尾神岳	尾神岳登山口　629m	757m	128m
	75	上越	菱ヶ岳	菱ヶ岳グリーンパーク登山口　670m	1,129m	459m
	76	上越	天水山	天水山登山口　780m	1,088m	308m
	77	上越	鍋倉山	関田峠登山口　1,129m	1,289m	160m
	78	上越	青田南葉山	南葉高原キャンプ場　494m	949m	455m
	79	上越	関田峠〜伏野峠(信越トレイル)	関田峠登山口　1,129m	1,030m	−99m
	80	上越	伏野峠〜深坂峠(信越トレイル)	伏野峠　1,030m	1,090m	60m
	88	上越	斑尾山	斑尾高原ホテル駐車場　1,000m	1,382m	382m
★★	18	下越	風倉山	風倉駐車場　145m	931m	786m
	27	下越	焼峰山	滝谷口（登山口）　240m	1,086m	846m
	28	下越	菅名岳	いずみの里登山者用駐車場　65m	909m	844m
	31	下越	白山	黄金の里会館駐車場　120m	1,012m	892m
	38	下越	光明山	笠堀ダム登山口　200m	879m	679m
	102	下越	白根山	林道親沢線ゲート　170m	918m	748m
	45	中越	浅草岳	ネズモチ平駐車場　870m	1,586m	716m
	46	中越	鬼が面山	六十里越登山口　740m	1,465m	725m
	48	中越	下権現堂山・上権現堂山	戸隠神社登山口　235m	998m	763m
	65	中越	谷川岳	谷川岳ロープウェイ天神平駅　1,320m	1,977m	657m
	68	中越	平標山	平標山登山口駐車場　975m	1,984m	1,009m
	73	上越	米山	下牧ベース993　269m	993m	724m
	81	上越	不動山	登山口　705m	1430m	725m
	89	上越	海谷山塊　鋸岳	雨飾温泉　880m	1,631m	751m
	90	上越	海谷山塊　駒ヶ岳	海谷三峡パーク　694m	1,487m	793m
	91	上越	明星山	岡集落作業道入り口　247m	1,189m	942m
	93	上越	白鳥山	坂田峠　609m	1,287m	678m
★★★	1	佐渡	金北山	栗ヶ沢登山口　370m	1,172m	802m
	2	佐渡	金剛山	白瀬登山口　80m	962m	882m
	12	下越	光兎山	中束登山口　168m	966m	798m
	19	下越	二王子岳	二王子神社　300m	1,420m	1,120m
	20	下越	大境山	中田山崎登山口　205m	1,102m	897m
	26	下越	蒜場山	加治川治水ダム登山口　320m	1,363m	1,043m
	29	下越	日本平山	早出川ダムサイト　190m	1,081m	891m
	35	下越	五頭山【五頭連峰縦走】	魚止めの滝駐車場　210m	913m	703m
	41	下越	粟ヶ岳	第2貯水池登山口　190m	1,293m	1,103m

難易度	No	エリア	山 名	スタート地点の標高	山頂の標高	標高差
★★★	103	下越	金鉢山【一部登山道なし】	剣龍峡登山口 130m	888m	758m
	104	下越	魚止山【残雪期のみ】	室谷洞窟手前 214m	1,079m	865m
	44	中越	守門岳	入塩川登山口 374m	1,537m	1,163m
	51	中越	未丈ヶ岳	泣沢避難所出口駐車場 640m	1,553m	913m
	52	中越	越後駒ヶ岳	枝折峠登山口 1,065m	2,003m	938m
	58	中越	金城山	登山口駐車場 300m	1,369m	1,069m
	59	中越	巻機山・割引岳	桜坂駐車場 730m	1,967m	1,237m
	60	中越	大源太山	登山口駐車場 730m	1,598m	868m
	61	中越	七ッ小屋山	清水集落ゲート 635m	1,675m	1,040m
	62	中越	武能岳	土樽駅 598m	1,760m	1,162m
	67	中越	仙ノ倉山	平標山登山口駐車場 975m	2,026m	1,051m
	70	中越	苗場山	秡川登山口駐車場 1,221m	2,145m	924m
	106	中越	阿寺山	広堀川河原登山口 465m	1,509m	1,044m
	107	中越	高倉山	砂防堰堤下登山口 440m	1,144m	704m
	82	上越	鉾ヶ岳	島道鉱泉登山口 275m	1,316m	1,041m
	83	上越	妙高山	燕温泉駐車場 1,080m	2,454m	1,374m
	84	上越	火打山	笹ヶ峰駐車場 1,315m	2,462m	1,147m
	86	上越	雨飾山	雨飾温泉 880m	1,963m	1,083m
	87	上越	金山	金山登山口駐車スペース 1,240m	2,245m	1,005m
	92	上越	黒姫山（青海黒姫山）	清水倉登山口 85m	1,222m	1,137m
	108	上越	権現岳	柵口バス停 200m	1,104m	904m
	109	上越	神奈山	関温泉駐車場 900m	1,909m	1,009m
★★★★	7	下越	鷲ヶ巣山	縄文の里朝日駐車場 90m	1,093m	1,003m
	30	下越	銀太郎山	柴倉沢登山口 155m	1,112m	957m
	33	下越	御神楽岳	蝉ヶ平林道終点 270m	1,387m	1,117m
	53	中越	中ノ岳	十字峡登山口 440m	2,085m	1,645m
	54	中越	八海山	屏風道登山口（2合目） 500m	1,778m	1,278m
	55	中越	荒沢岳	銀山平登山口 762m	1,969m	1,207m
	56	中越	丹後山	野中バス停 285m	1,809m	1,524m
	57	中越	平ヶ岳	鷹ノ巣駐車場 840m	2,141m	1,301m
	63	中越	茂倉岳	登山口駐車場 680m	1,978m	1,298m
	64	中越	一ノ倉岳	谷川岳ロープウェイ土合口駅 750m	1,974m	1,224m
	66	中越	万太郎山	吾策新道登山口 769m	1,954m	1,185m
	69	中越	飯士山	舞子スノーリゾート駐車場 350m	1,111m	761m
	71	中越	佐武流山	中津川林道入口ゲート 1,020m	2,192m	1,172m
	105	中越	日向倉山【残雪期のみ】	銀山平白光岩橋 760m	1,431m	671m
	95	上越	黒岩山	中俣新道登山口 550m	1,624m	1,074m
	99	上越	鉢ヶ岳	蓮華温泉駐車場 1,476m	2,563m	1,087m
	100	上越	小蓮華山	蓮華温泉駐車場 1,476m	2,766m	1,290m
	110	上越	高妻山	一不動登山口 1,230m	2,353m	1,123m
★★★★★	8	下越	以東岳	泡滝ダム登山口 511m	1,772m	1,261m
	9	下越	竜門山	日暮沢小屋 620m	1,688m	1,068m
	10	下越	寒江山	日暮沢小屋 620m	1,695m	1,075m
	11	下越	西朝日岳	日暮沢小屋 620m	1,814m	1,194m
	21	下越	杁差岳	彫刻公園林道ゲート 195m	1,636m	1,441m
	22	下越	門内岳・地神山	飯豊山荘 407m	1,887m	1,480m
	23	下越	北股岳	湯の平温泉 480m	2,025m	1,545m
	24	下越	飯豊山	弥平四郎登山口 700m	2,105m	1,405m
	25	下越	大日岳	実川集落ゲート 290m	2,128m	1,838m
	32	下越	矢筈岳【残雪期のみ・2泊3日】	柴倉沢登山口 155m	1,258m	1,103m
	49	中越	八十里越	吉ヶ平山荘 396m	845m	449m
	50	中越	毛猛山【残雪期のみ】	大雪崩沢2号スノーシェッド 396m	1,518m	1,122m
	85	上越	焼山	林道焼山線第一ゲート 543m	2,400m	1,857m
	94	上越	犬ヶ岳	坂田峠 609m	1,593m	984m
	96	上越	長栂山	蓮華温泉駐車場 1,476m	2,267m	791m
	97	上越	朝日岳	蓮華温泉駐車場 1,476m	2,418m	942m
	98	上越	雪倉岳	蓮華温泉駐車場 1,476m	2,611m	1,135m

本書の使い方

◆各山には通し番号が付いています。この番号は、8・9ページに掲載している「位置図」に対応しています。各山のおおよその位置は、この図でご確認ください。

◆各山の標高は、原則として国土地理院発行の地形図（25,000分の1）に準じています。

◆各山の「難易度」は、5段階で表示されています。よく整備され、初心者でもOKというコースは★1つ。ガレ場や鎖場などの危険箇所が多く全体的に急峻、または健脚者向きのロングコースは★5つで表されています。

◆各山のコースマップとして、国土地理院発行の地形図（25,000分の1）を、修正を加えず原寸もしくは縮小して掲載しています。その地形図上に登山ルート（赤の破線＝登山道、赤の実線＝林道・車道、青の破線＝残雪期の参考ルート）を記載しました。🅿は駐車場などの駐車スペース、💧は湧き水や沢などの水場、🚻はトイレを表しています。

◆使用した地形図の発行年月日は108・172・234ページの一覧でご確認ください。地形図によっては市町村名や地名、標高などが現在のものと異なる場合があります。あらかじめご了承ください。

◆各山の参考コースタイムに記載されている時間は、あくまで標準タイムです。休憩時間は含まれません。体力や体調、装備、天候などで大きく左右されますので、ゆとりのあるプランを立ててください。

◆本書の記述は、令和元年（2019年）の実踏調査を基にしています。登山道の状況や交通アクセスは年ごとに大きく変わる可能性がありますので、事前に各市町村の観光課などにお問い合わせください。

◆駐車スペースがなく路肩に駐車する場合など、通行の妨げにならないよう十分ご注意ください。また近年、車上荒らしが増えています。ご注意ください。

◆山間部の天候は短時間で大きく変化します。天気予報や情報に注意してください。また、自然保護や環境保全にも気を付けてください。

安全・公徳登山を心掛け、素晴らしい山旅を

佐渡・下越の山々

No. 1～43

13ページ上／「雲流黄昏」 頼母木小屋前から大石山方向を望む
13ページ下／「盛夏薫風」 頼母木山頂上より朳差岳方面を望む 【撮影】野島俊介

14・15ページ 【撮影】齋藤日出子
左上／大佐渡石名天然杉「羽衣杉」（金剛山和木登山口） 右上／白雲台の夜明け 遠く飯豊連峰
左下／ドンデン山のシラネアオイ 中央／金北山のカタクリ
右下／レンゲツツジ咲く大佐渡スカイライン

金北山の山頂直下に現れた
「種蒔き猿」の雪形。
詳しくは18ページへ

「清秋夕景」 頼母木山頂上から地神山を望む 【撮影】野島俊介

金北山
きんぼくさん

佐渡市	1,172.1m

難易度 ★★★☆☆（縦走の場合）

執筆／佐渡山岳会　大上千秋
調査／佐渡山岳会　関　雅志

▶加茂湖と金北山

日本300名山の一座
堂々たる佐渡の最高峰

　佐渡は小さな島なのだから、さほど高い山はあるまいと思われたりするが、1,000メートルを超える山が金北山、妙見山、雪畑山と3山ある。中でも最高峰の金北山は佐渡を代表する山で、佐渡おけさにも「佐渡の金北山はおしゃれなお山よ、いつも加茂湖に水鏡」と歌われ親しまれている。

　古くから島民の信仰を集め、男子が7歳になると一人前になった証しとして、お山参りに登山をしたといわれている。登山の土産には山のハクサンシャクナゲの枝を折り、近所に配ったとも聞いている。

　現在、ほぼ維持されている登山道は、両津加茂歌代、横山、金井安養寺、新保（姫ヶ沢と栗ヶ沢）、沢口、中興、佐和田真光寺と、国仲の全域にわたる。特に横山コースと沢口コースには、信仰登山の名残の石仏などが多く、鳥居、禊ぎ場が設置されている。現在の登山者は、白雲台から防衛道路を経由して山頂へ向かい、足を延ばしてドンデン方面へ向かうか、またはその逆のドンデン山から縦走して金北山を目指す者がほとんどだ。

　金北山が島民の信仰を集めたのは、米の出来不出来を支配する「水の供給源」だからであろう。雪形は各地で農耕と関連した目安となっているが、金北山には「種蒔き猿」の伝説がある。その概要はこうだ。

　昔、金北山に猿が住んでいて、ある冬食べ物に窮して村里へ下りてきたとき、村人は親切に施しをした。感謝した猿は、来年の春、種蒔きの適期になったら、山に雪形を表してそれを教えようと言って帰っていった。やがて春になり金北山を仰ぐと、そこには猿が種を蒔いている姿が現れ、それに従って種を蒔いたところ、豊作が得られたという。

　この話は、旅の修験者などがもたらしたものだろうが、山と水と農耕との関係を示唆している。

　現在山頂には立派な金北山神社が建立されていて、祭神は大彦の尊、将軍地蔵も併置されている。

　金北山は「日本300名山」に採用されているし、ドンデン山からの登り口は、雪割草（オオミスミソウ）、シラネアオイで「花の100名山」（山と渓谷社選）にも選ばれている。

▶栗ヶ沢
登山口

▲佐渡のカタクリの特徴は256ページを参照（撮影：齋藤日出子）

登山適期（月）	5月中旬～10月が適期。ゴールデンウイーク中は残雪が多く、一般登山者の入山はその後からが望ましい。また盛夏も高度がないので暑さが厳しく不適当。

1	2	3	4	5	6	7	8	9	10	11	12

■ 交通・マイカー
佐渡汽船両津港よりタクシーで約20分

■ ワンポイントアドバイス
①麓から稜線、そして縦走路までを歩くことで、高度による植物の成長の変化や、信仰登山の足跡を観察できるが、体力に自信がない場合は、白雲台から防衛道路を歩いて山頂に立つこともできる。②登山口に登山ポストはない。登山届は「佐渡トレッキング協議会」のHPからダウンロードし、佐渡観光交流機構両津港案内所などで投函できる。

■ 問い合わせ

佐渡観光交流機構	☎0259-27-5000
佐渡トレッキング協議会	☎0259-23-4472

コースガイド

ここでは近年多くの登山者に利用されている栗ヶ沢登山口からのコースを紹介したい。

両津港からタクシーなどを利用し、新保から大佐渡スカイラインへ入る。3.5キロメートル（5分）ほどで橋の手前を右折すると、50メートルで栗ヶ沢林道入り口に着く。林道は登山口まで3.5キロメートル程度で、歩いても良し、車なら10分弱で登山口❶だ。登山口には5台ほど駐車できる。

登山道は細いながら整備されている。5月ならお花畑とブナの巨木を右に見ながら進む。30分ほどでたて池の清水❷だ。ここへ着く前後の川筋は流れが北に向かっており、古老はここを「さかさ川」とも呼んでいる。たて池の清水で姫ヶ沢からの道と合流し、金北山へは右へ進む。約20分で横山登山道との合流点❸だ。合流点を過ぎると平坦な歩きで、じゅんさい池に着く。昔の潅漑池が高層湿原化したもので、ジュンサイは既に絶滅し、名前だけが残っている。

その先、ブナの巨木で右に折れると祓い川❹に着く。信仰登山の折にはここで身を清めたとのことだ。ブナの純林を進み、道は傾斜を加えてくる。春の新芽は爽やかで、林床にはカタクリが一面に広がる所である。ブナからネマガリダケに植生が変わると神子岩❺に到着し、初めて国仲平野（国中平野とも書く）の展望が開け、誰もが歓声を上げる。

ここからは稜線道になり、シラネアオイや雪割草がお花畑をつくる所だ。天狗岩❻を左に見ながら通過すると、山頂の神社が見え隠れするので、それを目標に進む。ネマガリダケの生い茂る縦走路へ出るとドンデン山からの道になり、左へ進むと山頂❼である。

下山は往路を戻ってもいいが、体力に自信のある方には縦走をおすすめしたい。ドンデン山荘までおよそ5時間である。

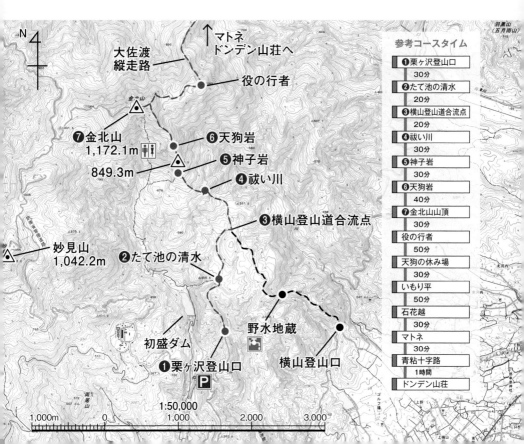

参考コースタイム	
❶栗ヶ沢登山口	
	30分
❷たて池の清水	
	20分
❸横山登山道合流点	
	20分
❹祓い川	
	30分
❺神子岩	
	30分
❻天狗岩	
	40分
❼金北山山頂	
	30分
役の行者	
	50分
天狗の休み場	
	30分
いもり平	
	50分
石花越	
	30分
マトネ	
	30分
青粘十字路	
	1時間
ドンデン山荘	

1:50,000

1,000m　0　1,000　2,000　3,000

金剛山
こんごうさん

佐渡市	962.2m

難易度 ★★★☆☆（縦走の場合）

執筆／佐渡山岳会　植田正司
調査／佐渡山岳会　中道康夫

▶両津港から見た
金剛山

峻険な岩場を擁する
三山掛けの山

　新潟から両津港に着き、北の方を眺めると火力発電所の赤白の煙突の上部に、両津湾に張り出すように山が聳える。それが金剛山だ。

　穏やかな山容を見せるものが多い佐渡の山にあって、金剛山は西面に岩を強調した姿を見せる。古謡に「御山、檀特山、米山薬師、三山掛けます佐渡三宮」とあるが、この米山薬師は金剛山を指すものと考えられている。

　米山（金剛山）は豊作の神、薬師は病を救う仏であるが、地元白瀬は定置網による寒ブリ漁などの漁業が盛んな地域で、漁場を見定める山立ての山として親しまれている。また、両津港の区域は「金剛山三角点から149度に引いた線及び陸岸に囲まれた海面」と定められ、両津港の基点にもなっている。

　山頂に鳥居と比較的大型な、緊急時には2、3人が入れるほどのステンレス製の祠があり、伝薬師如来木造立像が安置されている。地元白瀬の集落には里宮の薬師堂があり、山頂の祠と登山道の管理は白瀬集落が行っている。地元民の山への敬意は神社に対する場合と同様で、身内に不幸のあった者は、忌中は山頂へ登らず、一段下までで帰るという風習があった。

　金剛山の名称は日本各地に残されているが、この山も山頂の峻険な岩に注目して修験者が命名したものであろう。古くは米を茶碗に大盛りした形に見立てて「こんこんさん」（米米山）と呼ばれ、それが米山（よねやま）にも通じて、最初に書いた古謡になる。読み方は最近では「こんごうさん」という者が多いが、以前は「こんごうせん」と呼ばれた。

　大佐渡主稜線から南に突出した場所に位置するこの山は、花の豊かな山であり、特に5月には山裾では晩春の花が、雪解け直後の頂上付近や縦走路には早春の花が咲き、登山者を楽しませてくれる。カタクリの大群落や色彩の豊富な雪割草（オオミスミソウ）は人気が高い。

▲山頂の鳥居と両津港

登山適期（月）	適期は5月中旬～10月。ゴールデンウィーク中は残雪が多く、一般登山者の入山はその後からが望ましい。

1	2	3	4	5	6	7	8	9	10	11	12

■ **交通・マイカー**
白瀬登山口まで佐渡汽船両津港よりタクシー約30分

■ **ワンポイントアドバイス**
①体力に自信がない場合は、ドンデン山荘までタクシーなどで上がり、逆コースを取るとよい。②和木越から上がってもよい。和木越にはスギの巨木で有名になった石名天然杉遊歩道がある。③白瀬登山口に登山ポストはない。和木登山口とドンデン山荘にポストがある。

■ **問い合わせ**
佐渡観光交流機構　　　　　　☎0259-27-5000
佐渡トレッキング協議会　　　☎0259-23-4472

▲白瀬の登山口

コースガイド

白瀬集落の中央部を流れる白瀬川に沿って農道を行くと、右岸に大きなカツラの木があり、3、4台の車が置ける**登山口❶**に着く。橋を渡って登山開始となる。登山道は春ならフクジュソウやキクザキイチリンソウ、雪割草が次々と出てくるので、楽しみながら登っていこう。この道は、かつて放牧の牛を連れて往来した道である。牛が里へ下りないよう鉄条網が張られており、現在も所々錆びて残っている。

やがて登山道を横切る**水路跡❷**に着く。かつてのトキの生息地「タン平」の田圃への用水路なので、痛めることのないように注意して渡り、緩やかな登りを続ける。白瀬川の上流を越える場所が**トビガ沢❸**で、この辺りから道の傾斜が増してくる。**三左衛門横道❹**に入り、狭いトラバース道を抜け、再びきつい登りとなり、蟻塚の道を進むとようやく**組上❺**の芝生場に出る。前方に展望が開け、右に

金剛山の頂を見上げる。

一服入れたら金剛山平に進む。木漏れ日の中、春は色とりどりの山野草を楽しむことができる。森林を進み、左にルートを取り、南斜面の狭い道をトラバース。ジグザグの急登を終え、ザレ場を過ぎたら鳥居をくぐり、**山頂❻**に着く。祠と三等三角点が出迎えてくれる。

山頂からは大佐渡主稜線の展望を楽しもう。金北山からドンデン山、雪畑山、和木越を過ぎて、一等三角点を持つ山毛欅ガ平山へと続いている。眼下に旧両津市街地が見え、その脇には加茂湖の水面がきらめいている。小佐渡の山並みの向こうには弥彦、角田も姿を現す。運が良ければ白馬岳、頚城三山、越後の山々、飯豊や朝日連峰、鳥海山まで見えることもある。

時間と体力に余裕があるなら、下山は大佐渡主稜線に出て、**雪畑山❼**を巡り、**ドンデン山荘❽**に下山したい。

参考コースタイム

❶白瀬登山口	
40分	
❷タン平水路	
30分	
❸トビガ沢	
20分	
❹三左衛門横道	
1時間	
❺組上	
1時間	
❻金剛山山頂	
40分	
雪畑山分岐	
10分	
❼雪畑山	
10分	
雪畑山分岐	
30分	
小野見越	
40分	
間峰分岐	
40分	
ドンデン池	
50分	
❽ドンデン山荘	

（地図中の記載）

檀特山へ

❼雪畑山1,002.9m

❻金剛山 962.2m

雪畑山分岐

小野見越

大佐渡主稜線

❺組上

❹三左衛門横道

❸トビガ沢

間峰分岐

❷タン平水路

❶白瀬登山口

ドンデン池

尻立山940m

934.3m

❽ドンデン山荘

1:50,000

1,000m　0　1,000　2,000　3,000

日本国
にほんこく

村上市　555.4m

難易度　★☆☆☆☆

執筆／三面山岳会　遠山　実
調査／新潟楽山会　菅原正子

▶日本国全景

ゆったり目指す日本の頂上

　日本国は、村上市小俣と山形県鶴岡市小名部との県境に座し、日本海から数キロの所に位置している。山容はすり鉢を伏せたような形から別名「石鉢山」(当て読み)とも呼ばれる。山体は日本国片麻岩から成り立ち、昔はアカマツの茂る山だった。

　山名の由来は、蝦夷勢力の安定に一応成功し、日本国と蝦夷地との境になったという説や、生け捕った鷹を将軍に献上して日本一の鷹であると言われて命名されたとの説があるが、真相は定かではない。

　小俣は慶長3年(1598年)、豊臣秀吉の命で村上頼勝が加州(加賀藩の別称)小松より入封され村上領となった。庄内領国境の原海、岩石、雷、そして小俣に番所が置かれたが、宝永6年(1709年)に村上藩が減封。小俣は天領となり、番所役人浅野加左ェ門は廃所とともに帰藩した。以後、海老江、大山、三本木、水原代官の支配を受け、天明8年(1788年)以降明治維新まで、米沢藩預かり地として塩野町代官所の支配を受けた。『出羽風土記』には「その昔『日本国孤』があったと伝えられ、越後境御茶屋峠という所より半道斗り手前に古村の跡あり…」との記述も見られる。また、縄文土器、弥生式土器などの出土品も多く、文化の谷間と評され、数多くの歴史ロマンを秘めた地といえよう。

　山麓付近は杉林で急峻な地形にもかかわらず、手入れの行き届いた見事な杉の人工林帯となっている。杉林を抜けると尾根道となり歩きやすく、ブナ、ナラなどの四季折々変化する樹形を見ながら緩やかに高度を稼ぎながらの道が山頂まで続く。山頂には避難小屋、展望台がある。眺望は素晴らしく、朝日連峰、飯豊連峰、鳥海山、麻耶山、日本海に浮かぶ粟島、佐渡などが望める。

　登山口は、旧小俣小学校前登山口と蔵王口の2つのコースがあるが、下山は蔵王口に下りて、小俣集落の旧家を見ながら出羽街道の宿場の面影に触れるのもよい。

▲山頂から鳥海山

▲旧小俣小学校前登山口

登山適期(月)　適期は4月〜11月。

1	2	3	4	5	6	7	8	9	10	11	12

■ **交通・マイカー**
　JR羽越本線府屋駅から登山口まで8km。駐車場は旧小俣小学校前に20台程度、蔵王口に3、4台。

■ **ワンポイントアドバイス**
　①ラジウム清水は水量が少ないので水は持参した方がよい。②登山口には登山届のポストあり。

■ **問い合わせ**
　村上市山北支所　　　　　　　　　　☎0254-77-3115

コースガイド

　日本国の登山口は2つ。国道7号府屋から小俣川に沿って約8キロメートル入った小俣集落にある「旧小俣小学校前登山口」と「蔵王口登山口」で、いずれのコースも山頂までの所要時間は同じである。蛇逃峠（じゃのげとうげ）で合流するため、登りと下山を別コースで歩くのもよい。

　旧小俣小学校前登山口❶からは、雷光状に小さくふた曲がり、大きくふた曲がりでラジウム清水、程なく自然林の尾根を登る。ラジウム清水の湧き出る水量は多くはないが、花崗岩の岩肌から流れ出る水はうまい。水場の先から松ヶ峰までは、尾根道の広い歩きやすい道で、歩きながらカタクリやスミレ、アキノキリンソウ、ツバキ、ヤマボウシ、タムシバなど植物の観察をしながら登るのも楽しい。**松ヶ峰❷**の先の沖見休憩所からは、日本海に浮かぶ粟島が遠望できる。沖見休憩所の付近から、ブナ林が廊下状にあり、ブナの根が登山道に張り出し階段状になって歩きやすく、緩やかなピークを2つ登り下りして**蛇逃峠❸**に着く。

　蛇逃峠は、蔵王口からのコースとの分岐点で東屋（あずまや）がある。蛇逃峠から少し先、鷹待場跡付近から先の東面は、県境になり**日本国山頂❹**はすぐだ。

　山頂は広く、鳥海山、月山、麻耶山、朝日連峰などを望む。避難小屋と展望台もあり好きなロケーションで休息できるスペースがある。山形県側は杉の人工林、ネマガリダケがある。

　日本国は、中部北陸自然歩道として整備され、四季を通じて楽しめる山である。毎年5月5日は山開きを行い、歴史が息づく日本国登頂の登山イベントが行われている。

▶山頂の新旧標柱

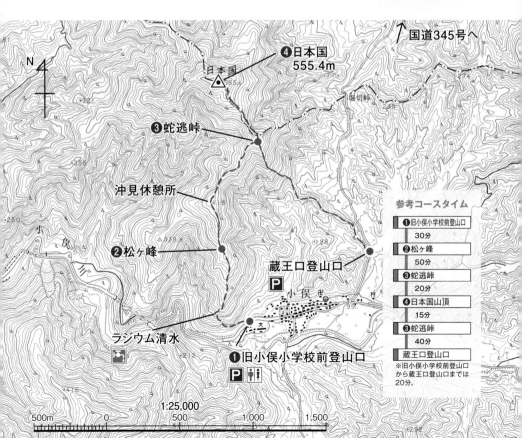

↑ 国道345号へ

❹日本国
555.4m

❸蛇逃峠

沖見休憩所

❷松ヶ峰

蔵王口登山口
P

ラジウム清水

❶旧小俣小学校前登山口
P

N

堀切峠

小俣

参考コースタイム

❶旧小俣小学校前登山口	
	30分
❷松ヶ峰	
	50分
❸蛇逃峠	
	20分
❹日本国山頂	
	15分
❸蛇逃峠	
	40分
蔵王口登山口	

※旧小俣小学校前登山口から蔵王口登山口までは20分。

1:25,000

500m　0　500　1,000　1,500

吉祥嶽
きちじょうだけ

村上市　　500m

難易度 ★☆☆☆☆

執筆／三面山岳会　遠山　実
調査／新潟楽山会　滝沢武子

▶吉祥嶽全景

平成の名水100選
豊かな山域が名水を育む

吉祥嶽は地図に記載のない山で、国道7号、「吉祥清水」で名高い大毎集落にある。大毎は松尾芭蕉が旅した出羽街道の歴史を残し、難所として名高い蒲萄峠の麓に位置する。

山名の由来は定かではないが、一説によると文殊菩薩の密教の呼び名である「吉祥金剛」に関連があるという。菩提寺である満願寺の前身は密教寺であったようだ。

大毎では古くから大毎川と湧水の恵みを生活に利用してきた。

「結ぶより　まず歯にしみる　清水かな」

奥の細道の旅で出羽街道を歩いた芭蕉が、街道沿いに点々と湧く清水に感銘して詠んだといわれる歌である。そのような名水の里にあって、地域の「宝物」として、とりわけ愛されているのが吉祥清水だ。

吉祥清水の始まりは大正13年（1924年）、大毎集落の住民有志が吉祥嶽の麓に湧き出る清水を飲料水として集落内に引き込んだ。以

来、地元で日常の維持管理を行っており、その功績もあって「新潟県の輝く名水」や環境省選定の「平成の名水100選」に選ばれている。

この吉祥清水を仕込み水として造られる吟醸酒「日本国」も名酒として知られ、人気が高い。当地を訪れた際にぜひ買い求めたい。

また、広域農道沿線には鰈山清水、天蓋清水などが点在している。山歩きと併せ、名水の里に恥じぬ清冽な清水を巡るのもいいだろう。

▲満願寺脇にある
吉祥清水

▶春の牛の首コース

登山適期(月)　適期は4月〜11月。

1	2	3	4	5	6	7	8	9	10	11	12

■ **交通・マイカー**
JR羽越本線府屋駅から大毎集落までバス約30分。登山口に駐車場はない。

■ **ワンポイントアドバイス**
①登山口案内板から先は、道幅が狭く農耕車のみ通行可能。②水は登山口で補給していくこと。③登山口には登山届のポストあり。

■ **問い合わせ**
村上市山北支所　　　　　　　☎0254-77-3115

▲鳥坂コースの登山口

コースガイド

　吉祥嶽登山口は2コースある。

〈大毎集落からの鳥坂（とっさか）コース〉
　車の場合、国道7号から集落に入る。登山口には駐車スペースがないので注意が必要。満願寺の脇には吉祥清水（あずまや）を引いた東屋があるので水を補給する。集落を進み、大毎川に架かる小さな橋の手前の狭い農道を上がっていく。900メートルの所に登山口の看板がある。杉林の作業道の斜面を進むと、広場右の方向に草で分かりにくい道があり、右寄りに進むとすぐ自然林に出る。ロープの張られた尾根道を直登すると、程なく中間展望台だ。中間展望台からもしばらくロープが張られ急登である。山頂まではオオヤマザクラ、マルバマンサク、ナラ、クリなどの二次林が続く。
　山頂は広く、季節にもよるが、朝日連峰（あさひ）、鳥海山（ちょうかいさん）、月山（がっさん）を望むことができ、眼下に大毎、北中、北黒川の各集落、遠くに日本国、西面には粟島が近くの山と重なって望める。特に秋の黄金色に輝く棚田の風景は絶景である。

〈河内口から牛の首コース〉
　山北朝日線の広域農道から狭い作業道を400メートル行った池の所に案内板がある。杉林の農業用水路（現在パイプ敷設）に沿う登山道が続く。
　二股からは、大毎川に沿って3回川を渡る。3回目に渡った所にサワグルミの木が数本あり、案内板がある。ここから牛の首までの尾根に取り付くまで山の腹をトラバースしながら登るため歩きにくい。季節によっては道が分かりにくいことがある。牛の首の尾根に出ると歩きやすく、大沢展望台まではやや急登となるがすぐ山頂である。

▶サワグルミの木がある河内口

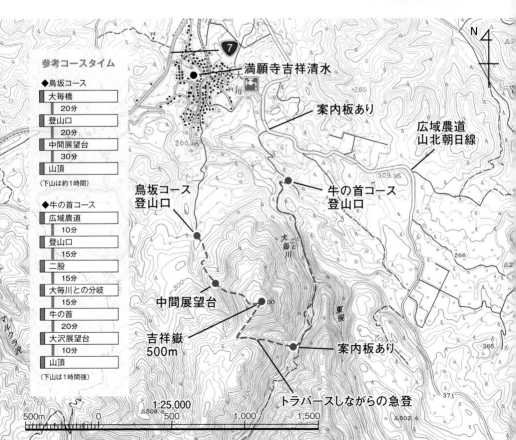

参考コースタイム

◆鳥坂コース

大毎橋
20分
登山口
20分
中間展望台
30分
山頂

（下山は約1時間）

◆牛の首コース

広域農道
10分
登山口
15分
二股
15分
大毎川との分岐
15分
牛の首
20分
大沢展望台
10分
山頂

（下山は1時間強）

7

満願寺吉祥清水

案内板あり

広域農道
山北朝日線

鳥坂コース
登山口

牛の首コース
登山口

中間展望台

吉祥嶽
500m

案内板あり

トラバースしながらの急登

マルクラ沢

N

1:25,000
500m　　0　　　　500　　　　1,000　　　　1,500

<table>
<tr><td>5
下越</td><td>新保岳 <small>しんぼだけ</small></td></tr>
<tr><td colspan="2">村上市　　852.2m</td></tr>
</table>

▶中腹に林道が通る新保岳

難易度 ★☆☆☆☆

執筆／三面山岳会　遠山　実
調査／新潟楽山会　端保幸雄

美しいブナ林に憩う

　新保岳は、下渡山(237.4メートル)から蒲萄山(795.4メートル)まで、日本海の海岸線に沿って続く、通称「西山」と呼ばれる山稜の最高峰である。一等三角点(補点)を有し、浜新保集落と塩野町集落の分水嶺となっている。

　国道7号が通る塩野町は、猿沢、蒲萄集落とともに宿場として栄え、中でも塩野町は、1万3千石の天領の中心として代官所が置かれていた。

　この新保岳一帯では、かつて木炭の生産が盛んに行われ、また、海岸線に面する一帯も戦時中にブナの伐採が行われたため、現在の自然林は二次林となっている。

　登山道は尾根伝いについている。キタゴヨウマツ、ブナなどの樹林のトンネルを通るため、夏でも涼しく、山頂直下のブナ林は海からの風の影響を受け、近隣の山域では見られない素晴らしいブナの樹形を見ることができる。特に春の新緑、秋の紅葉は見応え十分だ。

　かつては林道新保岳線が登山道を横断していため、登山口は上と下の2カ所にあった。現在は下の登山口からのルートは廃道になり利用できない。また、この林道沿線に大津見神社、大山祇神社の2社があるが、山の神、海の神、戦いの神の性格を持つ社で、12月には「お里様」例祭が塩野町集落で行われている。

▲展望が開けたピークから塩野町集落と鷲ヶ巣山

▲林道沿いにある登山口

登山適期(月) 適期は4月～11月。

| 1 | 2 | 3 | 4 | 5 | 6 | 7 | 8 | 9 | 10 | 11 | 12 |

■ **交通・マイカー**
　JR羽越本線村上駅からバス利用。塩野町バス停まで約35分。マイカーは国道7号から登山口まで約6.1km、10台ほど駐車可。

■ **ワンポイントアドバイス**
　①水場は登山口下の林道脇の沢水を利用できるが、持参したほうがよい。
　②登山口に登山届のポストあり。

■ **問い合わせ**
　村上市朝日支所　　　　　　　　☎0254-72-6883

コースガイド

新保岳は日帰りの登山の楽しめる山として、多くの人々に親しまれている。登山口は国道7号塩野町から林道新保岳線を6.1キロメートルほど進んだ所にある。この林道は現在工事中で通り抜けはできない。

登山口（標高408メートル）❶には登山カードのポストが置いてあり、登り詰めると展望の開けるピークに着く。三角点も据えられているが、これは官・民地の境杭である。ここからは塩野町集落の展望がよい。

尾根伝いに続く登山道は、南面は急峻（きゅうしゅん）でブナ、ヒメコマツ、ムラサキヤシオツツジ、ヤマツツジ、タムシバ、イワウチワ、オオイワカガミなどが彩りを添えてくれる。また、秋の紅葉もブナ、イタヤカエデ、ヤマモミジなどがきれいである。

見晴らし台（標高750メートル）❷からは新保岳の山頂や北面の蒲萄山などが望め、残雪期には

新緑とのコントラストが美しい。見晴らし台から少し下った所から、素晴らしい原生林が始まる。山頂直下は、変形したブナの珍形が疲れを癒やしてくれる。ブナ林を抜け急登を登れば**新保岳山頂❸**である。

山頂からは、眼下に粟島、北面に鳥海山（ちょうかいさん）、月山（がっさん）、東面に朝日連峰（あさひ）、鷲ヶ巣山（わしがすさん）、飯豊連峰（いいで）、光兎山（こうさぎさん）などを望むことができる。

▲山頂直下のブナの原生林

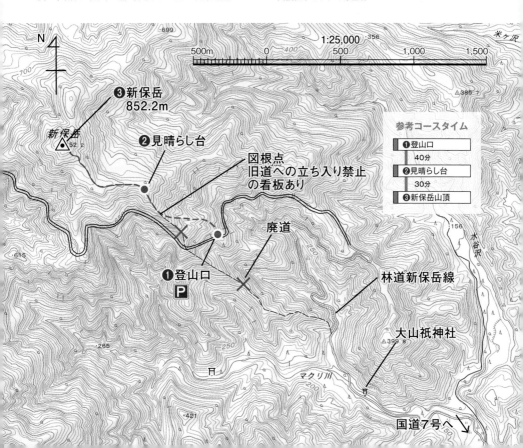

天蓋山
てんがいさん

| 村上市 | 634.2m |

難易度　★☆☆☆☆

執筆／三面山岳会　遠山　実
調査／新潟楽山会　渡辺　浩

▶高根の歴史を見
続けてきた天蓋山

黄金の地に座す
伝説の山

天蓋山は、高根集落の北に位置する独立峰で、鳴海金山往来道を仰ぎ見る地に点座する山である。

高根集落は、遠く天正・慶長年間、「鳴海金山」の全盛とともに栄えた集落である。ちょうど「太閤検地」が行われ、豊臣秀吉が悲願の全国統一に向け着々と手を打っていた時代だ。新田開発も盛んな時代で、元和8年（1622年）、高根・山口地内にも新田が開かれている。

時代は近代。明治維新・戊辰戦争では、武家の幼い子どもたちの安全と将来を思い、こぞって高根に養子縁組をさせたという史実も残っている。

高根集落の菩提寺は龍山寺である。本尊は釈迦如来で、承応元年（1652年）、旧神林村有明の光浄寺四世によって開山され、山号を天蓋山と称した。

天蓋山の山頂は南北に細く、東西、特に東面が急峻。狭い頂には観音菩薩像が集落を見守るように祭られている。眺望に恵まれ、360度のパノラマが楽しめるが、特に山田（棚田）の景観が素晴らしい。「天蓋の鬼ばばぁ」などの伝説が残る山でもある。

▲山頂から飯豊の山々

▲観音菩薩像が祭られた山頂

| 登山適期(月) | 適期は4月〜11月。 |

| 1 | 2 | 3 | 4 | 5 | 6 | 7 | 8 | 9 | 10 | 11 | 12 |

■ 交通・マイカー
　JR羽越本線村上駅から登山口までタクシーで約50分。マイカーは登山口に駐車場（約7台）あり。天蓋大橋付近にも駐車可。

■ ワンポイントアドバイス
　①登る時間がかからないので吉祥嶽と2山1日の山行とした計画がよい。
　②集団登山は落石に注意したい。
　③令和元年現在、林道造成により登山道が荒れている箇所があり注意が必要。

■ 問い合わせ
　村上市朝日支所　　　　　　　　☎0254-72-6883

コースガイド

独立峰の天蓋山は、国道7号水明橋付近や広域農道山北朝日線、天蓋高原交流広場からも望むことができる。登山口は、広域農道北中・高根線から狭い旧道を900メートル入った所にあり、7台ほどの駐車スペースがある。道路状態が悪く通り抜けはできない。

この駐車場の登山口から、山頂までは約40分。短時間で山頂に着くので、天蓋大橋の広場に駐車し、車道を歩き、体を慣らしてから登った方がよい。

登山道は、人工林と自然林の境沿いにある。足元に注意しながら連続した急登を登っていくと、人工林の間から日本国や麻耶山などが見える。人工林が終わると、石のザクザクした足場の悪い急登を数十メートル登り、横にトラバースしながら行くと尾根道となる。春にはヤマツツジ、タムシバ、イワウチワなどが尾根を飾る。この尾根を登り詰めるとすぐ山頂だ。山頂には高根集落を見守るように

観音菩薩像が祭られている。

山頂からの眺めは素晴らしい。長い歴史を刻んできた高根集落をはじめ、全国一の金を産出したと伝えられるロウソク坂、傘松、熊坂峠など、鳴海金山の往来道が眼下に広がる。東に目をやれば、駒ヶ岳や鳴海山、高根川の源頭大鳥屋岳、枡形山、鈴谷渓谷、朝日連峰。西は天蓋高原交流広場に新保岳、天蓋大橋。南は高根の棚田をはじめ、村上市街と穀倉地帯、遠く佐渡、弥彦など。北に目を転じれば鰈山、日本国、麻耶山、月山などが見える。まさに360度の大パノラマだ。

▲登山道の様子

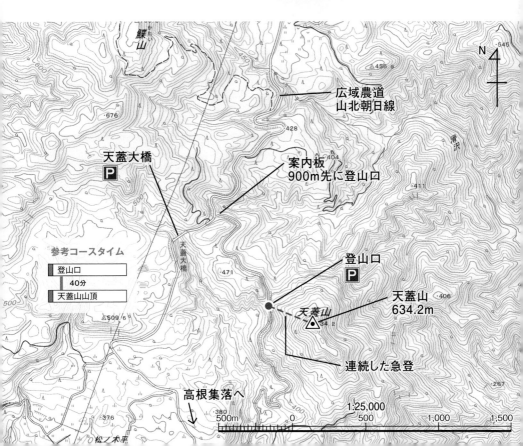

広域農道
山北朝日線

天蓋大橋 🅿

案内板
900m先に登山口

登山口 🅿

天蓋山
634.2m

参考コースタイム

登山口
40分
天蓋山山頂

連続した急登

高根集落へ

1:25,000
500m 0 500 1,000 1,500

鷲ヶ巣山

わしがすさん

| 村上市 | 1,093.2m |

難易度 ★★★★☆

執筆／三面山岳会　遠山　実
調査／岩広山岳会　飯沼　聡

▶鷲ヶ巣山全容

信仰を集める
県北の名峰

　鷲ヶ巣山は、越後富士とも呼ばれ、古くから信仰されてきた山である。サケの遡上で名高い三面川（みおもてがわ）が裾野を貫流し、麓から遠望すれば、ワシが羽を広げたごとくの雄姿である。

　山は3峰からなる。前ノ岳（825.5メートル）、中ノ岳（960メートル）、奥の院（山頂＝1093.2メートル）の3峰だ。連続する急登の登り下りは、日帰りの山としてはかなりきつい。しかし、難行苦行を体験することのできる、信仰の山と呼ぶにふさわしい山である。

　開山は建久年間（1190～1199年）、鎌倉五郎によるものと伝えられている。前ノ岳には地蔵菩薩尊、中ノ岳には薬師如来、山頂の奥の院には、鷲巣大権現と称して12の祭神が祭られている。山麓の岩崩（いわくずれ）集落には、里宮鷲ヶ巣神社があり、5月3日に例祭が行われている。

　以前は女人禁制の山で、祭礼の1週間前から精進潔斎などのしきたりがあったが近年は失われている。この女人禁制を物語る言い伝えを紹介しよう。

　「むかし観音様と巫女どんと2人で登って、観音様が辺りの景色を見渡して、巫女どんは…と見たところ巫女どんの姿がなく、数日捜したがついに見つからなかった。その後、山頂の大きな岩に女の形をした跡があることに気付いた」

　深い信仰と伝説に彩られた神秘的な山である。

▲前ノ岳直下の登山道

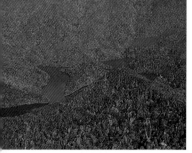

▲前ノ岳から三面ダム湖

| 登山適期(月) | 適期は4月～11月。 |

1	2	3	4	5	6	7	8	9	10	11	12

■ **交通・マイカー**
　JR羽越本線村上駅からバス45分、縄文の里朝日下車、登山口まで600m。マイカーは国道7号古渡路交差点から約15km。駐車場は縄文の里朝日。

■ **ワンポイントアドバイス**
　①ヤマヒルがたくさんいるので、塩などの対策をすること。②登山口に登山届のポストあり。

■ **問い合わせ**
　村上市朝日支所　　　　　　　☎0254-72-6883

コースガイド

鷲ヶ巣山は岩崩集落にあり、県道鶴岡村上線(朝日スーパーライン)起点から200メートルの所を右へ、林道沼田線（一般車通行止め）を500メートル入った所に**登山口❶**がある。

登山に先立って注意したいのが「ヤマヒル」だ。鷲ヶ巣山周辺はヤマヒルが多く生息する。塩などの対策が必要である。

登山口からスギ林を通り、タケン沢の先でスギ林が終わると、前ノ岳まで急登が続く尾根を高度を上げながら進む。途中には展望の開ける所もある。早春には、マルバマンサク、タムシバ、イワウチワなどの花々が疲れを癒やしてくれる。

前ノ岳直下には、水量は少ないがブナ林から染み出る清水がある。**前ノ岳❷**までは赤土で滑りやすく下山時には注意。山頂の三角点から少し行った所に地蔵菩薩尊が祭られており、眼下に三面ダム湖を望む。中ノ岳、奥の院（山頂）の展望を見な

がら下り、中ノ岳の鞍部で小さい登りを登れば、今度は一気に中ノ岳までの急登である。鞍部の登山道を右に約10メートル離れた所に水量の少ない水場がある。

中ノ岳山頂手前に分かれ道があり、左は中ノ岳、右は山頂への道である。**中ノ岳❸**周辺は潅木帯で高さを感じ、眺望も良く、祠には薬師如来が祭られている。

中ノ岳からもうひと踏ん張り。朝日連峰、飯豊連峰のパノラマに励まされながらも、疲れがピークを迎えるころ、油こぼし（だまかし坂）を登る。山頂はすぐだ。**鷲ヶ巣山山頂❹**からの景観は、疲れを吹き飛ばすほど素晴らしい。

鷲ヶ巣山は、2,000メートル級の体力が要求される山である。足に自信のある方はぜひチャレンジしていただきたい。特に残雪期の登山はヤマヒルの心配がなく、新緑と残雪のコントラストが絶妙。四季折々に登る意欲がかき立てられる、近隣に類を見ない秀峰である。

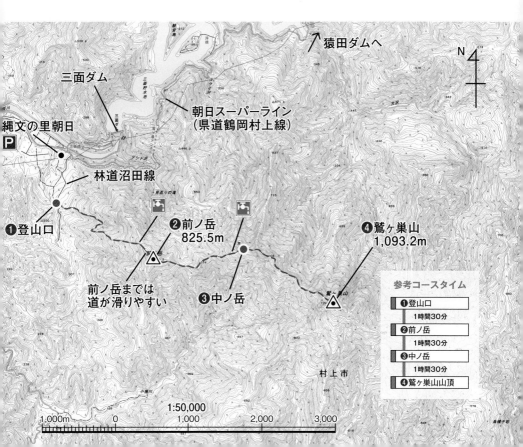

猿田ダムへ

N

三面ダム

朝日スーパーライン
（県道鶴岡村上線）

縄文の里朝日
P

林道沼田線

❶登山口

❷前ノ岳
825.5m

前ノ岳までは
道が滑りやすい

❸中ノ岳

❹鷲ヶ巣山
1,093.2m

参考コースタイム	
❶登山口	
	1時間30分
❷前ノ岳	
	1時間30分
❸中ノ岳	
	1時間30分
❹鷲ヶ巣山山頂	

1:50,000

1,000m　　0　　　　1,000　　　2,000　　　3,000

村上市

以東岳
いとうだけ

村上市・鶴岡市（山形県）　1,771.9m

難易度 ★★★★★

執筆／三面山岳会　遠山　実
調査／新潟楽山会　倉島一雄

▶相模池から以東岳

幻の巨大魚が潜む
朝日連峰北端の雄

以東岳は新潟県村上市、山形県鶴岡市との県境に位置する。主峰大朝日岳から見ると朝日連峰の北端にそびえ、大朝日岳とは対照的に重量感を誇る雄峰である。

熊の皮を広げたような大鳥池を抱き込むように座し、全山花崗岩群から成り立つ。山頂には大きな岩石が点在している。

以東岳一帯はサケの遡上で有名な三面川の源流域に当たる。村上市を貫流する延長41キロメートルの三面川は、ここ以東沢に端を発し、日本海へと注ぐ。

大鳥池は標高966メートル、面積324ヘクタール、大規模な山崩れによってできた堰き止め自然湖である。さしあたって大きな湖ではないが、幻の巨大魚がすむ湖として有名である。巨大魚の名は「タキタロウ」。マンガ『釣りキチ三平』に登場したことで一躍脚光を浴びた。その体長は2メートルとも3メートルともいわれ、その正体はイワナである、イトウであると諸説飛び交い、定かではない。

朝日連峰といえば「朝日軍道」も特筆に価する。上杉景勝の武将直江兼続が、当時上杉領であった山形県置賜と庄内を連絡するため、宿敵最上義光が領する村山を避けて朝日連峰に開削した。長井市草岡から葉山を経て、大朝日岳から主稜線を以東岳に至り、東大鳥川と八久和川との尾根を庄内に下る延長60キロメートルにも及ぶ山岳道路である。あまり注目されてこなかったが、今でも電光形に所々に面影が残っている。

登山口から大鳥池までは、ブナを主とする原生林の中に登山道がある。道幅が広く歩きやすいため、森林浴を楽しむ人も多い。

▲以東岳から朝日連峰の主稜線とお花畑

▲眼下に大鳥池

登山適期（月） 適期は6月下旬〜10月。

1	2	3	4	5	6	7	8	9	10	11	12

■ **交通・マイカー**
JR羽越本線鶴岡駅からバス、大鳥下車。マイカーは国道112号落合から県道349号線を経由、泡滝ダムまで車が入れる。

■ **ワンポイントアドバイス**
①大鳥小屋から以東岳直登コースは登り3時間30分。②平成29年（2017年）、直登コースの以東岳山頂直下に「以東岳避難小屋」が新設された。③以東岳避難小屋から東沢源頭へ下り7分の所に水場あり。

■ **問い合わせ**
鶴岡市朝日庁舎産業建設課　　☎0235-53-2120

コースガイド

　ここでは泡滝ダム、大鳥池経由の大鳥口からの登山道を紹介しよう。

　泡滝ダムからのコースはブナの樹林帯から始まる。道幅は広く歩きやすい。起伏の淡々とした登山道が、**冷水沢❶**、七ツ滝沢まで2つの橋を渡りながら続く。七ツ滝沢は、大鳥池からの沢である。七ツ滝沢の橋を渡りしばらく行くと、電光形に高度を上げながら、七曲りを経て**大鳥池(大鳥小屋❷)**に着く。

　大鳥池の大きさに感嘆しながら、池の水門を渡り右岸を行くと、左が急登から始まるオツボ峰コース、直進すると以東岳への直登コースに分かれる。ここではオツボ峰コースを行きたい。

　急登にあえぎながら登山道を進んでいく。三角峰直下からヒメサユリが疲れを癒やすかのように出迎えてくれる。**三角峰❸**からは、植生ががらりと変わり、ヒナザクラ、コイワカガミ、タカネマツムシソウなど、高山植物のお花畑が沿道を彩ってオツボ峰まで続いている。

　オツボ峰❹からは、尾根道を淡々と高度を上げながら登る。大きな岩が露出している所を過ぎるともうすぐ**以東岳山頂❺**だ。

　さすがに一等三角点がある山だけあって眺望が良い。深い三面渓谷の広大な山々、日本海には粟島が浮かぶ。日が沈めば村上市街、鶴岡市街の夜景も素晴らしい。

　大朝日岳に続く主稜線を一望に見渡せ、夏山に残る残雪はまるでホルスタイン(乳牛)のようだ。北寒江山(きたかんこうさん)から道陸神峰(どうりくじんぽう)までの三面ルートも一望のもとである。

▶新設された以東岳避難小屋

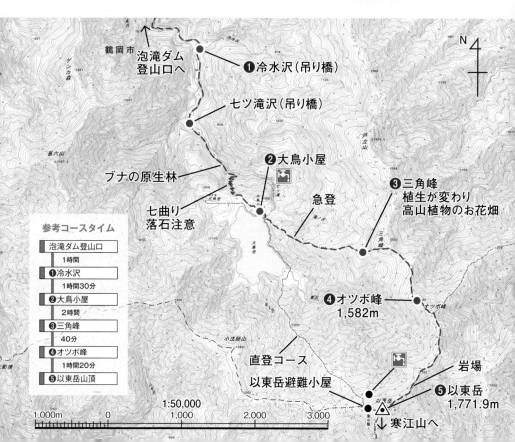

鶴岡市　泡滝ダム登山口へ

❶冷水沢(吊り橋)

七ツ滝沢(吊り橋)

ブナの原生林

❷大鳥小屋

急登

❸三角峰
植生が変わり
高山植物のお花畑

七曲り
落石注意

❹オツボ峰
1,582m

直登コース
以東岳避難小屋

岩場

❺以東岳
1,771.9m

↓寒江山へ

参考コースタイム	
泡滝ダム登山口	
1時間	
❶冷水沢	
1時間30分	
❷大鳥小屋	
2時間	
❸三角峰	
40分	
❹オツボ峰	
1時間20分	
❺以東岳山頂	

1:50,000

1,000m　0　1,000　2,000　3,000

竜門山
りゅうもんさん

村上市・西川町（山形県）　1,688m

難易度 ★★★★★

執筆／三面山岳会　遠山　実
調査／新潟楽山会　吉田富司幸

▶ユウフン山から
竜門山

朝日連峰主稜線への最短コース

　竜門山は、朝日連峰主稜線のほぼ中央の県境に位置し、新潟県三面川の支流岩井又川、山形県の根子川、見附川の分水嶺で、緩やかな山容の山である。

　山名は、竜門山を源流とする、根子川にある竜門の7つ滝に由来している。

　竜門山には日暮沢小屋から入るのが一般的だ。このコースは主稜線への最短コースで、朝日連峰の中で2番目に入山者数の多いコースである。このコース以外に、山形県西川町の大井沢地区には朝日連峰へのコースが3つある。

　大井沢は山岳信仰の月山への宿場としてにぎわった歴史を持つが、特筆すべきは自然教育に非常に熱心な土地柄であったということだ。この地域に生息する動植物の標本や剥製を展示する大井沢自然博物館も、昭和26年（1951年）に始まった地元小中学校の自然研究が発端となっているという。原生林の保護にも力を入れており、豊かな自然を残そうと地域ぐるみで取り組んでいる。

　日暮沢小屋からの登山道は、各ポイントに付けられた名前が面白い。まずはゴロビツ沢源頭水場の「ゴロビツ」。ビツは「櫃」で曲げ物の弁当箱、飯びつを意味すると考えられるが、なぜ「ゴロビツ」と呼ぶのかは不明だ。「清太岩山」は、清太という猟師が、この山の鞍部が熊の通り道なのでそこで熊捕りをしたことに由来するという。「ユウフン山」は昔、山形大学の先生が調査に行った折、山頂の石の上に「熊糞」があったことから名付けたといわれるが、漢字が読みにくいため、カタカナ表記が定着したのではないかと思われる。

　竜門山周辺は、岩井又沢から吹き上げる風が強い所で、ガスが垂直に立つ光景も見られ、主稜線上の気候の境目でもある。

▲竜門山からユウフン山と清太岩山（奥）

▲日暮沢小屋

登山適期（月）　適期は6月下旬〜10月。

1	2	3	4	5	6	7	8	9	10	11	12

■ **交通・マイカー**
　JR左沢線寒河江駅（バスターミナル）から西川町営バス利用、道の駅にしかわ下車。道の駅にしかわからは日暮沢小屋までタクシー利用で約1時間。小型（4人）で10,300円ほど。マイカーは国道112号「月山インター」から県道27号線を経由、根子から日暮沢への林道に入る。日暮沢小屋に駐車場あり。

■ **ワンポイントアドバイス**
　①バス利用の場合は、本数が少ないので、運行時間などを必ず事前に確認すること。確認は西川町営バス（西川町役場）☎0237-74-2111。②ユウフン山から竜門山へ直登する手前まで数カ所、根子川に面した登山道が花崗岩の小石で滑りやすいので注意。

■ **問い合わせ**
　（一社）月山朝日観光協会　　☎0237-74-4119

コースガイド

日暮沢小屋❶からゴロビツまでは、登り始めから急登が3段階に途切れて続く。尾根道を登っていくと、ゴロビツ直前に大井沢集落の見える展望台がある。もうひと息で**ゴロビツ沢源頭水場❷**である。水場は右に少し下がった所にある。ここがコース中唯一の水場なのでしばし憩いたい。ゴロビツの上はわずかな間であるが、水が染みて足場が悪い。

ヌマガヤの草付きが出てくると、少し展望が開け道は平坦になる。緩やかな登りを登れば**清太岩山❸**である。清太岩山からは、小朝日岳、大朝日岳、以東岳、天狗角力取山から三方境のコースなどが展望できる。

清太岩山から急登を少し下って、ダラダラ登れば**ユウフン山❹**である。ここから望む大朝日岳から以東岳までの大パノラマは圧巻だ。また、ユウフン山一帯は紅葉の季節が特に素晴らしく、美しい表情に思わず息をのんでしまう。竜門山までは小さな

アップダウンを2回繰り返し、急登を2段登り詰めれば主稜の分岐に着く。

竜門山山頂❺は、分岐から100メートルほど大朝日岳方向へ行った所にある。山頂を示す標識はない。分岐から右に下ると竜門小屋で、竜門小屋からは鷲ヶ巣山をはじめ、村上市街が近くに見える。

コース上から朝日の山々を見ると、その広大さが実感できる。その広さゆえにアプローチが長くなるのであるが、山形県からの最短ルートを活用し、ゆとりをもった山行を楽しみたい。

▲オベリスクと寒江山

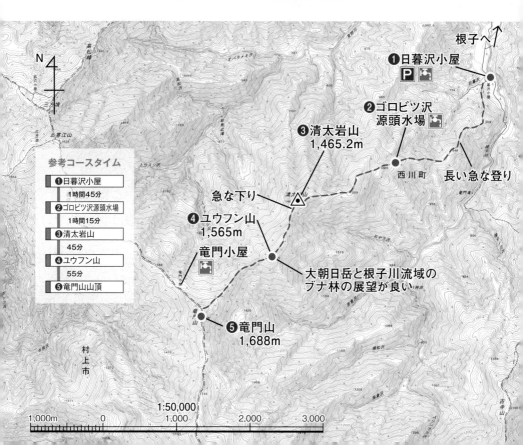

参考コースタイム

❶日暮沢小屋	
1時間45分	
❷ゴロビツ沢源頭水場	
1時間15分	
❸清太岩山	
45分	
❹ユウフン山	
55分	
❺竜門山山頂	

❶日暮沢小屋
🅿 🏠

根子へ

❷ゴロビツ沢源頭水場 🏠

❸清太岩山
1,465.2m

急な下り

西川町

長い急な登り

❹ユウフン山
1,565m

竜門小屋 🏠

大朝日岳と根子川流域のブナ林の展望が良い

❺竜門山
1,688m

村上市

N

1:50,000

1,000m　0　1,000　2,000　3,000

寒江山
かんこうさん

村上市・西川町（山形県）　1,694.9m

難易度　★★★★★

執筆／三面山岳会　遠山　実
調査／新潟楽山会　斎藤良弘

▶南寒江山から
望む寒江山

3つのピークを並べた
高山植物の宝庫

寒江山は、新潟県村上市と山形県西村山郡西川町の県境に位置し、北寒江山、寒江山、南寒江山の3峰からなる。朝日連峰の主稜線のやや北に座り、眺望に恵まれた山だ。

山名の読み方は「カンコウ」であるが、深田久弥の『日本百名山』では「さがえ」とルビが付けられている。地名では「寒河江」と書いて「サガエ」と読むので、混同したのかもしれない。

「カンコウ」の山名は、岩石がごろごろした険しい崩壊地を指す方言「がっこう」が転訛したものとされている。

山の東面は見附川の源流、西面は岩井又川の上流部ガッコ沢、中俣沢に突き出た尾根があり、三面口の相模山から見る山容はことさら風格が漂う。

寒江山、南寒江山一帯は、その山名が示す通り岩石が多い。中腹付近の登山道沿いには階段状構造土が点在し、ミヤマウスユキソウ、タカネマツムシソウ、ハクサンイチゲ、イブキジャコウソウなどの乾性高山植物が豊富だ。

北寒江山からは相模山を経由して新潟県側に下る三面口コースがある。三面口は新潟県側からの唯一の入山コースで、東北有数のロングコースとして知られる。入念に準備して、こちらからもチャレンジしていただきたい。

▲竜門小屋付近から望む南寒江山（左）、寒江山（中）、北寒江山（右）

▲百花繚乱、花の楽園である

登山適期（月）　適期は6月下旬～10月。

1	2	3	4	5	6	7	8	9	10	11	12

■ 交通・マイカー
JR左沢線寒河江駅（バスターミナル）から西川町営バス利用、道の駅にしかわ下車。道の駅にしかわからは日暮沢小屋までタクシー利用で約1時間。小型（4人）で10,300円ほど。マイカーは国道112号「月山インター」から県道27号線を経由、根子から日暮沢への林道に入る。日暮沢小屋に駐車場あり。

■ ワンポイントアドバイス
①バス利用の場合は、本数が少ないので、運行時間などを必ず事前に確認すること。確認は西川町営バス（西川町役場）☎0237-74-2111。②ユウフン山から竜門山へ直登する手前まで数カ所、根子川に面した登山道が花崗岩の小石で滑りやすいので注意。

■ 問い合わせ
（一社）月山朝日観光協会　　　　　　　☎0237-74-4119
村上市朝日支所（三面口）　　　　　　　☎0254-72-6883

コースガイド

ここでは日暮沢小屋から竜門山を経由し、寒江山に至るコースを紹介する。ただし、竜門山までのコースは、先に記した内容と全く同じなので、詳しくは竜門山の項を参考にしていただきたい（❶〜❺）。

竜門山の山頂からわずかに下ると竜門小屋である。竜門小屋からは、低いピークを2つ越えて少し長い登りを登れば南寒江山に着く。山頂からは相模山の景観が良く、目指す寒江山は指呼の間だ。南寒江山、寒江山の両ピークとも石がゴロゴロ点在している。

寒江山❻から北寒江山までは下りとなるが、登山道近くには階段状構造土の棚田のような地形を見ることができる。また、三方境直下には狐穴小屋があり、三面口からの入山に利用する人が多い。この三面口からのルートは非常にアプローチが長く、大上戸山、相模山を経由して北寒江山まで約14時間。途中の道陸神峰避難小屋で1泊し、目的地

によって狐穴小屋か竜門小屋を利用する計画を立てた方がよい。

竜門小屋から北へ続く稜線は、知る人ぞ知る高山植物の宝庫である。ヨツバシオガマ、コケモモ、ニッコウキスゲ、ミヤマリンドウ、エゾオヤマリンドウ、オノエラン、ミネザクラなど、百花繚乱、花の楽園といった感じだ。足を止めて見とれてしまうと、もう動きたくなくなってしまう。この稜線は山の起伏も穏やかで、のんびりとした山歩きが堪能できる。

▲寒江山から竜門山へのお花畑

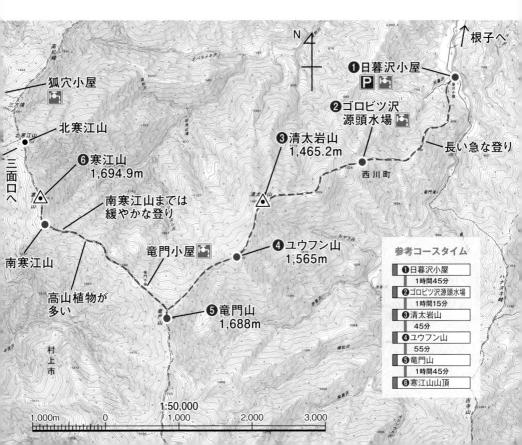

参考コースタイム

❶日暮沢小屋
1時間45分
❷ゴロビツ沢源頭水場
1時間15分
❸清太岩山
45分
❹ユウフン山
55分
❺竜門山
1時間45分
❻寒江山山頂

1:50,000

1,000m 0 1,000 2,000 3,000

11 下越	西朝日岳 にしあさひだけ

村上市・西川町(山形県)・小国町(山形県)　**1,814.3m**

難易度 ★★★★★

執筆／三面山岳会　遠山　実
調査／新潟楽山会　金田正一

▶中岳から望む
どっしりした西
朝日岳

たおやかな表情を見せる
朝日連峰第2の高峰

　西朝日岳は、新潟県村上市と山形県西川町、小国町の県境に位置する。本三角点(1,814.3メートル)は登山道からわずかに外れた所(主綾の登路から約10分)にあり、朝日連峰第2の高峰である。

　山頂は平坦で、主峰の大朝日岳(1,870.8メートル)とは対照的にどっしりした山容を誇る。西に三面川の支流岩井又川、南に荒川、東に根子川と、美しい原生林から秀河の源を発し、県境の山にふさわしい佇まいだ。

　北に続く山稜は起伏の穏やかなピークを配するが、荒川源頭流域の東は雪の浸食により岩肌が剥き出しとなり、様相が一変する。冬の偏西風によって風下側(東・南面)に大量の雪が落とされ、これが長い年月をかけて風下側だけを急峻に削るのだ。西朝日岳周辺では、二重山稜(舟窪)や階段状構造土、非対称山稜など、雪による特異な地形変化が顕著に見られる。

　山域はヒナウスユキソウ、イワウメ、コケモモ、ハクサンイチゲなどの高山植物も豊富。3つの深い川の影響で気象変化が激しく、ガスがかかりやすい山域でもある。

　広大で深い渓谷を有する景観は、四季折々に登山者の胸を打つ。特に残雪期のブナの新緑、夏の高山植物の競演、秋の黄金の紅葉は筆舌に尽くし難い。西朝日岳は、朝日連峰の魅力を存分に伝える「感動の山」である。

▲西朝日岳から望む中岳、大朝日岳

▲西朝日岳山頂、後方に本三角点

登山適期(月)　適期は6月下旬〜10月。

1	2	3	4	5	6	7	8	9	10	11	12

■ **交通・マイカー**
　JR左沢線寒河江駅(バスターミナル)から西川町営バス利用、道の駅にしかわ下車。道の駅にしかわからは日暮沢小屋までタクシー利用で約1時間。小型(4人)で10,300円ほど。マイカーは国道112号「月山インター」から県道27号線を経由、根子から日暮沢への林道に入る。日暮沢小屋に駐車場あり。

■ **ワンポイントアドバイス**
　①バス利用の場合は、本数が少ないので、運行時間などを必ず事前に確認すること。確認は西川町営バス(西川町役場)☎0237-74-2111。②竜門滝の手前で崩落した沢を高巻きにする。15mほど上り下りするが、急斜面のためスリップに注意。

■ **問い合わせ**
　(一社) 月山朝日観光協会　　　☎0237-74-4119

コースガイド

ここでは日暮沢小屋から大朝日岳を経て西朝日岳を目指すコースを紹介する。下山は竜門山を巡っての周遊がおすすめだ。健脚なら1日で回ることも可能だが、大朝日岳直下の大朝日岳小屋に宿泊し、夕日に染まる朝日連峰やご来光をゆっくり楽しみたい。

日暮沢小屋から根子川に沿ってほぼ平坦な林道を進む。竜門滝を過ぎるとハナヌキ峰まで急な登りになる。**ハナヌキ峰分岐❶**で古寺鉱泉からの道と合流し、三沢清水を経て、斜度を増す登山道を古寺山へ向かう。古寺山では展望が開け、朝日連峰のパノラマが目の前に広がる。

古寺山から小朝日岳の途中、右へ熊越へのトラバース道を分けるが、**小朝日岳❷**を目指す。小朝日岳から大きく迫る大朝日岳を拝んだら熊越の鞍部まで下り、登り返して気持ちの良い稜線を進む。この辺りは、7月初旬、ヒメサユリの群生が美しい。

銀玉水の冷たい水で喉を潤したら大朝日岳への最後の登りだ。両脇に咲く花に励まされながら高度を上げ、稜線に出れば**大朝日小屋❸**は目の前。小屋から**大朝日岳❹**は10分ほどの距離である。山頂から360度の大展望を楽しみたい。

翌朝、ご来光を拝んだら大朝日小屋を出発。ヒナウスユキソウ、マツムシソウを愛でながら少し下り、金玉水を右に見て中岳へ。中岳山頂を巻くと、前方にどっしりとした山容の西朝日岳が現れる。いったん下って登り返し、**西朝日岳の山頂❺**に至る。振り返ると歩いてきた大朝日岳と中岳、その後方に蔵王連峰と吾妻連峰、遠く飯豊連峰、月山、鳥海山の名峰を望む。

展望を楽しんだら、緩やかな稜線を下って竜門山へ。この間は西側からの風が強くなるので注意が必要だ。竜門山から先、日暮沢小屋までのコース状況については「竜門山」の項に詳しい。

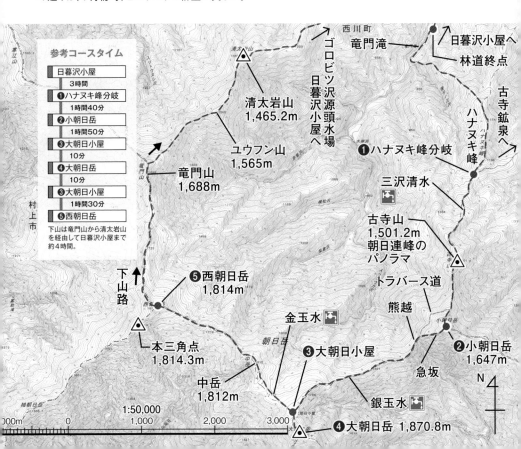

参考コースタイム

日暮沢小屋	
	3時間
❶ハナヌキ峰分岐	
	1時間40分
❷小朝日岳	
	1時間50分
❸大朝日小屋	
	10分
❹大朝日岳	
	10分
❸大朝日小屋	
	1時間30分
❺西朝日岳	

下山は竜門山から清太岩山を経由して日暮沢小屋まで約4時間。

西川町
竜門滝　　日暮沢小屋へ
林道終点
古寺鉱泉へ

ゴロビツ沢源頭水場
日暮沢小屋へ

❶ハナヌキ峰分岐
ハナヌキ峰

清太岩山 1,465.2m

三沢清水

ユウフシ山 1,565m

竜門山 1,688m

古寺山 1,501.2m
朝日連峰のパノラマ

トラバース道
熊越

❺西朝日岳 1,814m

下山路

金玉水

❷小朝日岳 1,647m

本三角点 1,814.3m

❸大朝日小屋

急坂

村上市

中岳 1,812m

銀玉水

1:50,000

❹大朝日岳 1,870.8m

N

12
下越

光兎山
こうさぎさん

関川村　966.3m

難易度 ★★★☆☆

執筆／関川村山の会　横山征平／平田大六
調査／阿賀北山岳会　安久昭男

▶田植えの頃、天に駆け上がる兎の雪形が現れる

ブナとヒメサユリ、眺望一級の単独峰

「コ ウサギ サン」と読んで「小兎山」「子兎山」と漢字をあててしまいそうだが、「コウ サギ サン(コーサギサン)」と読む。

光兎山は新潟県岩船郡関川村の北東に位置し、貞観3年(861年)、比叡山延暦寺座主慈覚大師の開山といわれる。以来、修験者の道場としての歴史を秘め、長く女人禁制とされてきた。それを物語るものがコースにある花崗岩の巨石「姥石」である。これは「禁」を犯して登った女性が石にさせられたものだという。関川村史(1992年)によれば「昭和24年(1949年)5月19日、新潟県高等学校体育連盟登山部の行事で、208人の参加者の中に40人の女生徒が混じっていて解禁となった」とある。麓の宮前集落には立派な光兎神社があり、信仰はあつい。

山名は「光兎山」、古い文献には「香鷺山」「鴻鷺山」なども見られる。「兎」の由来は、春、残雪のころ、山頂西面のカラキ沢源頭にウサギの雪形が現れることにあるという。

三角錐形の独立峰であるため展望はよく、周辺山岳や地形を観察するにはよい山である。また、この特徴的な山容は、平地から容易に確認できる。このため、日本海を航行する北前船の時代はもとより、現代でも沿岸漁船などの航海者のためのよい目標物に利用されている。

▲4月の残雪期、雷峰から先、光兎山まで

▲左に鷲ヶ巣山、奥に朝日連峰、頂上からの眺望の一角

▲四季を通じ、そして雨の日さえブナ林は美しい

登山適期(月) 適期は4月中旬～11月中旬。一般登山者の入山は5月以降の無雪期に入ってからが望ましい。

1	2	3	4	5	6	7	8	9	10	11	12

■ **交通・マイカー**
JR米坂線越後下関駅から中束までバスがあるが本数が少ない(駅から約10km)。タクシーもあるが、マイカー利用が望ましい(駐車場は10台程度)。

■ **ワンポイントアドバイス**
①紹介コース上に山小屋、トイレはない。②紹介コース上の水場は観音峰の先、登山道左を下った所にあるが、登り下りの労力を考えると最初から持参した方が賢明。

■ **問い合わせ**
関川村観光協会　☎0254-64-1478

コースガイド

光兎山の登山口は、中束口と千刈口の2つがあり、いずれも集落名である。ここでは利用者の多い中束口を紹介する。

中束から県道を0.2キロメートル進むと藤沢川に架かる二峰橋があり、右側に「光兎山登山口」の案内板がある。渡橋右折して林道に入り、すぐの分岐から左に進み、植林地を縫うように走行すると2キロメートルほどで**登山口❶**に着く。駐車場は林道脇にあり、登り口に案内板と登山届入れが設置されている。

登山道はスギやマツの植林地を緩やかに登り、**主稜分岐点❷**で千刈口コースと合する。道は雑木林となり、徐々に高度を上げていく。ブナの二次林が現れて**虚空蔵峰❸**に着く。天保10年（1839年）と刻まれた一対の石灯籠と、文化14年（1817年）の虚空蔵菩薩の文字塔があり、女川流域の眺めがよい。すぐ前方に三等三角点（点名「奥山」629.4

メートル）がある。

山腹を下降し登り返した所が**観音峰❹**である。新しく建て替えられた祠の周りは、古い整地跡で30人は休める。わずかの急下降で鞍部に下りる。北側を下ると水場がある（往復6分）。

雷峰への登りは長い。ブナ林を抜けると、雷権現の刻石があり、展望の利いた**雷峰❺**に到着する。油コボシの礫岩を下り稜線を行くと、軽トラックほどの「姥石」が現れる。やがて最低鞍部に下り、ここから170メートル、最後の急登となる。右下に「アガタ石」も見える。

光兎山山頂❻には二等三角点、金属製の祠、標柱などがあり、飯豊や朝日連峰、日本海など圧巻の眺望である。

▶6月上旬、雷峰から先にヒメサユリが咲き始める

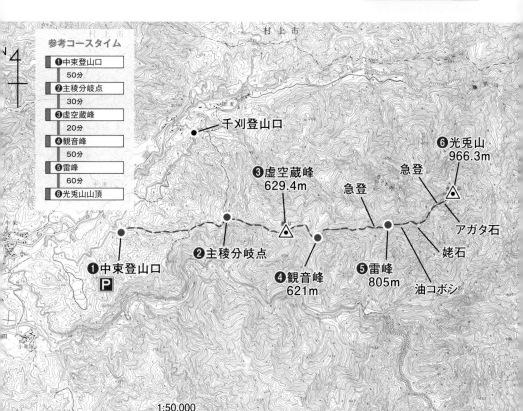

参考コースタイム	
❶中束登山口	
50分	
❷主稜分岐点	
30分	
❸虚空蔵峰	
20分	
❹観音峰	
50分	
❺雷峰	
60分	
❻光兎山山頂	

千刈登山口

❻光兎山
966.3m
急登

❸虚空蔵峰
629.4m

急登

アガタ石
姥石

❷主稜分岐点

❹観音峰
621m

❺雷峰
805m

油コボシ

❶中束登山口

1:50,000

1,000m   0   1,000   2,000   3,000

朴坂山
ほうざかやま

関川村　438.2m

難易度 ★☆☆☆☆

執筆・調査／関川村山の会　渡邊忠次

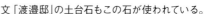

▶朴坂集落と朴坂山

大蛇伝説のふるさと
一等三角点本点を持つ里山

朴坂山は一等三角点（本点）の山として知られ、手軽に登れる山として近年登山者が増えている。朴坂集落の登山口は、朴坂神社登拝路からと脇ノ沢からの2コース。神社コースはかつて観光栗園で賑わっていた時代があった。

苔むした朴坂神社の石段を右に見て、細い山道をたどると脇ノ沢コースに合流する。脇ノ沢コースは、朴坂山の山腹崩壊防止のための工事用道路として造られたものだ。削り取られた露岩が至る所で見られ、地層を観察するのに最適である。今から1500万年ほど前、この付近は海で、火山活動によってマグマが釜杭層（津川層）と呼ばれる砂礫層を貫いて噴出し、朴坂山ができたという。

一等三角点が据えられた山頂の脇には、朴坂神社奥社が祭られている。これは地元朴坂集落が平成14年（2002年）に建立したもので、この山の生成岩である「流紋岩」を鏡状に磨き上げたものをご本尊としている。

この山塊には石切場跡も残る。江戸時代にはここで産出する「緑色凝灰岩」（グリーンタフ）を切り出し、女川を船で運び、神社仏閣の石段や住宅土蔵の土台石として利用した。朴坂神社の石段や重文「渡邉邸」の土台石もこの石が使われている。

低山の夏は花が少ないが、脇ノ沢コースを歩くと、ピンクの花が咲く雑木が目に付く。この木は「クサギ」といって、触ると臭気があるのでほかの樹種と区別しやすい。

朴坂山南西方向の薬師岳西面には「阿古屋谷」がある。「えちごせきかわ大したもん蛇まつり」の竹とワラで作った大蛇は、ここの大蛇伝説がヒントで考案され、ギネスブックにも登載されている。この薬師岳（嶽薬師）、朴坂山、要害山を巡る周遊コースは、近年ボランティアにより再整備されている。

中世、修験者が往来した峰々は、色部条と荒川保の境界争い、製鉄遺跡など、数々の歴史と伝説に彩られている。

▲女川河岸段丘を望む

▲朴坂山展望台から飯豊連峰（左奥から大境山、飯豊山、杁差岳）

登山適期（月） 適期は4月〜11月。一般登山者は降雪期、残雪期を避けた方がよい。

1	2	3	4	5	6	7	8	9	10	11	12

■ **交通・マイカー**
JR羽越線坂町駅からタクシーで20分、JR米坂線越後大島駅からタクシーで10分。マイカーは朴坂集落近くの脇ノ沢コース入り口に15台ほどの駐車スペースがある。

■ **ワンポイントアドバイス**
①水は脇ノ沢登山口で汲めるが、夏場は枯れることもある。②地元の朴坂集落では毎年登山道の整備を行っており、山の詳しい情報を聞くことができる。③バスはJRとの連絡や運行本数の関係で利用は不向き。

■ **問い合わせ**
関川村観光協会　　　　　　　☎0254-64-1478
朴坂山の会（会長・佐藤修一）☎0254-64-0728
荒川タクシー　　　　　　　　☎0254-64-1042

コースガイド

国道290号、桂集落入り口のバス停を右に見て、女川の取水堰を通り過ぎる。家屋が1軒ある所から左折すると、「朴坂線」の青い標識がある。1キロメートル先を再び左折し、坂道を下りて朴坂橋を渡る。沢沿いに左方向へ行くのが脇ノ沢コースだ。遮断機があるので車はここまで。脇ノ沢コース入り口に駐車場がある。

ここでは朴坂神社からのコースを紹介する。朴坂橋から道なりに400メートルほど進むと朴坂集落に到着する。朴坂山登山案内図の大きな看板があり、電柱脇に矢印で朴坂山と記された小さな標識もある。左右に人家を見ながら100メートルほど坂道を進むと再び標識があり、そばにポストがあるので登山届を入れたらよい。ここからは1本道で迷うことはない。

登山口からは鬱蒼とした杉林の中を進む。栗園開園の当時に整備したコンクリート敷きの細い道が今も残っており歩きやすい。40分ほどで脇ノ沢コースと合流するが、上を目指して進めばよい。ここから10分ほどで急登となる。急な登りが続く中で、山稜まで2カ所展望所がある。

稜線はT字路となっていて、左方向が目指す朴坂山だ。大して苦にならない小さな登り下りを繰り返すと、山頂の標識が出てくる。左折すると1分もかからないうちに山頂に出る。

山頂には一等三角点の標識が中央の赤松に結わえてあり、地面に御影石の標石が埋め込まれている。ここから東に数分歩けば圧巻の展望が待っている。山頂脇の朴坂神社奥社前広場は、大勢で休憩できる広さがある。荒川河口、日本海を眺めるには、稜線に戻って南西に数分歩いた岩峰からがよい。

▶朴坂神社奥社
（撮影・須貝幹雄）

参考コースタイム

①
朴坂神社登山口
1時間40分
朴坂山山頂
1時間
朴坂神社登山口

②
脇ノ沢登山口
30分
神社登山口道と合流
1時間
朴坂山山頂
50分
脇ノ沢登山口

朴坂神社登山口

朴坂

女川橋

宮前

朴坂橋

脇ノ沢コース
入り口駐車場 P

上野新

脇ノ沢コース

朴坂山
△
朴坂山
438.2m

嶽薬師

290

1:25,000

500m   0   500   1,000   1,500

桂川　桂

↓高田橋へ

高坪山
たかつぼやま

村上市・胎内市　570.5m

難易度 ★☆☆☆☆

執筆／荒川ワンダーフォーゲル　坂野雅之
調査／豊栄山岳会　島　伸一

▶登山口脇の牧草地から高坪山山頂と虚空蔵山荘

数多くの古城伝説と日本最古の油田を残す

　高坪山は、胎内川と荒川に連なる蔵王山系の主峰で、その中央に鎮座する。標高は570.5メートルと低山の里山であるが、稜線のブナ林は素晴らしく、大人が抱えられないほどの大木も、虚空蔵峰から荒島城コースに見られる。また、山頂から三方境を経由して続く、中峰から蔵王権現付近のブナも見応え十分だ。

　植生は、雪国特有のブナ林の中にユキツバキやユズリハなどが混生する。春にはイワウチワやオオイワカガミ、シラネアオイなどの花が咲き誇る。

　高坪山は、村上市の荒川地区では昔から「前山」「元山」「梨の木山」と呼ばれていた。胎内市の黒川地区では「蔵王山」の名で親しまれている。

　高坪山には「蔵王権現」「蔵王山城」、荒川側にも「貝附城跡」「荒島城跡」といくつもの古城伝説が残っている。また、山麓の黒川地区下館、塩沢には「シンクルトン記念公園」があり、日本最古の油田とされる「臭水油坪」が残っている。ここの自然湧出する臭水（原油）を天智天皇（626〜672年）に献上したと伝えられていることから、「高い位の天皇に献上した油坪のある山」で「高坪山」と名付けられたのではなかろうか。

　今から40年以上前は、登山道と呼べる代物は、蔵王権現から中峰付近までしかなかった。その後、荒川ワンダーフォーゲルが荒川地区より山頂までの登山道を開拓している。そして近年では、年間2万人近い登山客が訪れる山にまでなった。多くの史跡と歴史に彩られた山として、これからも大切に守っていきたい山である。

▲飯豊連峰見晴台から飯豊の美しい山並み

▲蔵王権現跡

登山適期（月）　適期は3月上旬〜12月中旬。早春の残雪期から雪の降り始める登山納めまで楽しめる。

1	2	3	4	5	6	7	8	9	10	11	12

■ 交通・マイカー
JR羽越本線坂町駅から虚空蔵登山口まで約3.5km。マイカーは国道113号から荒川総合運動公園入り口を経て登山者駐車場（約30台）に駐車。

■ ワンポイントアドバイス
①蔵王コースには「蔵王分岐」と「三方境分岐」、虚空蔵コースには「虚空蔵峰分岐」がある。分岐の案内標識に注意すること。②紹介コース上の水場は、蔵王コースの大沢1カ所。トイレは虚空蔵山荘の前のみ。③登山口付近の林道には駐車せず、専用駐車場に必ず駐車すること。④登山口に登山届のポストあり。

■ 問い合わせ
村上市荒川支所産業観光室　☎0254-62-3105
胎内市商工観光課　☎0254-43-6111

コースガイド

高坪山は蔵王コースからの周遊が一般的で半日もあれば十分楽しめる。虚空蔵山荘前を通り、**虚空蔵登山口①**から右の蔵王コースを進む。木の伐採跡を右手に見ながら登ると、休憩用のベンチが設置された場所もある。**蔵王分岐②**を越えて最後の急登を登り切ると**山頂③**だ。山頂には鐘が設置されており、お地蔵様が鎮座している。西に日本海が開け、村上や中条の町並みに水田、粟島、佐渡がよく見える。特に田植えの頃、水田に夕日が映えるさまは時を忘れるほど美しい。

山頂から稜線上の虚空蔵コースを進み、反射板のある**飯豊連峰見晴台④**に出ると、東南方向に杁差岳からの飯豊連峰や二王子岳がよく見える。この道は4月にはイワウチワやカタクリ、ショウジョウバカマなどの花に彩られる。

ブナの木々の間を通り**虚空蔵峰分岐⑤**に出る。東北東に朝日連峰も見える。ここから左手に下り

ると、間もなく虚空蔵奥の院跡への道が左に見えてくる。奥の院には平成元年（1989年）に有志により人力で運び上げられた石の鳥居が奉納されている。420メートル付近からは木の階段が続く。急な階段を下りれば小さな川があり、緩やかな道を進んで虚空蔵登山口に戻る。

高坪山にはこの周遊コース以外に、村上市側からの「貝附山コース（貝附山山頂を経由）」「荒島城コース（荒島城跡を経由）」、胎内市側からの「蔵王集落コース（蔵王権現、釈迦岳、中峰を経由）」があり、健脚者には1日かけての縦走をおすすめしたい。

▶日本海に沈む夕日が水田を染める

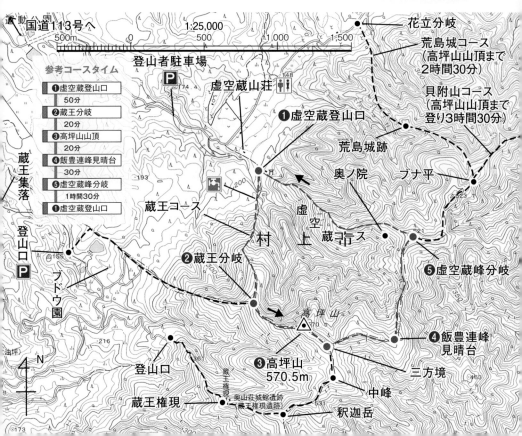

国道113号へ

1:25,000

登山者駐車場

虚空蔵山荘

①虚空蔵登山口

荒島城跡

奥ノ院

ブナ平

花立分岐

荒島城コース
（高坪山山頂まで2時間30分）

貝附山コース
（高坪山山頂まで登り3時間30分）

⑤虚空蔵峰分岐

蔵王集落

登山口

ブドウ園

参考コースタイム

①虚空蔵登山口	
	50分
②蔵王分岐	
	20分
③高坪山山頂	
	20分
④飯豊連峰見晴台	
	30分
⑤虚空蔵峰分岐	
	1時間30分
①虚空蔵登山口	

蔵王コース

虚空蔵コース

村上

②蔵王分岐

④飯豊連峰見晴台

三方境

③高坪山 570.5m

中峰

登山口

蔵王権現

奥山荘城館遺跡
蔵王権現遺跡

釈迦岳

N

173

15
下越

大平山
おおだいらやま

| 村上市 | 560.8m |

難易度 ★☆☆☆☆

執筆・調査／佐藤　博

▶大平山全景(山頂は左のピーク)

低山では希少な ブナの原生林が広がる

　大平山は、村上市の南西に位置し、山域は2級河川「石川」の水源地である。石川は、笛吹川、百川の支流を合しながら、岩船米の主産地である神納平野の田園を貫流し、岩船港から日本海に注いでいる。

　登山道は平成9年(1997年)、地元の南大平集落や旧神林村山の会の人々によって伐開された。さらに平成16年(2004年)には旧神林村時代に村が新しく「南俣ルート」を開き、周遊登山が可能になった。1周約10キロメートル、1日かけた山歩きも楽しめ、大平山は手軽な里山として年々親しまれてきている。

　登山口から山の中腹までは植林されたスギ林だが、頂上付近は手つかずのブナ林が広がり、深山の趣を残している。この原生林は、樹高20メートル以上にもなるブナの巨木が見られ、残雪期から早々と若草色の若葉が見頃を迎える。大平山頂上から直登コースを10分ほど下った所にある幹回り4メートルにもなる双幹ブナの巨木も一見の価値ありだ。また、11月初旬のブナ林の紅葉も素晴らしい。山頂に登って1時間ほど余裕があれば、2市村境界まで足を延ばし、朝日連峰方面の景色を堪能するのもいい。

　登山口は南大平ダム湖公園にある。公園内には管理棟をはじめ、キャンプ場、炊事場、トイレなどが整備されている。また、天体観測施設「ポーラスター神林」は、天文ファンにも親しまれている。天文台周辺は光害が少なく、澄み切った夜空は、平成8年(1996年)に環境庁が実施した「全国スターウオッチングネットワーク調査」で、全国2位の素晴らしい空であるという評価がある。

▲双幹ブナの巨木

▲山頂の標識

▲樹洞に人がひとり入れる祠ブナ

登山適期(月) 適期は4月上旬〜11月中旬。

| 1 | 2 | 3 | 4 | 5 | 6 | 7 | 8 | 9 | 10 | 11 | 12 |

■ **交通・マイカー**
JR羽越本線岩船町駅から登山口までタクシーを利用(9.3km・30分弱)。路線バスはない。マイカーは登山口の南大平ダム湖公園駐車場を利用。

■ **ワンポイントアドバイス**
①コース上に水場はない。登山口の駐車場で水の補給を忘れずに。②登山口に登山届ポストあり。③平成30年度から「森林基幹道 岩船東部線」が着手され、キャンプ場から直登コースへ通じる林道が工事中となっている。平日は工事関係車両が通過するので十分な注意が必要。

■ **問い合わせ**
村上市神林支所(産業建設課)　　☎0254-66-6111

コースガイド

大平山へは、国道290号沿いの村上市（神林地区）殿岡集落から一般道を石川沿いに東へ4キロメートル入った最奥の南大平集落を目指す。登山口はこの集落からさらに3キロメートル先の**南大平ダム湖公園❶**にある。公園にはキャンプ場が整備され、駐車場も広く水場もある。

登山届ポストのある登山口から採草地脇の緩やかな雑木林の道を進むと、程なく公園見晴らし台の東屋に着く。ここからスギの植林されたアップダウンの尾根道を1時間ほど歩くと主稜線に出る。かつては「臥牛展望」「佐渡展望」と見晴らしの良い場所があったが、今は潅木が生い茂り、梢の間から新潟市街や佐渡島がかろうじて見えるだけだ。

やがて登山道を登り下りすると稜線が広くなり、辺りはブナの原生林となって山頂へ導かれる。春の新緑に秋の紅葉と、四季折々に姿を変えるブナ林を見るのも楽しみのひとつだ。**山頂❷**には二等

三角点があり、ブナ林の中で50人ほどが休める広場となっている。ブナの樹間から朝日連峰、鷲ヶ巣山、光兎山、飯豊連峰と眺望も尽きない。

頂上でゆっくり休憩し、下山に頂上直下の直登コースを選ぶと、10分ほどで大平山1番の**双幹ブナの巨木❸**である。また、さらに15分ほど下ると**祠ブナの巨木❹**に会うことができる。頂上から1時間あまりで林道を経由し、登山口の南大平ダム湖公園駐車場に着く。このコースは足元が滑りやすく、急勾配の場所もあるので子供連れにはおすすめできない。また、林道付近のスギ林には山ヒルが多く生息するので要注意だ。梅雨時から初秋にかけての山ヒルの活動期を避けるのであれば、往路を戻るのが無難と思われる。

1日かけて大平山を楽しむのであれば、2市村境界を経由し、南大平ダム湖公園駐車場へと戻る周遊コースもある。このコースは頂上から3時間余りを費やすので、午後3時を過ぎての下山路としてはおすすめしない。

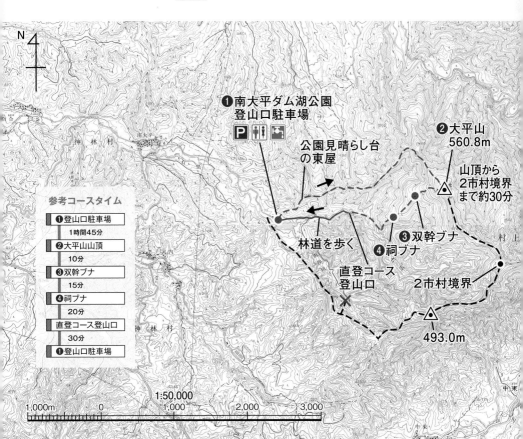

❶南大平ダム湖公園
登山口駐車場

❷大平山
560.8m

山頂から
2市村境界
まで約30分

公園見晴らし台
の東屋

❸双幹ブナ

❹祠ブナ

林道を歩く

直登コース
登山口

2市村境界

493.0m

参考コースタイム

❶登山口駐車場	
	1時間45分
❷大平山山頂	
	10分
❸双幹ブナ	
	15分
❹祠ブナ	
	20分
直登コース登山口	
	30分
❶登山口駐車場	

1:50,000

1,000m　　0　　　1,000　　　2,000　　　3,000

16
下越

鳥坂山
とっさかやま

胎内市　438.5m

難易度 ★☆☆☆☆

執筆／中条山の会　五十嵐　力
調査／胎内MPC　中村秀夫

▶マイクロウェーブを挟んで白鳥山（右）と鳥坂山（左）

城氏一族が築いた「奥山荘」中世山城のロマンを求めて

鳥坂山は越後平野の北部、飯豊連峰を水源とする胎内川左岸に聳え、日本一小さい山脈として有名な櫛形山脈の北端に位置する。最北端の白鳥山と併せ、中世の歴史の山として知られ、県内外から歴史探訪のハイキングに訪れる登山客が多い。

平安末期から鎌倉初期にかけて、この地方が「奥山荘」と呼ばれていた時代から、鳥坂山は「鶏冠山」などの呼び名で文献に登場している。奥山荘は、越後国蒲原郡北部から岩船郡南部にわたる広大な荘園で、今の胎内川の流域一帯にあった。越後平氏の名門、城氏を開発領主とし、白鳥山に山城を築き、羽黒登山口のある羽黒川右岸に館を構え、越後はもちろん会津の一部も支配していた。鶏冠山の由来は「とさか」に似た山容によるものだ。

建仁元年（1201年）、城氏と鎌倉幕府軍の合戦の折、城資国の娘、板額御前が白鳥山の鳥坂城（白鳥城、鶏冠城とも呼ばれる）で強弓を捌いて大活躍し、その名が全国に轟いたことは『吾妻鏡』に詳しい。白鳥山、鳥坂山は南山麓の居館などと国の城館遺跡の指定を受けている。参考までに『大日本地名辞書』の鳥坂山のくだりを紹介しておく。「俗に中条山と云う。中条駅の東を圧して屹立し、

形状鶏冠に似たり。故にトサカと称し、転じて鳥坂と為す。国色志稿に、中条山の麓、羽黒の観音山の城跡を土人は板額御前の城跡と云う。（中略）板額とは飯角御前とあるべきを、鎌倉の人々音読してハンガクと云い、板額の文字をあてたるか。板額とは如何にも出典なき名称とす。飯角の地名は今に鳥坂山の下にのこる」

鳥坂山の山域は全体的に険しく、特に胎内川に面した北面は急峻。危険な箇所が多く、難攻不落の要害の条件を満たしている。最北端の白鳥山から日本海まではわずか7.5キロメートルの距離だ。粟島、佐渡の島影から西に新潟市、北に霞む蒲萄山塊など、四季折々の蒲原のパノラマもこの山ならでは。目を南東に転じれば、広葉樹林の間から遠く飯豊連峰が胎内の山々の奥に聳えている。歴史に、植物に、地質にと興味の尽きない鳥坂山は、宝の山として地元はもとより、各種愛好家に愛され賑わっている。

▶鳥坂山の山頂部

▲山頂から村上方面の眺望

登山適期（月）　適期は4月〜11月。

1	2	3	4	5	6	7	8	9	10	11	12

■ **交通・マイカー**
羽黒登山口までJR羽越本線中条駅から3kmほどなので徒歩かタクシーを利用。羽黒登山口駐車場と白鳥公園駐車場は約20台、胎内観音コースの樽ヶ橋登山口駐車場は50台以上駐車可能。

■ **ワンポイントアドバイス**
①どのコースを使っても鳥坂山山頂まで1時間30分程度で行ける。②歴史探訪を兼ねてハイキングすると一層面白い。あらかじめ胎内市から参考資料を求めて持参することをおすすめしたい。③どのコースも水場がないので水は持参したい。④石切コースは、石切場が崩落の危険があるため、現在は迂回コースとなっている。

■ **問い合わせ**
胎内市商工観光課　　　　☎0254-43-6111

コースガイド

鳥坂山には城氏の城館遺跡のある羽黒登山口駐車場を中心に5つのコースがある。「石切コース」「白鳥コース」「宮ノ入コース」「追分コース」「胎内観音コース」である。

ここでは白鳥山経由の宮ノ入コースを登り、鳥坂山からユズリハノ峰を経由して石切コースを下る周遊ルートを紹介したい。国道7号の羽黒交差点を山側に入り、登山者用の駐車場を目指す。途中、「宮の入登山口」の標識が見えるが、登山口に駐車場はなく、300メートルほど先の**羽黒登山口駐車場❶**に車を止めてここに戻る。

登り始めて30分強、「武者だまり」と呼ばれる平坦な場所に出る。ここから階段状の急登をわずかに登れば**白鳥山山頂❷**だ。頂上部は南北に広く、中世の建築物を思わせる展望楼が設けられている。ここから鳥坂山へ向かう頂稜部に、規模は小さいが3つの空堀が確認できる。山城研究家にとっ

て興味が尽きない夢の跡だ。

大きな深い空堀を下って登ると、**マイクロウェーブ（電波塔）❸**への登りとなる。ここは「紺屋沢の峰」と呼ばれ、鳥坂城の狼煙台があったと伝えられている。さすがに眺望が良い。鳥坂山へは電波塔北側のフェンスに沿って緩やかに下り、流紋岩の露出する足場の悪い急登を登る。見晴らしの良い休み場の右手に細長い二重稜線があり、歴史家の言う「布池跡」がある。鳥坂城の武士たちがこの地形を利用して雨水を確保したという貴重な史跡だが、知る人は少ない。

鳥坂山❹の山頂は2段の広場になっていて、下段は何か建物を建てるために開かれたものといわれている。山頂から胎内観音コースを分け、松沢突き上げの小さな鞍部を登ると**ユズリハノ峰❺**だ。ここから石切尾根を下って駐車場に戻る。

なお、石切りコースは、石切場崩落の危険があるため、現在は迂回コースとなっている。

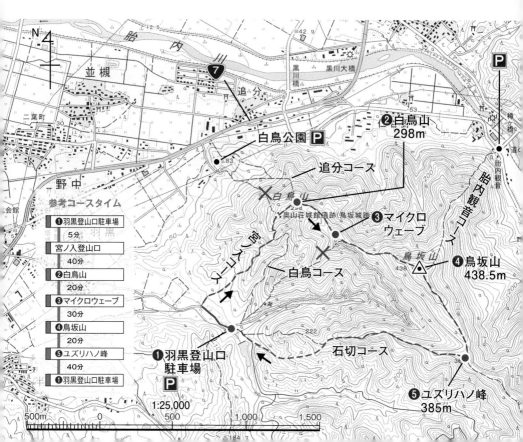

参考コースタイム

❶羽黒登山口駐車場	
	5分
宮ノ入登山口	
	40分
❷白鳥山	
	20分
❸マイクロウェーブ	
	30分
❹鳥坂山	
	20分
❺ユズリハノ峰	
	40分
❶羽黒登山口駐車場	

1:25,000

500m　　500　　1,000　　1,500

櫛形山
くしがたやま

| 胎内市 | 568.0m |

難易度 ★☆☆☆☆

執筆／中条山の会　五十嵐　力
調査／胎内MPC　中村秀夫

▶縦走にチャレンジ
したい櫛形山脈

体力に見合ったコースで
日本一小さな山脈を堪能

　櫛形山は日本一小さな山脈、櫛形山脈の主峰である。櫛形山脈は加治川と胎内川の間に連なる全長約13.5キロメートル、平均標高300メートル未満の低山稜である。

　山脈の称号は国土地理院の前身、旧陸軍参謀本部陸地測量部時代に発行された地形図にも「櫛形山脈」と記載されており、現在もこれが受け継がれている。しかし、ここに「櫛形山」の記載はなく、筆者の提言によって最高標高地点の568メートルを櫛形山と定め、行政を通じて国土地理院に申請した経緯がある。平成元年（1989年）、当時の中条町によって実施された櫛形山脈登山道整備事業を機に「日本一小さな山脈」が、キャッチフレーズとして使われることとなった。

　頂上一帯は見事なブナ林が続き、飯豊連峰や二王子岳、遠く朝日連峰まで見渡す大パノラマは、四季折々に感動を与えてくれる。また、櫛形山付近には史跡も多く、平安末期から鎌倉初期に栄えた奥山荘時代の史跡探訪も魅力的である。主な史跡としては、狼煙台の跡が残るタカツムリ城跡、飯角尾根の山居寺城跡、関沢要害、願文山要害などが挙げられる。

　最近では櫛形山の南西に位置する大峰山だけを訪れるハイカーが増えている。大峰山の向かいには、古くから知られているサクラの名所「橡平サクラ樹林」があり、昭和9年（1934年）に国の天然記念物に指定された。自然自生した約40種類、1,000本ものヤマザクラが群生し、山麓地帯ではオクチョウジザクラ、中腹にはカスミザクラ、山頂付近はオオヤマザクラなどが多いという。種類や生育場所によって開花の時期も花の色も微妙に違うため、4月下旬から5月中旬にかけて順を追って楽しめる。

　櫛形山脈一帯は縦走コースをはじめ、整備されたコースがそろっている。自分の体力にあわせて、歴史探訪、自然観察の山旅を楽しんでいただきたい。

▲櫛形山山頂付近のブナ林

▲中ノ沢尾根から鳥坂山方向

登山適期（月）　適期は4月〜12月。

| 1 | 2 | 3 | 4 | 5 | 6 | 7 | 8 | 9 | 10 | 11 | 12 |

■ **交通・マイカー**
大沢登山口の駐車場は10台。関沢森林公園は20台。飯角登山口は10台。以上の最寄り駅はJR羽越本線中条駅。大峰山・願文山登山口の桜公園は50台で、最寄り駅は金塚駅。

■ **ワンポイントアドバイス**
①いずれのコースも途中に水場はない。②往復登山以外は車を2台用意し、下山口の駐車場に1台止めておく。

■ **問い合わせ**
胎内市商工観光課　　　　　　☎0254-43-6111
新発田市観光振興課　　　　　☎0254-28-9960

コースガイド

櫛形山は目的に応じてさまざまなコースで楽しむことができる。ここでは櫛形山に通じる6つのコースを概括する。

①大沢尾根コース

大沢登山口駐車場に車を置き、尾根筋を行く。ナナカマドの休み場を過ぎるとブナが目立つようになり、この付近から北斜面をイワウチワの群落が覆う。大峰山分岐から櫛形山の肩の部分の稜線を緩やかに下り、見事なブナ林の中をわずかに登ると櫛形山山頂である。登山口から山頂まで所要時間は1時間。

②中ノ沢尾根コース

関沢森林公園登山口から中ノ沢尾根を直登し、櫛形主稜に達するコース。主稜分岐まで1時間20分で、ここから山頂まで15分。

③飯角尾根コース

国道7号飯角交差点を山側に向かう。遮断機の

ある手前の広場が駐車場となる。登山口から比較的急な尾根道が続く。30分ほど登ると史跡「山居寺城跡」があるが、標識がないので確認できない。飯角分岐まで1時間で、ここから山頂まで45分。

④大峰山コース

桜公園駐車場から願文山〜大峰山〜法印瀑分岐を経て櫛形山山頂に至る。危険箇所はないが、所要時間3時間10分と長いコースだ。途中に水場がないので登山口で補給をしてから出掛けよう。

⑤菅谷・大峰山コース

新発田市の菅谷を起点とするコース。箱岩峠の七曲城跡近くから北へ大峰山に向かう。大峰山までは1時間30分で、親子連れにも人気の登山道だ。

⑥櫛形山脈縦走

山脈の登山道は箱岩峠から白鳥山まで切ってある。願文山〜大峰山〜櫛形山〜鳥坂山〜白鳥山の縦走は、休憩を含まず8時間はみておきたい。

参考コースタイム

大沢登山口駐車場	
5分	
登山口	
40分	
大峰山分岐	
10分	
櫛形山	
15分	
中ノ沢分岐	
30分	
飯角分岐	
40分	
飯角登山口	

風倉山
かぜくらさん

| 胎内市 | 931.4m |

難易度　★★☆☆☆

執筆／中条山の会　五十嵐　力
調査／胎内MPC　中村秀夫

▶宮久から風倉山全景

飯豊の山並みを一望する奥胎内の展望台

風倉山は、胎内川とその支流の鹿ノ俣川に挟まれ、胎内スキー場からナリバの峰、黒石山、三光山を経て二王子岳に連なる稜線上に位置を占める。古くから地元民に信仰の山として崇められ、親しまれてきた胎内川流域の名山である。

山頂は西峰、本峰、北峰の3峰から成り、西峰には皇山住神宮の祠と石塔が、本峰には風倉山神宮が、そして北峰には川合神社奥宮の祠が祭られている。また、昭和41年（1966年）、下山時に命を落とした女性の供養碑板が三角点の脇に置かれている。この碑板は当初、頂上西直下にあった岩にはめ込まれていたが、岩が長年の風雪によって崩壊してしまった。剥落した碑板は岩石崩壊を示す貴重な証しともいえよう。

風倉山は飯豊連峰の展望台としても人気が高い。南東方向、奥胎内渓谷の対岸に、鳥坂峰、高倉山、大樽山などの飯豊の前衛峰が連なり、その背後に杁差岳、鉾立峰（大樽山とアゴク尾根でつながっている）、頼母木山、地神山、門内岳、北股岳、そして南方に大日岳など飯豊連峰西面の山々が堂々たる姿を見せる。

残雪期には二王子岳〜風倉山縦走の記録も見

られるが、コースはなく無雪期は密やぶで縦走は無理であろう。古来、風倉登山は宮久から鹿ノ俣川左岸に沿って山の神（祠）の上部で渡渉し、鱒谷沢（上部をム沢と呼ぶ）の左岸から一本松尾根に取り付いていた。現在は集水ダムまで舗装された林道が延び、鱒谷沢橋を渡った先の尾根取り付きまで林道があるので渡渉の心配もない。しかし、キタゴヨウマツの大木が結構多く分布するのに、なぜ昔の人は一本松尾根と名付けたのだろう。集水ダムまでの林道は一般車両通行止めとなっているため、ゲートより先は徒歩となる。1時間余りのアプローチだが、鹿ノ俣川の自然観察と思えば苦にならない。登山道はダムのバックウォーター（人造湖）を見下ろしながら緩やかな尾根をたどり、急登を登り切ると西方からの尾根と合流し、左に折れて西峰に至る。

風倉山の名称のいわれは定かではないが、胎内渓谷から吹き上げる風と、頂上東面直下の岩場（倉は岩を意味する）から来ているのだろうか（この岩場はコースから見えない）。それとも昔、信仰登山者がこの山で聞いたという「御神楽の音色の集団幻聴」から来ているのだろうか。いずれにせよ決め手に欠ける。

▲山頂から飯豊連峰

| 登山適期(月) | 適期は5月〜11月。比較的標高の低い山であるが、林道の除雪が終わる5月連休以降が望ましい。 |

| 1 | 2 | 3 | 4 | 5 | 6 | 7 | 8 | 9 | 10 | 11 | 12 |

■ 交通・マイカー
JR羽越本線中条駅からタクシー利用、風倉駐車場まで約30分。マイカーは国道7号下館交差点から胎内スキー場へ向かい、風倉駐車場まで約20分（駐車スペースは100台以上）。

■ ワンポイントアドバイス
①コース中には水場がないので事前に用意する。②コース上に避難小屋はないので、悪天候での登山は避けること。

■ 問い合わせ
胎内市商工観光課　　　　　　　☎0254-43-6111

コースガイド

　ここでは、風倉山信仰登山の参拝路として昔から親しまれてきた、鹿ノ俣川コース（一本松尾根）を紹介する。

　胎内スキー場・**風倉駐車場❶**の広い駐車場に車を止める。ゲートをくぐり、鹿ノ俣林道を1時間ほど歩く。舗装された道の終点が**集水ダム❷**だ。そこから鱒谷沢の橋を渡り、すぐ左手の登山道を登っていく（登山口に標式あり）。

　一本松尾根に出て、広葉樹林にキタゴヨウの交わる尾根道を登る。いくつか急登があるが、さほど苦にならない。左上部に風倉山西峰が見え隠れしてくると間もなく西方からの尾根と合流し、左に踏み跡をたどって短い急登を登ると西峰だ。このピークには皇山住神宮の石祠と石塔が祭られており、展望も一気に開ける。

　眼前の風倉山本峰へは、足場の悪い崩落が目立つ山稜のやぶを10分足らずで到達できる。**頂上❸**からは南東に展開する飯豊連峰の展望が圧巻で、距離の近い杁差岳がひときわ大きい。二王子岳から風倉山への稜線も美しく心を打つ。眼下には胎内川ダムと人造湖が白と青の見事なコントラストを描いている。

　山頂には石祠と石塔、標高931.4メートルを示す二等三角点が設置されている。

　下山は往路を戻るが、途中岩場の通過と、滑りやすい斜面に注意して下ろう。

　なお、胎内川ダムへのルートは、現在まったく手入れがされていないので、一般登山者は利用しないこと。

▶山頂の風倉山神宮

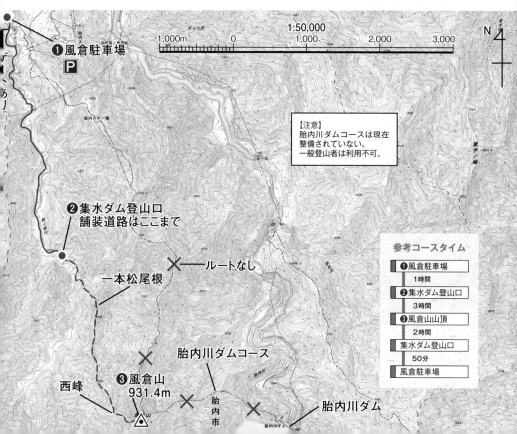

1:50,000

1,000m　　0　　　1,000　　2,000　　3,000

N

❶風倉駐車場 P

❷集水ダム登山口
舗装道路はここまで

×——ルートなし

一本松尾根

【注意】
胎内川ダムコースは現在
整備されていない。
一般登山者は利用不可。

西峰

×

❸風倉山
931.4m

×

胎内川ダムコース

胎内市

×

胎内川ダム

参考コースタイム

■❶風倉駐車場
1時間
■❷集水ダム登山口
3時間
■❸風倉山山頂
2時間
集水ダム登山口
50分
風倉駐車場

二王子岳
にのうじだけ

新発田市・胎内市 　1,420.1m

難易度 ★★★☆☆

執筆／下越山岳会　髙橋正英
調査／下越山岳会　矢沢和夫

▶菅谷から二王子岳

北蒲原に威風を誇る
飯豊連峰の前衛峰

新発田市と胎内市（旧北蒲原郡黒川村）にまたがる飯豊連峰の前衛峰が二王子岳だ。蒲原平野に臨む最大最高の山で、南北に聳立している。東面は胎内川の大水源地域、西面は石川川、三光川、姫田川、内ノ倉川が端を発する。

山頂からの飯豊連峰の展望は圧巻で、その大パノラマに魅了されてこの山に登る登山者も多い。山頂は360度遮るものがなく、よく晴れた日には遠く越後三山や会津駒ヶ岳なども見ることができる。昭和46年（1971年）に二王子神社までの林道が開通して以来、新発田周辺の山々の中で一番多くの登山者が登る山になった。

古くから阿賀北一帯の農民から「にのじさま」の敬称で信仰を集め、5月3日の大祭には山頂の奥宮を開扉し、前年に供えた飯の変化により今年の五穀の豊凶を占っていた。今ではその風習はすっかり昔のものとなったが、崩壊していた奥宮は平成30年（2018年）に再建されている。

現在の林道が二王子神社まで開通するまでは、表参道は田貝集落を通り過ぎ、鉾立杉脇の南無阿弥陀仏の石碑から七曲を登っていった。南俣集落からの裏参道と合し、清浄橋を渡って石段を登る

と随身門があったが、その随身門は昭和37年（1962年）に焼失している。

天保7年（1836年）創建といわれる本殿（祭神は大国主命、豊受姫大神、一言主命、熊野加布呂姫命）も昭和24年（1949年）に焼失し、現在の本殿は昭和42年に再建された。本殿左側に禊滝、少し離れた田貝川に妹背滝があり、往時は禊をする人も見られたというが、今ではその滝の存在を知る人も少ない。

山名の由来は、『越後山岳第7号』の佐藤一栄氏によれば、二王子岳の山中には「一ノ王子（祭神は御井命）」「二ノ王子（味耜高彦根命）」「三ノ王子（下照比売命）」「四ノ王子（奥の院事代主命）」があり、昔は女人禁制であったため、老幼婦女子も参拝しやすい山麓近くの二ノ王子（現在の二王子神社拝殿）に、遥拝所を設けたことに由来するという。

▲3月の鴨池付近

▲再建された二王子神社奥の院

登山適期（月） 　適期は5月中旬〜10月。春は残雪が多く、晩秋はドカ雪になることもあるので、一般登山者は6月〜10月中旬が望ましい。

1	2	3	4	5	6	7	8	9	10	11	12

■ **交通・マイカー**
バス・タクシーも利用できるが、マイカーが望ましい。登山口の二王子神社手前、御岳橋を渡った右手に登山者用の駐車場がある（約50台）。神社周辺は登山者の車は駐車禁止。

■ **ワンポイントアドバイス**
①トイレは登山口の神社境内のみ。②水場は神社、2合目、一王子避難小屋、お花畑（時季により枯れることがある）にある。③避難小屋は一王子と山頂にある。ただしトイレはない。

■ **問い合わせ**
新発田市観光振興課　　　　　　　　　☎0254-28-9960

コースガイド

登山口の二王子神社❶には車で向かう。神社手前の御岳橋を渡った右手に登山者用の駐車場がある。神社の境内は駐車禁止だ。

しばらくは杉林の中を行く。やがて1合目の標識のある杉が現れて、急登が始まり雑木林となる。登山道の下に伏流水の流れる音を聞きながら登っていく。伝説の神子石があり、すぐ上に2合目の水場がある。

さらに急登が続き、やがて**一王子の避難小屋**❷に出る。避難小屋から少し下ると水場があり、春にはミズバショウを見ることができる。ここから山頂まで、標高994.4メートルの**定高山**❸、モリアオガエルの生息する鴨池、**油コボシ**❹などいくつかのアップダウンがあるが、たくさんの高山植物や朝日連峰の展望に励まされながら登っていく。

やがて三王子の祠の脇を通って、一気に稜線

に飛び出すと、山頂までのなだらかな稜線漫歩となる。ここから琵琶池を過ぎると最後の登りだ。ロボット雨量計がある奥の院を過ぎると、右手に始まる登山道の分岐があるが、右は二本木山への登山道(片道25分)で、真っすぐ進むと山頂は目前である。**山頂**❺には避難小屋、青春の鐘、飯豊連峰展望図のほか、平成20年6月に下越山岳会が設置した石柱などがある。胎内川を挟んで飯豊連峰が広がり、圧巻の大パノラマに息をのむ。

▲二王子岳山頂部。避難小屋がある

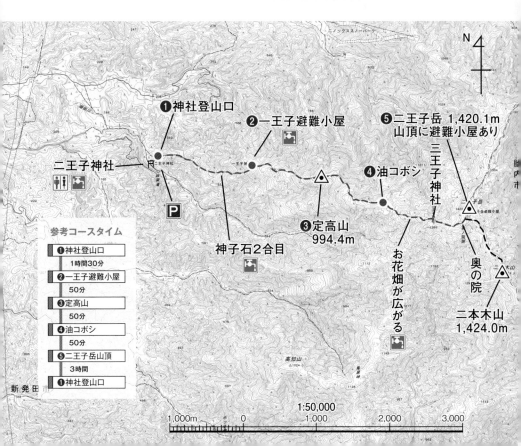

❶神社登山口
❷一王子避難小屋
❺二王子岳 1,420.1m
山頂に避難小屋あり
二王子神社
❹油コボシ
三王子神社
❸定高山
994.4m
神子石2合目
お花畑が広がる
奥の院
二本木山
1,424.0m

参考コースタイム

❶神社登山口
1時間30分
❷一王子避難小屋
50分
❸定高山
50分
❹油コボシ
50分
❺二王子岳山頂
3時間
❶神社登山口

N

新発田市

1:50,000

1,000m　　0　　　1,000　　　2,000　　　3,000

大境山
おおざかいやま

関川村・小国町（山形県）　1,101.5m

難易度 ★★★☆☆

執筆／関川村山の会　横山征平
調査／関川村山の会　稲葉　充

▶頼母木小屋上部
から大境山（撮
影：野島俊介）

眼前に飯豊のパノラマ
静かな山行を楽しむ

　大境山は岩船郡関川村の南東に位置し、飯豊山系から派生した支尾根の途中にあり、山頂が新潟県と山形県の県境となっている。

　関川村の麓から見る姿は、すり鉢を伏せたような形で見える。新潟県側からは懐が深く、山岳信仰や登山の対象とはされてこなかった。まれに春の残雪期に登山者がある程度である。また、クマ狩りのシーズンに狩猟目的で中腹まで入ることもある。新潟県側（関川村）の中腹には、昭和20年（1945年）ごろまで鉱山が営まれていた。

　一般者の登山対象になったのは、昭和40年（1965年）、山頂にマイクロウェーブ反射板が設置されたとき、山形県小国町から工事、管理道路が開削されてからである。

　登山道のある山形県側は、県道から一気に立ち上がり岩壁の露出も見え、高山の様相を呈しているが、ルートはブナの原生林の中を行く。早春の新緑期は一見の価値ありだ。山頂はあたかも独立峰のごとく、展望は実に素晴らしい。長者原の倉手山（952.5メートル）と並んで飯豊の山並みや、大石川の支流である東俣川の源流地形がパノラマ状に広がっている。

　マイクロウェーブ反射板はその役割を終え、現在は撤去されてしまったが、登山道は地元有志の努力によって整備されている。

▲関川村から望む大境山

▲山形県小国町玉川中里からの大境山

▲県境稜線（850m）付近

登山適期（月）　適期は5月中旬〜11月上旬。5月中ごろまで山頂稜線に雪庇が残ることがある。下山時には特に注意したい。

1	2	3	4	5	6	7	8	9	10	11	12

■ **交通・マイカー**
JR米坂線小国駅から町営定期バス長者原行き、中田山崎下車。マイカーは登山口道路脇に5台ほど駐車可能。バスは本数が少ないのでマイカー利用が望ましい。

■ **ワンポイントアドバイス**
①コース上にトイレ、山小屋はない。②沼川源頭の沢水は枯れていることがある。山頂の池塘は飲み水に適さない。③登山道はブナ林の急登が続くので、積雪期の登山は道に迷わないよう注意が必要。

■ **問い合わせ**
小国町観光協会　　　　　　　　☎0238-62-2416

コースガイド

　ここでは山形県小国町の中田山崎集落に登山口があるコースを紹介する。

　国道113号、新潟・山形の県境を越えてすぐ、落合（赤芝発電所）で県道15号線に入る。玉川に沿う形で県道15号線、260号線をおよそ9キロメートル、中田山崎に着く。県道脇に5台ほど駐車できる。バス停の案内板のある所が**登山口❶**だ。商店もあるので、こちらで飲み物などが調達できる。登山口には登山届のポストはない。ここから登山道に入るまでが分かりづらい。護岸された沢入沢の左岸（山に向かって右側）の沢沿いの道をさかのぼり、砂防ダム手前から左の水路沿いに進み、標識に従って杉林の中に入る。さらに沢沿いに進み、尾根に取り付く。

　登山道はやや急な登りだが、すぐブナ林となって快適だ。視界が開け、眼下に登山口の中田山崎や長者原街道を望む。この辺りが**新潟・山形県境の**標高約850メートルの**主尾根❷**になる。残雪期には雪庇が残る場所でもある。

　道は低木の中を進み、大セド峰（874メートル）を新潟県側に回りこむと**沼川の源頭❸**となる。コース上唯一の水場であるが、水量は乏しく、季節によっては枯れていることもある。この沢を横断すると、小規模ながらブナ林がある。

　再び県境に戻り、やや急な登りとなるが短い。山形県側の岩壁を見ながら山頂へ向かう。歩道脇に小さな池塘が見えると、その先が二等三角点のある**山頂❹**だ。荷物を下ろし、まずは飯豊の大パノラマを堪能しよう。飯豊連峰に立った気分になれる。下山は往路を戻る。

▲中田山崎登山口（沢の右側を登る）

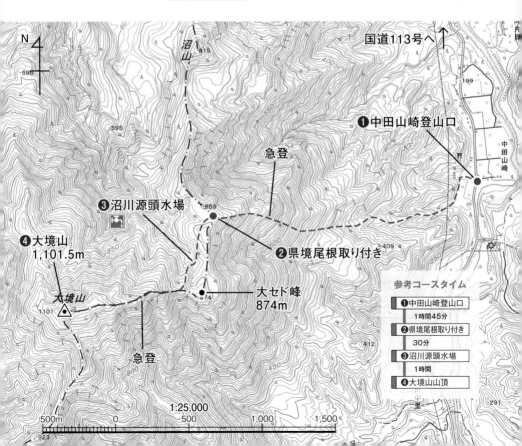

1:25,000

❶**中田山崎登山口**

急登

❸**沼川源頭水場**

❹**大境山**
1,101.5m

❷**県境尾根取り付き**

大セド峰
874m

急登

参考コースタイム	
❶中田山崎登山口	
	1時間45分
❷県境尾根取り付き	
	30分
❸沼川源頭水場	
	1時間
❹大境山山頂	

21 杭差岳（えぶりさしだけ）

下越

| 関川村 | 1,636.4m |

難易度 ★★★★★

執筆／関川村山の会　髙橋賢吉
調査／関川村山の会　稲葉　充

▶杭差岳山頂から
杭差岳避難小屋

飯豊連峰の最北端
花咲き誇る山頂へ

　杭差岳は、飯豊連峰最北端の名峰で、「日本200名山」の一座である。日本海に注ぐ一級河川荒川の支流、大石川の源流に位置する。山名の杭とは、田植え前に田んぼの土をならす農具のことで、早春にこの杭を持った農夫の雪形が出現し、農事暦として親しまれてきた。

　登山口の大石ダムからの東俣登山道は、昭和39年（1964年）の新潟国体山岳競技のために新たに開かれた、飯豊連峰では比較的新しい登山道だ。林道を8キロメートル進むとブナイデ橋で、橋を渡ると月夜平である。地元では木寄平と呼ばれ、材木を川に流す場所であったといわれている。また、石鏃（石製のやじり）や石斧などの石器が出土することから、狩猟の基地であったことが推察される。

　カモス橋で東俣川を渡り返し、カモスの頭まで急登となる。ここから権内尾根の主稜を進み、千本峰、前杭差岳を経て杭差岳山頂に到着。頂上までは1日の行程で、健脚を要する。頂上には三等三角点と石の祠が設置されている。山頂の手前には大小の池糖が点在する長者平の草原があり、飯豊の女性的な山容を見ることができる。高山植物も豊富で、特に山頂周辺では春のハクサンイチゲ、夏の

ニッコウキスゲ、秋のハクサントリカブトの群落が見事だ。また、山頂付近に越後の登山家たちの顕彰碑が3つある。南峰に新潟の山岳研究第一人者の藤島玄（1904〜88年）、北峰にこの山の精通者の髙橋千代吉（1929〜80年）、厳冬期初縦走の立川重衛（1933〜81年）のもので、それぞれ昭和41年（1966年）、56年（1981年）、59年（1984年）に、山岳会の後輩たちによって建立された。

　山頂から南に約25メートル下ると杭差岳避難小屋がある。初代の小屋は新潟国体の翌年、昭和40年（1965年）に建てられた。現在の小屋は平成4年（1992年）に改築された木造2階建ての小屋（50人収容）で、通年無料で利用できる。トイレは別棟で2室ある。

▶ニッコウキスゲの大群落

▲長者平の池塘

登山適期（月）　適期は5月〜10月。5月中は残雪がありピッケルが必要となる。

| 1 | 2 | 3 | 4 | 5 | 6 | 7 | 8 | 9 | 10 | 11 | 12 |

■ **交通・マイカー**
JR米坂線越後下関駅から金俣行きバスで大石入り口下車。マイカーは大石ダムと、その先の彫刻公園に駐車（各10台程度）。

■ **ワンポイントアドバイス**
コース上の水場は、東俣登山道では鉱山跡に金山の清水、ブナイデ橋下の東俣川、山頂避難小屋より南東に下る雪渓の融雪水か、雪解け後の湧き水。

■ **問い合わせ**
関川村観光協会　　　　　☎0254-64-1478
荒川タクシー　　　　　　☎0254-64-1042

コースガイド

ここでは大石ダムからの東俣登山道を紹介しよう。

大石ダムから舗装された道を徒歩40分で彫刻公園。林道のゲートがあり、一般車両はここまでだ。ここに登山ポストがある。砂利の林道は東俣川を一度渡り、2時間で林道終点の**ブナイデ橋❶**に着く。この先山頂までは水場がない。

橋を渡りブナ林の月夜平を過ぎると急登。ゴヨウマツの多い乾いた尾根道をしばらく登る。斜面をトラバースし、カモス橋にいったん下る。橋からカモスの頭までがコース中一番の急登だ。途中、ゴヨウマツの根をつかんで登る個所も多く、つらい登りである。

カモスの頭❷は、ブナ林の平坦なピークで前杁差岳が望める。ここから権内尾根となり、展望の利く尾根道となる。権内ノ峰（独標）の最後の登りにロープの張られた岩場があるが、難なく通過できる。

千本峰❸では東に大沢の勇壮な3段の滝が望める。ここから先に急登はないが、単調な登りが続き、前杁差岳に出る。6時間のきつい登りからようやく解放だ。

展望が開け、目の前に初めて杁差岳山頂を望める。快適な稜線を1時間で長者平に着く。草原と点在する池糖が見事で、今までの疲れが吹き飛ぶ。**15分で杁差岳山頂❹**となり、頂上からは眼下に避難小屋が見える。

なお、周回コースの大熊小屋を通る西俣登山道は未整備のため、現在は通行止めとなっている。下山は来た道を戻るが、ブナイデ橋まで4時間30分を要する。

▶杁差岳避難小屋下のハクサンイチゲの群落

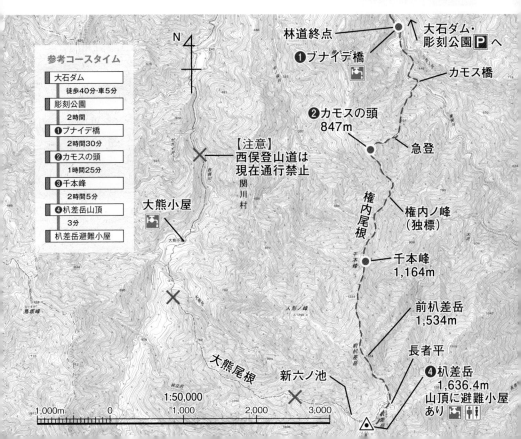

N

参考コースタイム	
大石ダム	
	徒歩40分・車5分
彫刻公園	
	2時間
❶ブナイデ橋	
	2時間30分
❷カモスの頭	
	1時間25分
❸千本峰	
	2時間5分
❹杁差岳山頂	
	3分
杁差岳避難小屋	

林道終点
大石ダム・彫刻公園 P へ
❶ブナイデ橋
カモス橋
❷カモスの頭
847m
急登
【注意】
西俣登山道は
現在通行禁止
関川村
大熊小屋
権内尾根
権内ノ峰
（独標）
千本峰
1,164m
前杁差岳
1,534m
大熊尾根
新六ノ池
長者平
❹杁差岳
1,636.4m
山頂に避難小屋あり

1:50,000

1,000m　0　1,000　2,000　3,000

門内岳・地神山
もんないだけ　じがみやま

胎内市・小国町(山形県)ほか　1,887m・1,849.7m

難易度 ★★★★★

執筆／下越山岳会　佐久間雅義
調査／峡彩山岳会　小山一夫

▶門内小屋と門内岳山頂部

イイデリンドウが咲く花の主稜線をゆく

　三国岳から北西に延びる飯豊連峰は、北端の杁差岳において日本海まで約30キロメートルの位置にある。その杁差岳から南東に主稜が延びている。主なピークは北から杁差岳、鉾立峰、大石山、頼母木山、地神山、門内岳、北股岳、梅花皮岳、烏帽子岳、御西岳、大日岳(最高峰=2,128メートル)、飯豊山、種蒔山、三国岳だ。その主稜から各々の支尾根が蜘蛛の巣状に延びている。

　その中で、門内岳は北股岳の北西にあり、山形県小国町および新潟県新発田市と胎内市の境に位置し、西に胎内尾根を延ばしている。その名前の由来は長者原で呼ばれていた呼称で、入り門内沢のカッチ(頭)の平頂からきている。

　北股岳との鞍部ギルダ原は、花崗岩の風化した砂礫が分布し、ヒナウスユキソウなどの高山植物とハイマツやミネザクラなどの低木が交互に現れる。また飯豊連峰の固有種であるイイデリンドウも見られる。

　ハクサンイチゲ、ニッコウキスゲ、チングルマなどに覆われた山頂の北側には、門内小屋と門内ノ池がある。門内ノ池は雪窪といわれ、氷河周辺部で見かけるものと同種で、自然条件の厳しさを物語って

いる。門内岳の山頂西側には、二ッ峰(1,642.4メートル)の鋭鋒が眼前に見え、夏でも藤七ノ池が残雪に覆われている。山頂南東側には、北股岳と梅花皮岳が広がり、その尾根筋の向こうには飯豊本山から延びた大品尾根が望見される。

　また、地神山は扇ノ地紙を経由し門内岳へ続く稜線を形成している。その扇ノ地紙の由来は、文覚沢源頭に扇の地紙形の残雪が夏まで残ることからきている。一方、地神山の由来は、測量時の「過ち」によるものだ。地神山は本来、シシノマナコノ峰という。それを測量の際に隣の扇ノ地紙と誤って当てた上に、地紙の漢字を地神としてしまった。

　地神山からほんの少し北に下りると、一挙に展望が開け、飯豊連峰の北面である山々を眺望することができる。地神山から地神北峰までの斜面には、ミヤマリンドウ、イイデリンドウが同時に見られる。

▶門内岳山頂の祠

登山適期(月) 適期は7月〜10月上旬。6月でも残雪が多く、一般登山者の入山は7月に入ってからが望ましい。山開きは7月初めの土曜日である。

1	2	3	4	5	6	7	8	9	10	11	12

■ **交通・マイカー**
JR米坂線小国駅から飯豊山荘行きバスで終点下車(約1時間)。例年、バス運行は7/1〜8/31までであるが、小国町HPなどで確認してほしい。マイカーは飯豊山荘付近の駐車場(30台程度)に駐車。

■ **ワンポイントアドバイス**
①門内小屋では山形県側に雪渓が残り、その末端で水が得られる。小屋の管理人に要確認。門内清水は8月上旬から姿を現す。②テント場は門内ノ池と門内小屋の中間の鞍部に10張り程度可能。③門内小屋の開設時期は胎内市に要確認。④地神山山頂、扇ノ地紙付近は幕営禁止。⑤梶川峰前後は時々登山道が崩れることがある。小国町観光協会に問い合わせを。

■ **問い合わせ**
小国町観光協会　　　　☎0238-62-2416
胎内市商工観光課　　　☎0254-43-6111

▲門内岳山頂からガスがかかった二ッ峰

コースガイド

ここでは、門内岳・地神山へ登る代表的な登山道として、梶川峰コースと丸森峰コースを紹介する。

〈梶川峰コース〉

飯豊山荘❶から温身平方面へ向かい、湯ノ沢の橋で車は通行止め。登山口は橋を渡った右手の尾根にある。登山道は急坂であるが道自体は良い。ミズナラの多い道をたどると**湯沢峰❷**に着く。ここは展望が開けていて休憩によい。50メートルほど下ると最低鞍部に着く。ここから梶川峰に向けて登り返す。途中、1,145メートルの辺りで滝見場へ行ってみよう。豪快な梅花皮滝と石転び沢の景観が疲れを癒やしてくれる。

1,400メートル付近には五郎清水がある。沢に下ると冷たい水が待っている。水量も豊富だ。急な尾根を登りつめると**梶川峰❸**に着く。ここから扇ノ地紙まではお花畑が広がる穏やかな尾根。北股

岳方面の景観が美しい。**扇ノ地紙❹**から縦走路を南に取ると門内岳、北に取ると地神山に向かう。**門内岳❺**へは標高差の少ない稜線の尾根道をたどる。

〈丸森峰コース〉

飯豊山荘バス停留所から尾根に取り付く。765メートル峰までは岩場交じりの急な登りが続く。ブナの多い道をひたすら登る。1,020メートルで**夫婦清水❷**に到着する。ここは梶川峰の五郎清水ほどの水量は得られない。夏場は注意が必要である。ここからは丸森尾根にふさわしく、緑のトンネルを登っていく。やぶが少なくなって視界が開けた小さなピークが丸森峰である。

ここから地神北峰までは文覚沢側をたどる。ガレていて滑りやすく、残雪があると軽アイゼン以上は必要だ。特に下山は注意したい。**地神北峰❸**から北へたどれば頼母木山。門内岳へはやや南の地神山を登って、**扇ノ地紙❹**へ向かう。

23 下越	**北股岳** <small>きたまただけ</small>

新発田市・小国町（山形県）　2,024.9m

難易度 ★★★★★

執筆／峡彩山岳会　坂井　厚
調査／下越山岳会　佐久間雅義

▶飯豊連峰の縦走路。ギルダ原から北股岳へ続く（撮影：佐久間雅義）

赤谷林道から
オーインの尾根コース

　北股岳は新潟県新発田市と山形県小国町とにまたがる。飯豊連峰のほぼ中央に位置し、南に傾いた笠形の名峰だ。高さは連峰中第3を誇る。南北に縦走路が走り、北はギルダ原を経て門内岳、西にオーインの尾根、南に石転び沢コースと交わる十文字鞍部があり、そこに梅花皮小屋（夏季有人）がある。

　一帯の地質は「飯豊山複合岩体」と呼ばれ、足尾帯の花崗岩類で、斑状花崗岩、花崗閃緑岩、花崗岩などからなる。一部には片状〜マイクロナイト様部がある。オーインの尾根下部では、中古生代堆積岩の粘板岩砂岩も見られる。十文字鞍部付近では、砂礫階段現象が見られたが、天幕場として使用されたため破壊された。北のギルダ原付近では、風食現象としての条線砂礫様が見られる。登山者は自然保護の観点からも注意したい。山頂近くには線状凹地（二重山稜・舟窪）として、雪解けの小池・小流があり、洗濯平と呼ばれている。ここは泊まり場、近道として利用されてきたが、事故防止のため現在は廃道となっている。

　飯豊山信仰は、会津側を表として、早くから信仰登山の講が行われてきた。遅れて赤谷から飯豊川沿いの信仰登山（講）が行われるようになったという。それは、湯の平温泉に1泊、洗濯沢に1泊、主稜線の御手洗の池に出て、飯豊山に参祠するもので、流木伐りの杣道を利用した苦行難行の講であった。明治40年（1907年）に登山家の大平晟先生も登っているが、太平洋戦争で途絶え、道は荒廃した。戦後は2パーティーが通ったとの記録がある。

　昭和25年（1950年）7月、オーインの尾根ルート（善左衛門新道）が開通し、飯豊連峰は国立公園（磐梯朝日国立公園）に指定された。登山道途中の中峰には避難小屋があったが倒壊。その後十文字鞍部に梅花皮小屋が建てられている。

　北股岳には昭和8年（1933年）夏、赤谷駅より徒歩で、湯の平に1泊、不動滝の泊まり場で1泊、孫左衛門沢を詰め、やぶ漕ぎで佐久間氏らが登ったとの記録がある。しかし、オーインの尾根ルート開通以前の登山記録は、私の知る限りこれ以外はない。

▲ガスに煙る二岐付近。ニッコウキスゲが美しい

▲大きなケルンと鳥居、小さな祠がある北股岳山頂

登山適期（月）	適期は7月〜10月。

1	2	3	4	5	6	7	8	9	10	11	12
						7	8	9	10		

■ **交通・マイカー**
　JR羽越本線新発田駅からタクシー利用、加治川治水ダムまで約40分。マイカーは加治川治水ダムに駐車場あり（30台程度）。

■ **ワンポイントアドバイス**
　①注意　赤谷林道は令和元年現在、立ち入り禁止。詳しくはマップ内の注意書きを参照。最新の通行状況については新発田市に要確認。②二岐〜洗濯平〜十文字鞍部への登山道は廃道となっている。

■ **問い合わせ**
　新発田市観光振興課　　　　　☎0254-28-9960

コースガイド

登山口の加治川ダム（掛留沢）までは赤谷林道を利用する。ここに駐車場が整備されているが、赤谷林道は近年の度重なる災害で通行止めが繰り返されており、令和元年（2019年）現在、前年の豪雨による土砂崩れで立ち入り禁止になっているため、このコースガイドは参考にとどめてもらいたい。

規制前は林道起点の加治川治水ダムから加治川ダムまで徒歩で行くことができた。およそ3時間の道のりである。加治川ダムから先、細くなった道はすぐ掛留沢、5分ほどで曲り沢、やがて山ノ神沢、岩越沢となり、**北股川の吊り橋❶**に至る。下は激流が飯豊川の本流に合す。この吊り橋は、夏季以外は撤去される。急坂から間もなく湯の平山荘（利用は有料）が見え、滑りやすい水天狗坂を下ると**湯の平温泉❷**だ。

峡底から300メートル余の急登が始まる。鉄梯子も設置されている。稜線に出て、細い平坦から登ると鳥居峰、やがて滝見場では飯豊川本流の不動滝が白く光る。左に近く藤十郎山、赤津山、二本木山、二王子岳が連なって見える。

傾斜が緩んで、窪地が**中峰の泊まり場（1,390メートル）❸**である。水場は飯豊川方向の沢で5分ほど。夏枯れに注意が必要だ。低木からネマガリダケとなり、1,800メートル地点の二岐である。右に洗濯平を経て十文字鞍部へ出る近道があったが、今は廃道となり自然に帰っている。

最後のひと踏ん張り、キタゴヨウマツの群れを抜けると、大きなケルンが目立つ**北股岳山頂❹**だ。三等三角点の標石も一部を石に囲まれてある。山頂から南の梅花皮小屋へ続く道は少し急で、長時間の登りで疲れた体には注意したい。およそ20分、鞍部に下ると水が豊富にある梅花皮小屋である。

▶イイデリンドウ

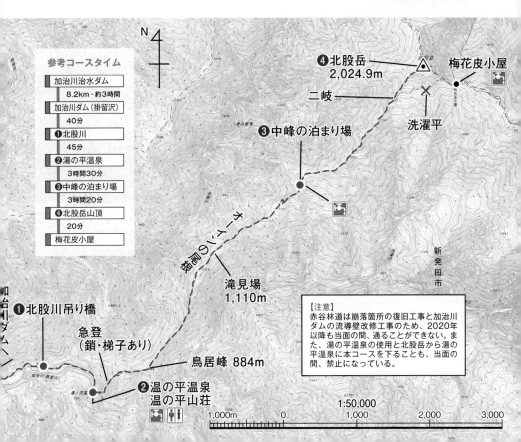

N

参考コースタイム

加治川治水ダム	
	8.2km・約3時間
加治川ダム（掛留沢）	
	40分
❶北股川	
	45分
❷湯の平温泉	
	3時間30分
❸中峰の泊まり場	
	3時間20分
❹北股岳山頂	
	20分
梅花皮小屋	

❹北股岳
2,024.9m

梅花皮小屋

二岐

洗濯平

❸中峰の泊まり場

滝見場
1,110m

❶北股川吊り橋

急登
（鎖・梯子あり）

鳥居峰 884m

❷温の平温泉
温の平山荘

新発田市

【注意】
赤谷林道は崩落箇所の復旧工事と加治川ダムの流導壁改修工事のため、2020年以降も当面の間、通ることができない。また、湯の平温泉の使用と北股岳から湯の平温泉に本コースを下ることも、当面の間、禁止になっている。

1:50,000

1,000m　0　1,000　2,000　3,000

24 下越

飯豊山
いいでさん

喜多方市（福島県） 2,105.3m

難易度 ★★★★★

執筆／峡彩山岳会　小山一夫
調査／峡彩山岳会　楡井利幸

▶草履塚から飯豊山
（撮影：木村昌克）

いにしえの登拝路をたどり本山を目指す

　飯豊山は日本100名山の一座、飯豊連峰の盟主である。山形県と新潟県では「いいでさん」、福島県では「いいとよさん」とも呼ばれ、「飯豊本山」の名でも通っている。阿賀町と山形県小国町の県境に位置しながら、山頂は福島県だ。三国岳から飯豊山の山頂を経由し御西岳に至る登山道付近のみが、喜多方市となっている（次ページ参照）。

　山頂には飯豊山神社があり、かつては8月10日前後の10日間、参拝者に火除けの牛のお札を配布していた。牛のお札といえば、出羽三山神社のものを思い浮かべるが、何かしら関連があるのだろうか。

　飯豊山の開山は古く、白雉3年（652年）、役小角と知道和尚によるものと伝えられている。その後、文禄4年（1595年）に蒲生氏郷が登拝路を切り開き、子の秀行が社殿を修築して祈願所とした。以来、飯豊山は修験者の修行の場としてだけでなく、地元住民の信仰の山として崇められている。

　信仰登山ではないが、珍しい山行記録を見つけたので、3例ほど紹介しておきたい。

　一、天保9年（1838年）7月22日、米沢藩士3名と案内人と召し使いの計5名で飯豊山に登っている。案内人は山形県岩倉から8回も登ったベテ

ラン。岩倉から大日杉、切合と進み、ここで黒井堰（米沢藩が寛政11年から19年の歳月をかけ、米沢に水を流すために造った）を確認。種蒔、草履塚、御秘所を経て飯豊山神社に至ったが、ここで台風に遭い、早々に下山している。

　二、明治42年（1909年）7月20日、新発田16連隊が、選抜した160名の編成で、鉄砲を持参して登っている。コースは大嵓尾根。帰隊するまでに8日を要したという。

　三、飯豊山リレー登山の記録も残っている。昭和7年（1932年）8月13日、飯豊山保勝会の主催で、コースは山都、一ノ木、川入、中十五里、三国岳、切合、飯豊山往復、切合、三国岳、祓川、弥平四郎、奥川。平地33キロ、山地27キロの強行走行であった。6チームが参加して、トップのゴールタイムは5時間27分。大会は1回しか開催されなかったが、これは選手が死ぬような苦痛に懲りたのと、主催者も危険に対しての責任を自覚したからだという。

▶御秘所の岩場を登る

▲錦秋の飯豊山（撮影：本望英紀）

登山適期（月）　適期は6月下旬〜10月初旬。6月中旬まで残雪が多く、一般登山者は6月下旬以降の入山が好ましい。

1	2	3	4	5	6	7	8	9	10	11	12

■ **交通・マイカー**
マイカーもしくはJR磐越西線野沢駅からタクシーを利用。マイカーは弥平四郎登山口に駐車場（約30台）あり。タクシーは帰りの予約もしておくと良い。

■ **ワンポイントアドバイス**
①野沢駅からの西会津町営デマンドバス（要予約）は弥平四郎登山口まで行かず、手前の弥平四郎集落までとなる。集落から登山口までは徒歩で約1時間。②本コースを使用しての日帰り登山は不可能。1泊2日の登山計画を。③コース中に水場は多いが、三国岳の水場は岩場にあり、荒天時に注意を要する。④コース中に山小屋は4つ。いずれも水場とトイレがある。三国小屋、本山小屋、切合小屋はシーズン中に管理人が常駐。詳しくは要確認。

■ **問い合わせ**
山都総合支所産業課（三国小屋・切合小屋・本山小屋）　☎0241-38-3831
西会津町商工観光課　☎0241-45-2213

コースガイド

福島県西会津町から飯豊山に至る登山口は2つ。ここでは西会津と阿賀野川流域の人々が利用した裏参道「弥平四郎登山口❶」を紹介しよう。尾根の斜面につくられた登山道は、アップダウンのない比較的楽な登山道である。

林道の終点に30台ほどの駐車場があり、登山口の大きな看板がある。奥川に架かる簡易な橋を渡ると、ブナ林の中に祓川山荘❷が建つ。

よく踏まれた道をもくもくと登っていく。十森の水場でしっかりと水を補給しよう。ここから30分弱で景色の良い松平峠❸である。松平峠から疣岩分岐❹までは急斜面のザレ場が続く。特に下りはスリップに注意しよう。疣岩山からは飯豊の主稜線歩きだ。大日岳、三国小屋が眼前に見える。三国小屋脇で川入からの表参道と合流する。

三国岳❺から七森へ向かう。途中に駒返しの鎖場がある。種蒔山を巻くと、山形県からの登拝道で

ある大日杉コースと合流し、切合小屋❻に至る。切合小屋は、シーズン中は食事を提供しているので問い合わせをするとよい。

草履塚から先は神の領域だ。草履塚を下ると女人禁制を破って石になったという姥権現がある。御秘所は両手を使う岩場で、鎖も固定されている。続く御前坂の登りは、足元の岩に描かれたペンキに導かれ、ガレ場を登っていく。登り切ると一ノ王子だ。

テント場に出ると右に水場の小さな看板があり、広場を抜けると飯豊本山小屋❼と飯豊山神社に着く。小屋から三角点のある本山❽までは、緩やかな道を15分ほど。その先に御西岳、大日岳を望むことができる。

▲かつて配られていた飯豊山神社の牛のお札

▲左／姥権現と御秘所　右／美しいリンドウの一種（撮影：木村昌克）

飯豊山の不思議な県境について

飯豊山の地形図（2万5千分の1「飯豊山」「大日岳」）を広げてみると、三国岳から御西岳までの稜線上に定められた県境が、かなりいびつな形をしているのが分かる。新潟県と山形県の県境の間に福島県が割って入っているような格好だ。

この原因は明治19年（1886年）、当時福島県に属していた東蒲原郡が新潟県に編入されたことによる。これによって飯豊山付近は新潟県となったのだが、飯豊山神社の麓宮のある一ノ木村（現・喜多方市）が「飯豊山神社は奥宮と麓宮で一宮である」と異議を唱えた。結果、明治40年（1907年）に内務省の裁定で、飯豊山までの参詣道は一ノ木村の土地となり、現在のいびつな県境が出来上がったという。

（参考：Wikipedia）

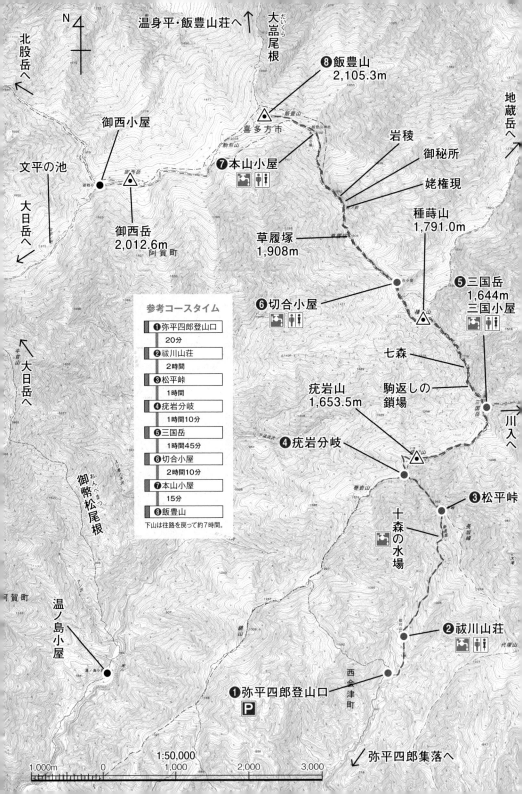

北股岳へ

温身平・飯豊山荘へ↑

大畠尾根
だいいら

❽飯豊山
2,105.3m

N

北股岳へ

御西小屋

地蔵岳へ

喜多方市

❼本山小屋

岩稜

御秘所

姥権現

種蒔山
1,791.0m

文平の池

御西岳
2,012.6m

阿賀町

大日岳へ

草履塚
1,908m

❻切合小屋

❺三国岳
1,644m
三国小屋

七森

参考コースタイム

❶弥平四郎登山口
20分
❷祓川山荘
2時間
❸松平峠
1時間
❹疣岩分岐
1時間10分
❺三国岳
1時間45分
❻切合小屋
2時間10分
❼本山小屋
15分
❽飯豊山

下山は往路を戻って約7時間。

疣岩山
1,653.5m

駒返しの
鎖場

川入へ

❹疣岩分岐

大日岳へ

御幣松尾根
おんべまつ

❸松平峠

十森の水場

温ノ島小屋

❷祓川山荘

❶弥平四郎登山口
P

西会津町

1:50,000

1,000m 0   1,000   2,000   3,000

弥平四郎集落へ

上／「輝く稜線」　門内小屋手前にて北股岳・梅花皮岳を望む
下／「夏山謳歌」　門内岳ギルダ原付近から石転び沢を望む　　　【撮影】野鳥俊介

大日岳
だいにちだけ

阿賀町・新発田市　2,128m

難易度 ★★★★★

執筆／峡彩山岳会　本望英紀
調査／峡彩山岳会　成海　修

▶威容を誇る大日岳

堂々たる山容
飯豊連峰の最高峰へ

　飯豊連峰の膨大さを語る言葉に「遠い朝日、深い飯豊」という言葉がある。磐梯朝日国立公園に指定されていながら、ここに飯豊の文字はない。それでも岳人たちは「飯豊、朝日」と並べて呼ぶ。

　大日岳は飯豊連峰の最高峰である。信仰登山の時代、大日岳は大日如来として、飯豊山神社からの遥拝の対象であった。

　昭和2年（1927年）、越後赤塚の豪農、中原藤蔵氏が大日岳に登頂している。その際伴ったのが、山形県小国町長者原の案内人、渡辺善三郎・善明の親子と旧巻町の写真師、鈴木琢勇らである。一行は大嵓尾根を登り本山小屋に1泊、大日岳の山頂を極めた。当時、大日岳までは道がなく、中原の命で渡辺親子が道を切り開いた。以来、昭和25年（1950年）ぐらいまで御西岳との分岐に「善三郎親子新道」の道標が立っていた。その記録については、執筆者が近年自費出版した『越後に於ける飯豊山信仰』に詳しい。善三郎親子新道の名前は、飯豊山と越後の誇りであり、復活して後世に伝えたいものである。

　新潟県側から大日岳に登る実川口は、昭和25年、磐梯朝日国立公園に指定されてから切り開か

れた。このコースの要所の由来をかいつまんで紹介したい。「月心清水」は、御幣松尾根を切り開く際、23歳の若さで命を落とした猪俣次郎氏を偲んで命名されている。猪俣氏は当時、月心と称して既に僧籍にあった。櫛ガ峰への急登は「早川の突き上げ」として知られる。早川とは早川一二氏のことで、飯豊登山の黎明期、尾根に沢にと初登頂の足跡を残した人物である。早川氏と同時代に活躍した飯豊の先駆者、藤島玄氏が早川氏の功績をたたえ、地図上に「早川」の名を残したという。また、大日岳から御西岳へ向かう途中にある「文平の池」は、旧制新潟高校（現新潟大学）の小林文平氏ら3人が、大正11年（1922年）に初めてここを泊まり場として使ったことに由来する。

　飯豊の名前が全国に知れ渡ったのは、昭和39年（1964年）の新潟国体からであろう。残雪が残る山を国体の競技会場としたのは全国で初めてのことであった。豊富な残雪と高山植物の咲き乱れるこの山域を、多くの登山者に楽しんでいただきたい。

▶湯ノ島小屋

登山適期（月）　適期は6月下旬〜10月中旬。6月でも残雪が多く、霧のときはスリップなど注意を要する。

1	2	3	4	5	6	7	8	9	10	11	12

■ **交通・マイカー**
JR磐越西線日出谷駅下車、実川集落のゲートまでタクシー利用（約30分）。実川集落ゲートから登山口までは徒歩。

■ **ワンポイントアドバイス**
①入山に際しては天候に十分注意する。一番のポイントはアシ沢の渡渉であり、雨天時の入山は控えた方がよい。②長いコースなので湯ノ島小屋に泊まり、翌朝出発としたい。③林道のトンネルは暗いので明かりが必要。④湯ノ島小屋は登山口手前、左手の広い道のブナ林の先にある。⑤月心清水は狭いが水も得られる。テント幕営も可能。⑥登山道は天候により草木がかぶさり、不明瞭になる。十分な装備と注意が必要。

■ **問い合わせ**

阿賀町鹿瀬支所	☎0254-92-3330
阿賀タクシー	☎0254-92-2450
津川タクシー	☎0254-92-2440

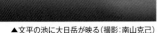

▲文平の池に大日岳が映る（撮影：南山克己）

コースガイド

ここでは新潟県側から大日岳に登る実川口コースを紹介しよう。最寄り駅は磐越西線の日出谷駅だが、ここにタクシーは止まっていない。津川にある2つのタクシー会社に依頼する。車は実川集落先のゲート前までで、登山口までは徒歩だ。ゲート手前に5台ほど駐車できる。ゲートから先の林道は、一部崩壊しているので事前に確認が必要となる。途中にトンネルがあるが、内部に照明は付いていないので、懐中電灯などの明かりを用意しておきたい。

湯ノ島小屋は登山口手前、林道左手の林の先にある。無人でトイレもあり快適に泊まれる。登山口となる**アシ沢❶**は林道を進み、取水堰堤（えんてい）の左側から渡渉点に下る。平水時は転石で渡れるが、増水時は細心の注意を払いたい。

道は尾根に沿って行くが、歩き初めの慣れない体に登りはきつい。程なくして**月心清水❷**に着く。テントひと張り分の空間があり、道脇に小さな石仏

がある。しばらく潅木の登りが続く。やがて視界が開け**一服平❸**（いっぷくだいら）に着く。右前方には岳人憧れの飯豊本山が指呼の間である。

櫛ガ峰への急登が「早川の突き上げ」である。櫛ガ峰を登り切れば、飯豊本山と左に御西岳（うしくびやま）の稜線が見える。牛首山のピークも見えるがまだ先は長い。ゆっくり登っていこう。足元は細尾根が続くが、時期に恵まれればヒメサユリの咲き乱れる街道となる。岩稜の通過は風があるときは注意が必要だ。惣十郎清水は夏を過ぎると枯れることもある。水はあてにしない方がよい。やがて待望の**大日岳❹**に着く。昭和5年（1930ころ）に中原氏が設置した祠も剣も今はない。ただ大日岳と書かれた丸太が一本設置してあるのみだ。

▶大日岳標柱
（撮影：木村昌克）

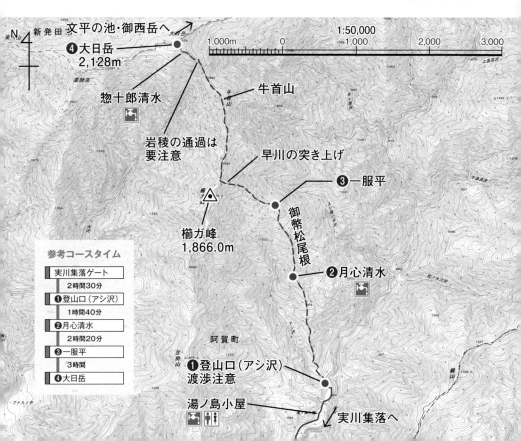

文平の池・御西岳へ
新発田

❹**大日岳**
2,128m

惣十郎清水

牛首山

岩稜の通過は
要注意

早川の突き上げ

❸**一服平**

御幣松尾根

櫛ガ峰
1,866.0m

❷**月心清水**

阿賀町

1:50,000

1,000m　0　1,000　2,000　3,000

❶**登山口（アシ沢）**
渡渉注意

湯ノ島小屋

実川集落へ

参考コースタイム	
実川集落ゲート	
	2時間30分
❶登山口（アシ沢）	
	1時間40分
❷月心清水	
	2時間20分
❸一服平	
	3時間
❹大日岳	

蒜場山 ひるばやま

新発田市・阿賀町　1,363.0m

難易度　★★★☆☆

執筆／下越山岳会　髙橋正英
調査／下越山岳会　田邊信行

▶焼峰山山頂から蒜場山

鉱山の歴史を残す眺望絶佳の山

　蒜場山は、新発田市と東蒲原郡阿賀町にまたがり、北面に飯豊川を擁し、高立山〜丸子カル〜烏帽子山〜西大日岳へと続く稜線上にあるピークである。山頂からは大日岳が眼前に迫り、その右手には磐梯山が望まれる。

　かつて、山麓一帯は天明年間に発見されたといわれる鉱山であった。大正9年（1920年）に官営八幡製鉄所が、新発田―赤谷鉱山間23キロメートルに鉄道を敷き、開発に着手したが、第一次世界大戦の経済不況により大正12年に中止。その後、昭和16年（1941年）から日鉄鉱業株式会社として鉄鉱石採掘が行われ、最盛期には現在のダム湖付近に鉱山の社宅が200余りも立ち並び、小学校もあったという。しかし、時代の推移とともに昭和40年代に閉山。今では登山道の傍らにある鉱石運搬用トロッコ、レールの残骸、坑道跡が当時の面影をわずかに残している。

　昭和49年（1974年）に加治川治水ダムが完成するまでは、この山には登山道がなかった。猛烈な密やぶに覆われた「近くて遠い山」であった。古岐沢を詰め上がるか、残雪期に尾根をたどるかでしか山頂には立つことができず、ごく少数の岳人の世界であった。しかし、平成9年（1997年）、2年の歳月をかけて下越山岳会がゲンベヤス尾根に、鉱山道の一部を利用して登山道を伐開した。ちなみにゲンベは人の名、ヤスはマタギ言葉で「熊の穴」を意味し、げんべいの熊撃ち場、すなわち熊打ちの縄張りという意味のようである。登山道は、伐開の資金を提供してくれた下越山岳会の大先輩岡田米平氏（故人）にちなみ、「米平新道」と名付けられている。

　山名については、諸説あるようで判然としない。下越山岳会の佐久間惇一氏あるいは五十嵐篤雄氏らは、「蛭場岳・廣場山とも書く」と言うが、古くは赤谷の村人が蓑を作るための蒜の葉が古岐沢でどっさり採れることから、徳川中期より蒜場山というと伝わっている。

▶米平新道登山口の石柱

▲エボシ岩

登山適期（月）　適期は6月〜10月。

| 1 | 2 | 3 | 4 | 5 | 6 | 7 | 8 | 9 | 10 | 11 | 12 |

■ 交通・マイカー
　JR羽越本線新発田駅からタクシー利用、加治川治水ダムまで約40分。マイカーはダムサイトに駐車可（約6台）。

■ ワンポイントアドバイス
　①標高以上に健脚向きの山である。②エボシ岩から山頂までは残雪に引っ張られて登山道が崩れ始めているので要注意。③山伏峰付近に豊富な水量の水場があるが、水場までの道がまだ十分に整備されておらず、距離も斜度もあるため一般向きではない（水場まで10分）。

■ 問い合わせ
　新発田市観光振興課　☎0254-28-9960

コースガイド

加治川治水ダム❶の上を渡ると、米平新道の石柱がある。いきなりの急登となるので、ゆっくりとあせらずに登ろう。登山道の途中には、かつて鉱山であった証しのトロッコやレールなどの残骸や、坑道跡などがある。40分ほど登ると、右手に粗倉山の全貌がどっしりと見える休憩によい展望台、**倉見平（660メートルの標識）❷**に出る。左（加治川右岸側）は焼峰山から赤津山へ連なる稜線だ。

さらに40分ほどで932メートルの**岩岳❸**に出る。ここからは蒜場山の全貌が手に取るように望まれる。傍らには老木の台杉が1本立っているが、倒木の危機に瀕しており、かつての立派な面影がなくなったのは惜しい。ここから少し下ると阿賀町側に素晴らしいブナ林が広がっており、絶好の泊まり場となっている。

この先も急登が続き、鎖場を越えると1,020メートルの**エボシ岩❹**である。遮るものがない360度

の展望が楽しめる。左足下はスパッと切れ落ち、古岐沢となっている。前方は兎戻しの鎖場とヤセ尾根に続き、山伏峰までいくつものアップダウンを繰り返しながら急登が続く。なお、エボシ岩から山頂までは残雪に引っ張られて登山道が崩れ始めている。注意したい。

山伏峰❺を過ぎると緩やかな登りとなり、山頂は目前だ。**山頂❻**には平成20年（2008年）6月に下越山岳会の手によって建てられた「蒜場山1363m」の石柱がある。山頂からの展望は、飯豊の最高峰大日岳が圧倒的な迫力で眼前に迫り、二王子岳、赤津山、吾妻連峰、磐梯山、川内山塊等々、360度の展望は登山者を飽きさせない。

▶蒜場山山頂の石柱

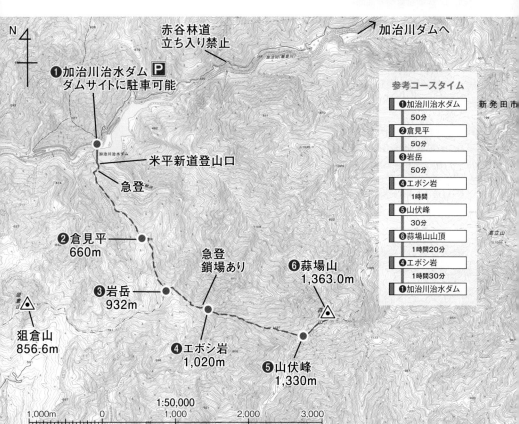

N

赤谷林道
立ち入り禁止

加治川ダムへ

❶加治川治水ダム P
ダムサイトに駐車可能

米平新道登山口

急登

❷倉見平
660m

急登
鎖場あり

❻蒜場山
1,363.0m

❸岩岳
932m

粗倉山
856.6m

❹エボシ岩
1,020m

❺山伏峰
1,330m

新発田市

参考コースタイム

❶加治川治水ダム
50分
❷倉見平
50分
❸岩岳
50分
❹エボシ岩
1時間
❺山伏峰
30分
❻蒜場山山頂
1時間20分
❹エボシ岩
1時間30分
❶加治川治水ダム

1:50,000

1,000m　　0　　　1,000　　　2,000　　　3,000

焼峰山
やけみねやま

新発田市　1,085.8m

難易度　★★☆☆☆

執筆・調査／下越山岳会　坂場　茂

▶上赤谷集落からの焼峰山全容

飯豊の眺望を楽しみながら静寂の登山道をゆく

　焼峰山は新発田市東南の赤谷地区に鋭角な姿で屹立し、存在感を主張している山である。

　周囲と比較すれば、内ノ倉川を挟んで対峙する二王子山塊と同系の地質ながら、山容が大きく異なるのは興味深い。山名の由来には2説あり、一つは「雨乞いの山」からとされるもの。今一つは南面の沢源頭部に露出する岩が硫化鉄の錆色を帯び、これが「焼け」につながったのではとの説である。それから現在の山頂は、古くは「東台山」と呼ばれていたが、陸地測量部が地図作製の際、今は「焼峰ノ頭」と呼んでいる東峰の呼称を、誤って現在地のものとして記載したため、それが定着したとされている。

　この山の登山史において、鉄道が有力な移動手段であった頃は、当時存在した赤谷線の最寄り駅からのアプローチに優れ、休日ともなれば登山者の行列ができた時代もあった。そして今一つ、痛ましい遭難事故の歴史もあった。昭和32年（1957年）12月30日、新発田高校山岳部OBの本田修蔵氏が、現役高校生と焼峰山から赤津山を目指したが、折からの大雪と後輩をかばいながらの下山途上、極度の疲労により遂に不帰の客となった。以来、同山岳部ではその地点を修蔵峰と名付け、この出来事を末永く伝えるため慰霊碑を建立。それは事故後、半世紀以上を経過した現在においても山岳部OBの手によって大切に守られている。できれば山に向かい謙虚な心で手を合わせてもらえるならば、故人もさぞかし満足であろう。

　山頂へのルートは2本あり、古くからの滝谷口からの道はよく踏み込まれており、勾配も緩やかで登りやすい。ただ登山標識が少ないため、他に目印になり得る物もマップに記載したので、現在地確認に活用していただきたい。

　もう一つの道は昭和末期に伐開された赤谷ダム口からの道で、こちらは距離が短い分、急傾斜部が多い。山慣れない人には滝谷口をおすすめしたい。また、赤谷ダム口は疲労状態での下りリスクを避けるため、登りでの利用が望ましい。

　なお、この山の沢は花崗岩系で明るいが、その難度は高く、道に迷ったからといって沢に下ることは自殺行為に等しいことを明記しておく。

▶清水釜手前からの焼峰山頂

▲山頂から飯豊連峰を望む。手前は焼峰ノ頭

登山適期(月)　適期は5月下旬～10月中旬。

1	2	3	4	5	6	7	8	9	10	11	12

■ 交通・マイカー
　マイカー利用が便利。駐車は滝谷口では登山口の約200m先に5、6台、その先約100mに7、8台。赤谷ダム口はダムサイトに10台程度。

■ ワンポイントアドバイス
　①滝谷口から越途の間は前山の尾根を斜上する道で、登山道に残雪があるときは迷いやすいので注意。②山頂直下の急登入り口は、早い時期には残雪、遅い時期では落葉が道を隠しているので注意。これを見落とすと廃道の内ノ倉道に迷い込む。③携帯電話（ドコモ）の通話は、滝谷口ルートは越途からうぐいす平間を除き概ね可能。赤谷ダム口ルートではワシャグラ峰から上部が概ね可能。緊急時に備え覚えておきたい。

■ 問い合わせ
　新発田市観光振興課　　　　　☎0254-28-9960

コースガイド

〈滝谷口〉

新発田駅から県道14号線で津川方面を目指す。上赤谷地内の丁字路を県道335号線方面へ左折、その先で「焼峰山」の案内に従い左に行くと滝谷集落に至る。郵便ポストのある集落内丁字路を右折し、1キロほど道なりに進むと**登山口❶**である。

登り始めは杉林、程なく雑木帯に変わる。保安林標識がある越途を過ぎると平坦な道になり、氏ノ沢が見える**うぐいす平❷**に至る。ここから尾根の雰囲気が一変し、細尾根の急登になる。鎖場や不安定なザレ場もあるので慎重に行きたい。再び尾根が広がると**清水釜❸**の水場が現れ、休憩には絶好。冷たい水を十分に補給しよう。ここからひと登りすれば**修蔵峰❹**で山頂が指呼の間だ。その先は傾斜が緩くなり、後半は尾根筋を右側に見るヘツリ道となるが、尾根上の潅木が途切れた直下の凹地が尾根筋に戻る「急登入り口」なので見落と

さないように。それを登り切ればポンと**山頂❺**に飛び出す。そこには苦労に値する雄大な飯豊の山並みや360度の眺望が待っている。

〈赤谷ダム口〉

登山口までの経路は、前述の滝谷口への分岐を直進して県道335号線の終点まで進む。このルートには水場がないので、ダム事務所で十分に補給していきたい。

登山口❶は事務所から少し戻った鉄階段から始まる。ここから袖ノ峰までは急登で、途中、足場の悪い鎖場も長く慎重に行きたい。傾斜が緩むと程なく**袖ノ峰❷**で、この先は尾根の様相が杉やゴヨウマツの細尾根に変わる。次の**ワシャグラ峰❸**までは右に飯豊、左に山麓の景観だ。師走峰に至ると目指す稜線が眼前に迫ってくる。途中、ロープを頼る急登をひと頑張りすれば**焼峰の頭❹**で、眺望は焼峰本峰と遜色ない。ここから山頂まではひと息である。

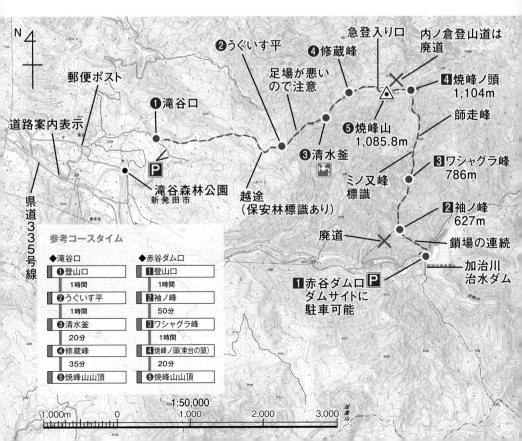

参考コースタイム

◆滝谷口
❶登山口
1時間
❷うぐいす平
1時間
❸清水釜
20分
❹修蔵峰
35分
❺焼峰山山頂

◆赤谷ダム口
❶登山口
1時間
❷袖ノ峰
50分
❸ワシャグラ峰
1時間
❹焼峰ノ頭(東台の頭)
20分
❺焼峰山山頂

1:50,000

1,000m　　0　　　　1,000　　　　2,000　　　　3,000

菅名岳
すがなだけ

五泉市・阿賀町　909.0m

難易度　★★☆☆☆

執筆／矢筈山岳会　梁取静五
調査／菅名岳山岳会　宮崎増次

▶菅名岳全景

登山ルートは全部で5本
それぞれの魅力を味わう

　菅名岳は川内山塊の北に位置して、阿賀野川の左岸に隆起し、たおやかなる峰を成している。ここより東南方向へ沼越峠を経て、日倉山、日本平山に至る。山名は『越後野誌』によれば、「菅名庄中にあり因って山名とす」とある。

　1,000メートル以下の低山であるにもかかわらず、ブナ、カツラ、トチの大木が生育し、鬱蒼たる森林を形成している。これは昔、中川村の三五郎という人が新田を開墾したときに、田畑の水を守るため、山木の伐採を禁止することを請願して許可され、近年までこのような森が残されたものといわれる。この貴重な森も昭和の中ごろから盛んに伐採され始め、危機を感じた市は、平成5年（1993年）5月、前橋営林局と「郷土の森」の保存協定を締結し、森林の保存を図ることにした。この中川村の三五郎から名を取って、菅名岳南西にある911メートルピークが三五郎山と名付けられている。

　また、新江川上流に「どっぱら清水」という清冽な清水がブナ林より湧き出ていて、毎年一般募集による「寒九の水汲み」が行われている。このどっぱら清水の少し上流に、「森の巨人たち100選」に選ばれたトチの古木がある。樹高25メートル、幹周り7.4メートルの巨木は、森の精と言うにふさわしく、見る者を圧倒する。ここより沢を離れ、30分ほどの急登で丸山尾根の「椿平」に到着する。春にはユキツバキの群生が見られ、大変美しい。また、この時期にはブナの芽吹きが美しく、キビタキ、コルリ、シジュウカラ、コガラなど、野鳥たちの鳴き声に心洗われる。

　周辺の見どころも尽きない。通称蟹沢山の麓から中腹にかけて、約250本のエドヒガンザクラが咲き誇る「小山田彼岸桜樹林」は国指定天然記念物。嘉永年間に地元の斉藤源右衛門が植樹したもので、幕末の儒学者頼三樹三郎は、その景観を「吉野に勝るとも劣らじ」と賞賛し、吟詠すること3日に及んだという（『中蒲原郡誌』より）。

　また、切畑集落には切畑観音堂があり、境内には「乳銀杏」と呼ばれる大イチョウがある。大同2年（807年）、僧行基が北国巡行の際に、このイチョウの枝で十一面観音像を刻み、安置したとの伝承も残る。ほかにも3月下旬に開花する「水芭蕉公園」など、登山の折に周辺観光スポットに足を延ばしていただきたい。

▶小山田彼岸桜樹林

▲登山者でにぎわう菅名岳山頂

| 登山適期（月） | 適期は4月～11月。4月第4日曜日に山開きが行われる。新緑のブナ、カツラ、トチの樹林帯と秋の紅葉が美しい。 |

1	2	3	4	5	6	7	8	9	10	11	12

■ 交通・マイカー
JR磐越西線五泉駅からいずみの里までタクシーで約30分。マイカーはいずみの里を通り過ぎた所に登山者用駐車場あり。

■ ワンポイントアドバイス
①このコース最後の水場がどっぱら清水となる。十分に補給を。②コースから少し外れるが、どっぱら清水の先にトチの巨木がある（登山道から往復10分）。ぜひ立ち寄りたい。木を守るため根を踏まないよう注意。

■ 問い合わせ
五泉市商工観光課　　　　　　　　☎0250-43-3911

コースガイド

菅名岳にはいくつかの日帰りコースがある。今回は、変化に富み比較的楽に登ることができる、いずみの里、どっぱら清水、椿平経由の「どっぱら清水コース」を紹介しよう。

登山口入り口近くにあるいずみの里を通り過ぎ、100メートルほど行くと**登山者用駐車場❶**がある（30台程度駐車可能）。ここより先は一般車通行止めとなっており、林道をひたすら歩く。大蔵山（大蔵岳）登山口、三五郎橋を右に眺め、北沢橋を渡ると**林道終点❷**に到着する。ここより道は細くなり、沢沿いの登山道となる。

道は沢を右に左に渡るが、要所要所に橋が架けられている。10分ほど進むと堰堤の脇に丸山尾根への分岐がある。どっぱら清水へはさらに沢沿いに進む。沢の中にカツラの大木が現れてくると、どっぱら清水は近い。カツラの大木がこのように群生している場所も貴重である。

どっぱら清水❸の看板が現れたら、荷物を置いて清水へ行ってみよう。水はブナの森からこんこんと湧き出している。ここより5分ほど先に「森の巨人たち100選」に選ばれたトチの大木がある。

やがて道は沢を離れ、**椿平❹**への急登となる。道はよく手入れされており、快適な登りである。椿平はユキツバキの群生地で、花咲き乱れる春に訪れたい所だ。少し緩登が続くと7合目の**鐘の休み場❺**に着く。

少し下ってから最後の急登だ。徐々にブナの樹林帯となり、春には小鳥のさえずりが心地良い。**山頂❻**は広く刈り払われており、眼前に飯豊連峰、川内山塊が雄大な景色を見せてくれる。山頂からは東南に大蔵山への縦走路も延びている。

▶どっぱら清水

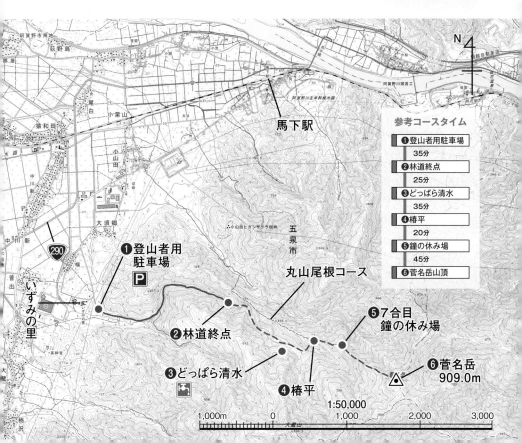

馬下駅

参考コースタイム

❶登山者用駐車場	
	35分
❷林道終点	
	25分
❸どっぱら清水	
	35分
❹椿平	
	20分
❺鐘の休み場	
	45分
❻菅名岳山頂	

❶登山者用駐車場 P

いずみの里

290

丸山尾根コース

❷林道終点

❺7合目
鐘の休み場

❸どっぱら清水

❹椿平

❻菅名岳
909.0m

1:50,000

1,000m　0　1,000　2,000　3,000

N

五泉市

日本平山
にほんだいらさん

阿賀町・五泉市　　1,081.0m

難易度 ★★★☆☆

執筆／新潟山岳会　阿部信一
調査／新潟山岳会　山口晋平

▶ガンガより日本平山山頂部

ブナの大木が出迎える
川内最奥の名山

　日本平山―どこからそんな雄大な名前が付けられたか定かではない。川内連山の最奥地に位置し、山頂に立つまでどこが最高到達点であるか分からない。日本一平らな山ということで名付けられたのだろうか?

　いずれにせよ、その分ゆったりとおおらかな山容である。

　目立ったピークを持たないこの山は、ほかからあれが日本平山だよと見える場所も少ない。だが、山頂は一等三角点本点であり、やぶも刈り払われて眺望は見事。磐梯山、飯豊連峰、御神楽岳、浅草岳、守門岳、目の前には川内連山盟主の矢筈岳、青里岳、五剣谷岳、木六山、その後方には粟ヶ岳、白山、菅名連峰、五頭連峰と、ぐるり眺め渡せる。さすが川内の奥山である。

　登山道はいくつかあるが、早出川ダムコースには見事なブナの大木が連なり、この高さでは見られない原生林を成している。「一見の価値あり」の貴重な場所だ。稜線上にはイワカガミが咲き乱れ、ツツジやタムシバなどの花々が、この山の豊かな自然を物語っている。

　谷沢集落から登る谷沢コースは、人分鞍部で大村杉山(人分山)経由のいこいの森コースと合流する。いこいの森コースは最後まで尾根道で、登り下りが若干多いため、時間が少し長くかかる。標高870メートル付近には大池があり、2、3人乗っても大丈夫な浮き島がある。

　山頂には、「無事帰る」とダジャレのようなカエルの石像が、一等三角点の標石の隣に鎮座している。

　眺めを楽しんで歩きたいなら、ダムコースを選んだ方がよいが、令和元年(2019年)現在、登山道上の橋の流出、崩落箇所が見られるため立ち入り禁止となっている。

▲金ヶ谷渡渉点

◀トコヤ上部の
美しいブナ林

▲早出川ダムコースから川内の山々

登山適期(月)　適期は6月〜11月。

1	2	3	4	5	6	7	8	9	10	11	12

■ **交通・マイカー**
◆谷沢コース・三川自然の森コース:JR磐越西線三川駅よりバス、谷沢川向下車。マイカーは三川自然の森に駐車場あり。
◆早出川ダムコース:マイカーは早出川ダムサイト大駐車場を利用。トイレもある。

■ **ワンポイントアドバイス**
①注意 早出川コースは令和元年現在、登山道上の橋の流出、崩落箇所が見られるため立ち入り禁止となっている。復旧の予定はない。②水場は早出川ダムコースでは「トコヤ」のみ。③山が深く標高の割に時間がかかる。余裕を持って行動してほしい。

■ **問い合わせ**
五泉市商工観光課(早出川ダムコース)　☎0250-43-3911
阿賀町三川支所振興係(谷沢コース)　☎0254-99-2311

コースガイド

　ここでは参考として立ち入り禁止前の早出川ダムコースを紹介する。**ダムサイト❶**の道をしばらく進む。道が普通の登山道に変わりしばらく行くと、ダムサイト側が切れ落ちてくる。所々鎖も付けられ、滑りやすい場所もあるので注意が必要だ。ここまでのコース中にあった橋が流失し、崩落箇所も見られるため、早出川ダムコースは現在立ち入り禁止となり、復旧の予定はない。

　標高差をまったく稼がない登り下りで、**金ヶ谷の川原❷**に下りる。秋だと飛び石で渡れるが、増水時は注意が必要。沢の両岸が切り立っているので、雪も結構遅くまで残っている。向かいの急斜面には鉄梯子が掛けられ、いきなりの急登だ。尾根に上がった所が**駒の神❸**で、大きなマツの根っこでひと息入れる。

　ブナやイワカガミの稜線を少し行くと、いきなりゴヨウマツの大木のある平らな稜線歩きとなる。景観は抜群だ。谷を挟んで目の前は日倉山（ひぐらやま）である。前方に見えるピークは「山頂かな？」と思わせるが、そうではないようだ。

　少し下って尾根が広くなった辺りに「ここが**トコヤ❹**です」という看板が置いてある。その脇に小沢があり水もある。この付近からブナの大木が出てくるが、この一帯では類を見ない見事なブナ林である。春先の新緑はいかほどか想像に難くない。

　ブナに後ろ髪をひかれながら少し下ると、目の前に立派なピークが迫る。やや急登でひと汗かくと「**ガンガ❺**」である。やっと目の前に日本平山の山頂が姿を現してくれる。もしかすると日本平山の中で一番見晴らしがいい所はここかもしれない。少し下って登り返すと、一等三角点とカエルの石像が待つ**山頂❻**である。津川の麒麟山（きりんざん）の右先に磐梯山の三角錐が見える。10月終わりごろからは真っ白な衣をかぶった飯豊連峰も目の前だ。

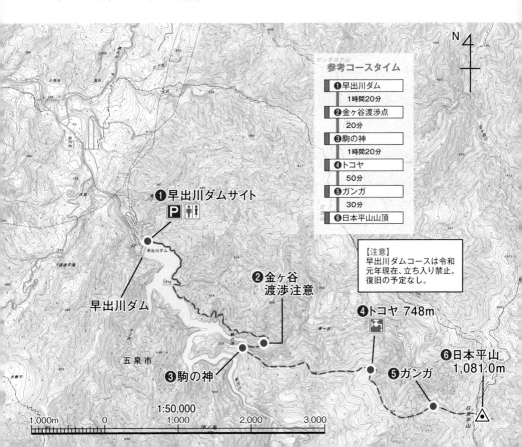

参考コースタイム

❶早出川ダム
1時間20分
❷金ヶ谷渡渉点
20分
❸駒の神
1時間20分
❹トコヤ
50分
❺ガンガ
30分
❻日本平山山頂

【注意】
早出川ダムコースは令和元年現在、立ち入り禁止。復旧の予定なし。

❶早出川ダムサイト 🅿🚻

早出川ダム

❷金ヶ谷渡渉注意

五泉市

❸駒の神

❹トコヤ 748m

❺ガンガ

❻日本平山 1,081.0m

1:50,000

1,000m　　0　　　1,000　　　2,000　　　3,000

30 下越 銀太郎山（ぎんたろうやま）

五泉市　　1,112m

難易度 ★★★★☆

執筆／亀田山岳会　本間一人
調査／亀田山岳会　本田　仁

▶銀次郎山、銀太郎山（左）の美しいピーク

秘境中の秘境
知られざる川内の秀峰

　銀太郎山は新潟県の"秘境"といえる地域にある。新潟県で秘境といえば上越の海谷山塊と、ここ川内山塊であり、銀太郎山はそのど真ん中に位置する。この川内山塊に端を発するのが早出川（地元ではハイデガワともいう）で、その名のごとく降雨時には即増水する。入渓時は常に雨雲を警戒しなければならない。山域は治水上も重要な地域とされているが、なぜ「早出」なのか、なぜ治水上重要なのか、登ってみれば自ずと納得できると思う。

　川内の山々を語るには、2万5000分の1地形図「高石」「室谷」「粟ヶ岳」「越後白山」の4枚が必要となるが、ど真ん中の銀太郎山は周辺の山々より低く、取り付くにも交通の便が悪い。それゆえ、一般の登山者にはあまり魅力的ではないかもしれない。しかし、沢登りということであれば、一帯は花崗岩の変化に富んだ沢が多く、木六山（きろくやま）周辺の沢は日帰りコースとして楽しまれている。

　植生は急峻（きゅうしゅん）な地形であり、かつ低山であるため、高山植物は目に付かない。しかし、稜線上にスギの大木があったり、支稜上や東側斜面にはブナの大木もあり、実を食べるのに登りついたのか、クマの爪跡もくっきりと残っている。

　秘境というにふさわしいこの地を、ますます秘境にしているのは、皮肉にも「過疎」であろう。最奥の地域である門原、上杉川集落の離村に伴い、生活道であったゼンマイ道や炭焼き道、田畑の放棄による水路の整備が行き届かなくなってきた。猟師たちも高齢化とともにいなくなったのか、クマ、カモシカ、サルなどの獣も増え、いまやエキスパートの岳人たちが、残雪期にこの山々を楽しむのみである。

　昨今、オーバーユースが問題化する山域が増えてきた。その一方でこの川内山塊はますます秘境化しており、貴重な存在となっている。未来に伝えるためにも、そっとしておいてほしいものだ。

▶「焼峰の神様」の祠

▲木六山から銀太郎山方向を望む

登山適期（月） 適期は5月〜10月。5月は所々に残雪あり。ルートを外すと戻るのが困難。銀太郎山から先はエキスパートの領域。

1	2	3	4	5	6	7	8	9	10	11	12

■ **交通・マイカー**
　JR磐越西線五泉駅からバスで村松へ。村松でタクシーに乗り換え登山口へ。

■ **ワンポイントアドバイス**
　①紹介コース上（川内山塊）には、山小屋はない。②水場は木六山直下（十三沢）と七郎平山テント場にあり。

■ **問い合わせ**
　五泉市商工観光課　　　　　　☎0250-43-3911

コースガイド

ここではあえて日帰りコースとして紹介するが、日帰りするのであれば、5月など日の長い時期を選んでいただきたい。遠隔地からの入山は、七郎平山の1泊が時間的にも余裕ができ、楽しい山行となるはずだ。

公共交通機関を利用する場合、五泉駅からバスで村松へ向かい、そこからタクシーで「柴倉沢登山口」に向かう。マイカーの場合は、村松公園から県道17号線を進み、暮坪から杉川に沿ってゆく。チャレンジランド杉川から約1キロメートルで「柴倉沢登山口」の駐車場だ。

5～6月の入山者は意外と多く遠方からも訪ねてくるようだ。木六山へは「水無平コース」「グシの峰コース」の2つがあり、どちらもヤマビルに悩まされることが多い。ここでは「水無平コース」を紹介する。このコースは柴倉沢沿いのへつり道なので雪の残る頃は慎重に行動しよう。

水無平はその名の通り水らしきものが一滴たりともなく、道は平坦部からつづら折れの急登となる。尾根上に出た所に祠があり、「焼峰の神様」(658メートル)とある。さらに進むと分岐があり、右に進めば木六山へ、左に進めば木六山をカットして先に出る。**木六山❶**から先はいよいよ川内の主稜線である。左右は大底川、中杉川に切れ落ちているが、低木もあり安心して進める。大きなスギの木が現れれば**七郎平山(906メートル)❷**だ。幕営するにはこの水場が良い。

この先の道は明瞭で、小さなアップダウンで**銀次郎山(1,052メートル)❸**に着く。川内のど真ん中で、眺望も素晴らしい。右に白山、粟ヶ岳、前方には銀太郎、左に目を転じれば日本平山と、川内の山々を一望できる。

銀太郎山にも近年入山者が増えたのだろう、よく踏まれた道を登り返すと**銀太郎山❹**だ。山頂からは前方に五剣谷岳、その右奥に青里岳を望むことができる。

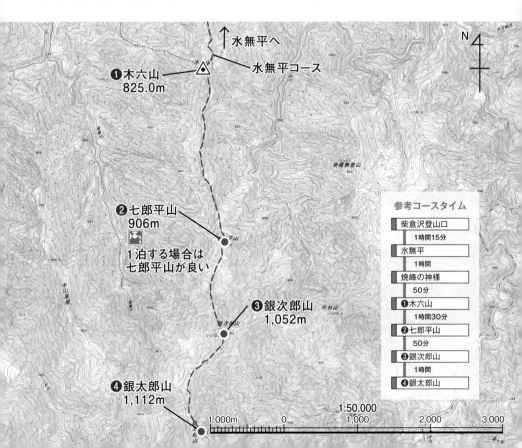

❶木六山
825.0m

↑水無平へ
水無平コース

N

❷七郎平山
906m

1泊する場合は
七郎平山が良い

❸銀次郎山
1,052m

❹銀太郎山
1,112m

参考コースタイム	
柴倉沢登山口	
	1時間15分
水無平	
	1時間
焼峰の神様	
	50分
❶木六山	
	1時間30分
❷七郎平山	
	50分
❸銀次郎山	
	1時間
❹銀太郎山	

1:50,000

1,000m　0　1,000　2,000　3,000

白山
はくさん

五泉市・加茂市　1,012.4m

難易度　★★☆☆☆

執筆／矢筈山岳会　梁取静五
調査／矢筈山岳会　難波信宏

▶五泉市のシンボル
「白山」

慈光寺の杉並木を抜け
大展望の山頂へ

白山は五泉市と加茂市の境にそびえる霊峰で、菅名岳とともに五泉市のシンボルとなっている。北は神戸山、南は宝蔵山、権ノ神岳、粟ヶ岳に連なり、仙見川、滝谷川、能代川の源流を成している。

古来より信仰を集め、山名も古くは「薬師嶽」といった。また、近年では文永9年（1272年）と推定される紀銘で、「薬師如来」と刻まれた石片が発見された。

山頂には鯖池があり、雨乞いの池として知られている。また、山頂付近には風穴があるという言い伝えがあり、古老の中には目撃者もいるため、過去に観光開発の目的で大規模な調査を行ったが、発見には至らなかった。

当地の素晴らしさは、「越後州蒲原郡村松江瀧谷山慈光寺略縁起」によると、

十境
禅定峯、般若川、不動瀧、師子巌、隔塵橋、臥龍窟、坐禅石、宇鏡院、鯖ヶ池、天狗松

十景
深林瑞鳥、古巌啼猿、櫻澄暮色、西嶺残雪、大峯

紅葉、松間明月、北渓樵煙、南山夕照、竹阜夜雨、東院水平

と記され、今はなき名所にロマンがかき立てられる。

登山口には曹洞宗越後四箇道場の1つ「慈光寺」があり、その参道の杉並木は樹齢300年もの老杉が140本、県の天然記念物に指定されている。登山道は滝谷川の右岸に沿ってつけられた「白山尾根線」と「田村線」。白山尾根を登って田村線を下るのが一般的だ。

山頂の少し手前には避難小屋も整備されており、天候悪化のときには心強い。小屋の先には鯖池という小池があり、サンショウウオが生息している。山頂からの眺望は、五剣谷岳、矢筈岳など川内の山々や粟ヶ岳、はるか遠くに佐渡を望むこともできる。

▶立派な白山避難小屋

▲杉並木の静寂に包まれた慈光寺

登山適期（月）　4月の第1日曜日に山開きが行われる。4月後半から10月にかけてはヤマビルがいるので虫よけスプレーが有効。

1	2	3	4	5	6	7	8	9	10	11	12

■ 交通・マイカー
JR磐越西線五泉駅よりタクシー利用。マイカーは慈光寺参道入り口の黄金の里会館前に駐車場（50台程度）あり。それより先は参道、杉並木保護のため、一般車両は進入禁止。

■ ワンポイントアドバイス
①白山避難小屋には携帯用トイレ「エコポット」（有料）が設置されている。②残雪期の田村線の下りはコースが分かりにくい。往路を戻った方が無難。③降雪期、7合目付近から頂上までの間は、強風や地吹雪により、20分もすると自分の足跡がかき消されてしまう。避難小屋でひと休みした後、外に出てみると自分の足跡が消えており、下山ルートを間違うことが多いので注意する。

■ 問い合わせ
五泉市商工観光課　　　　　　　　　　　☎0250-43-3911

コースガイド

ここでは白山登山の最も一般的なコース「登り尾根線・下り田村線」を紹介しよう。まず、**黄金の里会館駐車場❶**に車を止める。ここに登山届のポストがある。ここから先は県指定の杉並木で、保護のため一般車両は進入禁止。歩いて10分ほどで慈光寺山門に到着する。山門を左に見て先に進むと、すぐに左手に田村線への道標があり、登り口は慈光寺裏手の天狗堂からとなる。さらに滝谷川右岸沿いに進み、橋を渡った先に尾根線1合目の登山口に着く。ここから急登となる。春はイワウチワやカタクリ、マンサク、タムシバなどが目を楽しませ、キビタキ、アカショウビン、コルリなどが鳴き競う。

尾根に出た所が**3合目❷**。林の奥に石の白山祠が祭られている。樹林帯の中を進むと5合目「見晴らし」で、眼下には美しい景色が広がっている。

さらに30分ほど進むと7合目。少し先に「**馬の背❸**」という急登の痩せ尾根がある。ここから9合目までがやや急坂となり、9合目の笹やぶの小道になると、右手に宝蔵山、粟ヶ岳が見えてくる。頂上直下の避難小屋は2階建ての立派な小屋である。小屋の近くに鯖池があり、**山頂❹**には祠がある。

帰りは田村線を下るが、残雪期には仙見川の尾根に入り込まないよう注意したい。田村線の下り始めは急な下り道である。30分ほど下ると道は平らになり、左手にブナの大木「**天狗の腰掛❺**」がある。ここより緩登10分で「**袴越❻**」に到着。袴越の平頂を越して20分下ると広々した平らな**5合目❼**に出る。これより先の鉄塔を過ぎると2合目の分岐点、道は二分する。左は鉄塔の巡視路。ここは真っ直ぐ進み慈光寺裏手の天狗堂に下りる。

▶雨乞いの池として知られる鯖池

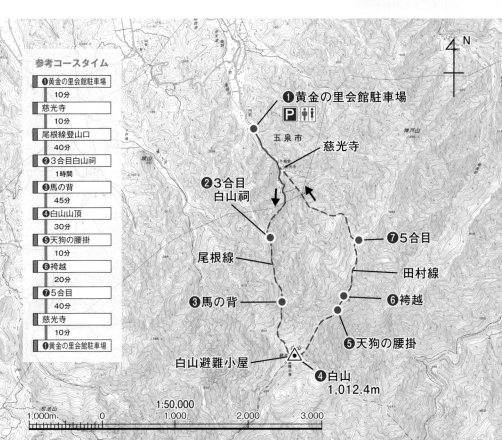

参考コースタイム

❶黄金の里会館駐車場
10分
慈光寺
10分
尾根線登山口
40分
❷3合目白山祠
1時間
❸馬の背
45分
❹白山山頂
30分
❺天狗の腰掛
10分
❻袴越
20分
❼5合目
40分
慈光寺
10分
❶黄金の里会館駐車場

❶黄金の里会館駐車場

五泉市

慈光寺

❷3合目
白山祠

尾根線

❸馬の背

白山避難小屋

❼5合目

田村線

❻袴越

❺天狗の腰掛

❹白山
1,012.4m

1:50,000

1,000m　　0　　　　1,000　　　　2,000　　　　3,000

矢筈岳
やはずだけ

1,257.5m

難易度 ★★★★★（2泊3日の行程、エキスパート向き）

執筆／矢筈山岳会　梁取静五
調査／矢筈山岳会　羽下　亮

▶割岩山分岐付近から矢筈岳を望む

2泊3日で挑む
川内山塊の最深部

　矢筈岳は五泉市村松と三条市下田に跨る川内山塊最奥の秘境の山である。奥早出粟守門県立自然公園に属す。標高は1,257.5メートルで早出川と五十嵐川の源流に当たる。『中蒲原郡誌』に闇見岳、霞ガ岳とともに記載され、『新編会津風土記』によれば「二峰並び聳え矢筈に似たる故名づく」とある。

　山頂には雪消えの時は1メートルほどの標識が立っている。ここから望む川内の山並みは素晴らしい。まさに深山の趣だが、近年開発の波が押し寄せる中、このような原始の佇まいを見せる山は貴重な存在だろう。低山でありながら登山道がなく、清流に発生するメジロアブ、忍び寄って血を吸うヒル、ダニなどが入山を困難にしているのかもしれない。

　川内山塊は昭和30年代まで各地で銅や鉛などの採掘が行われた。今でも小杉沢銅山、白滝鉱山、大清水鉱山、日本平トヨヤなどの鉱山跡が見られる。矢筈岳を源とする今早出沢にも試掘跡と思われる洞窟が残っている。

　また、筆者が登山を始めた昭和40年代まではゼンマイ採りが盛んで、主な沢の小屋場にはゼンマイ小屋が掛けられていた。早出川沿いだけでも丸子、

ヨシノソウ、ガサメキ、ブナ小屋、二重滝右岸にもゼンマイ小屋が掛けられ、家族総出でゼンマイを採り、1年の収入を得るという生活が残っていた。

　また、矢筈岳周辺は熊の生息地でもあり、下田の笠堀、大江の人たちはこの山一帯で熊狩りを行っていた。明治以前はその年の最初に獲った大熊を御用熊として村松藩主に献上するのが慣習だったという。

　このような生活も日本の高度経済成長とともに自然消滅し、川内の山々につけられた道も多くはやぶに覆われて廃道となった。一部、登山道として残されてきた道は、現在、五泉市から登山道整備を委託された地元有志の道刈りによって、何とか維持されているのが実状である。

　矢筈岳への登頂は時期を選ぶことが重要である。夏の沢登りはエキスパートの世界であり、この山域に精通した者以外は、ルート判断が難しい。尾根の縦走は春の残雪を利用するほかはないが、近年の地球温暖化の影響もあって、4月上旬から下旬の3週間ぐらいに限られてしまうことが多い。粟ヶ岳、毛石山などの魅力的なルートはいろいろ考えられるが、やはり主脈縦走にこだわりたい。

▲矢筈岳頂上から青里岳

登山適期（月）

適期は4月上旬から下旬の残雪期のみ。3月は降雪などで雪が締まらず、5月の連休になると、大雪の年以外はやぶが多くなり歩きづらい。村松公園のサクラが満開になるころ、入山の適時を迎える。

■ **交通・マイカー**
JR磐越西線五泉駅から柴倉沢登山口までタクシーで約40分。マイカーは柴倉沢登山口に駐車可能（約10台）。

■ **ワンポイントアドバイス**
①寒気の影響を受けると山は大荒れ。冬山装備が必要。②木六山・グシの峰コースは、雪崩、滑落などの危険箇所があるので注意すること。また、至る所にクラックがあるため、落ちないように気を付けたい。③この山域には、軽快な歩行性能と滑り止め機能を併せ持つスパイク長靴が最適。地元では一般的なスタイル。④緊急時のエスケープルートは一切なし。往路を戻ること。⑤登山計画書は木六山・柴倉沢登山口にポストがあるので、必ず提出してから入山すること。

コースガイド

　川内山塊の最奥、主峰・矢筈岳への登山道はない。コースタイムも残雪の状態によって大幅に変わるため、あくまでも参考にとどめていただきたい。

　1日目。銀太郎山（ぎんたろうやま）までのコースは別項で紹介されているので、ここでは省略する。銀太郎山は、やぶを切り開き主脈に刻まれた登山道の最終地点である。ここから道なき稜線の一歩を踏み出せば「ルートファインディング」を必要とする本格的な登山が始まる。所々やぶを漕ぎながら忠実に尾根をたどると、五剣谷岳（ごけんやだけ）頂上直下の雪原に出る。ようやくやぶから解放され、広い急斜面の登りとなり、振り返れば銀太郎山の向こうに蒲原平野が遠望できる。五剣谷岳の頂上に立つと割岩山の鞍部を通して、屏風を広げたような鋸状の矢筈岳が初めて姿を現す。テント場は頂上周辺に広い雪原がある。

　2日目。割岩山分岐から青里岳（あおりだけ）へ近づくにつれてやぶが多くなる。青里岳の頂上から鞍部への下りは、豊富な残雪があれば問題ないが、最近ではやぶが目立つことが多い。いったん南東方向へ派生している尾根を約200メートル下りると平坦になる。ここから進路を南方向へ直角に右折して、潅木交じりの斜面を下れば、徐々にはっきりとした広い稜線歩きとなる。鞍部から1,054メートル峰への急斜面は慎重を要する。登り切れば山頂は間近に迫り、広く緩やかな尾根をたどる。目印のようなものは何もないが、笠堀ダムへと続く尾根の分岐を過ぎ、やがて山頂へ続く最後の登りとなる西尾根分岐に着く。ルートは早出川源流のム沢を回り込むようにして東方向へ左折する。鋸状の山容もここから大きく変貌し、山名の由来となった鋭い双耳峰の「矢筈」へと一変する。山頂は苦労が吹き飛ぶ360度の大展望である。帰路は魚止山から室谷（むろや）へ下る。下矢筈岳からの急斜面はスリップによる滑落に注意して慎重に下る。この先、三川分水峰周辺に良い泊まり場がある。

　3日目は気力・体力の勝負。魚止山の手前ぐらいまで延々とやぶ漕ぎが続く。

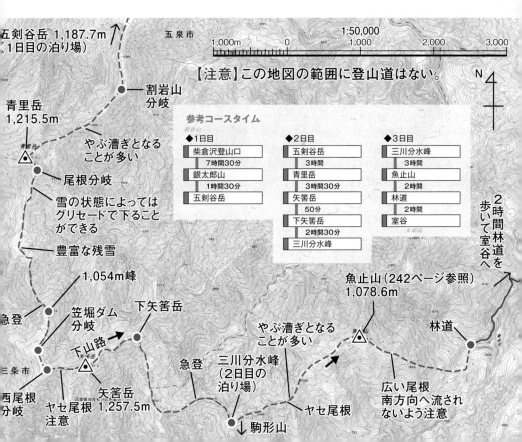

五剣谷岳 1,187.7m
（1日目の泊り場）

五泉市

1,000m　0　　1,000　　2,000　　3,000
1:50,000

【注意】この地図の範囲に登山道はない。

N

青里岳
1,215.5m

割岩山
分岐

やぶ漕ぎとなる
ことが多い

尾根分岐

雪の状態によっては
グリセードで下ること
ができる

豊富な残雪

1,054m峰

急登

笠堀ダム
分岐

下矢筈岳

下山路

三条市

西尾根
分岐

矢筈岳
ヤセ尾根　1,257.5m
注意

急登

三川分水峰
（2日目の
泊り場）

駒形山

ヤセ尾根

魚止山（242ページ参照）
1,078.6m

やぶ漕ぎとなる
ことが多い

広い尾根
南方向へ流され
ないよう注意

林道

2時間林道を歩いて室谷へ

参考コースタイム

◆1日目

柴倉沢登山口
7時間30分
銀太郎山
1時間30分
五剣谷岳

◆2日目

五剣谷岳
3時間
青里岳
3時間30分
矢筈岳
50分
下矢筈岳
2時間30分
三川分水峰

◆3日目

三川分水峰
3時間
魚止山
2時間
林道
2時間
室谷

33 御神楽岳

みかぐらだけ

下越

阿賀町　1,386.5m

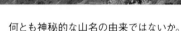

難易度　★★★★☆

執筆／新潟山岳会　阿部信一
調査／新潟山岳会　山口晋平

▶栄太郎新道から望む御神楽岳山頂部

思わず息をのむ
岩壁が織り成す迫力の景観

"下越の谷川岳"と称される御神楽岳は、阿賀町と福島県の県境近く、1,386.5メートルと標高は低いが、その沢、岩壁、スラブの険しさと美しさで見る者を引きつけて止まない。その素晴らしい魅力にとりつかれた筆者は、この山に通い始めて40年にもなる。春のブナ林、秋の草紅葉…。自然の豊かさを肌に感じる山登りもいいが、夏の沢遡行、冬の岩稜登攀や縦走など、一級アルペンへの基礎を作るには十分過ぎる山である。

藤島玄著『越後の山旅・上巻』によれば、山名の由来はこうある。

古へ覚道ト云ウ人、峰ニ登テ神楽ヲ奏セシ事アリ、故ニ山名トス。(越後野志)

また、次のようにも記されている。

中蒲原郡粟ガ岳の東に御神楽岳という深山あり。頂上へは峻険にて至り難し。ここに時として俄然に音楽を合奏する音の麓に聞こゆ。樵夫等の耳に入ることあり。頚城、魚沼、岩船辺の深山にもかかる所数カ所あり。里人は御神楽という。(温故之栞七不思議)

何とも神秘的な山名の由来ではないか。

新潟側からの登山道は2つ。栄太郎新道(蝉ヶ平コース)は岩稜もあり鎖場も多く、熟達者向けのコースである。下りに用いる場合は特に注意が必要だ。令和元年(2019年)の調査では、全体的にヤブ化していた。廃道化していた室谷コースは平成9年(1997年)に復活。栄太郎新道に代わるコースとして、より御神楽岳山頂が近くなった。こちらはブナ林の美しい歩きやすいコースである。

福島県側、御神楽岳山頂から本名御神楽岳、霧来沢を経由して金山町へ下るコースは現在も使われているが、笠倉山の下の月山平から笠倉沢沿いに湯沢に戻る広谷川1周コースは廃道と化している。

▲栄太郎新道の「馬の背」の岩稜を行く

登山適期(月)　適期は6月〜11月。

1	2	3	4	5	6	7	8	9	10	11	12

■ 交通・マイカー
JR磐越西線津川駅よりバスがあるが、マイカー利用が望ましい。蝉ヶ平登山口、室谷登山口ともに数台の駐車場あり。

■ ワンポイントアドバイス
①令和元年の調査では、栄太郎新道は全体的にヤブ化しており、特に高頭〜雨乞峰間は注意が必要。②栄太郎新道は上部沢がスラブ状のため、雨が降ると鉄砲水となりやすい。無理をせず状況を見極めたい。③栄太郎新道には鎖場が数カ所あり注意を要する。このコースでの下山時間は、登りの所要時間と大差がない。④室谷コースはぬかるむ所があるのでスリップに注意。

■ 問い合わせ
阿賀町上川支所　☎0254-95-2211

▲栄太郎新道から湯沢のスラブ

コースガイド

ここでは栄太郎新道（蝉ヶ平コース）を紹介する。御神楽温泉から蝉集落を過ぎると**林道終点❶**は近い。登山届のポストもある。銅が採れていた鉱山跡に3つの石碑がある。

　みかぐらにもみじ年ごともゆるともちりにし三井のかえることなし

　みかぐらのやまにゆきたるいとしごをしのぶ夜ふけてしぐれふりくる

　親の気持ちに手を合わせ蛍沢の滝の上を慎重に越す。

湯沢までに横切る4つの沢はいずれも滑りやすいので慎重に越えたい。**湯沢の出合い❷**に着くと、これぞ御神楽という景色に言葉を失う。800メートルの標高差で見る者を圧倒する。この沢から先に水場はない。

急登でやせ尾根に立つと、津川の盆地の先に飯豊連峰が望める。向かいの山伏尾根のドームと右の覚道沢奥壁は見応え十分だ。2つ目のピークの鎖場は、下山時には見つけにくいので要注意。3つ目のピークに馬の背状の岩稜が出てきて、これを過ぎるとヒメサユリ、イワカガミ、トキソウなどの草原となるが、道は緩くならない。

高頭❸に着くと、川内連峰や磐梯山と一気に視界が広がる。左下のダイヤモンドスラブを見ながら**湯沢の頭❹**に向かう。御神楽沢奥壁燕返しの岩壁下に万年雪が見え、その岩壁の上にゆったりとした本峰がようやく姿を現す。

殺生窪の岩場を越え、**雨乞峰❺**で室谷コースと合流。雨乞池まで少し下り、登り直して**山頂❻**である。山頂からは尾瀬燧ヶ岳の双耳峰まで望める。下山には室谷コースを用いてもいい。雨乞峰から左に入る。スギの原生木やらブナ林を抜ける緩やかな下山路だ。途中で小沢を越えるが、水も豊富でいい休み場である。

参考コースタイム

❶蝉ヶ平林道終点（登山口）
　1時間10分
❷湯沢の出合い
　2時間
❸高頭
　1時間10分
❹湯沢の頭
　1時間10分
❺雨乞峰
　15分
❻御神楽岳山頂

※室谷コースの下山は、大森山、水場経由セト沢駐車場まで2時間30分～3時間。

貉ヶ森山
むじながもりやま

阿賀町・金山町（福島県）　1,315.1m

難易度　★☆☆☆☆

執筆／新潟山岳会　阿部信一
調査／新潟山岳会　山口晋平

▶貉ヶ森山の前山

ひっそりと原始を残す静寂が魅力の奥山

　貉ヶ森山は新潟県阿賀町の最奥、福島県との県境に位置する。御神楽岳から県境稜線上、本名御神楽岳までおよそ1キロメートル、それより南へ4キロメートルで日尊の倉山（1,262メートル）、さらに3キロメートルで貉ヶ森山である。

　新潟県内には、補点を含めると一等三角点を有する山が20以上ある。貉ヶ森山も一等三角点の本点を有するが、これらの中では登山者が非常に少なく、不遇の山であった。というのも、登山方法が極端に限られ、残雪期に新潟県側は室谷の大久蔵沢を、福島県側は大石田沢を詰めるしか術がなかったのである。越後岳人の大先輩である藤島玄さんをして、再び山頂に立つことが難しい、と言わしめた深山中の深山だ。

　その藤島玄さんは、実は残雪期にしか登頂しておらず、貉ヶ森山の一等三角点の標石は見てなかったという。晩年それを聞いた当会の森田健氏と泉三重氏が、玄さんにその三角点の写真を見せる約束をして、昭和50年（1975年）秋、会津金山町三条から数回の猛烈なやぶ山アタックで登頂を果たし、見事約束を守ったというエピソードがある。つまるところ、この山はそんな一部のマニアックな人間たちだけの山であった。

　貉ヶ森山に転機が訪れたのは昭和57年（1982年）。阿賀町室谷から会津金山町まで林道が開通した。貉ヶ森山と日尊の倉山の鞍部の峠を抜ける林道で「峰越林道」と命名された。その峠は標高1,100メートル、山頂までは200メートルぐらいしかない。確かに便利になったのだが、昔の先達はどう思っているのか、複雑な思いである。

　それでも、ブナの原生林あり、イワカガミ、イワウチワ、ヒメサユリ、シャクナゲと、奥山の静寂と自然の豊かさを余すとこなく楽しめる山である。磐梯山がよく見え、隣の雲河曽根山の奥には尾瀬の燧ヶ岳も見える。御神楽岳南面の岩壁群も目の前だ。

　峰越林道の駐車場は広く見晴らしは良い。登山道はやぶっぽく、注意が必要。往復時間もさほどかからないので、向かいの日尊の倉山へ足を延ばしてみるのもいいだろう。

▶山頂の一等三角点

登山適期（月）　適期は6月〜11月。

1	2	3	4	5	6	7	8	9	10	11	12

■ **交通・マイカー**
　JR磐越西線津川駅からタクシー利用。マイカーは津川駅から峰越林道峠まで約1時間30分。峰越林道峠に駐車場あり。

■ **ワンポイントアドバイス**
　①峰越林道は、昨今の集中豪雨や雪崩での補修・舗装工事などがあるので、道路状況を確かめてからの入山が賢明。②登山道はやぶが多く、道が分かりづらい所もある。赤テープなどに注意して登りたい。③峠の広場から日尊の倉山まで往復可能。所要時間は貉ヶ森山と同じくらい。ただし、やぶがやや濃いので注意したい。

■ **問い合わせ**
阿賀町上川支所　☎0254-95-2211（林道状況の問い合わせのみ）
阿賀タクシー　☎0254-92-2450

▲御神楽岳南面壁を望む

コースガイド

ダム移転できれいになった室谷集落を過ぎると峰越林道が始まる。林道入り口に室谷洞窟がある。その道を少し戻ると対岸に不動滝が見られる。倉谷沢と打出沢の合流点で室谷川を渡る。この林道は平成26年（2014年）に起点から県境までが全面舗装された。

大久蔵沢より林道はぐんぐん高度を上げ、ブナの原生林の間を進む。時々後方に川内連峰の盟主・矢筈岳、青里岳、五剣谷岳、粟ヶ岳、白山、遠く守門岳が見えてくる。林道がやや緩くなり始めるころ、左の谷を挟んで御神楽岳の西面が望めるようになると峠は近い。

登山道は**峠の駐車場❶**から始まる。登山口（踏み跡）には赤いテープで目印がある。登山道は踏み跡が浅く、注意が必要。ブナとササの道をしばらく行くと、左に雨量計が見える。

雨量計から先、登山道は県境稜線上となるのだが、道が不明瞭な場所もある。赤テープを見付けながら、1,300メートルの**前山のピーク❷**に着く。目の前に山頂が見える。

前山から県境稜線を少し下り、緩く登り返すと一等三角点の**山頂❸**だ。山頂からは県境の山々をじっくり眺めたい。なぜなら、この県境稜線上に登山道がある山はまれである。山頂から雲河曽根山までは手ごわいやぶだ。獣道ぐらいはあるかと思って入ってみたが甘かった。

下山は往路を戻る。行きと同様、赤テープに助けられながら下っていく。雨量計まで出れば峠の駐車場はすぐそこだ。かつては峠の駐車場の1キロメートル手前にも登山口があったが、現在は確認できない。

▶峠の駐車場の記念碑

参考コースタイム

❶峠の駐車場	
	1時間30分
❷前山	
	30分
❸貉ヶ森山山頂	
	1時間10分
❶峠の駐車場	

1:25,000

❶峠の駐車場

雨量計

❷前山
1,300m

❸貉ヶ森山
1,315.1m

貉ヶ森山

日尊の倉山へ

室谷へ

雲河曽根山
1,290m

五頭山
ごずさん

阿賀野市・阿賀町　　912.5m

難易度　★★★☆☆（縦走の場合）

執筆／むささび会　大場　勲
調査／新潟楽山会　片山宏之

▶5つの峰を持つ五頭山

5つの峰が名前の由来
下越を代表する信仰の山

五頭山は新潟市の東南東約30キロメートルに位置し、北から松平山、五頭山、菱ヶ岳、野須張、大蛇山、宝珠山と連なる五頭連峰の盟主である。

山域は海底が隆起してできたもので、主として花崗岩から組成されており、山地から押し出された土砂によって現在の山麓の地形が形成された。

山名の「五頭」は、三角点のある山頂から西に5つの峰が歯のように連なり、山麓から指呼することができることに由来する。この形状は羽越本線の京ヶ瀬駅付近から顕著に見ることができる。

五頭山の古名は「五月雨山」で、農事の雨乞い祈願などを行っていた。五頭山と呼ぶようになったのは大正になってからで、それ以前の通称は「イツツムリヤマ」だったという。

歴史をたどると、五頭山は大同4年（809年）、弘法大師によって開山されたと伝えられている。往古は五頭山信仰が盛んであり、中世は仏教文化が花開いた。阿賀野市出湯温泉にある華報寺の前身、五頭山海満寺福性院と深く結びついており、寺には5つの峰をかたどったものが安置されていたという。海満寺は3院33坊を有し、西の高野山に匹敵するほどの霊場であったと伝えられるが、歴仁年間（1238〜39年）に山火事のため堂坊ことごとく灰燼に帰した。

頂上部の5つの峰、すなわち一ノ峰から五ノ峰にはそれぞれ石仏が安置されており、次の通りである。

一ノ峰…観世音菩薩
二ノ峰…薬師如来
三ノ峰…不動明王
四ノ峰…毘沙門天
五ノ峰…地蔵菩薩

これらは頂上部に信仰の印がないことを残念に思った新潟市の青柳講中によって大正11年（1922年）に復活再興されたものである。

五頭山は下越一帯で広く知られた山だ。山麓には出湯、今板、村杉温泉、キャンプ場、ゴルフ場などが整備され、1,000メートル未満の適度な標高であることも手伝って、小学生からご年配まで幅広い世代の人たちに登られている。

▶四ノ峰の毘沙門天

▲出湯コース5合目の奇岩「烏帽子岩」

登山適期（月）　適期は4月中旬〜12月上旬まで。

1	2	3	4	5	6	7	8	9	10	11	12

■ **交通・マイカー**
JR羽越本線水原駅から市営バス五頭温泉郷線を利用できるが、縦走の場合はタクシーもしくはマイカーが良い。マイカーは2台で、登山口の魚止めの滝駐車場と下山口の奥村杉駐車場に置いておくと便利。

■ **ワンポイントアドバイス**
①駐車スペースは各登山口にある。松平山コースは魚止めの滝駐車場で約8台、トイレなし。出湯コースは砂郷沢駐車場で約50台、トイレあり。菱ヶ岳コースは旧スキー場駐車場で100台以上、トイレは奥村杉キャンプ場にあり。②縦走コース上の水場は次の通り。雷清水＝夏場は枯れることが多い。大日清水＝水量少ない。龍神清水＝水量豊富。桂清水＝水量少ない。笹清水＝水量少ない。

■ **問い合わせ**
阿賀野市商工観光課　　　　　　☎0250-62-2510
五頭タクシー　　　　　　　　　☎0250-62-4444

コースガイド

ここでは五頭連峰の主だった山を巡る「五頭連峰縦走」を紹介したい。ルートとしては、魚止めの滝登山口から松平山を経由、五頭山、中ノ岳、菱ヶ岳から旧スキー場駐車場に下る。

■松平山 (953.9m)

松平山は五頭連峰の縦走路では一番北に位置する。登山口は**魚止めの滝駐車場❶**だ。国道290号から畑江丁字路交差点で県道509号線に曲がる。角にはコンビニがあり、「五頭連峰少年自然の家」「五頭薬用植物園」「五頭山麓いこいの森キャンプ場」と一緒に「松平山登山口」の標識が出ている。最奥の魚止めの滝駐車場までは約3kmだ。

駐車場から大荒川に下りて木の橋を渡り、登山道を沢に沿って進む。しばらく行くと方向を北東に変え、大荒川を離れて尾根に取り付く。道は急登となり標高を稼いでいく。登山口から約80分、登り切った所が**山葵山❷**だ。ひと息入れて松平山を目指そう。

山葵山からは勾配も緩くなり、アップダウンを繰り返しながら9合目の**雷清水❸**に至る。雷清水は、夏場は枯れていることが多いので要注意。ここからひと登りで**松平山山頂❹**である。松平山から五頭山へ向かうコースは結構長いが、所々に設置されている道標を見落とさないようにしたい。

■五頭山 (912.5m)

五頭連峰の盟主「五頭山」は、菱ヶ岳、松平山に次ぐ3番目の標高だ。西面の阿賀野市側を表五頭、東面の阿賀町側を裏五頭と呼ぶ。登山道は双方から幾つか開かれている。

山名の由来となった5つの峰は、東から順に五ノ峰・約860m、四ノ峰・約871m、三ノ峰・約873m、二ノ峰・約890m、一ノ峰・約910mと並ぶ。しかしこれらの峰には三角点がなく、三角点が設置されているのは一ノ峰から北東に約500m、五頭連峰主稜線上の912.5m峰である。この平頂が五頭本峰で、一般的に「小倉」と呼ぶ。

松平山からは主稜線上の登山道を進み、**反射板跡❺**、大日清水(水量は少ない)を経て、杉峰分岐でガマノ杉(杉峰)へのコースを分ける。分岐から**五頭本峰(小倉)❻**まではわずかな距離だ。

■菱ヶ岳 (973.5m)

小倉の少し先、三叉路の分岐で右に五頭五峰への道を分け、主稜線を進む。菱ヶ岳に向かうこのルートは人通りも多く、登山道もしっかりしている。途中の龍神清水は水量も豊富だ。渇いた喉を潤したい。

眺めの良い**中ノ岳❼**を通過し、中ノ沢コースとの分岐点、**与平の頭❽**に出る。目標の菱ヶ岳は目の前である。与平の頭から菱ヶ岳の山頂までは約25分だ。途中に桂清水があるが、水量はそれほど多くない。**菱ヶ岳山頂❾**は草地になっており、しばらく休んでから下山する。下山は**旧スキー場駐車場❿**へ菱ヶ岳コースを下るが、2時間強見ておくといいだろう。

▲一ノ峰

▲前一ノ峰から飯豊の山並み

▲五頭本峰の標柱

新発田へ

県道509号線

❶魚止めの滝駐車場 P

松平山コース

290 出湯

五頭山麓いこいの森

赤安山コース

赤安山

P 出湯温泉

砂郷沢駐車場 P

阿賀野市

砂郷沢

出湯コース

5合目烏帽子岩
付近の沢水は
飲用不可

烏帽子岩

6合目
扇山分岐

扇山

三ノ峰コース

奥村杉キャンプ場

❿旧スキー場駐車場 P

城山

菱見平

杉鼻では夏道と冬道に
分かれる。7合目（夏道）に
笹清水

菱ヶ岳コース

❾菱ヶ岳
973.5m

1:25,000

500m   0   500   1,000   1,500

菱ヶ岳

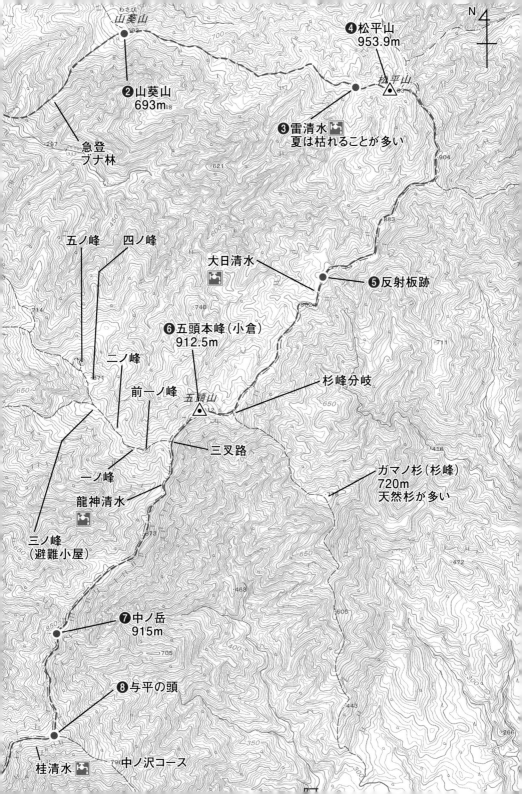

N

❷山葵山
693m

急登
ブナ林

❹松平山
953.9m

❸雷清水
夏は枯れることが多い

五ノ峰　四ノ峰

大日清水

❺反射板跡

二ノ峰

❻五頭本峰(小倉)
912.5m

前一ノ峰

杉峰分岐

五頭山

三叉路

一ノ峰

龍神清水

ガマノ杉(杉峰)
720m
天然杉が多い

三ノ峰
(避難小屋)

❼中ノ岳
915m

❽与平の頭

桂清水　中ノ沢コース

36
下越

宝珠山
ほうしゅさん

阿賀野市・阿賀町 　559m

難易度 ★☆☆☆☆

執筆／むささび会 木村嘉子
調査／むささび会 坂上澄子

▶3つのピークが
並ぶ宝珠山

ブナの天然林が残る
自然豊かな里山

　宝珠山は阿賀野市と阿賀町の境界線上、五頭連峰最南端に位置し、尾根の裾野を阿賀野川に落としている。小さなピークが3つ並んでおり、その最高峰が宝珠山だ。

　五頭連峰は昭和34年（1959年）3月に新潟県の県立自然公園に指定されている。宝珠山も山頂から北東に走る尾根の北西斜面が、昭和51年（1976年）に自然環境保全特別地区に指定された。この地域には、古くからほとんど人の手が加わっていない極相に近いブナの天然林が残されており、自然性の高い優れた環境が維持されている。

　宝珠山は花崗岩、斑状花崗岩で形成された隆起山群である。草水集落近くにある花崗岩は良質な石で、淡い桃色の石は「桜御影石」と呼ばれ、「草水石」の名で通っている。有名なところでは国会議事堂、弥彦神社、新潟県庁などに使われている。大正時代から採掘されてきたが、現在は良質な石が少なくなってきているという。

　宝珠山の山名については由来がはっきりしない。『越後の山旅・上巻』ではこう紹介されている。

越後野志
八咫柄山ニ連リ一峰秀テ形状図画ノ如シ。如意宝珠ニ似タリ因テ山名トス。

　如意宝珠とは、仏教においてさまざまな霊験を表すとされる宝の珠のことで、下部が球形で上部が円錐形に尖った形で表される。

　旧安田町の安田山の仲間の会前代表、故小内茂氏によれば、宝珠山の山頂は岩山で、丸い形をして擬宝珠に似ており、本来「擬宝珠山（ギボッシュサン）」と呼ばれていたものが、呼びにくいのでいつしか「宝珠山」になったという。

　擬宝珠は宝珠をまねて作られたもののことだが、発音は「ギボウシュ」や「ギボシ」など。橋の欄干の柱の頭などに取り付けられる。

　ギボシ（ギボウシ）はユリ科の多年草の名前でもある。宝珠山にはこのギボシが多く自生している。関連性があるのか興味深い。

▶宝珠山の山頂

登山適期（月）　適期は4月中旬〜12月上旬まで。

1	2	3	4	5	6	7	8	9	10	11	12

■ **交通・マイカー**
磐越自動車道安田ICから5km、宝珠温泉あかまつ荘駐車場もしくは赤松山森林公園駐車場（宝珠山麓総合案内図を右折）を利用。

■ **ワンポイントアドバイス**
①クルマユリやヤマユリなどの盗掘が絶えない。草花はそっとしておいていただきたい。②丸山御沢口は道が荒れているので使用不可。

■ **問い合わせ**
阿賀野市商工観光課　　　　☎0250-62-2510

▲赤松山より阿賀野川と五泉方面

コースガイド

　五頭連峰の南稜に当たる宝珠山は、可憐な草花や野鳥などの動植物も多く、木喰上人や虚空蔵伝説、埋蔵金伝説などロマンあふれる山である。登山口は阿賀野市側に「赤松山口」、阿賀町側に「石間口」がある。いずれも山頂まで2.5キロメートル程度で、登頂時間も大差はない。

　ここでは赤松山森林公園駐車場からの赤松山口コースを紹介する。**公園駐車場❶**から登り始め、程なくして赤松山口登山道と合流、およそ20分で送電線の**鉄塔❷**に出る。見晴らしが良く、最初の休憩にちょうどいい。鉄塔を後に4〜5分歩くと広い立派な五頭南稜林道に出る。林道を横断し登山道に入ると急登となる。

　337メートル地点が「城山」で、さらに潅木の中を登っていくと「**赤松山展望台❸**」の広場となり、丸山御沢口コースと合流する。このコースは道が荒れているので使用は控えたいが、途中に鎖場、胎

内潜りの洞窟があり、急登40分で赤松山展望台に合流する。胎内潜りは木喰上人が修行したとの伝説が残る場所だ。

　赤松山からしばらく雑木林を登る。**虚空蔵山❹**を越えると展望が開け、ちょっとした岩場の上に出る（**丸山小富士❺**）。急坂を登ると**八咫柄山❻**で、山頂は目前だ。標識に従って左へ進む。石間口コースと合流し、小鞍部に下り、最後の鎖場、岩場を登って**山頂❼**に出る。山頂では安全登山を願う仙人地蔵が出迎えてくれる。見晴らしも素晴らしい。さらにこの先<ruby>大蛇山<rt>おおじゃやま</rt></ruby>、<ruby>野須張<rt>のすばり</rt></ruby>、<ruby>菱ヶ岳<rt>ひしがたけ</rt></ruby>を経て五頭山への縦走路が続いている。

▶山頂から大蛇山方向

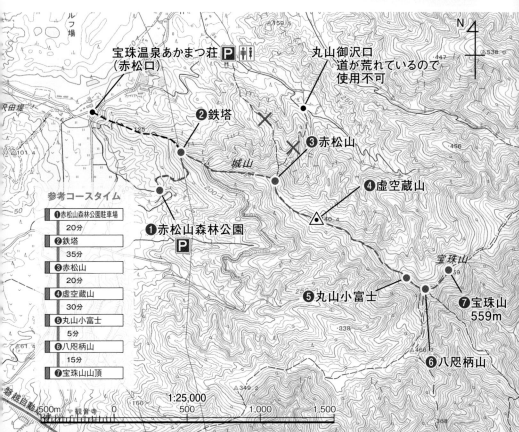

参考コースタイム

❶赤松山森林公園駐車場
20分
❷鉄塔
35分
❸赤松山
20分
❹虚空蔵山
30分
❺丸山小富士
5分
❻八咫柄山
15分
❼宝珠山山頂

宝珠温泉あかまつ荘（赤松口）

丸山御沢口　道が荒れているので使用不可

❷鉄塔

❸赤松山

❹虚空蔵山

城山

❶赤松山森林公園

❺丸山小富士

宝珠山

❼宝珠山 559m

❻八咫柄山

N

1:25,000

500m　　0　　500　　1,000　　1,500

37

下越

不動堂山
（ふどうどうやま）

五泉市　　557.3m

▶村松方面より不動堂山。右手前が福連寺山

難易度 ★☆☆☆☆

執筆／山友会 '99　川田幸雄・川﨑貞子
調査／豊栄山岳会　寺尾順治

静かな山歩きが楽しめる
菅名山塊の一座

　不動堂山は五泉市の菅名山塊の南にある。この山塊は鳴沢峰（879.9メートル）から主峰の菅名岳（909.0メートル）、三五郎山（900メートル）と続き、大蔵山（大蔵岳・864.2メートル）、風越山（806メートル）、不動堂山（557.3メートル）と連なる。

　この山塊のブナ林は、県内有数のブナ林として名高い。ブナ林はおおよそ3つの型に区分できるという。中腹の最も広い範囲を占めるブナ・ユキツバキ群落、稜線部のブナ低木林、沢に近い混交ブナ林である。訪れた際にその違いを意識して見てみるといいだろう。

　山塊で最も南に位置する福連寺山（180メートル）にはかつて山城があったといわれ、面白いエピソードも残っている。永正年間（1504〜1521年）のこと、早出川の対岸にある雷山（377.8m）の雷城と福連寺城が戦となった。水不足に苦しむ雷城では山の上から白米を流して滝に見せかけたり、馬の足にかけたり、城には豊かに水があるかのように見せかけていたが、福連寺城方に見破られ水攻めを続けられたため落城した、というのである。このことから雷城は別名「白米城」とも呼ばれている。

　次に不動堂山の山名についてだが、山麓の不動堂集落には、不動沢に乙子宮があり、明治維新まで不動明王を祭って不動坊が守っていた。江戸期の村名も不動村である。これらのことから、地元ではこの山を不動堂山と呼んできたのではなかろうか。

　登山道は不動堂川沿いの林道終点まで行き、直登して山頂に至る「直登コース」のほか、「尾根コース」が整備されている。また、地元登山グループの人たちによって不動堂山から福連寺山への登山道が近年刈り払われ、周遊もできるようになった。非常によく整備された里山であるが、意外にも登山者は少なく静けさが漂っている。山頂からの眺望は、日本海に浮かぶ佐渡が殊更美しい。

▶静かなブナ林に整備された登山道が続く

▲山頂はあまり広くない。三等三角点がある

登山適期（月）

適期は4月〜11月。低山やぶ山であるが、残雪期から紅葉期まで楽しめる。特に新緑のころが良い。

1	2	3	4	5	6	7	8	9	10	11	12

■ **交通・マイカー**
JR磐越西線五泉駅からタクシー利用。マイカーは林道ゲート前に駐車スペースあり（約5台分）。

■ **ワンポイントアドバイス**
①コース中に水場がないので持参すること。②付近には日帰り温泉「村松さくらんど温泉」があり、登山の汗を流すことができる（林道ゲートより2.2km）。また、観光スポットとして「水芭蕉公園」もあるので、当地を訪れた際に立ち寄ってみたい（林道ゲートより3.5km）。③登山道は整備されているが、林道奥はほとんど人が通らず、夏には草が伸び放題になっていた。雨季は避け、4〜5月ごろが快適に登れる。

■ **問い合わせ**
みどりハイヤー　　　　☎0120-43-2323
泉観光バスあんしんタクシー　☎0120-895-194

コースガイド

不動堂山を1日ゆっくり楽しむために、ここでは尾根コースで不動堂山に登り、福連寺山へ下っていく周遊コースを紹介しよう。

県道435号線を猿和田方面へ約2キロメートル、不動堂橋を渡り、不動堂集落で右折する。乙子神社を左に見て土淵集落へ向かう途中、貯水池水門手前で不動堂沢林道に入る。きのこ工場地内の林道を通り抜けると駐車スペース（5台程度）がある。

鎖付きゲート❶より沢沿いに5分ほど歩くと、左山側に「新中線　No.16」と黄色い小さな道標板がある。ここから送電線鉄塔巡視路を杉林の中、急登だがジグザグに登る。

10分ほどで**鉄塔❷**に着く。マツの植林地を過ぎ尾根に上がると、明瞭な道は右方向へ折れる。ここからは緩やかな登りの尾根歩き、しばらくするとブナ林に出る。間もなく**直登コースとの合流点❸**、8合目の標識があり、あと5分ほどで頂上だ。

頂上❹は10畳ほどの広さで三等三角点の標石がある。目の前に風越山、その奥に大蔵山。眼下には早出川、阿賀野川、両川に挟まれていくつかの集落が点在する。振り返ると白山、粟ヶ岳と素晴らしい眺望である。

福連寺山への下り道は南方向にある。少し下ると風越山との分岐だ。道はやがて松野集落からの合流点を通過、マツと杉林を抜けると、**鉄塔❺**に着く。間もなく道は二俣に分かれ、右は巡視路で林道に下る。直進して福連寺山山頂へ向かう。杉林の中、急登を登り切ると広く平らな**頂上❻**に出る。『福連寺山180m』と丸い看板が、スギの古木に掛けられている。眺望は利かない。北方向にある杉林の急な道を下ると車道に出る。

不動堂山は地元の人たちに大事に整備されてきた山だが、あまり紹介されることのなかった山である。静かで自然そのままの山だ。いつまでも大切にしていきたいものである。

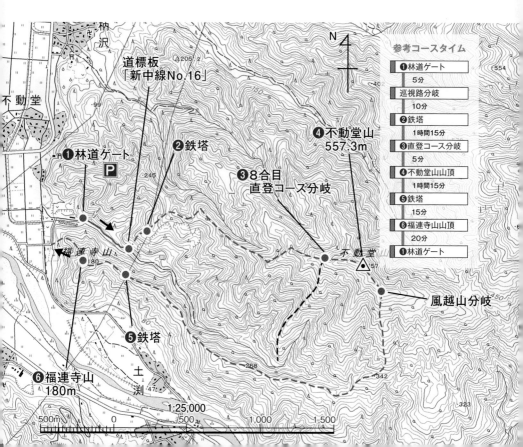

参考コースタイム
❶林道ゲート
5分
巡視路分岐
10分
❷鉄塔
1時間15分
❸直登コース分岐
5分
❹不動堂山山頂
1時間15分
❺鉄塔
15分
❻福連寺山山頂
20分
❶林道ゲート

道標板「新中線No.16」

不動堂

❶林道ゲート
P

❷鉄塔

❹不動堂山
557.3m

❸8合目
直登コース分岐

福連寺山
180

❺鉄塔

土淵

❻福連寺山
180m

風越山分岐

1:25,000

500m　0　500　1,000　1,500

光明山
こうみょうさん

三条市　879m

難易度　★★☆☆☆

執筆／むささび会　高木千恵子
調査／むささび会　大場　勲

▶前光明山（万之助山）から望む中光明、奥光明（光明山）

砥石で名をはせた
木喰上人の伝説が残る山

　昭和34年（1959年）、光明山一帯を含む早出川（がわ）や五十嵐川源流域が、奥早出粟守門県立自然公園に指定された。守門岳（すもんだけ）は後に越後三山只見国定公園に編入されたが、守門の名だけは残っている。この地域は地形が険しく、原生的な自然環境が保存され、中でも笠堀ダムを中心とした一帯はニホンカモシカの生息地として早くから保護されてきた。

　光明山（奥光明）山頂より東側、雨量観測所の先から砥石沢（といしざわ）に下りた付近に流紋岩帯があり、その流紋岩に硅砂が多く含まれるものが日本有数の天然砥石として利用されてきた。採掘は200年以上前から行われ、五十嵐砥石、笠堀砥石の名で知られていたという。昭和30年ごろまで産出されていたが、その運搬道が今は登山道として使われている。

　光明山の山名の由来は定かではないが、『嵐渓史』の小柳一蔵が著した郷土史から抜粋したい。
　「光明山は、大字笠堀を距る南東の方二里許（ばかり）に在り。屹立（きつりつ）して聳（そび）え、東西殆ど群峰の眼を遮（へだて）るなく、朝にあっては西方、夕にあっては東方に、紫雲たなびき、三尊の佛體（ぶったい）、光明赫灼（かくしゃく）として顕（あらわ）る。故に光明山と云う」

　解説すると、朝日や夕日を受け、霞がたなびく中に、「三尊の佛體」つまり前光明（万之助山（まんのすけやま））、中光明、奥光明（光明山）の頂が燃えるがごとく明るく光って現れるということである。このような情景はよほどの気候条件がそろわなければ見られない。これを目の当たりにした光明山を愛する会の会長、古寺正男氏もその美しさを絶賛していた。

　光明山は木喰上人の伝説が残る山でもある。木喰上人は享保3年（1718年）、徳川吉宗の時代に生まれた。22歳で出家し、45歳で木食戒（火食を断ち、五穀以外の果実を食とする修道のための厳しい戒律）を受け、日本回国の志を抱き、56歳から93歳で死ぬまで全国を行脚、信仰の行として、1千体以上の仏像を刻み続けた。新潟県には2度訪れ、造像仏約270体、墨跡類約50点が県内に現存するという。この木喰上人が光明山の浄土穴で修行を積んだと伝えられている。これと似たような伝説が阿賀野市の「宝珠山（ほうしゅさん）」にも残されている。

▶フイゴの立負

登山適期（月）

1	2	3	4	5	6	7	8	9	10	11	12

注意　平成23年（2011年）7月29日の水害により土砂崩れが発生し、光明山は令和元年（2019年）現在も登山禁止が続いている。三条市は登山道を復旧させる予定で、開通し次第、市のホームページなどで案内するとのこと。

■　問い合わせ
　　三条市経済部営業戦略室観光係　　　　☎0256-34-5511

▲フイゴの立負岩上より前光明（万之助山）

コースガイド

光明山は、平成23年（2011年）7月29日の水害により土砂崩れが発生し、現在も登山禁止が続いている。このコースガイドは、それ以前の記録をもとにしたもので、参考として掲載した。

◆

登山口❶は笠堀ダム駐車場より100メートルほど戻った所で、案内標柱とその脇に祠などが祭られている。よく整備された緩やかな道を南に進むと、折り返すように左に入る登山道をしばらく登る。湿り気のあるちょっとした広場が小沢（コゾウ）の休み場だ。芒ノ原を抜け眺望は開けてくるが、岩場の急登が続く。

急登を登り切ると**七曲の峠❷**である。さらに進むと満清水だが、水量が少なく枯れることもある。あまり当てにしない方がいいだろう。ここを通過すると林の中に浄土穴の標識がある。

浄土穴を過ぎるとガバ井戸だ。文字通りの井戸ではなく池で、今は土砂に埋まってミズバショウが数株咲く。栃の木坂の急登、万之助風吹場を経て**5合目山ノ神❸**に着く。ここからブナ林を抜けるとトラバースとなり**前光明（万之助山）❹**だ。まだ6合目だが、ここで下山しても十分な山旅である。

中光明を目指して大鞍部に下る。やがて登りに差し掛かると狭い岩の間を抜けていく。ここが「フイゴの立負」と呼ばれる場所だ。フイゴは火を起こす時に風を送る道具で、横に背負ってきたフイゴを、ここで立てて背負い直したことからこの名が付いたという。

中光明❺に着くと眼前に奥光明が立ち塞がる。もうひと頑張りである。岩場を越え、砥石中継小屋跡を過ぎれば山頂は近い。最後の急登にあえぎながら**山頂❻**に出る。山頂は広くないが、下田から川内山塊と続き、守門岳をはじめとする会津県境の山並みが美しい。下山は同じルートを戻るが、岩山でトラバースが多いので、登りと同じぐらいの時間がかかる。雨などで道が濡れている時は特に気を付けよう。

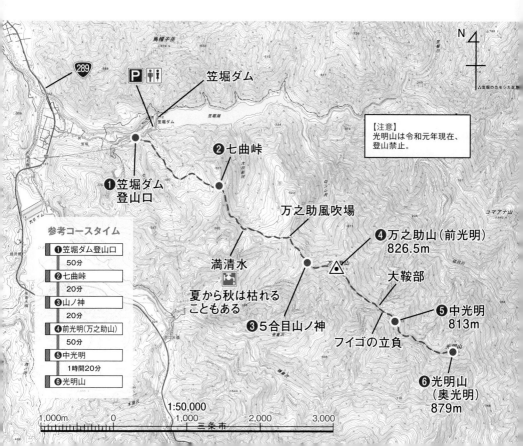

【注意】
光明山は令和元年現在、登山禁止。

参考コースタイム
- ❶笠堀ダム登山口
  - 50分
- ❷七曲峠
  - 20分
- ❸山ノ神
  - 20分
- ❹前光明（万之助山）
  - 50分
- ❺中光明
  - 1時間20分
- ❻光明山

満清水
夏から秋は枯れることもある

❸5合目山ノ神

❹万之助山（前光明）826.5m

大鞍部

フイゴの立負

❺中光明 813m

❻光明山（奥光明）879m

万之助風吹場

1:50,000
1,000m　0　1,000　2,000　3,000
三条市

39
下越

角田山
かくだやま

新潟市　481.7m

難易度 ★☆☆☆☆

執筆・調査／越稜吉田山岳会　山﨑幸和

▶平頂とコノイリ峰が特徴の角田山

オオミスミソウのふるさと 豊かな里山の自然を満喫

太古は半島だったという西蒲三山の北端にある角田山は、佐渡弥彦米山国定公園に指定され、田中澄江著『新・花の百名山』にも選ばれている植生豊かな山である。

バリエーションに富んだ登山コースが自慢の角田山であるが、公式コースは①稲島コース、②五りん石コース、③福井ほたるの里コース、④五ヶ峠コース、⑤浦浜コース、⑥灯台コース、⑦湯之腰コースの7コースで、他は非公式となっている。

長年、上記コース順に4〜6月と10月の土・日・祝日にJR越後線巻駅前から1日4便の周遊登山バスが運行されていたが、平成30年度をもって運行中止となった。このバスの車内では7コースの説明や山麓にまつわる伝説、歴史、旧跡などの観光案内が放送され、登山の楽しみが一層膨らんだものである。下山後の乗車でも角田登山のねぎらいがあって嬉しく、バスのおかげで各コースを毎回変えたり縦横断できたりして、多様な登山を楽しむことができた。現在はこの路線の一部を引き継ぐ形で「にしかん観光周遊ぐる〜んバス」が運行している。

7コースの登山口には駐車場やトイレ（五りん石と湯之腰にはない）、標識が設置されている。ま

た、いずれのコースも他コースとの合流点には登り下りの方向と距離が記された標識が立てられているが、山頂は広く東西南北から7コースもあるため、下山路の再確認が必要である。

広い山頂には、二等三角点のほかに避難小屋、新潟市の治水事業やこの山の開発に尽力された横山太平翁の像も建立されている。また、稲島コースの観音堂から山頂への木道脇に、角田山の別名「長者原山」のゆえんを記した標識も立っており興味深い。

低山とはいえ、趣の異なる各コースと豊かな植生を兼ね備えた角田山は、1年を通し県外からも多くの登山者が訪れる。特に「新潟県の草花」に指定されている雪割草（オオミスミソウ）やカタクリの咲く頃は賑わう。登るごとに表情を変え、興味の尽きない角田山は名実ともに新潟を代表する「里山」といえよう。

▶春はカタクリ、夏は角田山特有のキツネノカミソリが彩る浦浜コース

▲海抜０mから登る灯台コース

登山適期(月)　適期は3月〜11月。

1	2	3	4	5	6	7	8	9	10	11	12

■ **交通・マイカー**
4〜12月の土日に「にしかん観光周遊ぐる〜んバス」が運行しており、バス停は灯台コース、浦浜コース、福井ほたるの里コースに対応している（巻駅から1日5便）。定期バスは巻駅前から、稲島・湯之腰・灯台コース〈角田行き〉、福井・浦浜コース〈浦浜行き〉を利用。マイカーは五りん石を除き各登山口に駐車場がある。湯之腰は林道入り口と奥の登山口に3〜5台ほど駐車できる。

■ **ワンポイントアドバイス**
①山頂の小屋は使用可能であるが利用者が多い。②いずれのコースも水場はない。

■ **問い合わせ**
新潟市西蒲区産業観光課　☎0256-72-8454
巻観光協会　☎0256-72-8736
新潟交通観光バス潟東営業所　☎0256-86-3355

コースガイド

ここでは7コースの特徴を概括したい。各コースは難易度が異なるので、体力に応じて楽しみたい（最高は灯台コースの★3つ）。

①稲島コース（★★）

山頂まで階段登りであるが最短距離のため登山者が多い。9合目の観音堂からの眺望は抜群。

②五りん石コース（★）

弘法清水近くの登山口に五りん石という大岩がある。稜線で福井からのコースと合流する。

③福井ほたるの里コース（★）

日帰り温泉「じょんのび館」近くの平成福寿大観音から登る。尾根道で長いが登りやすい。

④五ヶ峠コース（★）

標高約170メートルの峠からのなだらかな登りと多種の山野草で家族連れや初心者に人気がある。途中で浦浜と灯台からのコースが合流し、三望平を経て山頂に至る。

⑤浦浜コース（★）

五ヶ浜が登山口。4月はカタクリ、8月はキツネノカミソリの群生が見事で観賞登山者が多い。

⑥灯台コース（★★★）

やせ尾根と岩場もあって変化に富む。7コース中で一番きついが、灯台直下海抜0メートルから登る、と山岳雑誌にも紹介された。展望も良く奇岩の越後七浦海岸や佐渡が一望できる。

⑦湯之腰コース（★★）

湯之腰温泉は廃館。この脇の林道約2キロメートル奥からは沢沿いのコースで、上部は階段状の急登となる。

※上記以外の小浜、桜尾根、宮前の3コースは省略。

▶観音堂からは蒲原平野が一望の下（稲島コース）

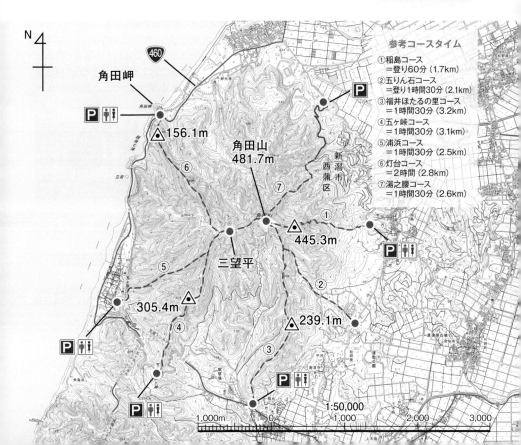

N

角田岬

△156.1m

角田山
481.7m

三望平

△305.4m

△445.3m

△239.1m

新潟市西蒲区

460

参考コースタイム

①稲島コース
　=登り60分（1.7km）
②五りん石コース
　=登り1時間30分（2.1km）
③福井ほたるの里コース
　=1時間30分（3.2km）
④五ヶ峠コース
　=1時間30分（3.1km）
⑤浦浜コース
　=1時間30分（2.5km）
⑥灯台コース
　=2時間（2.8km）
⑦湯之腰コース
　=1時間30分（2.6km）

1:50,000

1,000m　0　1,000　2,000　3,000

弥彦山
やひこやま

弥彦村・長岡市　634m

難易度　★☆☆☆☆

執筆・調査／弥彦山岳会　小林頼雄

▶冬の弥彦山

越後一宮
万葉時代から続く信仰の山

弥彦山はわが国で最も古い由緒を持った山の1つであろう。万葉集にこの山が出てくる。

伊夜彦（いやひこ）　おのれ神さび（かむ）　青雲の（あおくも）
たなびく日すら　小雨そぼふる

伊夜彦　神のふもとに　今日らもか
鹿のふすらむ　皮衣きて　角つきながら

太古は山そのものを神と崇めた（あが）。そのことを弥彦山がはっきり示している。そんなに古い時代から弥彦山が崇められてきた理由は、その地に行ってみると分かる。越後の穀倉といわれる蒲原の広い平野のどこからでも、野の果てにこの山が眺められる。深田久弥はこの山について著書『「日本百名山」その後　山頂の憩い』の中にこう著している。

佐渡弥彦米山国定公園の中心にあり、山頂には彌彦神社の御祭神天香山命（あめのかごやまのみこと）と妃神の熟穂屋姫命（うましほやひめのみこと）をおまつりしている御神廟が鎮座し、古くから信仰の山として県内外の人々から親しまれてきた。御神廟からの展望は越後平野の

かなたには県境の山々が連なり、180度向きを変えれば日本海に浮かぶ佐渡島が望める。

弥彦山への登山道は6つ。明治20年（1887年）に登拝道として改修された彌彦神社境内からと、長岡市野積の古刹西生寺からのコース、新潟市間瀬海岸白岩の田ノ浦温泉登山口と、新潟市岩室温泉から多宝山（たほうざん）を経て登るコース、これに中部北陸自然歩道として整備された弥彦村麓地内妻戸尾根からのコースと雨乞尾根コースである。いずれの登山道も標高差にして約600メートルを登る。ときには厳しい登りもあるが、春にはオオミスミソウなど可憐な山野草やブナの萌黄色の若葉を、秋には燃えるような紅葉を楽しめる。

また、弥彦山頂から多宝山へのコースの中間にある大平園地には『日本山嶽志』の著者で日本山岳会の2代目会長である高頭仁兵衞翁（たかとう にへえ）（長岡市深沢）の寿像碑がある。碑の周りは北西の強い風が吹く厳しい台地であるが、芝生の広場となっており、そこからの眺望は格別である。

▶山頂の御神廟

▲満開のヤヒコザクラ

登山適期（月）　適期は3月下旬〜11月。比較的積雪が少ないので1年を通して登れるが、一般登山者は4月からが望ましい。

1	2	3	4	5	6	7	8	9	10	11	12

■ **交通・マイカー**
JR弥彦線弥彦駅から徒歩20分で登山口。マイカーは弥彦競輪場第1駐車場（300台程度）に駐車。登山口に近い彌彦神社大門町駐車場（50台程度）があるが、神社参拝者が利用するので、登山者は駐車を控えたい。

■ **ワンポイントアドバイス**
①紹介コースの登山道はよく整備されているので、特に危険な場所はないが、5合目から6合目にかけての岩場は注意を要す。②紹介コース上の水場は、清水茶屋と7合目および山頂の3カ所（飲水は自己責任）。トイレは各駐車場と山頂。③毎年7月25日には、弥彦たいまつ登山祭がある。彌彦神社の燈籠まつりの協賛行事として昭和29年（1954年）から続いており、山頂から燃え盛るたいまつをかかげて彌彦神社を目指す。問い合わせは弥彦観光協会へ。

■ **問い合わせ**
（一社）弥彦観光協会　　☎0256-94-3154

コースガイド

　ここでは彌彦神社に参拝してから登るコースを紹介しよう。

　弥彦の玄関JR弥彦駅の朱塗りの駅舎を後にして温泉街を通り抜け、一の鳥居、二の鳥居をくぐり神社拝殿に参拝し、脇参道から老杉の林の中を**登山口❶**に向かう。杉木立の社叢は「森林浴の森」として散策コースにもなっている。弥彦山登山1000回を記念して寄進された御影石の大きな鳥居をくぐり山麓茶屋に向かう。別名「清水茶屋」という。茶屋の山手にケヤキの大木があり根元から清水が湧き出ている。その清水で冷やした「ところ天」がうまい。ここから七曲がりの急坂を登り切れば1合目である。

　1合目からは一気に5合目を目指す。**5合目❷**には石の大きな鳥居が山頂御神廟に向かって建っている。登山道の中間地点で、かつては茶屋があった所である。5合目から6合目にかけての岩場には注意を要する。里見の松でひと息ついて、**7合目❸**の水場で喉を潤す。春先はここから山野草が多く見られる。8合目を過ぎると晩春に咲くヤヒコザクラの大きな木が見える。全国でここにしかないといわれ天然記念物になっている。やがて**9合目❹**の稜線に出ると日本海に浮かぶ佐渡島が目に飛び込んでくる。左に越後平野と県境の山々を、右に日本海を見ながら登ると山頂の大きな鳥居が見える。**山頂御神廟❺**の周りは360度の大展望である。まれに能登半島が見えることがある。

　戻りは中部北陸自然歩道の妻戸尾根コースを下り、やひこ桜井郷温泉で汗を流すもよし、神社に向けて下り、新たに湧出した「弥彦湯神社温泉」（ホテル・旅館が引湯）でゆっくりと湯につかり疲れを取るのもいい。

▶弥彦山たいまつ登山祭
（山の日制定記念行事）

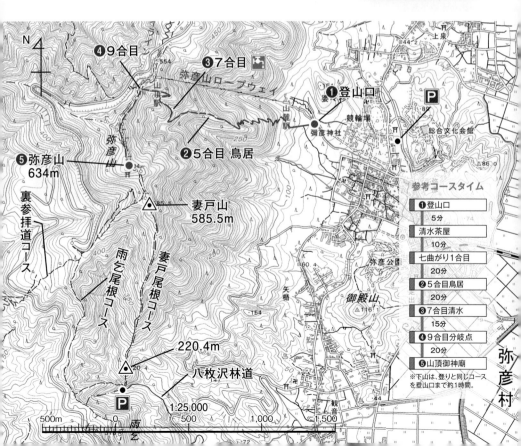

参考コースタイム

❶登山口	
5分	
清水茶屋	
10分	
七曲がり1合目	
20分	
❷5合目鳥居	
20分	
❸7合目清水	
15分	
❹9合目分岐点	
20分	
❺山頂御神廟	

※下山は、登りと同じコースを登山口まで約1時間。

1:25,000

500m　　0　　　　　500　　　　1,000　　　　1,500

41
下越

粟ヶ岳
あわがたけ

加茂市・三条市　　1,292.6m

難易度 ★★★☆☆

執筆／一峰会　遠藤俊一
調査／豊栄山岳会　島　伸一

▶加茂川からの
粟ヶ岳

越後平野東面に鋭峰をかざす
川内山塊の最高峰

越後平野中央部の東に3峰を屹立させて、堂々と立ち上がっている山が粟ヶ岳である。川内山塊の矢筈岳をはじめとした名だたる越後のやぶ山を従え、まさにその最高峰として存在感を際立たせている。

この山を源とする水は、三条市下田郷に流れて五十嵐川、また加茂市七谷地区に流れて加茂川となり、信濃川へと注ぐ。北東、五泉市側は仙見川に流れて阿賀野川に注ぐ。信濃川水系と阿賀野川水系の分水嶺である。

この周辺一帯は新潟県の奥早出粟守門自然公園に指定されている。

山名の由来については諸説ある。『加茂市史』によれば、四国阿波の国からもたらされた薬師如来を三峰に安置し「アワの薬師」と称したことに由来するとも、古くは加茂市街地を青海郷、粟ヶ岳を青海岳と記していることから、青海岳（オオミガタケ）が淡海岳（オオミガタケ）に変化し、淡海と略称するうちにアワガタケと呼ばれるようになったとも記している。

明治26年（1893年）発行の『温古の栞』の「加茂の七谷」の項でも「古書には青海岳とあり」と記し、「あわがたけ」とフリガナを付している。このころにはあわがたけと呼ばれるようになっていたのだろう。

また、その山容から三頭山、三峰山、残雪の雪形から牛形山ともいわれている。

主な登山道は二つである。一つは、三条市側登山道で景勝地八木ヶ鼻から五百川集落の先、北東方向へ林道を登っていく。1合目にはトイレと駐車場が整備されている。山麓の北五百川の医王山宝塔院薬王寺には、山名の由来ともいわれる四国阿波の国からもたらされた薬師如来が本尊として安置されている。この寺の奥の院が登山道5合目にあったが、昭和8年（1933年）に焼失したため、今は石祠がひっそりと登山者を見守っている。この台地を粟薬師と称し、避難小屋が立っている。

もう一つは、加茂市の水源地からの中央登山道である。尾根道の急登が続くが、眺望に優れ6月上旬にはNo.7上部から山頂にかけてヒメサユリが咲き乱れ、疲れを癒やしてくれるコースである。

▶登山道に咲く
ヒメサユリ

▲大栃平から山頂を望む

登山適期（月） 適期は5月上旬～11月上旬。初夏と秋の紅葉期が最適。

1	2	3	4	5	6	7	8	9	10	11	12

■ **交通・マイカー**
JR信越本線加茂駅前から水源地まで市営市民バス（4/1～11/30）。マイカーは第1水源地脇駐車場（100台可）を利用。

■ **ワンポイントアドバイス**
①トイレは第1水源地脇駐車場と第2水源地手前にあり。登山コース上にはない。②No.7「粟ヶ岳ヒュッテ」は10人程度宿泊可。③コース上の水場はNo.6とNo.7の中間。登山道から約3分。④付近に日帰り温泉「加茂美人の湯」がある。大人800円、子供300円。

■ **問い合わせ**
加茂市商工観光課　　　　　　　　　　☎0256-52-0080
市営市民バス：加茂市福祉事務所　　　☎0256-52-0080
加茂美人の湯　　　　　　　　　　　　☎0256-41-4122

コースガイド

　加茂市からの中央登山道のコースを紹介する。粟ヶ岳県民休養地内の**第1水源地脇❶**に大きな駐車場がある。マイカーの場合はここに駐車する。加茂駅前からは水源地行きのバスも出ている。

　駐車場脇の建物に登山届を提出して林道を加茂川上流に向かって10分ほど進むと第2水源地堰堤（えんてい）に出る。この堰堤を渡り貯水池右側を進むと**登山口❷**だ。1から10までの青色のプレート板が山頂まで順次続いている。目安のコースタイムと距離が表示されている。

　コナラやブナの林の中を進んで行くと長瀬神社・嶽山寺からのハイキングコースと合流する。**プレートナンバー3❸**の所だ。展望も開け、弥彦、角田の山並みが望める。

　プレートナンバー4を通過して大栃平だ。守門岳（すもんだけ）や白山（はくさん）そして粟ヶ岳山頂が視野に入ってくる。この先、鎖場を登り切って、プレートナンバー6の眺望が開けた粟庭の頭に出る。

　ここから左斜面のガレ場に注意しながら登って行くと右手にコース唯一の水場がある。一投足で**プレートナンバー7の粟ヶ岳ヒュッテ❹**に到着。国土地理院地形図には「砥沢のヒュッテ」と記載されている。ここまでくれば山頂までもう1時間ちょっと。この先の登山道には6月上旬から中旬にかけて可憐なヒメサユリが咲き誇る。

　この急坂を登り切ると北峰。もう山頂までひと息。**山頂❺**からは川内山塊はじめ磐梯山、飯豊山、佐渡、妙高山等々の山々が眼前に広がる。ゆっくりと展望を楽しもう。頂上東の一本岳へ足を延ばすのもよい。粟ヶ岳の三つ峰の眺めが素晴らしい。

　登ってきた道の下りは急坂が続き、また北側斜面の崩れている所が多い。慎重に下りたい。

▶No.7の粟ヶ岳ヒュッテ

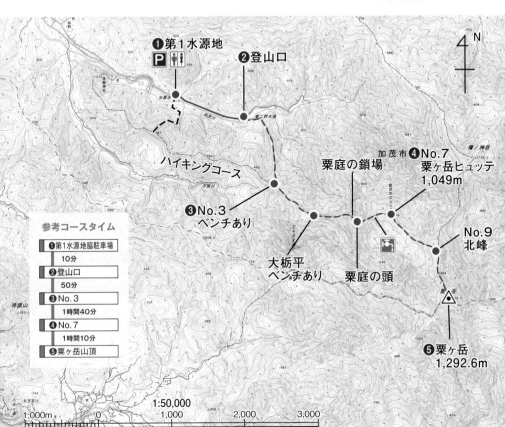

❶第1水源地 🅿🚻

❷登山口

ハイキングコース

粟庭の鎖場

加茂市 ❹No.7 粟ヶ岳ヒュッテ 1,049m

❸No.3 ベンチあり

大栃平 ベンチあり

粟庭の頭

No.9 北峰

❺粟ヶ岳 1,292.6m

参考コースタイム

❶第1水源地脇駐車場
10分
❷登山口
50分
❸No.3
1時間40分
❹No.7
1時間10分
❺粟ヶ岳山頂

1:50,000

1,000m　　0　　1,000　　2,000　　3,000

袴腰山
はかまごしやま

三条市　　526.0m

難易度　★☆☆☆☆

執筆／朝路の会　浅野亘寛
調査／三条おいらく山岳会　原田 治

▶初雪の袴腰山

戦国ロマンと
ヒメサユリが誘う里山

　守門岳、矢筈岳、粟ヶ岳などからの水を集め、緩やかに蛇行する五十嵐川。そのほとりにたたずんで袴腰山を眺めると、古くは「八岐山」と呼ばれていた景勝「八木ヶ鼻」の大障壁を切れ落とし、下田の里を眺め下ろすように高城を経て、西へゆったりと尾根を延ばしている。

　八木ヶ鼻の北に鎮座する袴腰山の頂上は、文字通り屋根形平頂の親しみやすい山容を見せている。建築用語で台形を指す「袴腰」は、袴の背の腰に当たる部分の台形をいう。また、「腰」は高い所から見た場合、麓に近い山の部分を指すことから、粟ヶ岳からか、途中の粟薬師から見て、親しみと尊称を込めて「袴腰山」と呼称したに違いない。

　会津と越後を結ぶ「八十里越」をたどってくると、最初の大きな集落であった下田郷は、重要な拠点だったことだろう。栃尾からも三条、加茂、村松方面へ向かうには、この下田郷を通っていくのが最短であった。当時の人たちも、八木ヶ鼻や穏やかな袴腰山、高城を見上げながら旅をしていったに違いない。

　袴腰山から高城をたどると、ここが堅固な山城であったことがうかがえる。高城は室町中期から戦国時代まで、謙信と同じ長尾の一族である「下田長尾氏」が、5代にわたって受け継いできた。5代目の長尾藤景は、川中島の戦いで謙信の危急を救うなど戦功のあった武将だが、それをあまりにも鼻にかけ過ぎたため、謙信に疎まれて討たれたとある。現在は高城城址として登山道も整備され、「ヒメサユリの小径」と呼ばれる魅力あるルートとなっている。ヒメサユリの見ごろは5月下旬〜6月上旬。夏になれば、木々の間を吹き抜ける風を受け、気持ち良く稜線からの景色が楽しめる。

　時間的にも余裕が持てる山なので、山麓の八木神社や最明寺、長禅寺など、名刹、古刹を巡るのもいいだろう。『大漢和辞典』を編纂した、諸橋轍次記念館にも足を延ばしたい。5月中旬から6月上旬にはヒメサユリ祭りが行われ、大勢のハイカーでにぎわう。袴腰山・高城は、四季を通じて楽しめる山である。

▲ヒメサユリ

▲新潟景勝百選にも選ばれている八木ヶ鼻

登山適期(月)　適期は4月上旬〜11月下旬。

1	2	3	4	5	6	7	8	9	10	11	12

■ 交通・マイカー
バスはJR信越本線東三条駅から八木ヶ鼻温泉下車、登山口まで10分。マイカーは北陸自動車道三条燕ICから車で約30分。八木ヶ鼻の下の国道289号沿いに広い駐車場があり、国道を挟んで登山口がある。

■ ワンポイントアドバイス
①紹介コース上の高城に立派な山小屋がある。②水場とトイレは八木ヶ鼻駐車場とヒメサユリの小径駐車場(約160台)にある。③ロープが下がっている箇所があるので手袋を用意した方がよい。

■ 問い合わせ
三条市経済部営業戦略室観光係　　☎0256-34-5511
越後交通三条営業所　　☎0256-38-2215

コースガイド

八木ヶ鼻の岩壁の下が国道289号で**八木ヶ鼻の駐車場❶**になっている。水を補給して国道を跨ぐと登山口だ。以前は岩壁を攀じるクライマーの姿があったが、ハヤブサの営巣に悪影響を及ぼすとして自粛、場所を東側に移し、五百川リッジと称してクライミングや訓練をしていた時代もあった。

ここで紹介するコースは、八木ヶ鼻の頂上を経由して袴腰山に登り、高城城址、ヒメサユリの小径経由で、八木ヶ鼻の駐車場までを周遊するコースである。

岩壁の真下から案内板に沿って鬱蒼とした杉林を行く。神さびた八木神社（脇に登山届箱あり）の境内を左手に見ながらジグザグを登りきって右が**八木ヶ鼻の頂上❷**だ。粟ヶ岳、守門岳が雄大に迫り、振り返ると思いのほか近くに袴腰山が名前のごとく両翼を広げた台形の姿を見せている。

低山にしては変化に富んだ尾根を行くと、追分

の松や最明寺からの登山道を合わせ、三角山、ブナの社と道標があり、休み場に不自由はない。マルバマンサク、ナナカマドなどの喬木の尾根を登るにつれ袴腰山の頂上が迫ってくる。

馬の背を登り切ると、案内板があり「ぶなのみち 粟薬師まで4.5キロメートル　3時間」とある。ロープが下がっている急斜面を登り切ると公園を思わせる広い**頂上❸**だ。やはり最初に目を奪うのは粟ヶ岳と守門岳である。頂上には三等三角点があり、標柱の脇に小さな鐘が下がっていたが、今はなくなっている。

下山は頂上からの急斜面を鞍部まで下り、後はゆったりとした登山道となる。**高城城址❹**の山小屋を左に見て、**「ヒメサユリの小径」の入り口❺**まで来れば舗装道路となる。長禅寺の広い庭園を見学して、袴腰山の裾を行く車道を、八木ヶ鼻の駐車場まで歩いて戻る。なお、5月中旬から6月上旬はヒメサユリ祭りが行われ、長禅寺から高城、袴腰山を目指す人も多い。

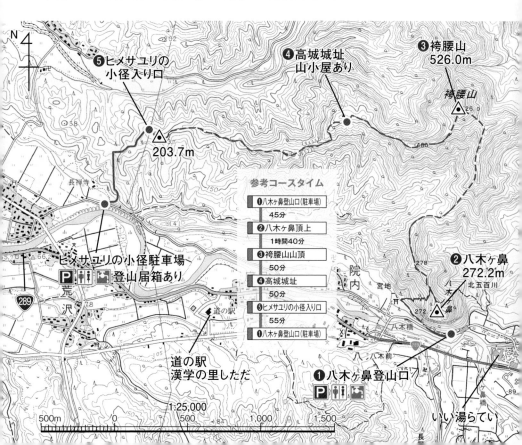

参考コースタイム

❶八木ヶ鼻登山口（駐車場）	
	45分
❷八木ヶ鼻頂上	
	1時間40分
❸袴腰山山頂	
	50分
❹高城城址	
	50分
❺ヒメサユリの小径入り口	
	55分
❶八木ヶ鼻登山口（駐車場）	

1:25,000

500m　0　500　1,000　1,500

43 下越
番屋山
ばんやさん

三条市　933.3m

難易度 ★☆☆☆☆

執筆／見附山岳会　井口礼子
調査／三条おいらく山岳会　鈴木　優　▶大池からの番屋山

雨にまつわる
不思議な言い伝えを残す山

　番屋山は測量のために整備され、登られていた。現在は多くの登山者が訪れている。

　山頂から眺める守門岳北面の迫力は見る者を圧倒する。平成30年（2018年）春、吉ヶ平保存会の人たちの努力で、山頂から先の登山道が切り開かれ、椿尾根を経由して馬場跡へと続く周遊コースが利用できるようになった。整備が進めば静かな山旅が楽しめるだろう。

　登山口のある吉ヶ平は、旧下田村（現三条市）吉ヶ平から福島県会津郡只見町入叶津までの「八十里越」の宿場町として開けていた所でもある。当時は人々の往来もあり、越後と会津の文化の交流や物品運搬の発着地点としてもにぎわいを見せていたそうだ。また、古の時代、源氏の落人が800年もの間、暮らしたともいわれている。

　樽井橋を渡り少し入ると左手に源頼政の長男、伊豆守源仲綱公の墓所がある。元の墓はなくなってしまったが、村人たちが昭和に入ってから建立した墓がある。

　吉ヶ平集落が集団移転したのは昭和45年（1970年）のこと。それに伴い分校を改築、吉ヶ平山荘として宿泊施設となっていたが、管理人不在と

なり、平成16年（2004年）の水害や中越地震などで荒廃が進んだ。しかしその後、平成27年に改築され、日中は管理人が在中し、利用できるようになった。

　番屋山に見守られるように自然湖の「雨生ヶ池」（標高555メートル）がある。ブナの原生林に囲まれ、静かにゆったりとした表情で水をたたえている。雨生ヶ池にまつわる物語に、「白田螺」「雨生物語」があり、現在も「この池に金属を投げ入れると大雨になる」と語り継がれている。地元の人々は、この池を雨生ヶ池とも呼んでいる。

　三条市から旧下田村を通り福島県南会津郡只見町叶津に通じる国道289号は、新八十里越道路として工事が進められている。

▲番屋山と鞍掛峠分岐に立つ石塔

▲標高555mにある自然湖「雨生ヶ池」

登山適期（月） 適期は5月下旬〜11月初旬。

| 1 | 2 | 3 | 4 | 5 | 6 | 7 | 8 | 9 | 10 | 11 | 12 |

■ **交通・マイカー**
JR信越本線東三条駅から八木ヶ鼻温泉行きバスで終点下車。タクシー利用の場合、吉ヶ平山荘まで約1時間。マイカーは吉ヶ平山荘前の駐車場（30台程度）に駐車。

■ **ワンポイントアドバイス**
①水場・トイレは吉ヶ平山荘を利用。②バスは八木ヶ鼻温泉までしか通っておらず、吉ヶ平山荘までの歩く距離・時間を考えると、マイカーの方が便利である。③道路の積雪状況により県道183号線のゲートの開閉日が異なるため、確認した方が良い。④登山口に登山届の受理箱はない。

■ **問い合わせ**
三条市経済部営業戦略室観光係　☎0256-34-5511

コースガイド

吉ヶ平山荘の駐車場❶から守門川に架かる樽井橋を渡り、コンクリートで舗装された切り通しの道を進むと、10分ほどで明るく開けた風景が広がる。間もなく**「馬場跡❷**（470メートル）、左・雨生ヶ池1.0キロメートル、右・鞍掛峠13.4キロメートル」の石塔が立ち、番屋山と八十里越方面へと登山道が二分する。番屋山は左へと進む。

鬱蒼とした杉林を抜け、ブナの原生林が見えてくると、ひときわ大きなブナに抱かれた**雨生ヶ池❸**が現れる。何百年もの間、ブナの原生林に育まれてきた自然湖である。ここには静寂のみがある。

しばらくはブナ林の緩やかな登りが続く。布倉沢との分水嶺を過ぎ、布倉沢側に付けられた登山道を進む辺りから登りが始まる。間もなく標識が立ち「頂上へ1キロメートル」とあり、登山道は90度右に曲がる。

少し進むと、いよいよ急登が始まる。途中、ロープ取り付け箇所が数カ所ある。急斜面を登り切り、傾斜も緩くなってくるころ、左手には国道289号の大谷ダムに架かる布倉大橋が見える。山頂はあともう少しだ。

二等三角点のある**山頂❹**はあまり広くはない。目の前に守門岳の雄姿が迫る。山頂のはるか下方には雨生ヶ池が見えている。

下山は切り開かれた新道を行ってみよう。急坂を木の根に気を付けて下ると街道に出る。ここが**椿尾根❺**である。ブナの原生林を抜け、こんもりとした杉林を過ぎれば石塔の立つ馬場跡だ。ここから吉ヶ平山荘駐車場までは15分ほどである。

▲布倉沢との分水嶺近くのブナ林

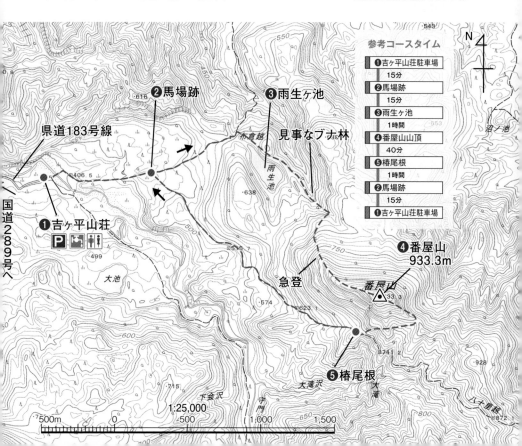

参考コースタイム

❶吉ヶ平山荘駐車場	
	15分
❷馬場跡	
	15分
❸雨生ヶ池	
	1時間
❹番屋山山頂	
	40分
❺椿尾根	
	1時間
❷馬場跡	
	15分
❶吉ヶ平山荘駐車場	

❷馬場跡

❸雨生ヶ池

県道183号線

見事なブナ林

国道289号へ

❶吉ヶ平山荘

❹番屋山
933.3m

急登

❺椿尾根

1:25,000

500m　　500　　1,000　　1,500

使用地形図一覧①

No	山名		使用地形図
1	金北山	1:25,000	金北山（H29.3.1）、両津北部（H29.2.1）、相川（H18.6.1）、両津（H29.2.1）
2	金剛山	1:25,000	小田（H27.6.1）、両津北部（H29.2.1）
3	日本国	1:25,000	鼠ヶ関（H12.6.1）
4	吉祥嶽	1:25,000	勝木（H12.10.1）、蒲萄（H26.1.1）
5	新保岳	1:25,000	蒲萄（H26.1.1）
6	天蓋山	1:25,000	蒲萄（H26.1.1）
7	鷲ヶ巣山	1:25,000	三面（H29.11.1）
8	以東岳	1:25,000	大鳥池（H29.1.1）
9	竜門山	1:25,000	朝日岳（H25.11.1）
10	寒江山	1:25,000	朝日岳（H25.11.1）
11	西朝日岳	1:25,000	朝日岳（H25.11.1）
12	光兎山	1:25,000	越後下関（H14.7.1）、舟渡（H14.8.1）
13	朴坂山	1:25,000	越後下関（H14.7.1）
14	高坪山	1:25,000	坂町（H15.3.1）、中条（H14.9.1）
15	大平山	1:25,000	越後門前（H14.8.1）、越後下関（H14.7.1）
16	鳥坂山	1:25,000	中条（H22.5.1）
17	櫛形山	1:25,000	中条（H22.5.1）
18	風倉山	1:25,000	安角（H27.6.1）、えぶり差岳（H28.6.1）
19	二王子岳	1:25,000	上赤谷（H27.10.1）
20	大境山	1:25,000	小国（H30.1.1）、長者原（H27.4.1）
21	杁差岳	1:25,000	えぶり差岳（H28.6.1）
22	門内岳・地神山	1:25,000	長者原（H27.4.1）、飯豊山（H25.11.1）
23	北股岳	1:25,000	二王子岳（H25.1.1）、飯豊山（H25.11.1）
24	飯豊山	1:25,000	飯豊山（H25.11.1）、大日岳（H29.1.1）
25	大日岳	1:25,000	大日岳（H29.1.1）
26	蒜場山	1:25,000	東赤谷（H27.10.1）、蒜場山（H27.1.1）
27	焼峰山	1:25,000	上赤谷（H27.10.1）、東赤谷（H27.10.1）
28	菅名岳	1:25,000	村松（H21.8.1）、馬下（H28.4.1）
29	日本平山	1:25,000	高石（H28.10.1）
30	銀太郎山	1:25,000	高石（H28.10.1）、室谷（H25.12.1）
31	白山	1:25,000	越後白山（H26.6.1）
32	矢筈岳	1:25,000	室谷（H25.12.1）
33	御神楽岳	1:25,000	御神楽岳（H27.5.1）
34	貉ヶ森山	1:25,000	貉ヶ森山（H26.10.1）
35	五頭山	1:25,000	出湯（H26.11.1）
36	宝珠山	1:25,000	出湯（H26.11.1）
37	不動堂山	1:25,000	村松（H21.8.1）

中越の山々

No.44〜72

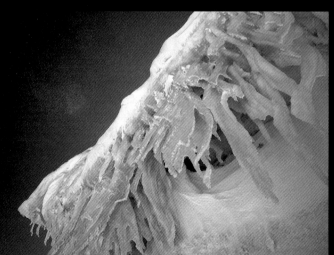

109ページ上／平ヶ岳のコバイケイソウ
109ページ下／茂倉岳にて

110・111ページ
上／茂倉岳から谷川岳、オジカ沢の頭方面
左／巻機山　右／鬼が面山

【撮影】米山孝志

112・113ページ 【撮影】米山孝志
上／八海山 八ツ峰
左／巻機山　右／越後駒ヶ岳から中ノ岳

守門岳
すもんだけ

長岡市・魚沼市・三条市　1,537.3m

難易度 ★★★☆☆

執筆／朝路の会　浅野亘寛
調査／見附山岳会　井口礼子

▶雪の屏風を連ねた
守門岳北面

エキスパートを魅了する
雪の砂漠と大雪庇

スモンダケ―呼んで響きが心地よく、山名も覚えやすい。守門岳は鳥海火山帯に属し240万年～140万年前に活動していた死火山で、第4紀複輝石安山岩で構成された越後の名山だ。

越後平野から見る秀麗な山容がすぐ目に浮かぶが、魚沼、蒲原地方から望む山容もそれぞれ特色があって個性的だ。古くには「諏門岳」「巣守山」「蘇門山」と諸書に見えるが、5万分の1地形図に「守門岳」と記載されたことによって固定された。地元では親しみを込めて「守門山」と呼んでいる所が多い。

名前の由来については諸説あり、藤島玄の一説によれば、朝鮮語のソシは牛、モリは頭で、牛頭天王を祭祀した「ソシモリ→ソモリ→ソモン→スモン」ではないかとある。古代の日本には朝鮮半島から渡来した人たちによって技術、文化を伝えられた事実があり、大いに考えられる。また、守門岳は野鳥の多いことでも知られており、巣守をする山「スゴモリ山」が転訛して「スモン」になったともいわれている。だが、守門の祭神には、豊岩門戸の命（門や入り口を守る神）も祭祀されており、八十里越の出入りには必ず目に入る守門岳は、感情として「門と入り口を守る山」だったに違いない。

越後平野から望める主稜「中津又岳」「大岳」「青雲岳」「袴岳」とその奥にそびえる袴腰、黒姫、烏帽子山を擁して、広大な守門山塊を成している。浅いU字形に開いた北面の旧噴火口壁と優美なスカイラインをもつ守門岳は、特に厳冬から残雪にかけての姿がいつまでも脳裏に残る。守門岳は冬山というより春の山スキーに訪れる人も多い。道院から大岳にかけては雪の砂漠といわれ、好天以外は読図力を要求されるベテランの領域だ。主稜の中津又岳・大岳から東側に張り出す大雪庇は見応えがあり、厳冬期の豪雪と偏西風の凄さがうかがわれる。残雪期から初夏のころまで各コースでブナの新緑と残雪のコントラスト、花々が楽しめ、青雲から袴岳にかけての草原は足取りも軽くなる。山頂からは間近の浅草岳、越後三山、尾瀬燧ヶ岳、飯豊連峰など展望が素晴らしい。

▲大岳からの青雲岳と袴岳

▲雨晴尾根のブナ林

登山適期（月） 適期は5月下旬～10月。5月下旬までには山開きにあわせて、登山口までのアクセスが容易となる。

| 1 | 2 | 3 | 4 | 5 | 6 | 7 | 8 | 9 | 10 | 11 | 12 |

■ **交通・マイカー**
栃尾から入塩川行きバスは本数が少なく日帰り登山には不便。マイカーが便利。入塩川登山口までは、北陸自動車道中之島見附ICから国道8～351～290号～栃尾東が丘経由50分（関越自動車道長岡ICからも50分）。

■ **ワンポイントアドバイス**
①紹介コース上の「〆掛小屋」は老朽化により使用不能で、守門岳の主稜には小屋はない（保久礼口に「保久礼小屋」「キビタキ小屋」がある）。②紹介コース上にトイレはない。雨晴清水は使えない場合もあるので、三角点までの沢で補充しておきたい。

■ **問い合わせ**
（一社）栃尾観光協会　☎0258-51-1195
越後交通栃尾営業所　☎0258-52-3028

コースガイド

守門岳の登山コースは、長岡市栃堀地区からの保久礼コース、入塩川からのコース、および三条市吉ケ平から雨晴に至るコースがあり、いずれも大岳を経由する。魚沼市側からは、二口～青雲岳～守門岳コースと大白川～守門岳のコースがにぎわっているが、田小屋～藤平山～守門岳のコースも見直されてよいコースだ。ここでは入塩川からのコースを紹介したい。

守門山塊北端の登山道へは入塩川の円隆寺を経由して約4.5キロ先の登山口まで車で入れる。登山カードに記入して堰堤を渡ると400メートル先に山の神の石祠がある。気持ちの良いきれいな小沢を跳んだり、跨いだりの緩登が源頭まで続き、「滝上」の標識を登り切ると、郡界尾根の三角点がある。ここから通称、雨晴尾根の緩登が始まる。

ブナの木が目立ち始めると「〆掛小屋❶」と水場の案内板があるが、小屋は老朽化していて使用不能だ。地名の「〆掛」は「注連掛」で入山の掟や禁止の事柄の目印と思われるが、ここでは里山と深山の結界を意味するのかもしれない。

造林地を過ぎるころから県内でも有数のブナの美林の中の緩登となり、右手に雨晴清水❷がある。枯れている場合が多いので注意。しばらく登ると「雨晴❸」に着き、番屋山、烏帽子などの眺望が開ける。「雨晴」の意は「その地点の気候が上下にひどく違うから」という説がある。

雨晴から登山道は南に延びる頂稜を行く。守門岳北面が圧倒的に迫る。眺望を楽しみながら45分で中津又岳❹に立つ。指呼に見える守門大岳❺には15分でヒョッコリ、巣守神社奥社の石祠の脇に出る。守門袴岳へは網張から青雲岳まで登り返し、のびやかな草原を約1時間で標柱と三角点のある守門袴岳❻だ。下りは往路を戻るのもいいが、大白川駅まで約4時間、守門の主稜縦走もおすすめである。

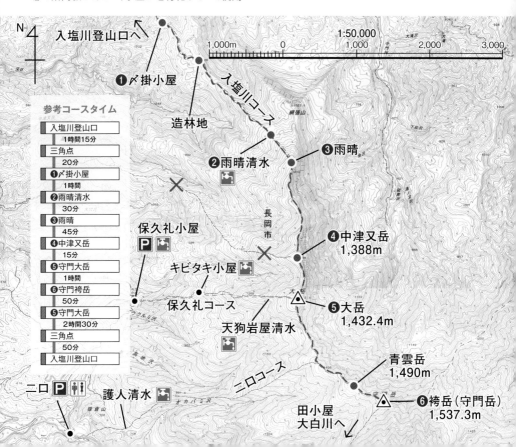

参考コースタイム

入塩川登山口	
1時間15分	
三角点	
20分	
❶〆掛小屋	
1時間	
❷雨晴清水	
30分	
❸雨晴	
45分	
❹中津又岳	
15分	
❺守門大岳	
1時間	
❻守門袴岳	
50分	
❺守門大岳	
2時間30分	
三角点	
50分	
入塩川登山口	

浅草岳
あさくさだけ

魚沼市・只見町（福島県）　1,585.5m

難易度　★★☆☆☆

執筆・調査／長岡ハイキングクラブ　片桐一夫

▶鬼が面山から
浅草岳

力量に応じてコース多彩
山頂からは名峰がずらり

新潟・福島県境に位置する浅草岳は豪雪地帯にあるため、登山シーズンは遅い春からとなるが、少し早い時季には雄大な山スキーが楽しめる。麓の五味沢から歩いて頂上までのルートは、帰りの滑降コースを吟味しながら登ればそれだけでも楽しい。

新潟県側からは「入広瀬の五味沢からムジナ沢ルートを入り、途中から桜ゾネルートをたどるコース」「ネズモチ平まで車で入り、白崩沢を越えて頂上へ行くコース」、さらに「六十里越トンネル手前から左に登る鬼が面山経由のコース」。福島県側からは「JR田子倉駅脇から入る只見尾根コース」「入叶津からの尾根コース」と多彩である。

浅草岳の山頂には一等三角点があり、眺望が素晴らしい。名だたる名峰がずらり、である。高山植物の宝庫でもあり、6月初旬から咲き競うお花畑に疲れも吹き飛ぶだろう。

なお、前岳付近から頂上の間には雪渓が遅くまで残っている。6月下旬は残雪も硬く、傾斜のある場所では転倒すると下まで転がってしまう。4本爪アイゼンを持参すれば安心だ。

また、ネズモチ平までの途中にある「浅草山麓エコミュージアム」は無雪期の9時から16時まで無料で利用できる。時間に余裕のある方は立ち寄っていただきたい。ブナの森に佇むこの施設では、森の恵みや森に棲む動物たちのことなど、自然環境について学ぶことができる。

▲ネズモチ平から浅草岳。右に嘉平与ノボッチ、中央に前岳、左に浅草岳

▶前岳の雪田

▲浅草岳を代表する花「ヒメサユリ」

登山適期（月）　適期は5月下旬から11月初旬。残雪が遅くまで残る。

1	2	3	4	5	6	7	8	9	10	11	12

■ 交通・マイカー
マイカーはJR只見線大白川駅から約20分、ネズモチ平駐車場（約100台）を利用。ムジナ沢コース登山口には駐車場がないので、浅草大橋を渡った左側の駐車場を利用。

■ ワンポイントアドバイス
①ネズモチ平駐車場にトイレあり。林道はほぼ舗装されているが道が狭い。スピードの出し過ぎなどに注意したい。林道はネズモチ平から先にも続いているが、ゲートで遮断されている。②浅草山麓エコ・ミュージアムでは自然探索が楽しめる。③入浴は五味沢に「浅草山荘」、入広瀬近くに「寿和温泉」がある。

■ 問い合わせ
（一社）魚沼市観光協会　　　　　☎025-792-7300
魚沼市産業経済部観光課　　　　　☎025-792-9754

コースガイド

　山の神トンネルを抜けて破間川ダムに架かる浅草大橋を渡ると、左側に広い駐車場がある。ムジナ沢登山口からの入山者はここに車を置いて歩く。ムジナ沢に架かる橋の手前から右側に下りて旧の橋を渡った右岸から登山道が始まる。コースは長いが静かだ。

　ネズモチ平からの登山者はさらに車で入り、100台くらいは止められる**ネズモチ平駐車場❶**に車を入れる。トイレも完備している。登山届ポストに登山届を入れて歩き始める。400メートルほど歩くと左に入る入り口があり、ここから山道だ。

　白崩沢渡渉点❷までは緩やかな道だが、沢の水がにじみ出ており悪路といえる。そこから先は傾斜が徐々に増していく。展望は悪いが、しばらく歩くと樹間に嘉平与ノポッチが見えて気合が入る。登路は急になっていき、時折ロープが設置されているが、距離は短いので文句は言えない。喘ぎながら登っていけばいつしか傾斜が緩くなり、前岳が近い。

　前岳❸は桜ゾネコースと鬼が面山からのコースが合流する。ここから木道をたどっていけば浅草岳は指呼の間だ。雪渓が残っているときは注意して歩きたい。道の両側は草原帯になっており、高山植物の花のシーズンは見事である。見晴らしも素晴らしい。

　最後のひと登りで一等三角点のある**山頂❹**に着く。山頂で田子倉尾根ルートと入叶津からのルートが合流し、足元に田子倉湖が見える。山の展望は右回りに、湖の先に毛猛山、守門岳、粟ヶ岳、御神楽岳、尾瀬の燧ヶ岳、至仏山、平ヶ岳、中ノ岳、駒ヶ岳、八海山と書ききれない。帰りは前岳から**嘉平与ノポッチ❺**を経由して桜ゾネコースを下ってみたい。少し長いが傾斜が緩い。下りで歩くにはちょうどいいだろう。

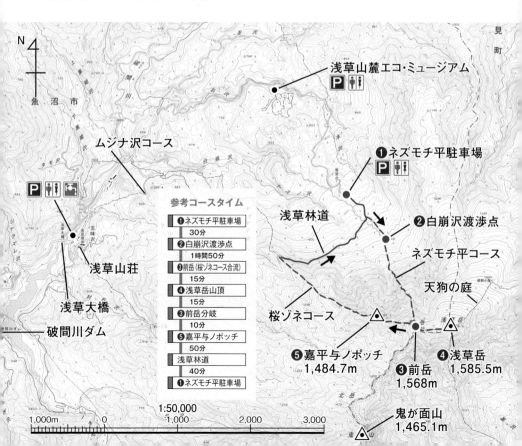

参考コースタイム

❶ネズモチ平駐車場	
30分	
❷白崩沢渡渉点	
1時間50分	
❸前岳(桜ゾネコース合流)	
15分	
❹浅草岳山頂	
15分	
❸前岳分岐	
10分	
❺嘉平与ノポッチ	
50分	
浅草林道	
40分	
❶ネズモチ平駐車場	

1:50,000

1,000m　0　1,000　2,000　3,000

46 鬼が面山
中越

おにがつらやま

魚沼市・只見町（福島県）　1,465.1m

難易度 ★★☆☆☆

執筆／長岡ハイキングクラブ　杉本　敏・一橋史子
調査／長岡ハイキングクラブ　髙橋欣弘

▶浅草岳から
鬼が面山

岳人を魅了する荒々しい岩壁 数々の秀峰が一望のもとに

国道252号の開通が昭和48年（1973年）、只見線の開通は昭和46年である。それまでの魚沼の大白川地方と奥会津の只見地方の交流は、山塊が深く、豪雪に閉ざされる期間が長いこともあって難儀を極めた。山脈を挟んで藩政が敷かれていた時代は、八十里越、六十里越の峠路が活躍していたが、国道と只見線の開通により急速に廃れてしまった。

戦後、豪雪地帯で通年水量が豊富な只見川の水系が、電源開発の脚光を浴びた。資金投入の中で、追い止まりの地に開発の槌の音が響き渡り、国道と鉄道開通促進に弾みをつけ、住民らが歓喜の声を上げた。鬼が面山の登山の歴史が大衆に幕を開け始めたのは、交通網が整ってきたからといってよい。

鬼が面山の東面、只見沢は馬蹄形に岩壁が峻立している。「鬼が面山の山頂よりは、只見沢の岩壁を登りたい」と、クライマーたちがこの岩壁を目指して入山し始めた。時は谷川岳の沢登りが脚光を浴びている時期から少し遅れ、登山用具の開発と技術を山に問い、未知のルートに自分の足跡を残す時代へ進んでいた。

汽車で大白川駅まで入り、浅草岳に登り、そこから裏側の只見沢天幕場まで下山する。そこから苦闘の沢登りが始まり、登攀の記録を残していく。昭和32年（1957年）9月21日〜23日、長岡のザイル仲間6名が、滝沢と上の沢中央壁から初登攀の記録を刻んだ。当時の記録では、帰路稜線は風雪に耐えた樹木が密集し、数歩進むのに疲労困憊している。登山道はなかった。

今は自家用車の普及により六十里越の峠近くまで入り、アプローチの長かった山が、日帰り登山が楽しめるようになった。豪雪地帯の国道は、スノーシェードの延長整備が続き良くなってきているが、まだ冬季閉鎖もある。

春の国道閉鎖解除と同時の山行は、残雪が多く残る中、大木となったブナの新芽が吹き、会津と越後の山々が眠りから覚めて活気を見せてくれる。花も十分楽しめる。稜線には雪解けの力から得た、電源開発の送電線が力強く張られ、生活の礎を守っている。鬼が面山山頂から田子倉湖を周遊する遊覧船の航跡が楽しめる。けれど奥深い山塊は霧の発生も多い。そして先輩たちの登った岩壁は健在である。くれぐれも安全に配慮して登ってもらいたい。

▲毛猛山塊と後ろに越後三山

登山適期（月） 適期は6月〜10月下旬。国道252号が冬季間通行止めになる。開通後も残雪が多く残る。

1	2	3	4	5	6	7	8	9	10	11	12

■ **交通・マイカー**
JR只見線大白川駅から車で約20分。登山口に2〜3台の駐車スペース。六十里越トンネル手前（登山口より70m）に20〜30台の駐車スペースあり。

■ **ワンポイントアドバイス**
①沢水は登山口と六十里越手前にある。トイレはない。②南岳から先の福島県側への崖に注意する。③鬼が面山から浅草岳への登山路もあるが、岩場があるので注意する。④入浴は五味沢に「浅草山荘」、只見線入広瀬駅近くに「寿和温泉」があり利用したい。

■ **問い合わせ**
（一社）魚沼市観光協会　☎025-792-7300
魚沼市産業経済部観光課　☎025-792-9754

コースガイド

国道252号の新潟・福島県境を貫く六十里越トンネル200メートル手前カーブの所に**登山口（登山ポスト）❶**がある。最初は勾配のきつい登りが続く。しばらくすると、その昔、越後魚沼と奥会津を結ぶ街道として使われた勾配の緩い登山道になる。春先は水場となる小さな沢を渡りながら進むと、左折する標識に出合う。**六十里越の頂点❷**になる。

分岐からマイクロ反射中継局まで登りが続く。最初の送電線鉄塔まではすぐで、草原になり展望が広がる。その後は成長したブナ林が続くつづら折りの登山道になる。樹間から田子倉湖が望める。

標高1,125メートルに**マイクロ反射板2基❸**があり広場になっている。ここからは勾配の少ない登山道になる。右側に3基並んで送電線鉄塔がある。広い道は**吹峠分岐❹**から真っすぐ進めば吹峠を経て入広瀬の五味沢へ続く。登山道は途中から右折

して一定勾配が続く稜線を歩く。この辺りは雪消えとともに、絶え間なく花々が彩りを添えて登山者を歓待してくれる。やぶが切れると**南岳❺**になる。

南岳からは左側に折れるように少し下りが続き、また登りとなる。この辺りからの右側は、福島県側の只見沢に大きく切れ落ちた崖になる。雪庇が年々登山道を谷底へ引きずり込んでいる。気の弱い人は目がくらむので覗き込まないこと。また、残雪期は滑り落ちないよう新潟県側にルートをとり、十分気を付けなければならない。破間川への分水嶺「忠右エ門沢カッチ」を過ぎ、見上げる峰にたどり着くと、そこは狭い三等三角点の標識がある**鬼が面山山頂❻**である。名だ

たる秀峰が顔をそろえる展望は圧巻。名前に似合わない優しい山である。

▶眼下に田子倉湖

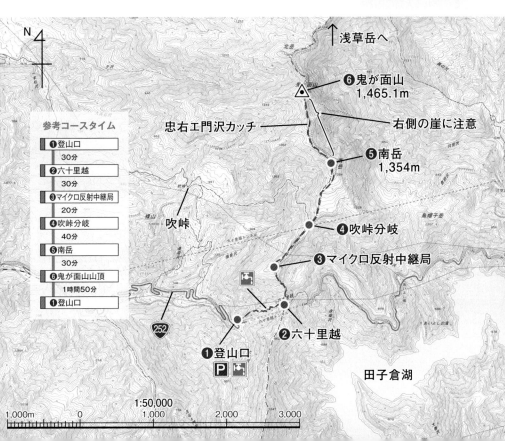

参考コースタイム

❶登山口	
	30分
❷六十里越	
	30分
❸マイクロ反射中継局	
	20分
❹吹峠分岐	
	40分
❺南岳	
	30分
❻鬼が面山山頂	
	1時間50分
❶登山口	

↑浅草岳へ

❻鬼が面山
1,465.1m

忠右エ門沢カッチ

右側の崖に注意

❺南岳
1,354m

吹峠

❹吹峠分岐

❸マイクロ反射中継局

252

❷六十里越

❶登山口

田子倉湖

1:50,000

1,000m　0　1,000　2,000　3,000

鋸山
（のこぎりやま）

長岡市　765.1m

難易度 ★☆☆☆☆

執筆・調査／長岡ハイキングクラブ　野口幸一

▶紅葉も見事な鋸山

城下町長岡を見下ろす
市民いこいの山

鋸山は県のほぼ中央に位置し、県立自然公園の長岡東山連峰の最高峰として君臨、市民からは「東山」とも「のこぎりさん」とも呼ばれ親しまれている。山名の由来は、鋸を連想させる鋸歯状の尾根による。これはおよそ80万年前の地層とされる隆起した山肌が徐々に削り取られて硬い部分が残ったものといわれている。

鋸山は新潟日報事業発行『新潟花の山旅』（2000年）で紹介されて以来、県内外から多くの登山者が訪れる人気の山となった。

山頂には一等三角点の標石があり、方位盤も設置されている。眺望は抜群で、南西寄り遠くには妙高山、米山、眼下の市街地の先には小木ノ城を中心とした西山連峰が帯状に連なっている。越後平野には弥彦山と角田山が並び、東面は守門岳、浅草岳が間近に見られ、目を転じれば越後三山の代表格、越後駒ヶ岳の雄姿も見てとれる。

低山ながら花の種類も多い。氷河期の生き残りといわれるシラネアオイをはじめ、登山道脇にミズバショウやカタクリ、オオイワカガミ、サンカヨウ、雪割草（オオミスミソウ）など、早春から秋まで登山者の目を楽しませてくれる。秋の終わりになれば、ブナやヤマモミジの紅葉も素晴らしい。

登山口は2カ所だ。栖吉から花立峠経由のコース（山頂まで1時間35分）と大入峠からのコース（山頂まで40分）である。

花立峠登山口へは長岡駅東口から栖吉行きのバスで終点下車、登山口まで約3キロメートル、およそ40分の歩きとなる。登山口に40台ほどの駐車スペースがあり、簡易トイレも設置されているのでマイカー利用をおすすめしたい。

大入峠登山口へは同じくバス終点から真木林道を7.5キロメートルほど登っていく。こちらは車道脇に10台ほど駐車可能だ。この大入峠からのコースは途中に岩場や鎖場が待っている。花立峠から縦走して大入峠に下る場合は、特に注意していただきたい。なお、大入峠登山口から栖吉のバス停までは徒歩で1時間半みておく必要がある。

▶登山道途中の沢に架かる橋

▲方位盤が置かれた鋸山山頂

登山適期（月）　適期は4月上旬〜11月下旬。

1	2	3	4	5	6	7	8	9	10	11	12

■ **交通・マイカー**
JR信越本線長岡駅東口から栖吉行きバスで終点下車。花立峠登山口まで約3km、大入峠登山口までは約7.5km。花立峠登山口には40台ほどの駐車場あり。

■ **ワンポイントアドバイス**
①トイレは花立峠登山口の駐車場に簡易トイレあり。②登山口に登山届の受理箱はない。

■ **問い合わせ**
長岡市スポーツ振興課　　　　☎0258-32-6117

コースガイド

　ここでは花立峠登山口から大入峠登山口への縦走を紹介しよう。

　花立峠登山口❶の駐車場には大きな案内板が設置されており、その脇の階段から登っていく。コース途中に水場はないので、階段を上がった左手の「天狗清水」で水を汲んでいくといい。緩やかな勾配の整備された道を沢沿いに進み、沢に架かる頑丈な橋を渡ると登りになる。少し行くと左手に鳥滝がある。昔の田んぼ跡の細い道をたどって杉林に入り、やがて**大モミジの休み場❷**に着く。ここまで30分だ。小休止して先に進む。

　しばらく行き見上げると、尾根の左奥に鋸山の山頂が望める。この周辺では、秋にはサルナシやアケビがたわわに実る。道はジグザグの登りとなり、花立峠下の緩やかな尾根に出る。正面には中越地震で崩れた赤茶色の山肌が残る。この尾根の右側は大倉沢の深い谷になっているので、気を付けて歩こう。大モミジから40分ほどで**花立峠❸**だ。

　花立峠には、長岡工業高校山岳部が萱峠まで縦走路を切り開いた記念として、「長工新道」の堂々たる道標が設置されている。振り向くと南蛮峠の尾根や遠く米山も望める。道標から20メートルほど「長工新道」を南に行くと、越後三山や守門岳、浅草岳も望める。ここでひと息入れ、鋸山山頂を目指そう。

　広々とした道を進むと半蔵金への分岐に出る。ここは標識に従い左へ進む。ブナ林の中を気持ちよく森林浴しながら25分ほどで**頂上❹**だ。頂上付近は、アップダウンを繰り返しながら鋸歯状の尾根を行く。山頂はさほど広くないが、眺望は抜群である。頂上から**大入峠登山口❺**への下山は30分ほどである。途中の岩場や鎖場は急なため十分注意したい。

▶花立峠の道標

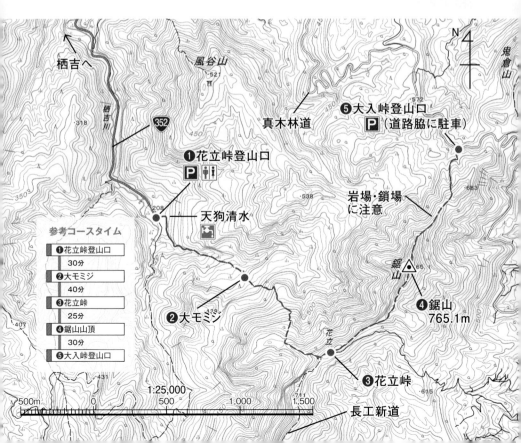

参考コースタイム
❶花立峠登山口
30分
❷大モミジ
40分
❸花立峠
25分
❹鋸山山頂
30分
❺大入峠登山口

1:25,000

栖吉へ

風谷山
・521

栖吉川

352

・318

・350

❶花立峠登山口
P

208

天狗清水

真木林道

❺大入峠登山口
P（道路脇に駐車）
572

岩場・鎖場に注意

・538

683

鋸山

❷大モミジ

❹鋸山
765.1m

・431

・407

花立

❸花立峠

長工新道

615

500m　　0　　　　500　　　　1,000　　　　1,500

N

下権現堂山・上権現堂山
しもごんげんどうやま　かみごんげんどうやま

魚沼市　896.7m・997.7m

難易度　★★☆☆☆

執筆／長岡ハイキングクラブ　菊入好子、大石克夫
調査／長岡ハイキングクラブ　森 庄一

▶下権現堂山(左)と
上権現堂山(右)

魚沼市民が選んだ景観30選 美しいスカイラインが自慢

権現堂山は破間川の左岸(旧守門村と旧広神村の境界)、魚沼市の真ん中に位置しており、越後三山を代表とする越後山脈の前衛に当たる。1,000メートルに満たない標高だが、麓から仰ぐ山容は威風堂々。小出方面から望むと下権現堂山、上権現堂山、唐松山と美しい稜線が続き、魚沼市民が選んだ景観30選にも選ばれている。

下権現堂山と上権現堂山の中間点「中越戸」付近から上権現堂山、唐松山の稜線上は、植生の保護のため、権現堂山・唐松山自然環境保全地域として昭和49年(1974年)7月に新潟県から指定(第1号)を受けている。

山名の由来は分からないが、古い案内には「権現堂山は、昔は仏が村人の利益済度のため権に姿を現した場所だといわれてきました」と記述されている。長松地区の登山口には、1575年に創建起源を持つ戸隠神社があり、氏子により大切に守られてきた。1583年に信州戸隠神社より戸隠九頭龍大権現の神影を勧請し、広く信仰を集めたことが記録に残っている。この神影と山名の関係も推察される。天保13年(1842年)発刊の越後国細見図には権現山として記述されている。昭和43年に

は、下権現堂山の山頂に里宮にあった古い石祠を遷座して奥宮として祭っている。今も山頂手前、石の上に小さな石祠を見ることができる。

日本山名事典では山地・峠名で「権現」と名の付く地点は約115を数える。日本では4番目に多いとされる山名が「権現」である。県内にも権現堂山のほかに5座確認できる。

権現堂山に登る登山道は、広神地区長松の戸隠神社から下権現堂山へ直接登るルート、下・上権現堂山の中間地点である中越戸に出るルートの2本が主ルートであり、多くの登山者が利用している。このほかに日帰り温泉「神湯とふれあいの里」の裏手から登るルートがあり、近年整備され、温泉の利便性もあって登山者が増えている。また、旧スキー場から登るルート、中子沢・手ノ又から上権現堂山と唐松山の稜線に出るルート、松川林道からのルートがある。

権現堂山が出てくる「権現堂山の弥三郎ばさ」伝説は、「弥彦山の鬼ばさ」伝説とともに県内の2大鬼ばさ伝説といわれている。

▶山中の弥三郎清水

| 登山適期(月) | 適期は5月〜11月中旬。4月下旬は残雪が所々にあるが、尾根、稜線に登山道が現れる。山開きは例年6月第1日曜日。 |

1	2	3	4	5	6	7	8	9	10	11	12

■ 交通・マイカー
JR只見線藪神駅から戸隠神社登山口(戸隠自然公園駐車場)まで4.1km(徒歩1時間)。マイカーは戸隠自然公園駐車場(約30台)を利用。

■ ワンポイントアドバイス
①残雪期、中越戸からの下り(本沢コース)は夏道が不明瞭、利用しないこと。②下権現堂山から上権現堂山への歩行距離は、戸隠神社から下権現堂山へ登るのと同じくらいの距離がある。体力にあったプランを。③給水は小黒川渓流公園、戸隠自然公園(戸隠神社)。弥三郎清水は天候により渇水するので注意。④トイレは小黒川渓流公園、戸隠自然公園。⑤登山後は「神湯とふれあいの里」「ゆーパーク薬師」などで入浴して、汗を流したい。

■ 問い合わせ
(一社)魚沼市観光協会　☎025-792-7300
魚沼市産業経済部観光課　☎025-792-9754

▲大切に保護されているアズマシャクナゲ

コースガイド

ここでは戸隠神社を起点にした周回コースを紹介する。戸隠自然公園駐車場をスタートし、赤い鳥居をくぐって戸隠神社参道の石段を登って行く。登り切った所に**戸隠神社❶**がある。神社の右手には安全祈願の鐘と登山カード入れがある。安全登山のため必ず登山カードに記入すること。その先の広場に登山道入り口の標識がある。

歩いてすぐに中越戸の分岐を見送り、下権現堂山を目指して進む。赤土の滑りやすい道を進むとゴヨウマツが茂る「業の秤の丘」に出る。ここからは尾根道の登りが始まる。「業の秤」は五の計とも言われ、ここから5合目くらいまでを下から順に四の坂、三の坂、二の坂、一の坂、高つ倉と昔は呼んでいたようだ。

歩を進め、スギの植林地の中に入ると5合目、その先はブナ林の中を、緩急を交えて高度を上げる。ブナ林の急登を登り切ると7合目に着く。ここから

山腹を巻くように進むと山中の水場「弥三郎清水❷」に到着する。ここから山頂に向かって急な登りが始まり、8合目の「トガリ岩」に出る。

さらに5分ほどで、テラス状に平らになった「見晴らし岩」だ。名前の通り晴れていれば正面に越後駒ヶ岳、眼下には登ってきた尾根、魚沼の町並みを見ることができる。

さらに歩を進め、道が緩やかになると神湯からの道と合わせ、わずかな距離で**下権現堂山山頂❸**に到着する。展望を楽しんだら、稜線の先にある上権現堂山へ向かう。いったん下ってから登り返すと平坦な尾根に出る。「うらじろ平」で、権現堂山アズマシャクナゲを守る会がアズマシャクナゲの保護活動を行っている。

さらに進むと稜線の中間、**中越戸❹**に出る。ここから見晴らしの良い尾根道を進み、山頂直下の急登を登り切ると**上権現堂山❺**だ。帰路は中越戸手前に復活したトラバース道を使う。下りの本沢コースはよく踏まれ、道は明瞭だ。

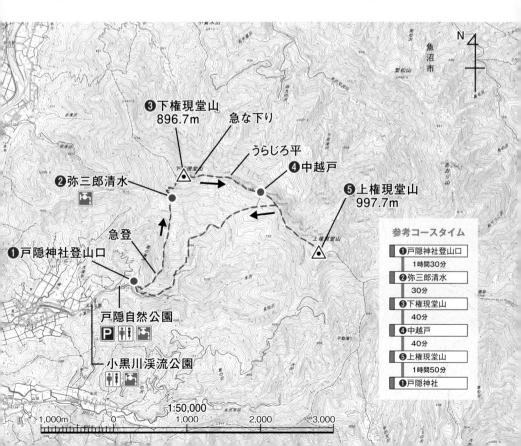

参考コースタイム

❶戸隠神社登山口	
1時間30分	
❷弥三郎清水	
30分	
❸下権現堂山	
40分	
❹中越戸	
40分	
❺上権現堂山	
1時間50分	
❶戸隠神社	

1:50,000

1,000m 0 1,000 2,000 3,000

八十里越
はちじゅうりごえ

三条市・魚沼市・只見町（福島県）　845.4m

難易度 ★★★★★

執筆／見附山岳会　井口礼子
調査／見附山岳会　井口光利

▶木ノ根峠
（八十里峠）

河井継之助ゆかりの地
往時に思いを馳せて一歩一歩

　八十里越とは、旧下田村（現三条市）吉ケ平から福島県南会津郡只見町入叶津を結ぶ峠道をいう。道は難を極めたため、1里を10里に例えたとされており、峠越えのこの道がどれほど険しかったかがうかがえる。越後からは食塩・魚類等を、南会津からは繊維原料・人足等が運ばれ、また、文化交流の道として、明治の末期まで往き来した。

　登山口のある吉ケ平は、八十里越の宿場町としてにぎわった所で、源氏の落人が800年暮らした地としても知られる。

　木ノ根峠（八十里峠）までの登山道は、ほとんどが古道を歩くことになるが、崩落した箇所には高巻きの道が付けられている。木ノ根峠から先の古道はほとんど廃道に等しく、新しく作られた八十里越新道を歩くことになる。入叶津（大麻平）までの新道は比較的よく踏まれており、道も明瞭である。

　吉ヶ平山荘から番屋乗越までは右側に谷をおき、番屋乗越からは左側に谷をおいて、所々急峻な斜面を歩く。ブナ沢の手前のブナの林は下草があまり生えておらず、古道と登山道が入り交じっているので、目印のテープを見落とさないようにしたい。ブナ沢を過ぎると崩落の跡を歩くことになるが、広

いので目印のテープを見失わないようにすること。烏帽子山を巻くように登山道は付けられ鞍掛峠へと続く。

　田代平入り口の標識を直進すれば木ノ根峠、右折すると数分で木道となり田代平湿原に着く。ブナの原生林に囲まれた静寂な湿原は、数多くの花々が咲き誇り、また、秋には紅葉が素晴らしい。ぜひ立ち寄ってほしいものである。

　「八十里腰抜け武士の越す峠」と、自分の姿を自嘲した長岡藩家老河井継之助。幕末、戊辰戦争の折、新政府軍との戦いで左脚を負傷した継之助は、担架に乗せられ、木ノ根峠（八十里峠）を越えることになる。戦いに敗れた藩士、町民もまたこの峠を越えていった。戦国の世には、上杉勢もまたこの峠道を歩き、会津に派兵を行ったそうである。古の数々の歴史に思いを馳せながら歩く八十里越は、ひとしお感慨深いものとなるに違いない。

▶秋色の田代平湿原

▲番屋乗越の石塔

| 登山適期（月） | 適期は6月下旬〜10月。できればこの山に精通した人と入山するのが望ましい。また、刈り払いがなされていないときは登山道がやぶや木の枝に覆われて分かりにくい。 |

1	2	3	4	5	6	7	8	9	10	11	12

■ **交通・マイカー**
JR信越本線東三条駅下車。バスは八木ヶ鼻温泉行きで終点下車。吉ヶ平山荘までかなり歩くことになる。タクシーは吉ヶ平山荘まで約1時間である。マイカーは吉ヶ平山荘前駐車場（30台程度）に駐車。

■ **ワンポイントアドバイス**
①このルートは等高線沿いに続く峠道で緩く見えるが、流水でえぐれた沢の横断など、地形図上に表れないアップダウンの連続である。思いのほか時間がかかるので注意したい。②ブナ沢から高清水沢間は上部の大規模な崩落によりルートが不明瞭になっている。③紹介コース上、小沢を何回か渡るので水は十分補給できる。④増水時、ブナ沢・高清水沢など対岸の登山道を見失わないよう注意。⑤熊よけのラジオや鈴も必需品である。⑥登山口に登山届の受理箱はない。⑦八十里越入叶津登山口（大麻平）から先の国道289号は現在工事中のため、一般登山者は通行できない（徒歩も不可）。帰路は往路を引き返すことになる。

■ **問い合わせ**
三条市経済部営業戦略室観光係　　☎0256-34-5511
只見町観光商工課　　　　　　　☎0241-82-5240

コースガイド

吉ヶ平山荘前の樽井橋を渡り緩やかに登っていくと、「馬場跡」の石塔があり、登山道は二股に分かれている。左は番屋山へ続く。右に直進し、「詞場」を過ぎ、鬱蒼とした杉林を抜けると正面に番屋山が見えてくる。登山道は番屋山の裾野を巻くように付けられている。右手には守門岳が見える。沢沿いに岩が重なる登りとなり「椿尾根」に着く。

山の神を過ぎ、少し登ると「**番屋乗越❶**」である。ここからは多少道幅もあり、左に粟ヶ岳を見ながら進むと、「**火薬跡❷**」に着く。張り出した岩を火薬で砕き、道を作った場所である。そこからブナ沢に向かい下りが始まる。ブナの原生林の中は静寂が漂う。ルートを示すテープを見落とさぬように進む。ブナ沢、**高清水沢❸**を過ぎると鞍掛峠への登りが始まる。所々、急傾斜の不安定な道をしばらく歩く。右に烏帽子山の岩峰も見えている。「空堀小屋跡」から「空堀」となり右へ進む。「桜の窟」「殿様

清水」を過ぎ、急斜面を登り切ると**鞍掛峠❹**である。

鞍掛峠からは明るく開けた登山道となる。右手に「黒姫」、前方には「浅草岳」が堂々と横たわる。「小松横手」「**田代平❺**」を過ぎ、木ノ根峠入り口の標識から30分くらいで県境の「**木ノ根峠（八十里峠）❻**」である。石塔には「八十里峠（木ノ根峠）標高845.4メートル：左叶津16.0キロメートル・右鞍掛峠4.4キロメートル」と刻まれている。

木ノ根峠からは、ブナに囲まれた登山道の緩やかな下りが続く。所々ぬかるみもある。**松ヶ崎❼**には松の木と小さな祠がある。化物谷地、朴ノ木沢、ナコウ沢を過ぎ、つづら折りの道を下り、国道工事の車の音が聞こえると、あとひと頑張りで国道289号（大麻平）へ出る。

▶新潟・福島県境の木ノ根峠（八十里峠）

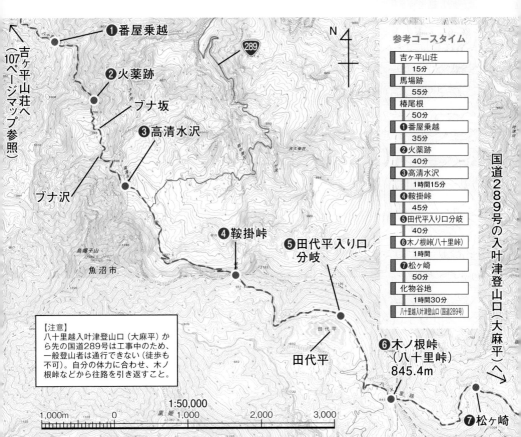

❶番屋乗越
❷火薬跡
ブナ坂
❸高清水沢
ブナ沢
❹鞍掛峠
烏帽子山
魚沼市
❺田代平入り口分岐
田代平
❻木ノ根峠（八十里峠）845.4m
❼松ヶ崎

吉ヶ平山荘へ（107ページマップ参照）

国道289号の入叶津登山口（大麻平）へ

【注意】
八十里越入叶津登山口（大麻平）から先の国道289号は工事中のため、一般登山者は通行できない（徒歩も不可）。自分の体力に合わせ、木ノ根峠などから往路を引き返すこと。

1:50,000
1,000m　0　黒姫　1,000　2,000　3,000

参考コースタイム	
吉ヶ平山荘	
	15分
馬場跡	
	55分
椿尾根	
	50分
❶番屋乗越	
	35分
❷火薬跡	
	40分
❸高清水沢	
	1時間15分
❹鞍掛峠	
	45分
❺田代平入り口分岐	
	40分
❻木ノ根峠（八十里峠）	
	1時間
❼松ヶ崎	
	50分
化物谷地	
	1時間30分
八十里越入叶津登山口（国道289号）	

50
中越

毛猛山
けもうやま

魚沼市・只見町（福島県）　1,517.6m

難易度　★★★★★

執筆／日本山岳会　皆川陽一
調査／新潟ランタン会　渡辺　茂

▶太郎助山から毛猛山

登山道のない
エキスパートだけの領域

　毛猛山は魚沼市東部に位置し、福島県境近くの只見川と西の黒又川に挟まれた毛猛三山（毛猛山、鬼が面山、浅草岳）の一座である。毛猛山塊は毛猛山、中岳、百字が岳、桧岳、太郎助山、前毛猛山、内桧岳、足沢山からなり、雪崩によって磨かれた急峻な壁面と、「毛猛」の名の通りの猛烈なやぶで容易に人を寄せ付けない。その山容は素晴らしく、1,500メートル前後の標高とは思えない。毛猛と黒又三山（百字・桧・太郎助）の4座の姿は特徴があり、越後駒ヶ岳や守門岳、そして魚沼市街地からも目立つ存在である。

　毛猛山への登山道はなく、冬は豪雪で閉ざされ、夏は猛烈なやぶが行く手を阻む。あえてこの山塊に足を踏み入れるなら、3月から5月上旬の残雪期に限られるであろう。ここはこの山塊を知りぬいた者のみの限られた領域であり、魚沼の岳人たちの憧れでもある。強いてルートを挙げるなら、足沢山から太郎助経由、六十里越から前毛猛経由、大鳥沢から前毛猛経由、銀山平からの未丈経由などであるが、いずれのルートも残雪の状況など

により難易度は大きく変わってくる。

　地質図による毛猛山一帯は、主に砂岩・流紋岩溶岩・流紋岩火砕岩からなる夕沢層に分類され、海生化石の報告がなく、陸成層であると推定されている（産業技術総合研究所地質調査総合センター『地域地質研究報告』による）。

　明治時代に設置した三等三角点には、実際の山名と異なる名前が付けられた三角点が多く存在するが、毛猛山塊にも面白いものがある。桧岳の点名が「百字ヶ岳」となっているのだ。国土地理院の話によると、設置したときの点の記には、所在地欄に俗称として「百字が岳」と記されているという。設置を行った測量官が、この地点を百字が岳の山頂または百字が岳の山体の一部と勘違いしたらしい。ちなみに毛猛山の点名は「岩沢山」となっている。

▲毛猛山全景。左から太郎助山、百字が岳、毛猛山、桧岳

登山適期（月）　一般登山道はない。行くとすれば残雪の3月〜5月上旬となる。六十里越から前毛猛経由で入るのであれば、国道252号が開通（5月の連休前後）してからになる。前毛猛からは猛烈なやぶである。足沢山経由も同じだが、開通前は大白川に車を止め、1時間半ほど国道を歩いて足沢山経由となる。

■ 交通・マイカー
　入山はマイカーあるいはタクシーとなる。決まった駐車場はなく、道路脇の空き地などを探す。

■ ワンポイントアドバイス
　①注意 登山道はなく、もちろん案内や道標もない。一般登山の対象ではない。②入山はその年の道路状況・残雪状況に大きく左右されるため、事前の情報収集が必要。③この地域一帯は熊も活動している（毎年、足沢山や太郎助山に足跡などがある）。残雪期は熊狩りのシーズンでもあるので注意が必要。④登山後の入浴はJR只見線入広瀬駅近くに「寿和温泉」がある。

■ 問い合わせ
　魚沼市産業経済部観光課　　　　　☎025-792-9754
　さわやかタクシー（奥只見タクシー）☎025-792-4141
　観光タクシー小出営業所　　　　　☎025-792-1100
　観光タクシー須原営業所　　　　　☎025-797-2242

▲足沢山から太郎助山と百字が岳

コースガイド

ここでは足沢山経由のルートについて紹介する。この山塊の無雪期は猛烈なやぶとなるため、足を踏み入れるなら3月から5月上旬の残雪期が適期となる。

大白川駅から200メートルほど行くと除雪終了地点となり、ゲートで閉鎖されている。車は邪魔にならないように道路脇に駐車する。ここから国道252号を6キロメートルほど行くと「大雪崩沢2号スノーシェッド」があり、右手の線路の向こう側がスタート地点となる。もちろん取り付き地点に道標や案内板はない。標高542メートルを目指して尾根に乗ると、鉈目と踏み跡が足沢山まで続いている。標高762メートルからは両側が切れ落ちた急峻な尾根とやぶ、ガレ場が多く、降雪時の通過には危険を伴う。930メートルから足沢山までは雪堤の広尾根となり、下山時に迷わないように目印を付けたい。足沢山から太郎助、百字、桧岳が圧倒的な様相で迫り、登頂意欲が掻き立てられる。足沢山を越えるとベースとなる適地があり、翌日はここからアタックするのがいいだろう。

2日目、1,084メートル付近から雪庇側に崩落箇所、クラックが集中する。しっかりした雪面に見えても降雪時には落とし穴があり、踏み抜きに注意が必要。1,220メートル付近からは雪壁や凍結箇所もあり、ピッケルや補助ロープを持っていきたい。太郎助山から毛猛山までは明瞭な尾根であり、ルート取りに迷うことはないだろう。ただし、クラックには十分注意する。残雪の状況にもよるが、徐々にやぶが濃くなり、距離から時間が測れない。毛猛山の山頂は1坪ほどの広さで三角点がある。

下山は往路を足沢山の先、930メートルまで戻り、左の尾根を進む。711メートルから右の支尾根を下り、枝沢を渡渉すると対岸の国道252号「大雪崩沢スノーシェッド」に出る。(実踏調査／2019年4月5日～7日)

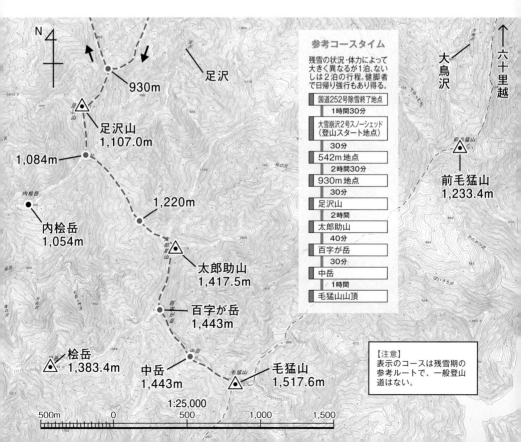

参考コースタイム

残雪の状況・体力によって大きく異なるが1泊、ないしは2泊の行程。健脚者で日帰り強行もあり得る。

| 国道252号除雪終了地点 |
| 1時間30分 |
| 大雪崩沢2号スノーシェッド (登山スタート地点) |
| 30分 |
| 542m地点 |
| 2時間30分 |
| 930m地点 |
| 30分 |
| 足沢山 |
| 2時間 |
| 太郎助山 |
| 40分 |
| 百字が岳 |
| 30分 |
| 中岳 |
| 1時間 |
| 毛猛山山頂 |

【注意】
表示のコースは残雪期の参考ルートで、一般登山道はない。

1:25,000

500m　0　500　1,000　1,500

未丈ヶ岳
みじょうがだけ

魚沼市　1,552.8m

難易度　★★★☆☆

執筆／長岡ハイキングクラブ　菊入好子、高橋和夫
調査／小千谷ハイキングクラブ　松井潤次

▶積雪期の未丈ヶ岳（日向倉山方面より）

二等三角点の山頂からは
360度の大パノラマ

　未丈ヶ岳は越後三山只見国定公園にあり、公園のほぼ中央に位置している。福島県境の六十里越から南西に毛猛山、大鳥岳、未丈ヶ岳、日向倉山、赤崩山、銀山平へと続く山域の最高峰である。この山塊は日本海側の豪雪と麓から奥深くに位置していることもあり、未丈ヶ岳以外は春の残雪期のみ登山者が足を踏み入れることができる。

　山名の由来は今も定かではない。文献によると新編会津風土記には「陸奥国にては大鳥岳と云、越後国にてはみしやうガ岳と云」と記載され、文化7年（1810年）作成の絵図と高頭仁兵衛編纂の『日本山嶽志』には大鳥みしょうガ岳と記されている。単に大鳥未丈、大鳥峠と呼ぶこともあったようである。

　戦後、奥只見ダムの建設でシルバーラインが開通してからは秘境の山もより近い存在へと変わった。

　未丈ヶ岳への登山路は只見川の県境周辺に開けた鉱山へ大湯方面から物資を運ぶために幕末に伐開されたものである。大正10年（1921年）ごろに松の木を切り出すために修復し、昭和初期からはゼンマイ採りが入るようになる。戦中は鉱石運搬路として復活し、昭和21年（1946年）ごろまでは鉱山の荷物運搬のために使用されたようである。廃鉱とともに登山道も廃道となったが、その後刈り払いを行い、現在では整備されよく踏まれた道となっている。

　昔の紀行文には、未丈ヶ岳の山頂を只見川に下る途中にある大鳥池の存在と、明瞭な登山道が存在していたことが記述されているが、現在では山頂からの道は猛烈なやぶとなり、その痕跡も明瞭ではなく大鳥池へ下ることはできない。

　植生を見ると、未丈ヶ岳の山頂部湿原には県内でも分布の少ないカワズスゲが生育している。また、尾根の登山道で確認されるアブラツツジの分布密度が高いことも特徴として挙げられる。全体としては豪雪地特有の日本海要素植物の落葉低木林が多い。

　未丈ヶ岳は本州でただ1つ、十二支の未年の山としても知られている。

▲黒又川に架かる切妻形の橋

◀泣沢の渡渉（ロープあり）

▲山頂東面の大草原

登山適期（月）　適期は5月下旬～10月下旬。シルバーライン泣沢避難所駐車場の雪消えは5月下旬から6月上旬。雪消えまで雪囲いがあり駐車場には出られない。

1	2	3	4	5	6	7	8	9	10	11	12

■ **交通・マイカー**
マイカーは県道奥只見シルバーライン13号トンネルと14号トンネルの間（トンネルは続いている）にある泣沢避難所のシャッターを開け、広場に出て駐車（約20台）。

■ **ワンポイントアドバイス**
①黒又川まで渡渉は3回。泣沢の最初の渡渉はロープが張ってある。左岸に渡渉してから次の渡渉まで沢沿いのへつりは傾斜があり、スリップに注意。②コース上に山小屋、トイレはない。給水は黒又川までの沢で行う（尾根に取り付いたら水場はない）。③夏場はアブ、マムシが多いので注意。④登山後の温泉、入浴施設は湯之谷温泉郷をはじめ市内に数多くある。

■ **問い合わせ**
（一社）魚沼市観光協会　☎025-792-7300
魚沼市産業経済部観光課　☎025-792-9754

コースガイド

国道352号から奥只見シルバーラインに入り、泣沢避難所のシャッターを開け、奥の**駐車スペース❶**が登山口となる。シャッター前は非常用スペースのため奥に車を止める。

安全登山のため登山届をポストに入れて出発しよう。歩き始めてすぐ沢に下り小沢を渡る。歩を進め、すぐに左岸に渡渉し、ここからしばらく沢沿いの道を進む。未丈ヶ岳の標識が出たら泣沢に下り、飛び石伝いに右岸に渡る。増水時の渡渉は注意が必要だ。深く足掛かりの悪い沢への登り下りのために両岸に太い鎖が取り付けられている。泣沢を渡るとわずかで**黒又川❷**に出る。ここには手すりのない鉄製の立派な橋が架かっている。以前の橋は平成23年（2011年）の豪雨で橋げたともに流された。渡り切った広場が三ツ又口小屋跡で未丈ヶ岳の標識が立っている。標識に沿って道を進めば尾根に取り付く。ここから山頂までは1本道で、よく

踏まれた道が続くので迷うことはない。

急な登りを過ぎて道が平坦になったころに右手に荒沢岳が指呼できる。尾根にはキタゴヨウが列生し明るく開けた尾根歩きとなる。尾根はところどころ痩せて崩れやすいので注意のこと。さらに歩を進めると越後駒ヶ岳の雄峰も視界に飛び込んでくる。高度を上げると**974メートルのピーク（前ノ沢ノ頭）❸**に着く。正面にこれから登る未丈ヶ岳の山頂稜線と、登山道がある尾根道が視野に入る。ここを下った鞍部が「**松ノ木ダオ❹**」だ。

左手の稜線越しに毛猛山塊の山並みが見えてくると山頂は手の届きそうな距離になる。植生は潅木帯に変わり、山頂下に「三ツ岩」と呼ばれる大きな3つの岩が確認できる。さらに登山道の傾斜も増してくるが、ここを登り切れば**未丈ヶ岳山頂❺**に到着する。山頂部は狭いがきれいに刈り払いがされている。山頂東側には登山道側の潅木とは対照的に広々とした草原が広がっている。下りは往路を戻る。

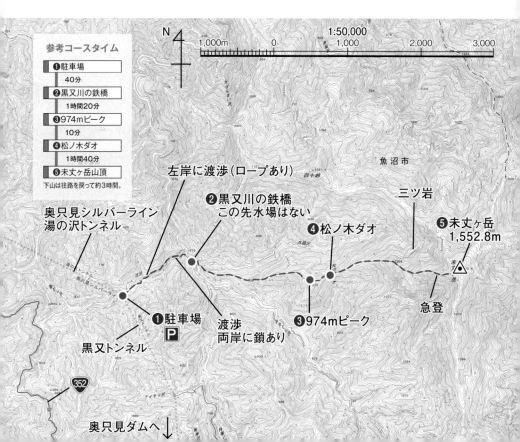

参考コースタイム
- ❶駐車場
  - 40分
- ❷黒又川の鉄橋
  - 1時間20分
- ❸974mピーク
  - 10分
- ❹松ノ木ダオ
  - 1時間40分
- ❺未丈ヶ岳山頂

下山は往路を戻って約3時間。

N

1:50,000

1,000m　　0　　　1,000　　2,000　　3,000

魚沼市

左岸に渡渉（ロープあり）

❷黒又川の鉄橋
この先水場はない

❹松ノ木ダオ

三ツ岩

❺未丈ヶ岳
1,552.8m

奥只見シルバーライン
湯の沢トンネル

❶駐車場
P

渡渉
両岸に鎖あり

❸974mピーク

急登

黒又トンネル

352

奥只見ダムへ ↓

越後駒ヶ岳
えちごこまがたけ

魚沼市・南魚沼市　　2,002.7m

難易度 ★★★☆☆

執筆／堀の内山岳会　米山孝志、平間茂
調査／小千谷ハイキングクラブ　和田　守

▶ シルバーライン
から美しい山容
を見せる越後
駒ヶ岳

威容を誇る
越後三山の代表格

　越後(魚沼)三山の1つで深田久弥の『日本百名山』に数えられる。関越自動車道の大和パーキング付近や、上越線の小出駅から浦佐駅にかけての車窓から見ると、右から「八海山」「中ノ岳」そして左端に「駒ヶ岳」が鎮座している。晴れた朝、その雪を頂いた山稜や彫りの深い山麓が朝日に輝くさまは、とても2,000メートル級の山には見えず、3,000メートルクラスの北アルプスに匹敵する眺めだ。

　山容は岩盤が一気に隆起して造成された後に、風雨や積雪によって浸食され、その急峻な峰々が形成された。特に魚沼平野側の渓谷は、長年の時を経て水無川側に鋭いV字谷を生んでいる。

　魚沼平野から見る正面の姿は、国内有数の豪雪に削り出された荒々しい岩壁である。左手は枝折峠からの稜線が小倉山を越えて頂上に至り、右手は中ノ岳を経由して八海山や兎岳までの縦走路が続く。佐梨川の奥壁は、まるで岩を鋭利な鉈で割ったような岩壁が屏風状に立ち上がり、谷川岳の岩登りに飽き足らぬエキスパートたちが一時期、この岩壁に通い詰めていた。駒の湯から桑ノ木沢を過ぎ、尾根を1つ越えた金山沢の最奥には鉱山跡が残っているが、その付近の岩壁にはいくつもの開拓され

た岩登りルートがペンキで明示されており、往年の未踏ルート開拓黎明期の面影を見ることができる。

　昭和38年(1963年)に奥只見電源開発の資材運送用トンネル(奥只見シルバーライン)が開放されてからは、大湯温泉経由の枝折峠までの国道352号と合わせて訪問者が増えた。銀山平の宿に宿泊して平ヶ岳とともに100名山の2座を連登する遠方からの登山者も目立つ。

　健脚者は「駒の湯コース」から入山、森閑とした急登を登って小倉山へ。「枝折峠コース」は明神小屋、道行山を経て小倉山に至る。小倉山からは百草の池を経由して前駒を越え、岩場を登り切ると小屋前の広場に飛び出す。山頂までは小屋から右手に雪渓とお花畑を見ながら15分ほど。天候にもよるが、遠く飯豊連峰から朝日連峰、那須連山、尾瀬の燧ヶ岳、また下津川山の後ろに富士山が見えることもある。

▶ 荒々しさを
見せ付ける
金山沢の鉱
山道

▲ グシガハナ付近の見事な紅葉

登山適期(月)　　適期は5月中旬～10月上旬。6月は新緑と残雪のコントラストが美しく、お花畑は7月上旬～9月上旬、紅葉は10月初旬まで。

1	2	3	4	5	6	7	8	9	10	11	12

■ **交通・マイカー**
登山口の枝折峠までは1日1便、JR小出駅からバスが出ている(7月上旬から10月上旬までの日曜、祝日のみ。小出駅午前6時30分発、枝折峠午前7時35分着)。マイカーは枝折峠の駐車場を利用。シーズン中の週末は満車になることが多い。枝折峠までの国道は、例年11月中旬から翌年5月下旬の除雪済むまで通行止めとなる。

■ **ワンポイントアドバイス**
①5～6月は残雪が多く、ピッケル、アイゼンが必要となる。②枝折峠からのコースは最短といっても行程が長い。駒の小屋まで水場がないため、十分な量を用意すること。③駒の小屋直下の岩場は足場が不安定。下山時は特に注意したい。④駒の小屋は避難小屋のため利用可能だが、管理人の滞在は5～10月。利用に際する協力金は2,000円。毛布・マット(各1枚)の貸し出し以外のサービスはない。

■ **問い合わせ**
(一社)魚沼市観光協会　　　　　　　☎025-792-7300
魚沼市産業経済部観光課　　　　　　☎025-792-9754
南越後観光バス小出営業所　　　　　☎025-792-8114

コースガイド

駒ヶ岳には「グシガハナコース」「駒の湯コース」「枝折峠コース」があるが、どのコースも長く、余裕を持って臨みたい。ここではその中で最も短時間で、標高差も少ない「枝折峠コース」を紹介する。

国道352号を走り枝折峠を目指す。**枝折峠登山口❶**には30台ほどの駐車場があり、登山届を記入してから登りたい。道は緩やかな尾根道から始まるので調子を整えていく。早朝には左手に荒沢岳と雲海に浮かぶ未丈ヶ岳、気象条件にもよるが銀山平から左方向に流れ落ちる滝雲を見ることができる。この滝雲を求め、最近はカメラマンの姿も多い。しばらく行くと銀山平へ下る銀の道の分岐がある。ほどなく登ると枝折大明神のある**明神峠❷**で、右に銀の道を分ける。

明神峠から樹林帯の中をしばらく進み、**道行山❸**を目指す。道行山のピークは登山道から2〜3分銀山平方面に分岐した左側にあり、周囲の山々を見渡せる眺望の良い場所だ。

道行山からの登山道は木道が随所にあり、以前と比べると歩きやすくなった。登り返しながら**小倉山❹**に着く。ここは駒の湯コースとの合流点だ。さらに樹林帯の中を緩やかに登り**百草の池❺**に出る。百草の池は現在立ち入り禁止で、保全と復元を行っている。早く以前のような素晴らしい環境に戻ってほしいものだ。

百草の池を過ぎると前駒の急登にかかる。遠く平ヶ岳、そして尾瀬の山々の眺めが疲れを癒やしてくれる。**前駒❻**からは岩稜歩きとなり、左側が切れ落ちている箇所もある。十分注意したい。しばらく登ると駒の小屋直下の急な岩場だ。ペンキ印に従って急な岩場を登っていく。**駒の小屋❼**はコース中唯一の水だ。喉を潤そう。小屋の脇から高山植物の咲く尾根をしばらく登ると、中ノ岳に続く分岐に出る。ここを右に程なく行けば**駒ヶ岳山頂❽**である。

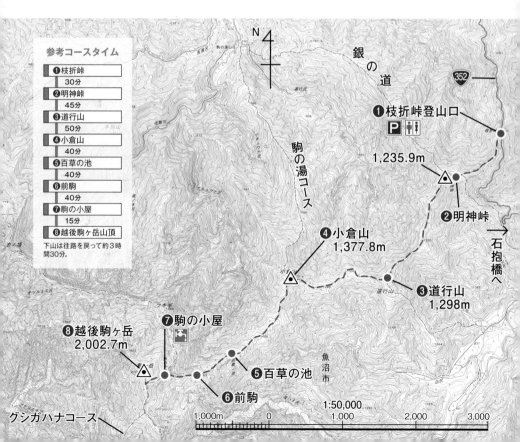

参考コースタイム

❶枝折峠	
	30分
❷明神峠	
	45分
❸道行山	
	50分
❹小倉山	
	40分
❺百草の池	
	40分
❻前駒	
	40分
❼駒の小屋	
	15分
❽越後駒ヶ岳山頂	

下山は往路を戻って約3時間30分。

N

銀の道

駒の湯コース

352

❶枝折峠登山口
1,235.9m

❷明神峠

→石抱橋へ

❹小倉山
1,377.8m

❸道行山
1,298m

❽越後駒ヶ岳
2,002.7m

❼駒の小屋

❺百草の池

❻前駒

魚沼市

グシガハナコース

1:50,000

1,000m　0　1,000　2,000　3,000

<table>
<tr><td>53</td><td colspan="2">なかのだけ
中ノ岳</td></tr>
<tr><td>中越</td><td colspan="2"></td></tr>
</table>

南魚沼市・魚沼市　2,085.1m

難易度 ★★★★☆

執筆／見附山岳会　井口礼子
調査／見附山岳会　井口光利

▶越後駒ヶ岳より
中ノ岳

たおやかな山容が特徴の越後三山の最高峰

越後三山の中央に座を下ろす中ノ岳は三山の最高峰で、越後駒ヶ岳、八海山とともに信仰の山として祭られてきた。古文献では「御月山」としたためられたそうであるが、魚沼地方からは最奥に見えるため、「中ノ岳」と呼ばれるようになったそうである。また、昔は「銀山」とも呼んでいたとの記述がある。

十字峡から日向山経由で登られていたため、日向道（尾根）と呼ばれ、鉱石運搬道として利用されていた。生姜畑と呼ばれる日向山周辺の鉱山では、生姜のような自然金が採掘されていたそうである。登山道は大正時代には荒廃が進んだが、昭和8年（1933年）に再伐され、再び利用できるようになった。

5合目「日向山」までは急登も多く、所々鎖が取り付けられている。日向山から見上げる頂上稜線はまだ先である。日向山からの比較的緩やかな登りが続く生姜畑付近は湿地帯であり、池塘も点在する。そこを過ぎると7合目「小天上」への急登が始まる。その先、9合目「池ノ段」の縦走分岐まで、急斜面を一気に登ることになる。

中ノ岳山頂は南峰にあり、あまり広くはないが360度のパノラマが楽しめる。方位盤が設置され、特に八海山、越後駒ヶ岳、荒沢岳の眺望は素晴らしい。北峰には中ノ岳避難小屋（50人収容）がある。避難小屋に設置されたポリタンクの天水が利用できるが、それもない場合には、八海山への登山道を1時間20分ほど下った祓川の水場まで下りなければならない。

近年は「日本200名山」にも取り上げられ、登山者が増加している。最近では中ノ岳から兎岳を経由して丹後山へ、もしくは丹後山から兎岳を経由して中ノ岳までと、1泊2日で中ノ岳避難小屋か丹後山避難小屋を利用し、縦走する登山者も多く見られるようになった。

中ノ岳登山口は、十字峡としてはスケールが小さいが、三国川、下津川、黒又沢が文字通り十文字に合流する所である。国はここにロックフィル型ダムを建設し、平成5年（1993年）三国川ダムを完成させた。これが「しゃくなげ湖」である。

▲北峰の中ノ岳避難小屋。後方に越後駒ヶ岳

▲池ノ段から最後の稜線

登山適期（月） 適期は6月中旬〜10月。

1	2	3	4	5	6	7	8	9	10	11	12

■ **交通・マイカー**
JR上越線六日町駅から野中行きバスで終点下車。野中より十字峡登山口まで徒歩約1時間30分。運行本数などの詳細は要確認。マイカーは十字峡登山センター裏の駐車場（10台程度）か落合橋たもとに数台駐車可能。

■ **ワンポイントアドバイス**
①登山口には十字峡登山センター（30人収容、素泊まりのみ）がある。トイレの利用可。登山届の受理箱もある。②春の残雪が多い年は十字峡まで車が入れない場合があるので、事前に確認のこと。③水場は1合目と2合目の間にあるが、登山道から60メートル離れており、その間は未整備。また、枯れていることもあるので、夏の時季には当てにしない方がよい。

■ **問い合わせ**
南魚沼市商工観光課　☎025-773-6665
南越後観光バス六日町営業所　☎025-773-2573

コースガイド

中ノ岳への登山道は、**十字峡登山センター❶**向かいの道路を挟み、コンクリートで吹き付けされた急な階段から始まる。登山ポストに登山届を提出し、出発しよう。最初から急な傾斜で、かつ、やや直線的な急登が続き、ぐんぐん高度を稼いでいく。左手には八海山に続く五竜岳の稜線が見えている。ブナや潅木を過ぎ、岩場交じりの箇所を登り切った平坦な所が**千本松原（2合目）❷**である。相当の年数を経た見事なキタゴヨウがある。

そこから先、しばらくは岩稜帯を歩くようになる。左前方には日向山の雨量観測所が小さく見え、右手奥には兎岳から丹後山へと続くたおやかな稜線も望まれる。ブナの樹林帯に入り、4合目を過ぎると日向山への急な登りが始まる。登り切った所は平坦で、明るく開ける。**5合目の日向山❸**である。左手には御月山、そして目の前の雄大な中ノ岳の山容に圧倒される。

チシマザサが生い茂る日向山を過ぎ、湿地帯が現れると数個の池塘が見られ、登山道は池塘の脇を通る。この辺りが生姜畑で鉱山の跡地である。徐々に急な登りとなり、小ピークを越えた所が**小天上（7合目）❹**である。ここからも急登で一歩登るたびに高度を稼ぐ。太いダケカンバが登山道に現れると主稜線も近い。登り切った所が**池ノ段（9合目）❺**で右の縦走路は兎岳、丹後山へと続く。中ノ岳山頂は左へあとひと頑張りである。

山頂❻には三等三角点がある。眺望は素晴らしい。中ノ岳避難小屋は頂上から少し下った所にあり、越後三山縦走路の分岐地点に立つ。左は八海山へ、右は越後駒ヶ岳へと続く。下山は往路を下る。登山口までは約4時間30分である。池ノ段からの急な下りは濡れていると滑りやすく注意が必要である。

▶生姜畑を行く

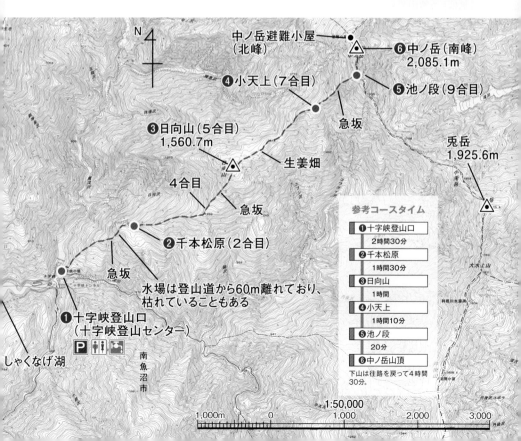

❻中ノ岳（南峰）
2,085.1m

中ノ岳避難小屋
（北峰）

❺池ノ段（9合目）

❹小天上（7合目）

急坂

❸日向山（5合目）
1,560.7m

生姜畑

兎岳
1,925.6m

4合目

急坂

❷千本松原（2合目）

急坂

水場は登山道から60m離れており、枯れていることもある

❶十字峡登山口
（十字峡登山センター）

しゃくなげ湖

南魚沼市

参考コースタイム

❶十字峡登山口
2時間30分
❷千本松原
1時間30分
❸日向山
1時間
❹小天上
1時間10分
❺池ノ段
20分
❻中ノ岳山頂

下山は往路を戻って4時間30分。

1:50,000

1,000m   0   1,000   2,000   3,000

54 中越	八海山 はっかいさん

南魚沼市　1,778m

▶2合目から八海山。八ツ峰が際立つ

難易度 ★★★★☆

執筆／新潟山岳会　鈴木勝利
調査／長岡ハイキングクラブ　髙橋欣弘

岩峰がひときわ目を引く
修験者たちの修行の地

　八海山は中ノ岳、越後駒ヶ岳と連なる「越後三山」の一座である。鋭い岩峰群を頂く特異な山容はどこから眺めてもそれと分かる。岩峰群は八ツ峰と称し、八海神社から見て左手から、地蔵岳、不動岳、七曜岳、白川岳、釈迦岳、摩利支岳、剣ヶ峰、大日岳と連なる。大日岳（1,720メートル）が10合目であるが、八海山の最高峰はその右手の入道岳（1,778メートル）だ。

　八海山は古くから山岳信仰の山として庶民と深く結ばれた霊山である。「城内口」「大崎口」「大倉口」の3つの登山口には里宮と呼ばれる神社があり、それぞれで山開きや火渡り祈願などが行われている。信仰の山だけあって、登山道や八ツ峰には、各合目石や標石とともに神仏像や祠、鳥居などが多く置かれている。登っていると時折、行者によると思われるほら貝の音が響く。

　山名の由来については多くの説がある。藤島玄著『越後の山旅・下巻』の「文献資料」によれば、新編会津風土記「山上に八つの池あり、因て名づく」。温古之栞「頂上に連峰八層あり。其形次第に高く階梯を登るが如し、故に昔は八階山と書し由」。越後野志「山中ニ八湖アリ、故ニ八海ト云。一

説ニ八階ト云。連峰アリ、次第ニ高ク級階ヲ登ルガ如シ、故ニ名ヅク。一説ニ、八峡ト云山中ノ深谷アリ、因テ名ヅクト」。南魚沼郡誌「頂ニ連峰八層あり、峰次第に高く階梯を登るが如し、故に八階山と称せり」などの説がある。整理して要訳すると「山中に八つの池があるので八海山」「頂上に連続した岩峰があり、次第に高くなるので八階山」「山中に八つの谷があるので八峡山」などの諸説であるが、定説は不詳である。

　八海山はゴツゴツした岩山の印象を受けるが、花の種類も豊富である。ヒメシャガ、ゴゼンタチバナ、マイヅルソウ、ミヤマキンバイ、コゴメグサなどの草花や、アズマシャクナゲ、ベニサラサドウダン、アブラツツジなど、潅木に咲く花々も美しい。さらにはブナ、ナナカマドなどの新緑や紅葉が岩壁に映え、その美しさは他に類を見ないほどである。

▶屏風道の登り

▲八ツ峰の鎖場は慎重に

登山適期（月）　屏風道コース7合目から上の沢は6月～7月まで残雪があり、沢の渡渉が危険。10月下旬に入ると雪が降るので一般登山者は危険。新緑の6月から、紅葉の10月中旬までが望ましい。

1	2	3	4	5	6	7	8	9	10	11	12

■ **交通・マイカー**
　バスはJR上越線六日町駅から1日4便。八海山スキー場行きのバスに乗車、山口で下車（約24分）。山口から2合目登山口まで徒歩（約45分）。マイカーは2合目登山口（10台程度可）に駐車。

■ **ワンポイントアドバイス**
　①屏風道4合目（清滝）の清滝避難小屋は破損しているため使用不可。②屏風道コースは岩場が連続し危険。下りには使用しないこと。夏場はフェーン現象が起きやすく、熱中症の予防対策を要する。③八ツ峰は鎖場の連続。体力消耗時や雨天の日は迂回路を利用すること。④八ツ峰は登山者が多いと渋滞で待ち時間が多くなるので、余裕を持った時間設定をすること。⑤9合目に「八海山避難小屋」「千本檜小屋」あり。⑥2合目登山口にはトイレがない。水場は屏風道では「生金沢」で補給する。新開道の4合目稲荷社の水場は当てにしない方が賢明。⑦9月下旬から10月中旬の7合目から見る屏風岩の紅葉は一見の価値あり。

■ **問い合わせ**
南魚沼市商工観光課　☎025-773-6665
南越後観光バス六日町営業所　☎025-773-2573

コースガイド

ここでは古くから親しまれている屏風道を紹介する。**2合目登山口❶**のポストに登山カードを入れ、屏風道の標識から小道を下る。屏風沢を渡渉し杉林に入る。3合目から小沢を3本越すと生金沢（おいがねざわ）に出合う。先は水場がないのでここで補給しよう。対岸から尾根を回ると間もなく**4合目❷**に着く。清滝避難小屋は破損しているため利用できない。大岩から左へ曲がると生金道との分岐がある。生金道は廃道で進入禁止だ。

急角度で右に曲がるとすぐに、鎖の下った岩場が見える。いよいよ岩場の始まりである。両手が使えるように身支度を整えたい。5合目過ぎから険しさを増す。6合目は岩の平坦地で、魚沼の山々が見渡せる。ひと息つくには良い所。ここよりさらに道は険しさを増すが、左手の美しい景観に気が和む。

7合目摩利支天❸は木に囲まれた小広場である。奥の踏み跡を上ると石組みの祭壇があり、壇上に八ツ峰を背にした摩利支天像が置かれている。ここは屏風岩の真上で、堂々たる滝の景観が素晴らしい。7合目の先を下ると枯れ沢に出合う。赤い矢印に導かれ、約30メートル登って対岸に移る。しばらく登ると8合目だ。この辺りから八ツ峰の岩峰が見えてくる。鎖場を斜上するとチシマザサの明るい尾根上に出る。

ようやく岩場から解放され、ひと登りすると**千本檜小屋❹**に着く。八ツ峰渡りは19本の鎖や梯子を伝い、1時間余りで**大日岳❺**に着く。大日岳の下から入道岳寄りにわずかに登ると、**迂回路の分岐❻**を記した平たい石の標識が置いてある。ここから**入道岳❼**まで20分だ。

また、迂回路分岐から下へ十数本の梯子を下り、斜面を横にへつると新開道分岐の標識がある。屏風道コースは下りに使うと危険であるため、帰りにはこの新開道を使うといい。体力や時間のない場合は、迂回路から千本檜小屋に戻り、ロープウェイ駅を目指すことも計画に含めておこう。

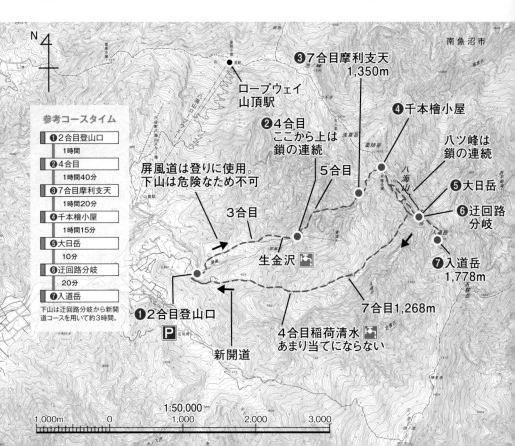

N

南魚沼市

ロープウェイ
山頂駅

❸7合目摩利支天
1,350m

❷4合目
ここから上は
鎖の連続

❹千本檜小屋

八ツ峰は
鎖の連続

❺大日岳

❻迂回路
分岐

屏風道は登りに使用。
下山は危険なため不可

3合目

生金沢

❼入道岳
1,778m

7合目1,268m

参考コースタイム	
❶2合目登山口	
	1時間
❷4合目	
	1時間40分
❸7合目摩利支天	
	1時間20分
❹千本檜小屋	
	1時間15分
❺大日岳	
	10分
❻迂回路分岐	
	20分
❼入道岳	

下山は迂回路分岐から新開
道コースを用いて約3時間。

❶2合目登山口
P

新開道

4合目稲荷清水
あまり当てにならない

1:50,000

1,000m   0   1,000   2,000   3,000

荒沢岳

あらさわだけ

魚沼市　1,968.6m

難易度 ★★★★☆

執筆／朝路の会　浅野亘寛
調査／小千谷ハイキングクラブ　松井潤次

▶前嵓と荒沢岳山頂部

両翼を広げ威容を誇示する奥只見の雄峰

守門岳や浅草岳などから望む荒沢岳は、その独特な山容と存在感で越後三山と比べても決して遜色がない。しかし、この越後三山から望む荒沢岳はむしろ優しく穏やかである。古記録に「荒沢岳」の山名は見当たらず、「猿ガ城」や「銀山岳」と呼称されていた時代もあった。枝折峠を越えた銀山平の奥に聳え、奥地ゆえに山麓の村民たちの信仰の対象にならず、神仏の祭祀もなかったに違いない。だが、銀山平に立って仰ぎ見る荒沢岳は、峻険な中荒沢、尾根を分けての蛇子沢を擁し、まさに両翼を広げた猛禽を思わせて雄々しい。

荒沢岳を含む越後三山周辺は古生層花崗岩類、黒雲母花崗岩などで形成された山で、銀山平とそこから仰ぎ見る荒沢岳の男性的な北面を称して、上高地と穂高のようだと称賛する人が多い。この山域は戦前から県内外の山岳会が蛇子沢の沢登りや、残雪を利用して中荒沢からのバリエーションルートを登攀していたが、頂稜のやぶコギに苦労したとある。この雄々しい山容にして近年まで登山道も全くなかったとは不思議に思える。奥只見山岳会の血と汗のにじむ努力で村杉を起点としたルートの伐開が進み、昭和34年（1959年）7月5日、山開き祭を行ってから現在に至っている。奥只見ダムの完成に伴い、現在は上越新幹線や関越自動車道開通によって新緑から紅葉のシーズンまで観光客や釣り人などでにぎわっている。

荒沢岳は頂上まで刈り払いや登山道の整備も行き届いていて、一般の登山者からも親しまれているが、前嵓の難所には冬季回収されていた鎖がシーズンになると取り付けられる。悪天候の場合や中ノ岳、兎岳方面からの縦走などで疲労している場合などは十分注意したい。荒沢岳から兎岳、中ノ岳方面の登山道は有志が時々伐採すると聞くが情報確認をして計画したい。

岩稜を登ってきた頂上は意外に狭い。それでも展望は抜群で、弥彦山、守門岳、浅草岳、中ノ岳、越後駒ヶ岳、平ヶ岳などなじみの山、日光や利根源流の山々などが見える。時間の許す限り眺めて心に焼き付けておきたい。

▲日向倉山からの荒沢岳全容

▲前嵓の鎖場を通過

登山適期（月）　適期は6月中旬～10月下旬。前嵓は冬季、鎖を取り外してあり、シーズン前の入山時は確認すること。

1	2	3	4	5	6	7	8	9	10	11	12

■ **交通・マイカー**
JR上越線小出駅からバス（急行銀山平船着場線）で荒沢岳登山口に下車。運行期間は7月上旬から10月中旬までの日曜・祝日。同浦佐駅東口からはバス（急行奥只見線）で白光岩に下車、登山口まで約400m。本数が少ないので事前に確認。マイカーは国道352号荒沢岳登山口の駐車場（20台以上駐車可能）。

■ **ワンポイントアドバイス**
①紹介コースはよく整備されている。水場は駐車場から入った尾根取り付きの貯水槽。これより上にはない。②トイレは駐車場以外ない。③天候によっては下山にも時間がかかり、特に日照の短い秋にはヘッドランプが必要。④コース上に小屋、避難小屋などの施設は一切ない。宿泊等は駐車場から50m先の伝之助小屋があり、ご主人はこの地域の情報に明るく土産物もある。

■ **問い合わせ**
（一社）魚沼市観光協会　　　　　　　☎025-792-7300
魚沼市産業経済部観光課　　　　　　　☎025-792-9754
南越後観光バス小出営業所　　　　　　☎025-792-8114

コースガイド

この山は景観が美しく、変化に富む登山路は岳人をとりこにする。岩場には鎖が取り付けてあるが、不慣れな人は事前に習練し、精神、時間ともに余裕を持った行動としたい。

マイカーの場合、シルバーライン銀山平を出て右方向の石抱橋方面へ約400メートル行く。伝之助小屋の手前50メートルの左側にある**登山口❶**は、清潔なトイレと広い駐車場がある。ポストには必ず登山届を入れよう。案内板に沿って小沢を跨ぐと貯水槽がある。ここから上には水場がない。登山口から頂上まで標高差1,207メートル、焦らず登りたい。

気持ちの良い広葉樹林の中を電光形に急登すると**前山❷**だ。ほぼ南に位置する頂上までの尾根が続く。前山を緩く下ると右からの登山道が合流する。右手に越後駒ヶ岳が雄大に迫り、前方には前嵓と頂上が重なったように見える。登山道はよく刈り込まれていて、周りのブナも巨木が多くなる。頂

上から東に延びている中荒沢の源頭は長大な主稜となり、秋には豪快な岩と紅葉が鮮やかなコントラストを見せてスカイラインに溶け込む。

村杉沢の対岸の尾根が合流すると間もなく1,262メートルの村杉沢の突き上げとなる。奥只見湖の鏡のような湖面が美しい。小さな突起を越すたびに高度を上げ、やがて5つの岩峰を屹立させる前嵓が姿を見せる。いよいよ**前嵓への登り❸**だ。前嵓の頭まで余裕をみて慎重に行こう。長いハシゴや鎖の連続でキタゴヨウのある岩壁の見渡せる場所に出る。30メートルほど下降して、西本城沢側の岩壁の基部を横断して急峻な鎖場を登りついた所が**前嵓の頂上❹**である。

キタゴヨウ、コメツガなど、高度を上げるに従って樹高も低くなる。主稜に出ると西へと高度を上げる。岩峰を1峰、2峰と登り3峰が**頂上❺**となる。頂上は狭いが三角点と奥只見山岳会が建てた「荒沢岳」の標石が誇らしげに立っている。

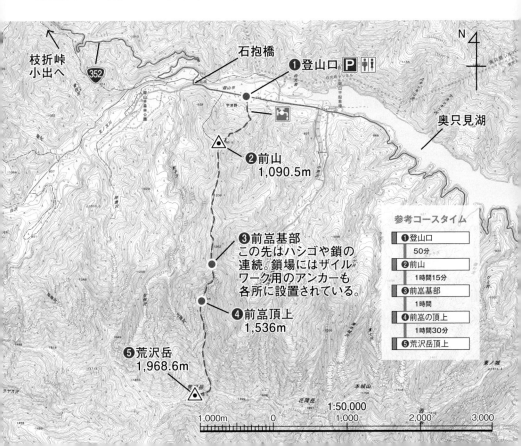

❶登山口 🅿 🚻
石抱橋
枝折峠
小出へ
352

❷前山
1,090.5m

奥只見湖

❸前嵓基部
この先はハシゴや鎖の
連続。鎖場にはザイル
ワーク用のアンカーも
各所に設置されている。

❹前嵓頂上
1,536m

❺荒沢岳
1,968.6m

参考コースタイム	
❶登山口	
	50分
❷前山	
	1時間15分
❸前嵓基部	
	1時間
❹前嵓の頂上	
	1時間30分
❺荒沢岳頂上	

1:50,000

1,000m　0　1,000　2,000　3,000

56 丹後山
中越

たんごやま

南魚沼市・みなかみ町(群馬県) 1,808.5m

難易度 ★★★★☆

執筆／見附山岳会 井口光利
調査／見附山岳会 井口礼子

▶日向山より望む
残雪期の丹後山

見渡せば名峰がずらり
眺望に恵まれた利根川源流の山

　丹後山は越後山脈が南端で三方に分かれる大水上山のすぐ南にあり、牛ヶ岳・巻機山に至る約19キロメートルの主稜線は、標高1,800メートルを超える峰々でありながら、古い文献にも記述がなく、名称の由来は不明である。

　麓を流れる三国川は過去、大雨や台風などにより洪水を起こし、流域の集落に被害を及ぼしてきた。ようやく平成5年(1993年)にロックフィル型の三国川ダム(しゃくなげ湖)が完成し、周囲には1周約8キロメートルの周遊道路が設けられ、新緑や紅葉のころは特ににぎわいを見せている。

　バス終点の野中から奥、登山口まではこの周遊道路を利用して歩くことになるが、かなりの距離になるのでマイカー利用をおすすめしたい。

　丹後山への登山道は、十字峡奥の鉄砲平のカモエダズンネ(ズンネとは尾根の意味)の末端から開かれている。これは昭和35年(1960年)に営林署が開いたもので、丹後山から兎岳の間は、縦走を志す先人たちが苦労して足跡を刻んだものだ。なお、この十字峡は三国川と黒又沢と下津川が十字に落ち合う場所であるからそう呼ばれている。

　主稜線の丹後山から先の大水上山へ向かう東

側斜面は利根川源流の水源地帯であり、稜線上には利根川治水100年を記念して、昭和63年(1988年)に建立された「利根川水源」の碑が立っている。このV字形の雪渓の一滴から利根川が始まると思うと感無量である。

　登山道は、登り始めは急登が続くが、潅木帯を過ぎると緩やかな登りとなり笹原と草原が続く。ミツバオウレンに始まり、シラネアオイからニッコウキスゲと時季ごとに花が迎えてくれる登山道だ。また、越後三山南端の登山道として、兎岳を経て中ノ岳に至り、南は越後沢山から巻機山へ、東南は平ヶ岳から尾瀬ヶ原に至る分岐点として展望に恵まれている。避難小屋も整備されており、十字峡を基点に丹後山から中ノ岳へ、あるいは中ノ岳から丹後山へと縦走する登山者に多く利用されている。

▲丹後山から大水上山に
続く縦走路

▶「利根川水源」の碑

▲丹後山から八海山と中ノ岳
(撮影：米山孝志)

登山適期(月)　適期は6月〜10月。十字峡から三国川左岸の車道は、例年遅くまで雪崩による雪塊が残っているので、一般的には6月下旬以降が安全である。

1	2	3	4	5	6	7	8	9	10	11	12

■ **交通・マイカー**
JR上越線六日町駅から野中行きバスで終点下車。三国川ダム上流の車道ゲートまで徒歩約1時間30分。なお、運行本数などの詳細は要確認。マイカーは車道ゲート前の落合橋両岸駐車場(10台程度)または十字峡登山センター裏(中ノ岳登山口)駐車場(10台程度)に駐車。

■ **ワンポイントアドバイス**
①車道ゲートから登山口までの三国川左岸の車道は上部からの落石に注意。②登山口は栃ノ木橋を渡り右に50mほど進むのみで、渡ってすぐ左の作業道へは行かないこと。③登山道は急登であるがよく整備されているので、最初はゆっくりと登ろう。④水場は登山口から上部にはなく、避難小屋の天水のみである。⑤丹後山稜線から東側は立ち入り禁止区域となっている。⑥車道ゲート入り口に登山届の受理箱あり。

■ **問い合わせ**
南魚沼市商工観光課　☎025-773-6665
南越後観光バス六日町営業所　☎025-773-2573

コースガイド

車道ゲート入り口❶で登山届を提出し、三国川の左岸沿いを上流に２キロメートルほど進む。途中の渓谷美は見事で飽きることがない。

栃ノ木橋を渡り、直進すると少し先の左手に**丹後山登山口❷**がある。登り始めはブナ林の急登であるが、キタゴヨウが現れ、平坦な尾根になると**2合目❸**であり、左に中ノ岳から兎岳、右に下津川山から巻機山への展望が素晴らしい。再び急登になり、ひと登りするとキタゴヨウの大木がある3合目となる。ここから急・緩登を繰り返すと標高1,160メートルの**ジャコノ峰❹**に着く。やがて潅木帯となり**ジャコ平❺**と続く。少し登ると笹原となり、目指す丹後山の稜線が見えてくる。眼前の**シシ岩❻**を登り切ると8合目の標識が立っている。もう山頂は目前だ。

振り返れば眼下には今たどって来たカモエダ尾根が、また顔を上げれば中ノ岳から丹後山に続く稜線、そして越後沢山から巻機山への稜線が一望できる。この先、登山道はチシマザサの中に緩やかに続いており、程なく9合目の標識が立つ主稜線に出る。左が山頂方面、右は巻機方面への縦走路であるが、今は密生したチシマザサのやぶに覆われている。

稜線を左に進むと5分ほどで**丹後山避難小屋❼**に着く。この付近一帯はチシマザサや草原が広がり、360度展望できる稜線漫歩のコースであり、程なく**丹後山山頂❽**となる。

下山は往路を戻るが、所々露出した岩場のスリップには気を付けよう。ゲートまで4時間ほどだ。時間に余裕があったら、ぜひ大水上山手前の「利根川水源」の碑まで足を延ばしていただきたい。右側に残る雪渓が利根川の源頭である。

▶丹後山避難小屋

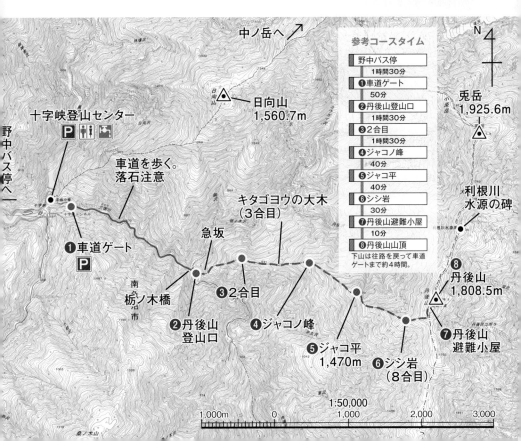

中ノ岳へ↗

参考コースタイム

野中バス停
1時間30分
❶車道ゲート
50分
❷丹後山登山口
1時間30分
❸2合目
1時間30分
❹ジャコノ峰
40分
❺ジャコ平
40分
❻シシ岩
30分
❼丹後山避難小屋
10分
❽丹後山山頂

下山は往路を戻って車道ゲートまで約4時間。

N

野中バス停へ←

十字峡登山センター

車道を歩く。落石注意

日向山 1,560.7m

兎岳 1,925.6m

キタゴヨウの大木 (3合目)

利根川水源の碑

急坂

❶車道ゲート P

南魚沼市

栃ノ木橋

❸2合目

❷丹後山登山口

❹ジャコノ峰

❺ジャコ平 1,470m

❻シシ岩 (8合目)

❽丹後山 1,808.5m

❼丹後山避難小屋

1:50,000

1,000m　0　1,000　2,000　3,000

平ヶ岳
ひらがたけ

魚沼市・みなかみ町(群馬県)　2,141m

難易度	★★★★☆

執筆／長岡ハイキングクラブ　宮﨑幸司
調査／長岡ハイキングクラブ　諏訪惠一

▶平ヶ岳のシンボル
「玉子石」と池塘群

広い湿原と奇岩「玉子石」
百名山に恥じぬ岳人憧憬の山

　平ヶ岳は新潟・群馬県境に位置する奥深い山である。深田久弥は著書『日本百名山』に「平ヶ岳は、日本百名山を志した最初から私の念頭にあった。あまり人に知られていないが、十分にその資格がある。第一、利根川源流地域の最高峰である。(中略)第二、その独自の山容。長く平らな頂上は甚だ個性的である」と書いている。

　『越後山岳第8号』(平成元年12月発行)では山田勲氏が「道のあるなしに関わらず。その高低にこだわりもなく。まして、人為の三角点は外に置き、山の様顕著なること言を待たず。秀麗、尖頭、峨々、平頂を問わず。昔より高名なるは捨難き要因なり、深遠の気あれば良とし、人跡稀なれば極上とする。(以下略)」として"越後百山"を選定しているが、この中に「平ヶ岳」も名を連ねた。

　また、『知られざる山　平ヶ岳』では、平ヶ岳の成り立ちについてこう記されている。「3億年という大昔、古生代という時代に海の底で堆積しながら沈降をつづけていった地層に、ある時突然、花崗岩が液体のような状態で貫入し変質をあたえた。それを契機として、不思議なことに、いままで沈降をつづけた地層は、上昇運動にかわってしまった。そ

して、とうとう陸化してしまっても、まだその運動はやまなかった。海から陸へ、そして山となっていく、(中略)立派な山となってしまうとやがて訪れる氷河時代の水や氷は、なんの遠慮もなく浸食をつづけ、谷をV字形に、ときにU字形に削り去ってしまう。(中略)平ヶ岳の自然のなかには、こういう複雑な歴史と現象があるからこそ、美しいし、寂しいし、静かなのだ」

　長い間一部の登山者だけの山であったが、昭和39年(1964年)10月に当時の村がルートを設定し、翌年6月に鷹ノ巣集落から台倉山経由池ノ岳、山頂、さらには玉子石までの新ルートが鷹ノ巣集落住民15名により切り開かれた。そして同年8月1日に、ようやく初の山開きにこぎ着けたといわれている(一方の中ノ岐コースは、昭和52年に平ヶ岳管理道路として切り開かれている)。

　奇岩「玉子石」と広い湿原を抱く平ヶ岳はまさに山上の楽園。いつまでも変わらずに残していきたい。

▶台倉山への稜線
から平ヶ岳

▲姫ノ池から見る平ヶ岳

登山適期(月)	適期は6月中旬～9月。銀山平から鷹ノ巣へ抜ける国道352号の冬季交通規制が解除される6月中旬以降が望ましい。

1	2	3	4	5	6	7	8	9	10	11	12

■ 交通・マイカー
マイカーは小出から県道シルバーラインで銀山平経由国道352号を約60キロメートル。林道入り口に駐車場(25～30台程度)あり。船やバスなどの公共交通機関を利用する場合は、事前予約が必要。1週間前までに(一社)魚沼市観光協会☎025-792-7300へ要予約。

■ ワンポイントアドバイス
①紹介コース上に山小屋はない。②紹介コース上の水場は「台倉清水」「白沢清水」「平ヶ岳沢源頭(花清水)」であるが、台倉清水と白沢清水は枯れたり、水量が少なかったりすることがある。花清水は6月の早い時期には雪渓に隠れている場合もある。③駐車場にバイオトイレ、登山届箱が設置されている。④池ノ岳から山頂間は基本的に幕営禁止。

■ 問い合わせ
(一社)魚沼市観光協会　　　　　　　☎025-792-7300
魚沼市産業経済部観光課　　　　　　☎025-792-9754

コースガイド

　ここでは鷹ノ巣から台倉山を経由するコースを紹介する。このコースは歩行時間が長いので日帰りする場合は早朝に出発したい。

　駐車場脇の林道入り口で登山届を済ませ、林道を進み下台倉沢に架けられた木橋を渡ると4〜5分で登山口の標識がある。登山道は林道から右手にスギの植林地を登っていく。植林地を抜けると視界が開け左に燧ヶ岳、背後には会津駒ヶ岳が望める。道は痩せ尾根の岩稜で足元に注意して慎重に登りたい。やがて雑木の茂る小さなピークに着く。一息入れるとよいだろう。ここから少し下ると**下台倉山❶**の登りで、登り切った稜線上に標識がある。ここから台倉山までは木道も設置されているが、ぬかるみもあり注意して歩こう。右手前方に池ノ岳と平ヶ岳の山頂が見え始めるがまだまだ先だ。三角点の標石のある**台倉山❷**は燧ヶ岳の展望が良い。台倉山を過ぎしばらく進むと、道は右に曲がり下っ

ていく。ここからはぬかるみの多い道で木道も整備されているが、古い木道は滑りやすく濡れているときは特に注意が必要だ。すぐに**台倉清水❸**の広場に着く。水はここから20メートルほど下ったオホコ沢の源頭部にある。

　樹林帯の中を進むと**白沢清水❹**の標識のある小さな広場に出る。清水は左手隅に地中から湧いているが、令和元年8月の調査時は流れがなく利用できなかった。やがて正面に**池ノ岳❺**の稜線が見え始める。ここからクマザサの中の登りでひと汗かかされる。岩場に出てハイマツの中の木道を進むと姫ノ池で、山頂の別世界が広がる。湿原に踏み込まないよう注意しながら歩こう。姫ノ池からは**玉子石❻**をめぐり山頂を目指す。**平ヶ岳山頂❼**は山頂湿原の端から木道を進み右に入った所で「平ヶ岳山頂」の標識と三角点の標石があるが広くない。下山は池ノ岳を経由して往路を戻る。なお、このコース以外では中ノ岐林道（一般車両進入禁止）終点からの登山コースも利用されている。

参考コースタイム

駐車場	
	20分
登山口	
	2時間
❶下台倉山	
	1時間
❷台倉山	
	10分
❸台倉清水	
	45分
❹白沢清水	
	1時間20分
❺池ノ岳	
	40分
❻玉子石	
	40分
❼平ヶ岳山頂	
	30分
❺池ノ岳	
	4時間
登山口	
	15分
駐車場	

金城山
きんじょうさん

南魚沼市　1,369m

難易度　★★★☆☆

執筆・調査／南魚山岳の会　井 春文、林 敬子

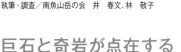
▶金城山全景

巨石と奇岩が点在する
巻機山の前衛峰

　古くから郷土の信仰の山として多くの人々から登られてきた金城山。その名は「金」の文字に似ていることから付けられたという。巻機山から南魚沼市の中心部に延びる主稜線の中間に位置し、魚沼の地を見下ろすその姿は、前衛峰ながら山域の主、巻機山にも劣らない風格がある。

　標高1,369メートルの頂への道は麓から直接突き上げ、標高の割には急峻で手ごわい。山頂とその前面から南面は、多くの巨岩、奇岩が露出して、男天井岩、女天井岩、曽我五郎押し分け岩などがあり、さまざまな奇景、絶景をつくっている。

　頂上直下には「おおむろ」と呼ばれる大岩窟があり、巨大な岩盤を天井にして、数十畳の広さで東南に向かって開いている。この岩窟の奥には金城山の石碑と薬師如来が祭られている。金城薬師と号し、昔から下長崎大福寺の支配にあり、7月1日には大福寺別当が登山祈願を行い、多くの信者が登拝し、岩窟「おおむろ」に参籠した。

　さらに山頂より少し下った所には「ベザイ岩」と呼ばれる一大岩塊が突き出しており圧巻である。この辺りから山頂南側は高さ百数十メートルの絶壁となり、イワキ頭方向に屏風を立ててめぐらしたように続いている。また、この絶壁の下、高棚に下る沢に砥沢という砥石が取れる沢があり、その昔登拝の帰りにこれを拾って持ち帰る者が多かったという。

　金城山への登山道は、北から「滝入」「水無」、西から「観音山」、南西から「高棚」と4つあったが、高棚コースは現在廃道である。単独で頂上まで突き上げるのは水無コースのみで、ほかは6合目から8合目にかけて合流し、頂上へは1本道となる。滝入コースには渡渉があり、増水時は注意が必要。水無コースは尾根の登り一辺倒だが、両コースとも良く整備されている。観音山コースも良く踏まれているが、所々両側からやぶが被っている。いずれのコースを行くにしても鎖、ロープのある急登を含み、思わぬ時間を要することがあるので、十分な装備と余裕のある計画を立てたい。

▲水無コースの小滝群と大滝

1	2	3	4	5	6	7	8	9	10	11	12

■ **交通・マイカー**
　バスはJR上越線六日町駅から野中行きバス、宮村バス停下車約3km。マイカーは国道291号から県道233号、市道28号で約7km。登山口に駐車場あり。

■ **ワンポイントアドバイス**
　①注意「大月コース」「雲洞コース」「北之入コース」は水害により廃道状態。また、「高棚コース」も現在廃道である。②登山口に登山届提出箱あり。③水場は「滝入コース」の8合目付近。

■ **問い合わせ**
　南魚沼市商工観光課　　　　　　　　☎025-773-6665

▲断崖絶壁の山頂。奥に見えるのが最高点

コースガイド

　ここでは「滝入コース」を紹介したい。

　国道291号二日町橋東詰の信号を東に県道233号線を行く。約4.5キロメートルで信号があり、ここを市道28号に右折、雲洞方面に行き中川新田を直進。集落を抜けると道は徐々に細くなり**登山口❶**に着く。途中、金城山への案内標識はないので注意したい。駐車スペースは2カ所で登山届提出箱がある。ここから間もなく杉林の中に水無、滝入コースの分岐点、案内標識がある。左の水無コースは急登の続く登り一辺倒。右の滝入コースは大小の滝を眺めながら尾根へと続く変化に富んだルートだ。

　案内板を右に進むとすぐに皆沢川の渡渉となる。降雨後は注意が必要だ。対岸の樹林帯を30分ほどで濡れた岩のトラバース、さらに梯子（はしご）を過ぎると上部に大滝が眺められる**2合目❷**に出る。道は右岸側へと移り、大小の滝を眺めながら登り、**4合目**

❸を過ぎ再び左岸側に渡る。沢はここまでで、ここから尾根へと変わる。

　6合目を過ぎ、鎖場や急登を登ると**観音山コース❹**と合わさる。視界が開け、守門岳（すもんだけ）や上越国境の山々が望める。ここから道は潅木帯の急登になるが、時折開ける展望に疲れも癒される。**8合目❺**に来ると視界はさらに開け、越後三山、妙高、火打も望むことができる。兎平で長崎方面からの道と合わさるが、封鎖してある。この先少し下ると水場への案内板がある。

　9合目から最後の急登は鎖もあり、岩と木の根は滑りやすく注意が必要。40分ほどで左に折れるとまもなく4坪ほどの**山頂（1,350メートル）❻**に着く。展望は開け越後三山、巻機山、谷川連峰（たにがわ）と大パノラマが広がる。**最高点❼**はこの先、水無コースを10分ほど行ったこんもりした所で、直下に避難小屋が立つ。下りは往路を戻ってもよいが、「観音山コース」なら3時間30分だ。「水無コース」は下山禁止である。

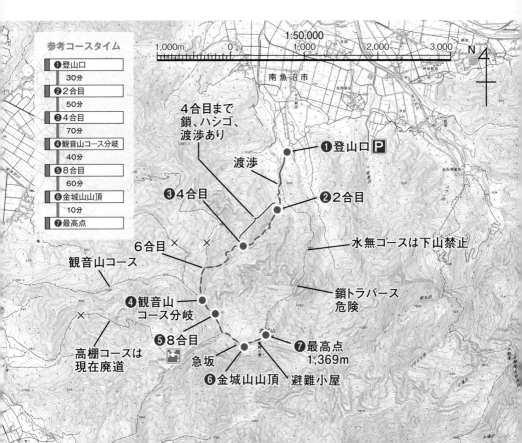

参考コースタイム

❶登山口	
	30分
❷2合目	
	50分
❸4合目	
	70分
❹観音山コース分岐	
	40分
❺8合目	
	60分
❻金城山山頂	
	10分
❼最高点	

1:50,000

南魚沼市

4合目まで
鎖、ハシゴ、
渡渉あり

渡渉

❶登山口 P

❸4合目

❷2合目

水無コースは下山禁止

6合目 × ×

観音山コース

鎖トラバース
危険

❹観音山
コース分岐

❺8合目
急坂

❼最高点
1,369m

高棚コースは
現在廃道

❻金城山山頂　避難小屋

巻機山・割引岳
まきはたやま　わりびきだけ

南魚沼市　1,967m・1,930.8m

難易度　★★★☆☆

執筆／長岡ハイキングクラブ　菊入好子
調査／長岡ハイキングクラブ　宮﨑幸司

▶6合目展望台から天狗岩の奥に割引岳

復活を遂げた 日本100名山の名峰

巻機山は山頂部の連なる巻機山本峰、割引岳、牛ヶ岳の山塊全体を総称する呼び名である。遠方より見る山容はどっしりとして優美、山頂部のスカイラインはわずかな起伏を持つ。近郷は「越後上布」の里として名高く、巻機山は機織の神として信仰され、南魚沼地方の名山として古くから知られている。鈴木牧之の名著『北越雪譜』の初編、初雪の行には「我が住む魚沼郡は東南の陰地にして○巻機山○苗場山○八海山○牛が嶽○金城山○駒が嶽○兎が嶽○浅草山等の高山…山々波濤のごとく東南に連なり、…」のように巻機山の名前が記述されている。

山名の由来は定かではないが、古文書に「山中稀ニ美女ノ機ヲ織ルヲ見ル、因ニ巻機ト名ヅクト」「雲山之腰ヲ巻キ、まき幡山ト申ス、但シ巻機権現ト言ウ神山トモ申伝エ…」などの山名の由来と思われる表記が見られる。

山塊の西に位置する割引岳は清水集落から仰ぐと天狗岩(別名・黒ツブネ)と重なり、その奥に三角錐をした山頂部を見ることができる。「破目山→割引岳→割引岳」と名前が転じ、『北越雪譜』では天狗岩を破目山と記述したといわれている。

山域の地質は花崗岩、石英閃緑岩からなり、上部は泥岩でできていることが調べられている。

冬季には山頂部は10メートルを超すと推定される積雪があり、その雪が巻機山の自然をつくり上げ、山頂部の雪田草原は巻機山の自然を代表するものだ。オオシラビソ(地元で、古くはブサと呼ばれた)林の点在する景色も山容に見事に溶け込み巻機山の優美さを引き立てている。

巻機山は名山ゆえに入山者も多く、踏みつけによる登山道の裸地化と池塘の崩壊が進み、危機的な状況を迎えた時代があった。昭和52年(1977年)に「巻機山自然景観ボランティアーズ」が結成され、巻機山復元活動の中心となり植生の復元がスタートした。40年を過ぎた現在も活動は続けられており、活動の歴史は尾瀬、立山に次いで3番目に古く、池塘の回復では初めての事例となった。いま私たち登山者が見ている景色はこのような活動によって見事によみがえったものだ。心して登りたい。

▶8合目上部の植生復元地

▲割引岳山頂から天狗岩。ニッコウキスゲが彩る

登山適期(月)　適期は5月下旬〜10月中旬。山開きは例年5月第4土曜日。

1	2	3	4	5	6	7	8	9	10	11	12

■ **交通・マイカー**
JR上越線六日町駅から清水行きバス終点下車(40分)、桜坂登山口まで徒歩40分。マイカーは桜坂登山口に駐車場(約100台、有料／普通車500円)。

■ **ワンポイントアドバイス**
①コースが長いのでゆっくりペースでちょうどよい。避難小屋は山頂と前巻機との鞍部に立つ。給水は桜坂駐車場、巻機山避難小屋前の米子沢源頭。トイレは桜坂駐車場、巻機山避難小屋(バイオトイレ)。沢コースを下りに使うamong危険なため絶対に使用しないこと。登山後は市内の温泉で汗を流せる。②注意 沢コースは近年の大雨などの自然災害で、数カ所で土砂流出・岩場崩落が発生し、大変危険な状態。入山には十分な装備、熟達した技術、経験を要す。初心者は安易に入山しないこと。

■ **問い合わせ**
南魚沼市商工観光課　☎025-773-6665

コースガイド

ここでは巻機山の日帰りコースとして最もポピュラーな井戸尾根コースを紹介する。このコースは空観路とも呼ばれ、田村空観師により昭和14年（1939年）から開削が行われた道である。

登山口の**桜坂駐車場❶**のポストに登山届を提出。歩き始めてすぐに沢コースとの分岐に出る。道標に従い右へ進む。3合目で尾根に取り付き、雑木林の緩路が終わるころ4合目となる。ここからが通称「井戸ノ壁」と呼ばれる急登で、道はツヅラ折れに高度を上げ、登山口から1時間30分ほどで**5合目の焼松❷**に到着する。米子沢の視界も開け、小さな広場になっていて休憩するには良い場所だ。

幹の白いブナ林の緩やかな道を登ると6合目の展望台に到着する。視界の先は天狗岩とヌクビ沢、尾根の高みに三角錐の山頂を持つ割引岳が望まれる。7合目の物見平から8合目までは傾斜も急になり、足元を見ながらの登りだ。8合目からは踏み付けで表土が流失したガレ地になって、前巻機（ニセ巻機）に登る斜面は階段状に登山道が整備されている。周囲は植生の再生・保護が行われており、道を外れないように歩きたい。

登り切れば**前巻機（ニセ巻機）❸**に到着する。下から見ると山頂と思われるため、ニセ巻機とつけられたと聞く。目の前の景色は今までとは一変し、草原が創り出す開放的な景色と、ようやく見えた巻機山山頂部の山容に息をのむ。

鞍部へ下ると巻機山避難小屋だ。水は小屋前を下った米子沢の源頭にある。山頂部へは小屋の前から続く道を歩く。30分ほどで山頂の一角「**御機屋❹**」に到着する。山頂部は植生保護のため進入禁止のロープが張られている。

最高点❺はここより牛ヶ岳へ向かい10分ほどだ。**割引岳❻**へは最高点とは反対へ進む。途中の斜面には雪解け時、ハクサンコザクラをはじめとする雪田植物が咲き競う。帰路は往路を戻る。沢コースは事故防止のため下山路に使用しない。

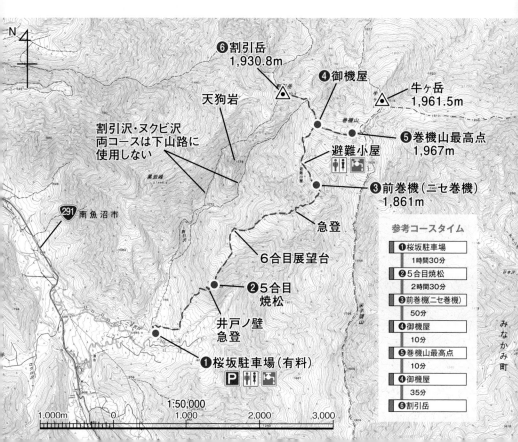

60 中越

大源太山
だいげんたさん

南魚沼市・湯沢町　1,598m

難易度　★★★☆☆

執筆・調査／南魚沼岳の会　井　春文、笛木みどり

▶旭原の花畑と大源太山

群を抜く存在感
上越のマッターホルン

　「大源太」の呼び名は山容が雄大豪壮でかつ険峻であるところから、畏敬の念を込めてこう呼ばれ、江戸時代の文献にも記されている。荒々しく尖った山容は際立った存在感を示し、上越のマッターホルンと称され、多くの登山者を魅了している。平標山の南に位置する群馬県の同名の山と区別するため、「弥助の大源太」とも呼ばれる。

　突端と呼ぶにふさわしい山頂は狭く、周囲は急峻で切れ落ちている。また、3,000メートル級の山々に匹敵する激しい気象条件を持つ谷川連峰にあり、主稜線から外れているとはいえ、この山も例外なく気象の変化が激しい。

　登山道は昭和38年（1963年）、地元炭焼き衆により整備されたもので比較的新しい。以前は北沢周辺、ムラキ沢周辺にいくつか炭焼き小屋があった。登山道周辺、あるいは弥助尾根のムラキ沢側斜面にブナ林は多くあるものの、大木が少ないのはこのためであろう。山頂まではこの炭焼き衆や地元民が古くから登っていたという道があり、大源太キャニオン付近からムラキ沢付近までは馬での炭の搬出のため、結構な道幅があったようだ。現在も地図にはその名残の道筋が北沢右岸に残ってい

る。昭和38年の整備の際、道は左岸側に変わり現在の登山道になるが、キャニオンから現在の登山口までの間は、林道の完成とともに歩く人は少なくなり、今は廃道状態にある。

　登山道に入って間もなくの北沢には、湯沢町小坂の腰越厚義氏によって橋が架けられたが、増水により何度か流され、現在はなく渡渉しなくてはならない。山頂に直接登るルートはこの北沢からの道のみで、ほかには清水峠、あるいは蓬峠方面から、または登山道下部の分岐から「謙信ゆかりの道」を登り主稜線から行く。この「謙信ゆかりの道」は、前出の腰越氏が5年の歳月をかけて整備し、平成12年（2000年）に完成した。上杉謙信が三国山脈越えに隠れ道として使った旧街道とみられ、腰越家に代々言い伝えられてきたという。所々に残る痕跡を基に腰越氏自らルートを開いた。

▶弥助尾根を行く

▲まさに突端というにふさわしい山頂

登山適期（月）　適期は5月下旬から10月下旬。

1	2	3	4	5	6	7	8	9	10	11	12

■ 交通・マイカー
　JR上越線越後湯沢駅から大源太キャニオン行きバスで旭原バス停下車（冬季は旭原行き）、登山口まで林道を約3km。マイカーは関越自動車道湯沢ICから登山口まで約10km、登山口に駐車場（約10台）あり。

■ ワンポイントアドバイス
　①水場は北沢渡渉点（ムラキ沢出合い）、謙信ゆかりの道に1カ所、トイレはなし。②全体が岩山なので降雨時の増水は早い。③コース上に避難小屋はない。謙信ゆかりの道に行く場合、主稜線分岐から下り10分で蓬峠に蓬ヒュッテがあり、6月初旬から10月下旬まで利用可能。④登山口に登山届提出箱あり。⑤湯沢町小坂の腰越厚義氏が周辺の登山や山スキーの案内をしてくれる（あさひ館☎025-787-3205）⑥登山後は湯沢町内に数カ所ある町営温泉で汗を流したい。

■ 問い合わせ
　湯沢町観光商工課　　　　　　　　　　　　　☎025-784-4850

コースガイド

旭原バス停から100メートルほどの所に大源太山をバックに登山口の大きな道標がある。道標には「山頂まで3時間30分」の案内があるが、時間には余裕をみた方がいいだろう。この道標の脇から約3キロメートル林道を行くと**駐車場❶**で、登山道入り口の案内板と登山カード入れが設置されている。ここから杉林の中を北沢沿いに緩やかに進み、10分ほどで沢を渡り左岸に移る。間もなく「謙信ゆかりの道入り口」の道標が現れ、大源太山から七ツ小屋山、シシゴヤノ頭を回るとここに下りてくる。

直進し北沢に着かず離れず進むと右岸から**ムラキ沢が出合う北沢の渡渉点❷**に下りる。ロープを頼りに6メートルほど飛び石を渡っていくが、増水時には注意が必要だ。ここから登山道は見えにくいが、ペンキに沿って大石の間を登る。ムラキ沢沿いに少し行くと斜面の急登が始まり、随所にロープが下がっている。息もつけぬほどの登りは滑りや

すく、下りは特に気を付けたい。

さらに緩登を交えて急登が続き、弥助尾根から南西に派生した尾根上に出る。すぐにブナ林の緩い登りになり、再び傾斜が増すと道は**弥助尾根❸**に合わさる。ここからは山頂を正面に見ながら展望の開けた尾根歩きとなるが、木の根や岩の交じる痩せ尾根なので注意して歩こう。

やがて岩場の登りになり、鎖が張られた岩が現れる。さほど急ではないが、斜め傾斜で濡れているときは滑りやすい。鎖場に来ると頂上は目の前で、最後の急登を10分ほどで南北に細長い**山頂❹**に出る。麓から国境の山々の展望、突出した頂ならではの高度感も楽しもう。

▶南側からの山頂

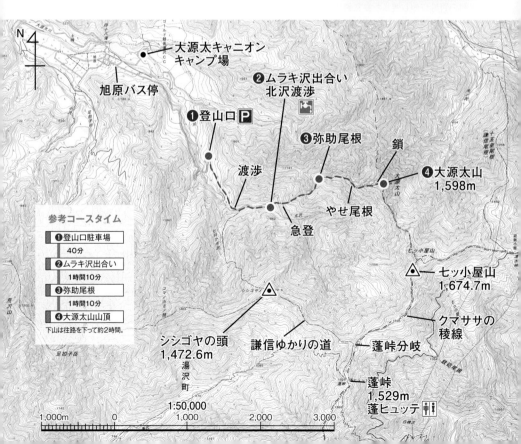

大源太キャニオンキャンプ場

旭原バス停

❶登山口 P

❷ムラキ沢出合い 北沢渡渉

❸弥助尾根

鎖

❹大源太山 1,598m

渡渉

急登

やせ尾根

七ツ小屋山 1,674.7m

クマササの稜線

シシゴヤの頭 1,472.6m

謙信ゆかりの道

蓬峠分岐

蓬峠 1,529m

蓬ヒュッテ

湯沢町

参考コースタイム

❶登山口駐車場
40分
❷ムラキ沢出合い
1時間10分
❸弥助尾根
1時間10分
❹大源太山山頂

下山は往路を下って約2時間。

1:50,000

1,000m　0　1,000　2,000　3,000

南魚沼市・湯沢町・みなかみ町（群馬県） **1,674.7m**

| 難易度 | ★★★☆☆ |

執筆／朝路の会　浅野亘寛
調査／小千谷ハイキングクラブ　松井潤次

▶湯沢町から七ッ小屋山を望む（左は大源太山）

笹原が広がる
中越と上州を結ぶ交通の要衝

清水峠と蓬峠の間に鎮座する七ッ小屋山は、北に聳える特異な山容の大源太山の方に目を奪われがちで少し損な役割をしている。だが、県境を守るこの峰は大源太山を標高でしのぐ清水山塊の盟主だ。

古い時代から中越と上州を結ぶ戦略的な要として蓬峠と清水峠はあった。慶長6年（1601年）に上杉氏の遺民一揆と隣国交渉の煩雑を避けて、領主が清水方面から上州への峠越えを閉鎖した。清水村の百姓に申し渡した古文書には、禁止令の違反者は討ち取り、所持する財宝はその者に与える、と記してあるという。違反者を鎌や竹やりで追い掛け回した、など物騒な話も残っている。以後、越後と上州を結ぶ交通路は、三国街道一線となった。

随所に残る名残の地名の1つ「十五里尾根（謙信尾根）」は、清水からこの尾根で峠へ出て、朝日岳東尾根から宝川沿いに下って藤原村の栗沢まで十五里の里程を由来としている。

明治初年まで荒廃していた清水峠は明治18年（1885年）に国道が開通したが、雪害のためわずか2年後には全くの廃道と化してしまった。明治22年になって六日町の佐藤良太郎が個人の経営とし

て兎平を経て井坪沢から井坪尾根を登り最短距離で清水峠へ出る有料道路を開削した時期もあった。その時代の兎平には宿泊所や小屋が整備された。その後にも仮小屋や測量小屋などが整備されていたことから、およその小屋の数が「七ッ小屋山」の山名の由来と思われる。

荒廃のままであった峠を送電線と物資の交流の拠点として再検討されたのは昭和になってからで、清水トンネルが貫通し、上越線が全通したのを契機に巻機山塊が登山の対象として浮上してきた。戦後は一層その勢いを増して登山施設も整備され清水山塊にも登山者も多く見られるようになった。

ほぼ兎平まで右側を流れる登川から上流の地質を考えると、谷川岳石英閃緑岩類のうちの閃緑玢岩と石英閃緑玢岩と推測される。白っぽく軽い花崗斑岩や花崗岩質の地質も見られる。井坪沢・井坪尾根のイツボは沢床がU字形との形容と、イツボは御坪でお花畑の意味ともとれる。

▶七ッ小屋山山頂

▲広く開放的な笹原の清水峠

| 登山適期（月） | 適期は6月〜10月中旬。その年によって5月はまだ残雪も多く、融雪による増水で渡渉時の危険がある。 |

| 1 | 2 | 3 | 4 | 5 | 6 | 7 | 8 | 9 | 10 | 11 | 12 |

■ **交通・マイカー**
JR上越線六日町駅から清水行きバスで終点下車（40分）。マイカーは清水集落の駐車場もしくはゲート付近のスペース（3、4台）。

■ **ワンポイントアドバイス**
①令和元年（2019年）現在、丸ノ沢砂防堰堤の工事が進んでいる。出合いの登川に工事用の架橋があり渡渉が不要となった。②周遊する場合は、十五里尾根コースから登って井坪坂コースを下った方が、時間が短縮でき安全と考えられる。どちらのコースも荒廃が見られるが、井坪坂コースは特にやぶ化が進んでいる。③工事現場の簡易トイレが使用可能。④登山ポストはない。⑤時間に余裕のないときは、往路を下山すると良い。⑥水場は枯れている時期もあるので注意。

■ **問い合わせ**
南魚沼市商工観光課　　　　　　☎025-773-6665
南越後観光バス六日町営業所　　☎025-773-2573

コースガイド

国道291号で清水集落を過ぎるとすぐに工事用の厳重なゲートがある。一般車両の乗り入れは禁止だ。舗装された道路を落石に気を付け、登川を見下ろしながら歩く。広い川原に下り、**十五里尾根(謙信尾根)コースと井坪坂コースの分岐❶**に出る。舗装道路から右に外れ工事用道路を進むと、**丸ノ沢出合い❷**に架かる橋で登川を渡り、十五里尾根に取り付く。眼前には丸ノ沢砂防堰堤、その奥には大源太山東面の岩壁が圧倒的だ。取り付きには道標があり、トラロープのある急な草付きからブナ林の中をジグザグに進む。1時間弱で最初の鉄塔に着く。開けた場所でひと息入れよう。

尾根に出ると直線的な緩斜面となりブナの原生林が続く。しばらくするとシャクナゲ、ツバキなどの低灌木に変わる。5番目の鉄塔に着くと視界が開け、ゆったりした七ツ小屋山と大源太山の稜線、左手には檜倉山(ひのきぐらやま)がどっしりと構える。

辺りがクマザサに変わると左の山腹を巻く道になる。崩落箇所もあるが、滑らないように気を付けながら進む。しばらく行くと**清水峠❸**だ。広く開放的な峠には、トンガリ屋根の送電監視所、白崩避難小屋と清水神社の祠(ほこら)があり、上越国境の山々が一望できる。

峠からは西へ国境稜線をたどる。大源太山との分岐を左に進めば**七ツ小屋山山頂❹**。標柱と三等三角点がある狭い頂上だが、武能岳(ぶのうだけ)、茂倉岳(しげくらだけ)など谷川連峰東面が眼前に展開し、振り返れば朝日岳、柄沢山(からさわやま)、巻機山塊など越後山脈の主稜が屏風のように連なっている。

下山は清水峠まで戻って井坪坂コースを下る。祠から勾配の緩い広い道を下り、左の細い道に入る。ジグザグに下って行くと登川の本谷を渡渉する。すぐに清冽な釜のあるナル水沢を渡り、**兎平❺**に出る。兎平からしばらく進むと、檜倉沢の広い川原に下りる。沢を渡って対岸の工事用道路に上がり、清水集落のゲートまで舗装道路を歩く。

参考コースタイム

清水集落のゲート	
	1時間
❶十五里尾根分岐	
	20分
❷丸ノ沢出合い	
	2時間30分
❸清水峠	
	1時間
❹七ツ小屋山山頂	
	45分
❸清水峠	
	1時間30分
❺兎平	
	45分
❶十五里尾根分岐	
	50分
清水集落のゲート	

国道291号
清水集落のゲートへ

N

❶十五里尾根分岐

工事用道路

檜倉沢

堰堤

❷丸ノ沢出合い
橋あり

1番目の鉄塔

広い檜倉沢を渡る

❺兎平

ナル水沢

渡渉

丸ノ沢

十五里尾根

南魚沼市
5番目の鉄塔

飛び石伝いに渡渉

本谷

井坪坂

山腹を巻く途中の小沢

❸清水峠
白崩避難小屋

△ ❹七ツ小屋山
1,674.7m

1:50,000

1,000m 0 1,000 2,000 3,000

武能岳
ぶのうだけ

湯沢町・みなかみ町（群馬県）　1,760m

難易度 ★★★☆☆

執筆／見附山岳会　井口光利
調査／見附山岳会　井口礼子

▶武能岳全景

可憐な花々が出迎える稜線歩きを楽しむ

武能岳は上越国境谷川連峰の新潟・群馬国境稜線上に位置し、連峰の主峰谷川岳（トマの耳）を中心として北方の一ノ倉岳、茂倉岳に続く主稜線のピークの1つである。武能岳の頂稜は細長く痩せているので見る角度によってはいろいろな姿に変化する山である。

「武能」という名称は、武能沢の源頭に当たることからこの名が付いたといわれている。また、武能は「橅生」の当て字で付けられたとのことであるが、狭い山頂にブナがあるわけがなく、登山道の両側はチシマザサとハクサンシャクナゲの低木が密生したやぶがあるだけである。

東面の湯檜曽川側へは白樺沢、武能沢、芝倉沢と急峻な沢が落ち込み、遅くまで雪渓が残っている。また、反対の西面の蓬沢側は、チシマザサの大斜面で檜又谷から茂倉谷につながっている。山頂からの展望は素晴らしく、北から越後三山、巻機山の遠望、東には湯檜曽川を挟んで対岸の白毛門、朝日岳から清水峠、西には万太郎山から仙ノ倉山、そして苗場山と360度の展望が楽しめる。しかし、この山は稜線上の1つのピークに見られ、直接登る登山道はなく、両隣の茂倉岳か蓬峠経由でし

か訪れる方法がなく、ここでの紹介コースも蓬新道を利用する蓬峠経由とした。

登山口のある林道終点までは土樽駅前から右に向かい、魚野川を渡り上越線の鉄橋の下を通り、蓬沢右岸の車道を進む。万太郎山への登山道（吾策新道）、茂倉岳の登山道（茂倉新道）の標識を右に見送り、そのまま直進するとやがて林道終点となる。ここは以前、明るく開けていたが、今はカヤ原となり、路肩に車を止める。

蓬峠へは川原へ下りずそのまま進み、蓬新道登山口と書かれた標識に導かれ沢沿いの林の中へと進む。

この登山道は沢筋、林間、潅木帯と高山植物が豊富である。蓬ヒュッテ付近の草地にはニッコウキスゲ、タテヤマリンドウなどが咲き誇っているが、近年マナー不足の登山者が立ち入り禁止にもかかわらず平気で入り込んでいる姿が見られる。いつまでもこの可憐な花々をそっとしておきたいものである。

▶平成27年に改築された「蓬ヒュッテ」

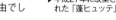

登山適期（月）　適期は6月〜11月初旬（降雪前）。

1	2	3	4	5	6	7	8	9	10	11	12

■ **交通・マイカー**
JR上越線土樽駅から蓬沢右岸沿いの林道終点まで徒歩約1時間。マイカーは林道終点の路肩に5台程度駐車可能。

■ **ワンポイントアドバイス**
①登山口から東俣沢の間、小沢を数カ所横断するので、降雨時の増水に注意。②紹介コースの水場は林道終点の登山道入り口と蓬ヒュッテ手前の岩清水の2カ所。③トイレは蓬ヒュッテのみ。④土樽駅前と安全登山の広場（高波吾策氏の胸像あり）に登山届提出箱と周辺案内図あり。

■ **問い合わせ**
湯沢町観光商工課　　　　　　　　　☎025-784-4850

▲振り返り見た巻機連峰（奥）と七ッ小屋山（手前中央）

コースガイド

土樽駅❶から登山口のある林道終点までは約1時間。**林道終点❷**からそのまま直進すると、蓬沢右岸の林の中に登山道が開かれている。登山道は沢沿いのため、本流に流れ込む小沢を渡ったりしながら川原を進む。春先には雪崩による倒木が登山道をふさいでいることが多いので、登山道からあまり外れないように注意が必要。おおよそ40分で**東俣沢❸**である。増水時の渡渉には十分注意したい。対岸には標識とこぢんまりとした広場がある。

ここからブナ林の中の急斜面をジグザグに登ると**中の休み場❹**である。急登もここで終わりダケカンバなどの潅木帯となる。やがてシシゴヤノ頭の山腹を巻くようになると視界も徐々に開け、**茶入沢❺**を渡る。対岸には万太郎山から仙ノ倉山に続く稜線が望まれる。崩落により地肌がむき出しとなった箇所を慎重に進み、マナクボ沢を回り込むと左斜面に「岩清水」の札がある。清冽な水がパイプ越

しに流れている。チシマザサの続く斜面を20分ほど進むと「**蓬ヒュッテ❻**」に到着する。ヒュッテ前にはベンチが置かれており、一息入れていこう。

武能岳へはヒュッテ前を右折し、テント場を過ぎてから土合へ下るコースを左に見送り、国境稜線の縦走路を進む。今までの登山道とうって変わり、草原、笹原、お花畑の稜線漫歩が始まる。小さなピークを2つほど越し、馬の背の岩稜になるともう**武能岳山頂❼**だ。下山は往路を戻ることになるが、余裕があればここから隣の茂倉岳まで足を延ばし、茂倉新道経由で土樽に下山するのも思い出深い山行となるだろう。

▶笹原が広がる蓬峠

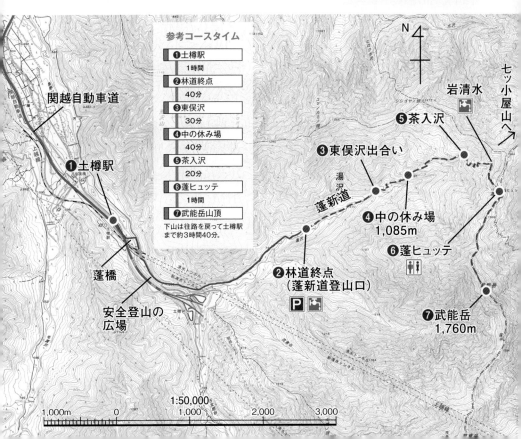

参考コースタイム

❶土樽駅
1時間
❷林道終点
40分
❸東俣沢
30分
❹中の休み場
40分
❺茶入沢
20分
❻蓬ヒュッテ
1時間
❼武能岳山頂

下山は往路を戻って土樽駅まで約3時間40分。

関越自動車道

❶土樽駅

蓬橋

安全登山の広場

❷林道終点（蓬新道登山口）

蓬新道

❸東俣沢出合い

❹中の休み場 1,085m

❺茶入沢

岩清水

七ツ小屋山へ

❻蓬ヒュッテ

❼武能岳 1,760m

N

1:50,000

1,000m   0   1,000   2,000   3,000

茂倉岳
しげくらだけ

湯沢町・みなかみ町(群馬県)　1,978m

難易度　★★★★☆

執筆・調査／南魚山岳の会　井　春文、林　敬子　　▶茂倉岳山頂部と
　　　　　　　　　　　　　　　　　　　　　　　　直下の避難小屋

のびやかに斜面を広げる
偉大なる平凡な山

谷川連峰で仙ノ倉山、平標山に次いで3番目に高い茂倉岳。東西の分水嶺にあり、両側の気象の差が顕著で荒々しい谷川岳に比べ、派手さはないが静寂の中に趣のある山である。

茂倉岳の名は古い地図には「芝倉岳」と記されているものもあり、上州(群馬)側の芝倉沢の詰めに当たることから、本来は「芝倉」で「茂倉」に転訛したものと思われる。三角点の置かれた山頂は緩やかに丸みを帯び、その穏やかな山容から「偉大なる平凡な山」と称される。三方に広がる斜面には高山植物も多い。

谷川連峰は昭和6年(1931年)に清水トンネルが開通し、上越線が完成したのを期に注目を集めるようになった。越後側の登山基点となる土樽駅は、当初土樽信号所で乗降はできなかったが、開通から10年後の昭和16年(1941年)1月、土樽スキー場の開業とともに上越線土樽駅となった。これには谷川岳のヒゲ親父、高波吾策氏の功績が大である。

もともと土樽地域は猟師の村で、山に詳しい案内人も多くいたため、大正時代から谷川連峰への登山口になっていた。高波氏はそんな村人たちの協力を得ながら、土樽を基点にして数本の登山道を整備しているが、ここで紹介する「茂倉新道」もその1つである。

新道が開かれたのは昭和27年(1952年)。もともと茂倉岳へは茂倉谷から矢場の頭を経由して山頂へ行くコースがあったが、こちらは猟師道的な要素もあり、雪崩や増水で幾度も崩壊していた。そのため氏は右の尾根に道を切り開き、現在の茂倉新道が出来上がった。今では万太郎谷沿いの谷川新道も廃道となり、土樽からこの茂倉新道で茂倉岳、谷川岳を経て土合に至るルートが谷川の主脈といえるだろう。土樽駅から登山口に向かう途中、万太郎山分岐手前の道路脇には幾多の功績をたたえ、氏の胸像が立ち、山を見上げ谷川連峰を見守っているかのようである。

土樽登山口から山頂への標高差は約1,300メートル。距離があるので所々に急登はあるものの、その平均斜度は比較的緩い。このコースは蓬峠から、あるいは谷川岳からの縦走の下山路として使われることも多い。しか

し、登る人はさほど多くなく、静かでのんびりとした山登りが楽しめる。

▶ヒノキの根がひしめく「檜廊下」

▲山頂から茂倉新道全景

登山適期(月)　適期は5月下旬から10月中旬。

1	2	3	4	5	6	7	8	9	10	11	12

■ 交通・マイカー
JR上越線土樽駅から登山口まで約2km。JR上越線越後湯沢駅からは南越後観光バス土樽行き終点下車。マイカーは関越自動車道湯沢ICから土樽方面へ約11km。登山口に広い駐車場(50台ほど)あり。

■ ワンポイントアドバイス
①土樽駅前と安全登山の広場(高波吾策氏の胸像あり)に登山届提出箱と周辺案内図あり。②山頂直下に茂倉岳避難小屋、水場は小屋の裏にあり。③マイカールート沿いに町営温泉「岩の湯」がある。湯沢町内に町営温泉がいくつかあるので下山後は汗を流したい。

■ 問い合わせ
湯沢町観光商工課　　　　　　　☎025-784-4850
南越後観光バス湯沢車庫　　　　☎025-784-3321

コースガイド

土樽駅正面❶の階段を車道に下り右に行く。魚野川に架かる蓬橋を渡り、上越線をくぐると高波吾策氏の胸像が立つ。その先、万太郎山への分岐を分け、さらに進むと道標のある分岐に着く。直進は蓬峠で、茂倉新道は右へ、青い橋を渡りすぐに左に折れる。右カーブの道を進むと広い駐車場のある登山口❷である。ここまで徒歩で約30分だ。

登山道はすぐに樹林帯の滑りやすい粘土質の登りから岩の交じった急登となる。ひとしきり登ると傾斜は緩み、すっきりとしたブナ林になる。道は少し下ってブナの大木を過ぎると再び急登になる。やがて「檜廊下」と呼ばれるヒノキの大木地帯に入り、細い尾根上に露出した根がひしめいて歩きにくい。傾斜は緩いが距離の割に時間がかかる。この辺りから樹間に大源太山、武能岳、西には万太郎山から平標山、苗場山が見える。

視界の開けた痩せ尾根から再び雑木の中を登ると「矢場の頭❸」だ。さほど広くないが谷川連峰の主稜線の眺望が素晴らしく、目指す茂倉岳が圧巻である。ここから少し下り「川棚の頭」への登りとなる。急登も交じるが眺望を楽しみながら登ろう。ただし、尾根は細く万太郎側は急斜面で落ちているので注意が必要。いつしか小ピークを越え「川棚の頭」へ着く。ここから緩登を30分ほどで茂倉岳避難小屋❹に着く。水場はこの裏、小屋とトイレの間を2〜3分下った所にある。水量は多くはないが枯れることは少ない。ここから20分ほどで頂上❺だ。広々とした頂上からは緩やかな一ノ倉岳、谷川岳の耳ふたつが美しい。帰路は蓬峠を回れば土樽に戻ることもできるが健脚向き。往路を戻る。

▶茂倉岳山頂

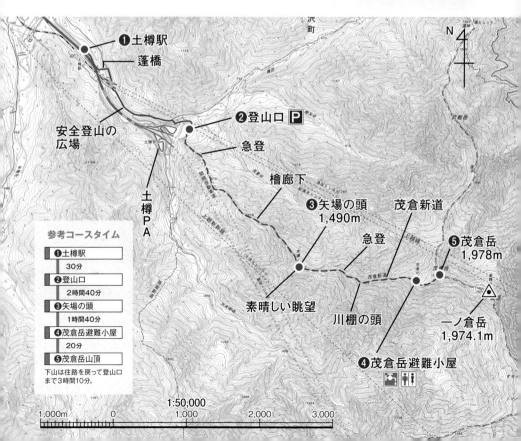

❶土樽駅
蓬橋
安全登山の広場
❷登山口 🅿
急登
檜廊下
土樽PA
❸矢場の頭 1,490m
茂倉新道
急登
❺茂倉岳 1,978m
素晴しい眺望
川棚の頭
❹茂倉岳避難小屋
一ノ倉岳 1,974.1m

参考コースタイム

❶土樽駅
　30分
❷登山口
　2時間40分
❸矢場の頭
　1時間40分
❹茂倉岳避難小屋
　20分
❺茂倉岳山頂

下山は往路を戻って登山口まで3時間10分。

1:50,000

1,000m　　　1,000　　　2,000　　　3,000

64
中越

いちのくらだけ
一ノ倉岳

湯沢町・みなかみ町（群馬県）　1,974.1m

難易度 ★★★★☆

執筆／長岡ハイキングクラブ　本間宏之
調査／長岡ハイキングクラブ　諏訪恵一

▶一ノ倉沢出合い
から一ノ倉沢の
大岩壁

日本の脊梁
三国山脈の中枢へ

　三国山脈は新潟と群馬の県境となる山々である。谷川連峰はその一大山塊である。一ノ倉岳は谷川岳本峰より北側に一ノ倉岳―茂倉岳―武能岳―七ッ小屋山の稜線から清水峠―朝日岳―笠ヶ岳―白毛門へと馬蹄形稜線を形成している一座である。

　東側（群馬側）の尾根、谷筋が峻険な断崖であるのに対し、西側（新潟側）は女性的な緩斜面で「非対称山稜」が形成されている。東側は積雪期における季節風で雪庇が多く、また、熱の吸収力が西側の方が強い理由で雪崩が発生し、樹木を倒して山の表面（第三紀層）を崩す浸食作用によって、深成岩の蛇紋岩、石英閃緑岩やホルンフェルスが露出したとみられる。一ノ倉岳の山頂周辺は第三紀層でクマザサに覆われ、堅炭尾根は蛇紋岩で形成されている。そして、針葉樹林帯がなく、広葉樹林から潅木帯になっている特異性を見ることができる。

　谷川連峰は標高2,000メートル前後であるが、谷川岳付近は日本海からの距離が近く、冬は水分を多く含んだ季節風で多量の降雪となり、初夏にも残雪が多い。また、前線が通過する時に急激な気象の変化を起こす山域でもある。

　昭和6年（1931年）に上越線が全通、谷川岳に多くの登山家が訪れるようになった。しかし、この谷川岳特有の厳しい気象条件と急峻な岩壁によって遭難者が多く出て「魔の谷川岳」と呼ばれるようになった。

　一ノ倉岳は別称を「芝倉岳」という。日本山岳会会報、昭和23年3号に小林太刀夫氏は、一ノ倉岳について「上州ではこれを芝倉岳と呼び、茂倉岳との間より北東に出る沢を芝倉沢という。それより南へ順にユーノ沢…、一の倉沢（市とも書く）マチガ沢、西黒沢がある」と記している。

　谷川岳の谷や沢には「倉」という字が多く付く。市の倉、茂倉、芝倉、仙ノ倉などだ。この「クラ」という字義は、谷に向かって露出した岩壁を意味するらしい。

　一ノ倉岳への直登ルートである中芝新道は、現在、国土地理院地形図から抹消されており、継続的な整備も行われていないため、谷川岳または茂倉岳を経て山頂に至るコースが推奨される。

▶第一見晴から見た
マチガ沢と谷川岳

▲谷川岳側から見た一ノ倉岳と茂倉岳

登山適期（月）	適期は7月〜10月。年によっては6月でも残雪が多く、10月下旬より冬山装備が必要である。一般の登山者の入山は7月からが望ましい。

1	2	3	4	5	6	7	8	9	10	11	12
						■	■	■	■		

■ 交通・マイカー
上越新幹線は上毛高原駅から谷川岳ロープウェイ行きバスで30分終点下車。JR上越線は水上駅から谷川岳ロープウェイ行きバスで20分終点下車。土合駅より徒歩20分で谷川岳ロープウェイに着く。マイカーの駐車は白毛門登山口駐車場、慰霊公園前、谷川岳有料駐車場、谷川岳ロープウェイ駐車場。

■ ワンポイントアドバイス
①谷川岳登山指導センターで山岳情報を入手可能。日々、ホームページでも情報提供をしている。トイレ、水場の利用もできるが、渇水時は利用不可。②コース上にある谷川岳肩の小屋でトイレを利用できる（要協力金）。冬季を除き管理人が常駐し、予約が必要だが、食事つきで宿泊も可能。③一ノ倉岳山頂には避難小屋があり、利用可能。

■ 問い合わせ
みなかみ町観光協会　　　　　　　　☎0278-62-0401
関越交通バス沼田営業所　　　　　　☎0278-23-1111
群馬県谷川岳登山指導センター　　　☎0278-72-3688

コースガイド

ここでは、谷川岳の荒々しさを眺められる巌剛新道を経由して一ノ倉岳へ至るコースを紹介する。マイカーの場合は、**谷川岳ロープウェイ土合口駅駐車場❶**に車を置き、そこから舗装された旧道を歩く。谷川岳登山指導センターで登山届を提出し、先に進むと25分ほどでマチガ沢出合いの**巌剛新道登山口❷**に着く。道路左手にある「谷川岳山頂3.2km」の案内板に従って登山道へと入る。入り口付近は草に覆われ、足元には濡れた石が多い。注意して進もう。しばらくは樹林帯の中で展望がないが、そこを抜けると湯桧曽川の対岸に白毛門や笠ヶ岳の姿が見えてくる。

登山口から50分ほどで**第一見晴❸**に着く。正面は谷川岳の岩壁が荒々しい。小休止して先に進むと樹間から谷川岳が見え隠れする。足元には苔むした大きな石が点在し、滑りやすい。小さな崩落箇所もあるので注意しよう。大きな岩の鎖場や梯子

の掛かった急登もあるが、足元に咲く小さな高山植物がホッとさせてくれる。

第一見晴から1時間10分ほどで**西黒尾根ガレ沢の頭❹**だ。ここで西黒尾根コースと合流し、まずは谷川岳を目指す。道は広い岩稜となり、足元の大きな岩に注意しながら進む。ザンゲ岩付近には大きな一枚岩があり、滑りやすい。しばらく進むと左手に天神尾根が見えてくる。西黒尾根の合流点から1時間半ほどで**肩の広場❺**に着く。

ひと息入れたらトマの耳、オキの耳を通過して一ノ倉岳を目指そう。縦走路はよく整備されているが、随所に大きな岩を迂回したり、表面が滑りやすい岩の上を通過したりする。50分ほどで**ノゾキ❻**だ。登山道の東側（群馬側）は切れ落ちているので要注意。ノゾキから10分ほどで谷川岳・一ノ倉岳間の最低鞍部に着き、ここから一気に標高差約120メートルを登る。登山道は尾根の中央にあるので安心だ。30分ほどで**一ノ倉岳山頂❼**となる。山頂は眺望がよく大展望が楽しめる。

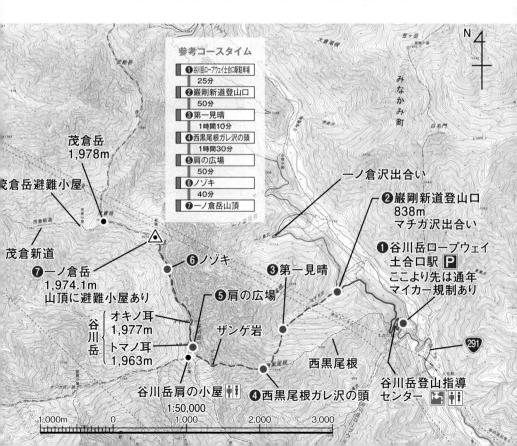

参考コースタイム

❶ 谷川岳ロープウェイ土合口駅駐車場
25分
❷ 巌剛新道登山口
50分
❸ 第一見晴
1時間10分
❹ 西黒尾根ガレ沢の頭
1時間30分
❺ 肩の広場
50分
❻ ノゾキ
40分
❼ 一ノ倉岳山頂

茂倉岳 1,978m
茂倉岳避難小屋
茂倉新道
❼一ノ倉岳 1,974.1m 山頂に避難小屋あり
❻ノゾキ
❸第一見晴
一ノ倉沢出合い
❷巌剛新道登山口 838m マチガ沢出合い
❶谷川岳ロープウェイ土合口駅 P ここより先は通年マイカー規制あり
❺肩の広場
オキノ耳 1,977m
谷川岳
トマノ耳 1,963m
ザンゲ岩
谷川岳肩の小屋
❹西黒尾根ガレ沢の頭
西黒尾根
谷川岳登山指導センター
みなかみ町
白毛門
291
N

1:50,000

1,000m 0 1,000 2,000 3,000

谷川岳
たにがわだけ

湯沢町・みなかみ町（群馬県）　1,977m

難易度 ★★☆☆☆

執筆／長岡ハイキングクラブ　髙橋欣弘
調査／長岡ハイキングクラブ　菊入好子

▶天神尾根より
谷川岳を望む

ロープウェイで日帰り登山 憧れの谷川岳へ

　岡田敏夫『谷川岳と上越・上信の山々』によると、谷川岳は「トマの耳」と「オキの耳」からなる双耳峰、別名「耳ふたつ」と記されている。2つの耳にはそれぞれ別の名があり、主峰のトマの耳は薬師如来像が祀られていたことから薬師岳、オキの耳は谷川富士、越後富士とも呼ばれていたそうだ。

　谷川岳を中心とする三国山脈は表日本（関東地方）と裏日本（越後）を隔て、一帯の膨大な積雪は、上州（群馬）側に利根川となって発電と飲料水、越後側に魚野川となって農作物、コシヒカリの恩恵をもたらした。冬の季節風で越後側から湿った雪が大量に降るため、上州側では雪庇が形成される。また、山稜の風上側は風が吹き上げて雪が吹き払われ、凍結と融解が繰り返されることによって岩が砕かれ、雪とともに岩肌が削られ、険しい岩壁がつくられた。谷川岳の代名詞「一ノ倉沢」は、剣、穂高と並ぶ日本三大岩場に数えられる。

　昭和30〜40年代、谷川岳の各沢やルート、岩壁が開拓されていったが、その一方で遭難死亡事故が多発し、「魔の山」の見出しで新聞、雑誌などに取り上げられ、全国的に有名になった。しかし、昭和42年（1967年）に谷川岳遭難防止条例に基づく谷川岳登山指導センターの設置によって登山指導

が行われた結果、事故は減少していった。

　登山口は、上州側の東面は土合よりロープウェイで入山できる天神尾根、クラシックな田尻尾根、昔のメインストリート西黒尾根など。南面には谷川温泉より熊穴沢避難小屋へのいわお新道、稜線へ直登の中ゴー尾根がある。越後側からは土樽より茂倉新道コースや蓬峠・茂倉岳・一ノ倉岳本峰を経由するコースがある。いずれにせよ季節と体力にあったコースを選択したい。

　登山シーズン初めの5〜6月は年によって残雪の状態が変わるので、必ず役場に問い合わせ慎重な行動が必要。一般的には雪解けの6月中旬からが登山適期で、高山植物が咲く季節から紅葉の10月中旬までが最も楽しい。

▲天神尾根を登り頂上を目指す

▲谷川岳オキの耳の頂上

登山適期（月）　適期は6月〜10月。5月は残雪が多く、一般登山者の入山は6月に入ってからが望ましい。

1	2	3	4	5	6	7	8	9	10	11	12

■ **交通・マイカー**
　上越新幹線は上毛高原駅から谷川岳ロープウェイ行きバスで30分終点下車。JR上越線は水上駅から谷川岳ロープウェイ行きバスで20分終点下車。土合駅より徒歩20分で谷川岳ロープウェイに着く。マイカーの駐車は白毛門登山口駐車場、慰霊公園前、谷川岳有料駐車場、谷川岳ロープウェイ駐車場。

■ **ワンポイントアドバイス**
　①紹介コース上の山小屋は熊穴沢避難小屋と肩ノ小屋がある。②紹介コース上の水場はなく、トイレは天神平駅、谷川岳肩ノ小屋の2カ所。③頂上のトマの耳より下山の折、霧や雨で視界の悪いときは西黒尾根方面に行かないこと。道に迷いやすい。必ずトマの耳より谷川岳肩ノ小屋へ戻り往路を下山する。④マチガ沢出合い、一ノ倉沢出合いからの展望は一見の価値あり。下山後時間がある場合、足を延ばしたい。⑤谷川岳ロープウェイは新緑、紅葉のシーズンが特に混雑。乗車30分待ちもある。⑥谷川岳山岳資料館も訪ねてみたい（谷川岳登山指導センターとなり）。

■ **問い合わせ**
みなかみ町観光協会　　　　　　　　☎0278-62-0401
関越交通バス沼田営業所　　　　　　☎0278-23-1111
谷川岳ロープウエー株式会社　　　　☎0278-72-3575
群馬県谷川岳登山指導センター　　　☎0278-72-3688

コースガイド

ここでは日帰りコースとして谷川岳ロープウェイを利用した天神尾根コースを紹介しよう。

谷川岳ロープウェイ土合口駅❶の乗車券発売所で登山届けを提出する。ロープウェイに乗車後、すぐ右側に西黒尾根のラクダのコブが見え、東に振り返れば、白毛門、笠ヶ岳、朝日岳など立派な山稜が見える。下車の**天神平駅❷**は標高1,321メートル。下車後はリフトに乗り換え、天神峠から尾根通しのコースもあるが、歩いてリフトの脇を通り、山腹を巻く登山道へ向かう。途中、田尻尾根コース、リフト終点の天神峠からの道を合わせる。木道、小岩交じりの道が続き、少しずつ高度を上げ、樹間より右正面に谷川岳の耳ふたつを望む。

雑木林の中の赤茶色のガッチリした**熊穴沢避難小屋❸**に着く。左より谷川温泉からのいわお新道が合流。雑木の中の急登で所々にロープと鎖が張られている。森林限界を過ぎ見通しも良くなる。

右手に西黒尾根が見え、小ピークを越え、岩峰の右側を巻いて登ると**天狗の留まり場❹**である。所々岩の出た道を一歩一歩登る。木々が低くなり西黒尾根の登山道が見え、左にオジカ沢の頭、稜線続きの万太郎山を眺める。本峰を見上げると肩ノ小屋近くのケルン形の道標が見えてくる。急登が続き、やがて天神ザンゲ岩に出る。

道は角材で枠組みした中に小石を入れた階段になり、道の両側にロープが張られている。なだらかになった所が**谷川岳肩ノ小屋❺**である。肩ノ小屋の鉄柱の脇の道を進むと**トマの耳❻**に着く。眼下に東面のマチガ沢を眺め、上信越や尾瀬、奥利根の山並みが広がっている。堪能したら15分くらいで行ける**オキの耳❼**に足を延ばそう。

▲トマの耳よりオキの耳を望む

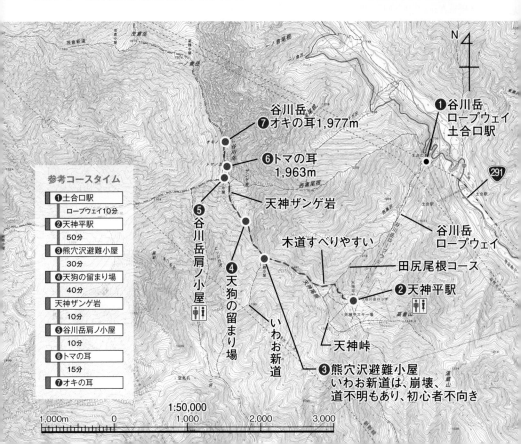

❶谷川岳ロープウェイ土合口駅

❼オキの耳1,977m 谷川岳

❻トマの耳 1,963m

天神ザンゲ岩

谷川岳ロープウェイ

田尻尾根コース

木道すべりやすい

❺谷川岳肩ノ小屋

❹天狗の留まり場

❷天神平駅

天神峠

いわお新道

❸熊穴沢避難小屋 いわお新道は、崩壊、道不明もあり、初心者不向き

参考コースタイム

❶土合口駅	
	ロープウェイ10分
❷天神平駅	
	50分
❸熊穴沢避難小屋	
	30分
❹天狗の留まり場	
	40分
天神ザンゲ岩	
	10分
❺谷川岳肩ノ小屋	
	10分
❻トマの耳	
	15分
❼オキの耳	

1:50,000

1,000m   0   1,000   2,000   3,000

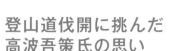

66 中越 万太郎山
まんたろうやま

湯沢町・みなかみ町(群馬県)　1,954.1m

難易度 ★★★★☆

執筆／長岡ハイキングクラブ　片桐一夫
調査／長岡ハイキングクラブ　宮﨑幸司

▶万太郎山を遠望する

登山道伐開に挑んだ高波吾策氏の思い

　新潟・群馬両県の分水嶺でもある谷川連峰は、東の清水峠から西の三国峠までを指していうが、万太郎山はそのほぼ中間に位置している。山容はコースガイドにも記述するが岩峰が鋸歯状に屹立しており、急峻に見える。新潟県側の斜面で東北方向に開く井戸小屋沢は万太郎谷の最奥部の支沢、また西方に開く東俣沢は毛渡沢最深部の支流で、それぞれに源流を形成しているが、この山の周辺山腹には細い多数の小渓が発達している。山名は万太郎谷からとられたものだが、万太郎という名の起こりは、昔、万太郎という漁師が、この谷と蓬沢との合流点にあるケサ丸渕で古来漁獲禁制の掟を破り再度にわたり投網を行い、神罰を受けてこの渕で水死した事故にちなんだ命名という。

　昭和15年(1940年)、この山の麓にあるJR土樽駅前に、高波吾策が飲食店を開いて登山者・スキーヤーの便を図り始めた。かたわら、谷川連峰の新潟県側に登山道があまりにも少ないことに発奮し、5本もの登山道をすべて私費で切り開いた。昭和28年(1953年)に取り組み、完成させた登山道が現在の吾策新道である。谷川連峰の縦走路中間付近にある万太郎山は、縦走路があるだけで新潟県側にこの山の登山道がなくては登山者の遭難に結びつくという思いから切り開いたものだが、登山道の命名には当時、日本山岳会の会長であった故・槙有恒に話したところ「それは大変良いことをやってくれた。北アルプスには喜作新道というのがあり、喜作と吾策でゴロが良いから、吾策新道と名づけたらよかろう」と言うので日本山岳会の公認登山道になった。わずかに59年の生涯しかなかった高波吾策は、多くの登山道を切り開き、道標を整備し、10カ所に及ぶ山小屋の建設を促し、登山指導と山の遭難救助に当たったが、まさに谷川連峰越後側の開拓者であった。

　平成20年(2008年)、湯沢町役場の協力を得て、JR上越線の清水トンネル新潟県側入り口を少し先に進んだ場所に「安全登山の広場」が建設された。ここに高波吾策の胸像が設置されている。車道の向かい側には、だれ言うともなく「吾策清水」と呼ばれている湧水があり、登山者や家族連れの憩いの場となっている。

▶「安全登山の広場」にある高波吾策の胸像

▲頂稜に咲くシャクナゲ

登山適期(月)

適期は5月下旬〜11月上旬。5月中旬までは、コースが雪に覆われていて登山道が明確に分からない。11月上旬までの雪が降る前までがよい。

1	2	3	4	5	6	7	8	9	10	11	12

■ **交通・マイカー**
登山口まではマイカー利用が良い。関越自動車道湯沢ICから約10kmで「安全登山の広場」。その先100mほどで右折し、橋を渡って林道を1.5kmほどで登山口となる。登山口手前およびその少し先に道幅の広くなっている場所があり、双方3、4台駐車可能。公共交通機関を利用の場合、JR越後湯沢駅からタクシーで登山口まで約14km。JR土樽駅からは約3.5km、徒歩約1時間。

■ **ワンポイントアドバイス**
①登山口までの林道は道が荒れて凹凸が大きい。道両側から草木が張り出し、夏以降は軽自動車でも車体を擦る。②コース上に水場はない。「安全登山の広場」か、登山口脇の「クワ沢」で補給すること。また、エスケープルートや山小屋、トイレもない。③土樽には次のヒュッテがあるので、登山道の状況などを尋ねると良い。高波ヒュッテ(高波菊男) ☎025-787-3268。④土樽駅前および安全登山の広場に登山届提出箱と周辺案内図あり。

■ **問い合わせ**
湯沢町観光商工課　　　　　　　　　　☎025-784-4850

コースガイド

クワ沢出合いの脇に「吾策新道入り口」❶の道標がある。ここから杉林の中を登り始める。杉林を抜けてもフナクボまでは視界がほとんど利かない。単調で疲れを感じやすいので、ゆっくり歩く。

途中で休息をとりながらフナクボ❷まで登ってしまえば、そこから先は視界が開ける。春には気持ちの良いブナの森林浴で、右手に仙ノ倉山が朝日に映えて美しい。左手は万太郎谷を挟んで茂倉岳が指呼の間に見える。登山道の傾斜もしばらくは緩いので、出始めた疲れも忘れがちだ。標高1,470メートルの**大ベタテの頭**❸にたどり着けば、行程の半分を過ぎるので、ここでゆっくり休息をとりたい。英気を養ったあとは、登山道がやや下ってそこから幾分急峻な登りになる。そして両側が切り立ってくるので気を引き締めよう。標高1,500メートルを越えた付近と、1,650メートル付近の登山道が、ガレているのでここは慎重に歩きたい。この部分

の登山道の整備が望まれる。そしていよいよ頂稜の鋸歯状態に、登山道が続く。

左手は切れ落ちていて競り上がってくる井戸小屋沢の全貌が見渡せる。慎重に行こう。それに比べて右手の毛渡沢側は、急峻ではあるがそれほどではない。しかし、昭和28年に高波吾策により切り開かれた、この吾策新道には血と汗がにじんでいるように思えた。

道が、やがて緩やかさを示してくると縦走路が近い。6月の花の季節には淡いピンクのシャクナゲの花が素晴らしい。ようやくにして飛び出した縦走路は草原状で、万太郎山頂上までは平坦な道をわずかに南下すると到着する。比較的広い**頂上広場**❹からは360度の大パノラマである。

▶鋸歯状の万太郎山頂稜

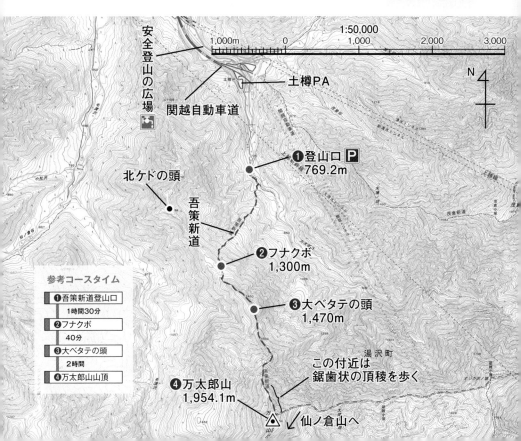

安全登山の広場

1:50,000

1,000m　0　1,000　2,000　3,000

N

土樽PA

関越自動車道

❶登山口 P
769.2m

北ケドの頭

吾策新道

❷フナクボ
1,300m

❸大ベタテの頭
1,470m

湯沢町

この付近は
鋸歯状の頂稜を歩く

❹万太郎山
1,954.1m

仙ノ倉山へ

参考コースタイム

❶吾策新道登山口
1時間30分
❷フナクボ
40分
❸大ベタテの頭
2時間
❹万太郎山山頂

仙ノ倉山
せんのくらやま

湯沢町・みなかみ町(群馬県)　2,026.3m

難易度 ★★★☆☆

執筆／長岡ハイキングクラブ　小幡松二
調査／長岡ハイキングクラブ　本間宏之

▶万太郎尾根のフ
ナクボ付近より
望む仙ノ倉山

谷川連峰の最高峰は高山植物の楽園

仙ノ倉山は、群馬県境に並ぶ谷川連峰の西端である平標山(たいらっぴょうやま)の東側に位置し、千ノ倉山とも書く。仙ノ倉沢の源流は西ゼン・中ゼン・東ゼンなど滝(セン)と岩(嵒・クラ)の沢が多い。東尾根は谷川連峰の縦走路でエビス大黒ノ頭(だいこくのかしら)へと続く。北尾根は西側に仙ノ倉沢、東側に毛渡沢(けとさわ)を従えて、三ノ字ノ頭・シッケイ頭・仙ノ倉谷へと下る。

仙ノ倉山は谷川連峰中では最も高く、唯一の2,000メートル峰で、日本200名山に数えられる。頂上は広く、二等三角点と展望盤が設置されている。ここからの眺望は360度の大展望で、山岳同定を楽しんでいただきたい。しかし、天候に恵まれないと谷川岳方面は新潟県側から湧くガスに覆われていることが多い。

仙ノ倉山は、谷川岳方面から見ると重厚に聳(そび)えているが、平標山から見ると草原の上の丸い山の連なりの左にあって目立たない。長岡周辺から見ると、ほぼ南の方向に平標山とともにどっしりと豊かに見え、右側に離れて平頂の苗場山、左側に少し下りながら谷川岳方面へと続く稜線が見える。

仙ノ倉山・平標山は、谷川岳・一ノ倉岳(いちのくらだけ)の鋭鋒とは対照的にゆったりと大きく丸い山容で、低潅木と草原とチシマザサに覆われている。谷川連峰では最も花の多い山であり、松手山(まつでやま)からの稜線を含めて四季折々の花を楽しむことができる。しかし、踏み跡から表土が流されて草原が荒れ、平標山乃家の上から大平(おおだいら)(1,900メートル)へのトラバース道は閉鎖されている。平標山から仙ノ倉山への道は、階段・木道やコースロープで保護されているがこれ以上荒らさないように注意して歩きたい。

仙ノ倉山へは平標山を経て登ることになる。元橋の駐車場からは松手山コースと平元新道がある。平元新道は稜線に出ると「平標山乃家」があり、左は平標山、右は大源太山(だいげんたさん)へと続いている。土樽(たる)から仙ノ倉谷を通って平標山へ登る「平標新道」は、故高波吾策氏が開いた登山道で、距離も標高差もあって時間もかかるが、左手に仙ノ倉沢の上部や谷川連峰を見ながら登るコースである。

▲筍山から松手山、一ノ肩、平標山、仙ノ倉山への稜線

▲松手山から一ノ肩、平標山

登山適期(月)	適期は5月下旬～10月。

| 1 | 2 | 3 | 4 | 5 | 6 | 7 | 8 | 9 | 10 | 11 | 12 |

■ 交通・マイカー
JR上越線越後湯沢駅より西武クリスタル線バスで35分、平標登山口下車。マイカーは苗場ふれあいの郷の平標登山口駐車場(有料)を利用。180台程度駐車できる。

■ ワンポイントアドバイス
①コース途中に水場・トイレはない。駐車場のトイレと水道を利用する。②下山路として平標山から平標山乃家(水場あり)を経て平元新道(登山口に水場あり)を元橋へ下るコースもある。③下山後は二居に日帰り湯「宿場の湯」がある。

■ 問い合わせ
湯沢町観光商工課　　　☎025-784-4850
南越後観光バス湯沢車庫　☎025-784-3321
ゆざわ魚沼タクシー　　　📠0120-44-2025

コースガイド

ここでは景色や花に恵まれた松手山コースを紹介する。苗場ふれあいの郷の「**平標登山口駐車場❶**」には、トイレ・公衆電話・登山届ポストがあり、水はここだけなので補給する。歩きはじめて間もなく舗装道路を左折して、二居川の橋を渡った先に平標山登山口がある。

林の中の道を登ると国道17号を走る車の音が聞こえる。岩くれの急坂になり、15分ほどで小松の平に出る。見上げると送電鉄塔が見えるが、そこまで40分の急登が続く。階段や木の根道を進み、ジグザグに急登すると**鉄塔❷**の脚部に出る。鉄塔からは、傾斜は少し緩やかになるが、階段の多い登りになる。しばらく登って振り返ると先ほどの鉄塔がまだ間近に見える。傾斜が緩くなり、一ノ肩・平標山が見えてくると間もなく**松手山❸**に着く。

松手山からは稜線歩きで、風景や花を楽しみながら25分ほどで一ノ肩の下の「高山植物保護」を

呼びかける看板に着く。ここから40分の階段急登は足元に気を付けてゆっくりと登ろう。一ノ肩からは、2つのこぶを越えて少し下り、ガレ場を急登して25分ほどで**平標山山頂の十字路❹**に着く。仙ノ倉山へは直進する。

仙ノ倉山は、先方に見える丸いチシマザサに覆われた山々の左端に見える。踏み跡の土砂が流出して荒れたため、木の階段と石と木枠で保護された道を鞍部の大平へと下る。以前の花畑は荒れているが、保護によって回復しつつある。緩い登りから平になった所が小平だ。丸山から仙ノ倉の間は花が多いので、楽しみながらゆっくりと歩きたい。最後の階段を登ると**仙ノ倉山頂❺**である。山頂は広場になっており、谷川連峰最高峰で地図を広げ、展望盤を見ながら山岳同定を楽しみたい。

▶7合目から苗場山

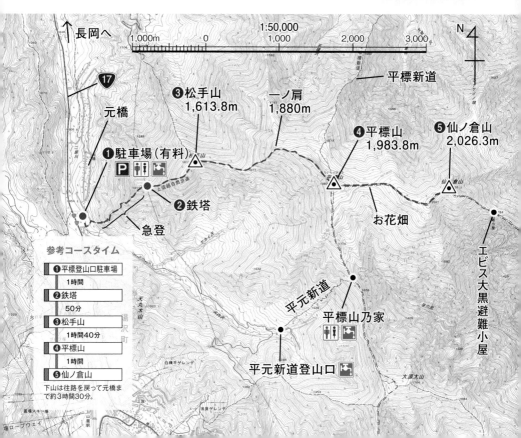

68 中越	平標山 たいらっぴょうやま

湯沢町・みなかみ町（群馬県）　1,983.8m

難易度 ★★☆☆☆

執筆／長岡ハイキングクラブ　諏訪惠一
調査／長岡ハイキングクラブ　本間宏之

▶平標山乃家から平標山山頂部を望む

時には遠く富士山も谷川連峰の展望台

　平標山は新潟と群馬の県境に聳える谷川連峰西端の山である。その山容は、荒々しい岩肌の谷川岳周辺の山々とは対照的な、なだらかな曲線を描き、緑豊かな斜面を擁し、仙ノ倉山への稜線は草原を思わせる。山頂は広く展望が開け、上越国境の山々はもちろん、時には富士山も望むことができる。北に土樽からの平標新道、南に三国山、平標山乃家から上信越自然歩道、西に元橋からの松手山コース、東に谷川岳からの縦走路があり、頂上で十字に交差している。山名の「標」は印であり、境を表す古語とのこと。境であり、峠である。平坦な頂上と合わせ、まさに言い得ている。

　この山は、「花の100名山」（山と溪谷社選）にも選ばれており、高山植物の豊富さでも知られ、松手山からの登山道脇にはハクサンイチゲやヨツバシオガマ、シラネアオイ、ハクサンチドリなど、山頂から仙ノ倉山への縦走路の両脇にもハクサンイチゲ、ハクサンコザクラ、ミヤマキンバイ、チングルマなどが一面にお花畑を作っている。仙ノ倉山までは2時間ほどで往復でき、平坦な鞍部でもミネズオウやガンコウラン、コケモモなどさまざまな花に出合える。しかし、近年は登山者の増加などの影響

で、池塘が消失したりして、多くの貴重な植物を見ることができなくなった。仙ノ倉山への登山道には両脇にロープが張られ、また、平標山乃家から山頂への登山道と接続していた巻き道を通行禁止にして、植生保護、再生のための規制が行われている。

　山頂の南、上信越自然歩道と平元新道が交わる所に平標山乃家がある。小屋には湧き水が引かれており、三国山から谷川岳への縦走路上で貴重な水場となっている。

　無雪期には高山植物の宝庫として知られる平標山だが、残雪期にはスキーを担ぎ上げ、雄大な斜面にシュプールを描く姿も見ることができる。

　かつては、平元新道の登山口まで車の乗り入れができたが、現在は、国道17号脇に平標登山口駐車場ができ、トイレも整備されて、ここに駐車することになる。岩魚沢林道入り口にあった三国小学校もみくに国際学園に変わり、隣接する林も別荘地として開発された。生活の変化とともに山にかかわる環境も大きく変わってきている。

▶平標山からお花畑越しに見る仙ノ倉山方向

▲可憐なハクサンシャクナゲ

登山適期（月）　適期は5月下旬～10月。5月上・中旬は、残雪で登山道が不明な箇所もあり、注意が必要。

1	2	3	4	5	6	7	8	9	10	11	12

■ **交通・マイカー**
JR上越線越後湯沢駅から西武クリスタル線バスで平標登山口バス停下車。マイカーは平標登山口駐車場（180台程度、有料）に駐車。

■ **ワンポイントアドバイス**
①平標登山口駐車場以外で紹介コース上の水場は、平標山乃家と平元新道登山口の2カ所。トイレは、駐車場と平標山乃家の2カ所。②初心者でも紹介コースを逆に登り、山頂付近のお花畑を楽しみ、同一ルートを引き返すことで高山の植物、雰囲気を十分満喫できる。③国道17号沿いには、湯沢、三国両方向にたくさん温泉施設があり、入浴のみの利用が可能。

■ **問い合わせ**
湯沢町観光商工課　　　　　　　　　☎025-784-4850
南越後観光バス湯沢車庫　　　　　　☎025-784-3321
平標山乃家（みなかみ町観光商工課）　☎0278-25-5028

コースガイド

　平標山の山頂では4つの登山ルートが交差するが、その中で比較的容易に登れ、豊富な高山植物に出合える、松手山コースから平元新道コースへの周遊コースを紹介する。

　平標登山口駐車場❶で登山届を出し、二居川の橋を渡って200メートルほど離れた登山口へと向かう。登山口の看板は道路脇にあり、すぐに林の中の急登となる。駐車場から約1時間で**鉄塔❷**に着く。ここでひと休みしよう。ここからの登りは再び傾斜がきつくなる。足元の岩に注意し、ケガのないようにしたい。

　松手山山頂❸では、振り返ると苗場山（なえばさん）の雄大な姿が広がっている。小休止の後、正面に見える平標山を目指す。途中のガレ場も木道階段が整備され登りやすくなっているが、傾斜があるため注意したい。木道の脇にはハクサンイチゲの群落を見ることもできる。階段を登り切ると平坦な道となり、間も

なく山頂だ。登山道脇には季節ごとに変わる花々が目を楽しませる。まれに山頂右手に富士山を見ることもできる。

　登山道の両脇にハクサンシャクナゲを見ながら最後の登りで**平標山山頂❹**だ。360度のパノラマを楽しんだら仙ノ倉山へ向かい、両脇に広がるお花畑を楽しもう。再び山頂へ登り返し、眼下に見える赤い屋根の平標山乃家を目指す。登山道はシャクナゲの樹間を縫い、湿原の花を見ながら一気に下っていく。**平標山乃家❺**には併設された避難小屋があり、休憩もできる。ここからブナの原生林を眺めながら平元新道を**平元新道登山口❻**へ下り、河内沢に沿った林道を出発地点の駐車場へと向かう。平元新道は木製階段などで整備されており、登りの疲れを取りながらのんびり下ることができる。2時間ほどで駐車場だ。

▶平標山乃家から見たエビス大黒ノ頭

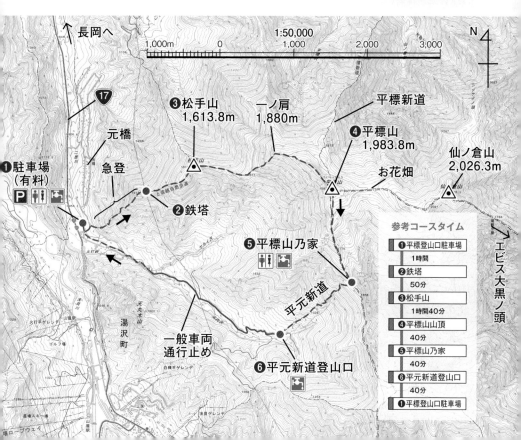

長岡へ

1:50,000

⑰

元橋

③松手山
1,613.8m

一ノ肩
1,880m

平標新道

④平標山
1,983.8m

仙ノ倉山
2,026.3m

❶駐車場
（有料）

急登

❷鉄塔

お花畑

❺平標山乃家

平元新道

一般車両
通行止め

湯沢町

❻平元新道登山口

エビス大黒ノ頭

参考コースタイム

❶平標登山口駐車場	
	1時間
❷鉄塔	
	50分
❸松手山	
	1時間40分
❹平標山山頂	
	40分
❺平標山乃家	
	40分
❻平元新道登山口	
	40分
❶平標登山口駐車場	

飯士山
いいじさん

南魚沼市・湯沢町　1,111.2m

難易度 ★★★★☆

執筆・調査／南魚山岳の会　井　春文、笛木みどり　▶岩原スキー場と飯士山

心打つ秀麗な山容は別名「上田富士」

　三国街道を南下し南魚沼の盆地に入ると、ひときわ目立つ秀麗な山容が目に飛び込む。飯士山だ。その山名の由来は山中に祭祀する諸神が主として食物を祭る神仏であること、そしてその姿が富士に似ていることから飯士山と名付けられたといわれる。一名を「上田富士」ともいう。

　南魚沼市と湯沢町との境界に位置し、苗場山と同様の休火山で第4期初期に噴火した成層火山である。南方には寄生火山のドーム形をした立柄山があり、その地形や堆積物から、火山体としてはそれほど大きなものではないが、極めて激しい噴火活動を繰り返したものと推測されている。その火山活動により東、南および北面には奥添地、岩原、大原の広野が形成された。しかし、西面は魚野川の浸食を受け、わずかに飯士谷の台地および上ノ平にその残形を残すが、大部分の広野は失われ、上部は大岩壁が露出している。

　北に延びる尾根の中腹の「阿弥陀坊」は、麓から眺めると阿弥陀様に似ていることからその名が付いたといわれている。南西には岩峰の起伏するさまから名付けられた「鋸岩」があり、山中に諸神を祭ってあるため、一連の尾根を「神ツルネ」と呼ぶ。西面

の大岩壁中腹には「大掛岩」あるいは「負欠岩」（「おいかけいわ」とも）と呼ばれる高さ十数メートルの巨岩が直立しており、一見の価値がある。

　山頂は東西2つに分かれ、西の峰を「トマノ峰」、東の峰を「オキノ峰」と呼び、両峰の間はその痩せた地形から「牛の背骨」と称される。最高点は三角点のある東峰で、広さは15坪ほどだ。ここからの越後三山、巻機山塊から谷川連峰への眺めは雄大で遮るものはない。

　登山コースは南魚沼市の舞子スノーリゾートから阿弥陀坊を通るコース、舞子高原コース。さらに五十嵐口から負欠岩コース、尾根コースも近年整備された。湯沢町からは神弁橋の鋸尾根コースと岩原スキー場コースがある。ハイキングクラスから中級者まで、幅広く楽しめる山だが、どのコースも山頂直下は急傾斜で、登下降には難儀する。

▶巨大な「負欠岩」が屹立する

▲飯士山山頂

登山適期（月）　適期は5月中旬〜10月下旬。

1	2	3	4	5	6	7	8	9	10	11	12

■ **交通・マイカー**
マイカー利用が良い。マイカーは舞子スノーリゾート駐車場（約30台）を利用。越後湯沢駅から神弁橋までは約1km。こちらにも10数台の駐車スペースがある。

■ **ワンポイントアドバイス**
①頂上前後はどのコースも急登で滑りやすい。②水場は神弁橋登山口に沢水。コース上に山小屋、避難小屋、トイレはない。③天候急変、緊急時にはスキー場のリフト山頂小屋に避難可能。④下山後は近隣の温泉で汗を流したい。⑤登山口に登山届の受理箱はない。

■ **問い合わせ**
南魚沼市商工観光課　☎025-773-6665
湯沢町観光商工課　　☎025-784-4850

コースガイド

　ここでは舞子スノーリゾートから鋸尾根へのコースを紹介する。関越自動車道塩沢石打インター交差点から舞子スノーリゾートに向かうと、スキー場内のロッジ脇に**登山者用駐車場❶**がある。ここからスキー場内の道路を行くと30分ほどで第7トリプルリフト終点に着く。

　飯士山登山口❷の道標を入るとすぐに道は左に折れ、右に大きく回り込み尾根上に出る。ここからは眺望が開け気持ちの良い尾根歩きとなり、15分ほどで**見晴らし台❸**に着く。眼下に南魚沼市主要部、晴れた日には八海山や守門岳も望めよう。よく踏まれた道は緩く左に曲がり、小さなアップダウンを越えるとこんもりとした**大窪山❹**に着く。ここで大きく左に折れ、少し下ると一の沢の鞍部だ。長くはないが左右とも切れ落ちているので注意しよう。ここから阿弥陀坊への登り返しは急で鎖とロープがある。

　阿弥陀坊❺からは平坦な尾根になり、シャクナゲ平を過ぎるといよいよ山頂への急登が始まる。30分ほどだが道は木の根と苔の生えた岩交じりで滑りやすく、鎖が1カ所、ロープが連続して張ってある。傾斜が緩むと負欠岩コースへの分岐のある南北に細長い**東峰山頂❻**の北端に出る。この分岐を五十嵐方面に下り、「牛の背骨」の先が西峰だ。負欠岩に行くには西峰経由で行くが、潅木が被さり歩きにくい。山頂の標識はこの先の潅木の間を抜けるとすぐだ。

　下山路の鋸尾根はここから南へ下る。5分ほどで舞子高原への道を分け、さらに進んで南峰を越えるとすぐに**分岐❼**に出る。鋸尾根へはここを右に行く。ここからは鋸尾根の名にふさわしく、**780メートルの鞍部❽**まで痩せ尾根を急なアップダウンを繰り返す。やがてブナ林を過ぎると最後に急な下りで**神弁橋❾**に着く。

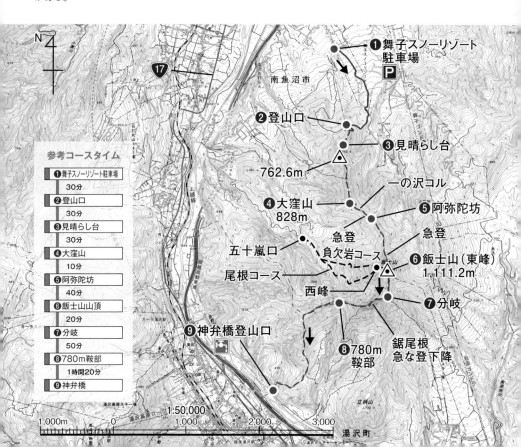

参考コースタイム

❶舞子スノーリゾート駐車場	
	30分
❷登山口	
	30分
❸見晴らし台	
	30分
❹大窪山	
	10分
❺阿弥陀坊	
	40分
❻飯士山山頂	
	20分
❼分岐	
	50分
❽780m鞍部	
	1時間20分
❾神弁橋	

N

17

南魚沼市

❶舞子スノーリゾート駐車場 P

❷登山口

❸見晴らし台

762.6m

一の沢コル

❹大窪山 828m

❺阿弥陀坊

急登

急登

五十嵐口

負欠岩コース

尾根コース

❻飯士山（東峰）1,111.2m

西峰

❼分岐

❾神弁橋登山口

❽780m鞍部

鋸尾根急な登下降

立柄山

1:50,000

1,000m　0　1,000　2,000　3,000

湯沢町

70

中越

苗場山
（なえばさん）

湯沢町・栄村（長野県）　2,145.2m

難易度 ★★★☆☆

執筆／湯沢山想会　高波菊男
調査／見附山岳会　井口礼子

▶富士見坂から望む苗場山

忘れ難き非凡なる山容
平頂を擁す100名山

　苗場山は、日本はもちろん世界でも類を見ない特異な山容を持つ山だ。その山頂は広大で、南西に緩く傾斜して上下2段に分かれ、4平方キロにもおよぶ高層湿原で大小無数の池塘が点在する。最高点から1キロ歩いても標高差は120メートルしかなく、ほとんど「平頂」である。向かいの佐武流山や裏岩菅山から眺めると、深田久弥が「まるで鯨の背のような」と例えた膨大な図体を横たえている。

　山には「登っていい山」と「眺めていい山」がある。苗場山は「居ていい山」だ。せっかく頂上に着いたのにすぐに下りてしまう人を見受けるが、苗場山は時間の許す限りのんびりと楽しんでほしい。

　山頂には木道が敷かれ、湿原の池塘にはミヤマホタルイが芽生え、新緑の頃にこれが田に植えた苗のように見えるのでその名が付いたという。津南生まれの私の父などは、田植えの終わった苗をひとつかみずつ持ち、五穀豊穣を願い登拝したという。

　6月初旬の山頂には春が訪れ、ワタスゲ、チングルマと雪消えとともに花々が山上をにぎわす。7月初旬に山開きが行われ、山伏の吹くほら貝の音が登山の安全を願う。このころ緑は一層深くなり、中旬、ヒメシャクナゲが湿原をピンクに染める。下旬、

　梅雨が明けて夏山の最盛期を迎えると、トンボが乱舞し、ワタスゲやコバイケイソウの白が競演する。

　苗場山の展望は素晴らしく、日光連山、奥秩父の山々、北アルプスは全山見渡せる。能登半島から日本海に佐渡が浮かび、魚沼川の先には飯豊山がデンと座る。深田百名山の実に33座が数えられ、富士山も白砂山の上に頭を出す。山頂には伊米神社と苗場山神社の奥の宮があり、木道のあちこちに多くの石祠が残る。

　8月中旬、山上は静けさを取り戻し、ウサギやオコジョ、キツネなどの動物たちが遊び回る。満天の夜空に瞬く星たちもその光を増す。

　9月になると少しずつ秋の気配が忍び寄り、湿原は緑から黄金に変わる。下旬は紅葉、ベニサラサの深紅が我々を驚嘆させる。10月に入ると池塘には氷が張り霜柱が立つ。そして雪が舞えば長い白銀の世界だ。そこは白い妖精たちの舞台となる。

▲朝日に燃える紅葉の苗場山山頂湿原

▲ワタスゲが揺れる山頂の池塘

登山適期（月）	6月でも残雪が多く、山頂は広大な雪原だが、祓川コースではお花畑周辺でシラネアオイ、アズマシャクナゲ、ミネザクラが咲く。紅葉の時季はベニサラサドウダンの深紅が見事。

1	2	3	4	5	6	7	8	9	10	11	12

■ 交通・マイカー
JR上越新幹線越後湯沢駅下車。タクシーで登山口となる和田小屋へ40分。マイカーは祓川登山口駐車場（有料）に駐車（150台程度）。

■ ワンポイントアドバイス
①マイカー利用の場合、国道17号から八木沢、大島地区を通る。また、林道を5分ほど走るとゲートがあり、番人がいるときは入山届けの提出を求められる。あらかじめ登山届けを用意しておくとよい。②トイレは駐車場にある。山頂では交流センターのトイレを利用（有料）。③登山道はよく整備されているが、雨天時は川のようになる所もあるので足元注意。④靴底がはがれて立ち往生する人がいるので、入山前のチェックを忘れずに。

■ 問い合わせ
湯沢町観光商工課　　　　　　　　　　☎025-784-4850
湯沢トレッキング協会（高波ヒュッテ）☎025-787-3268
ゆざわ魚沼タクシー　　　　　　　　　🆓0120-44-2025

コースガイド

苗場山への登山道は9コースあるが、途中合流して山頂へは4コースとなる。いずれも頂上直下は急登で、先を急がずマイペースで行こう。ここでは関越道、上越新幹線を使って越後湯沢から入る祓川(はらいがわ)コースを紹介する。

祓川登山口駐車場❶から和田小屋へは車道を歩く。水は和田小屋で補給可能。登山届ポストは和田小屋前広場にある。

和田小屋❷を出るとブナ帯に入り、身が引き締まる。道は滑りやすく、川原のような所もあるので慎重にゆっくり歩く。6合目を過ぎるとダケカンバが多くなり、汗で体がにじむようになると**下ノ芝❸**に着く。樹相はシラビソ帯へと変わり、蒸し暑かった道も風を感じるようになり、さらに高度を上げて中ノ芝へ出ると一気に視界が開ける。

振り返れば間近に平標山(たいらっぴょうやま)、朝日岳(あさひだけ)へと連山が続き、ピラミダルな皇海山(すかいさん)はひときわ目を引く。

上ノ芝を過ぎると右手に酒井、松木両氏の顕彰碑を見、小松原分岐となる。小松原湿原へは3時間ほどで、ワタスゲが咲き霧に包まれるとまさに桃源郷の地だ。

天下の霊観碑、股スリ岩に出ると初めて右前方に苗場山が姿を現す。10分ほどでその昔、五穀豊穣を願って神楽を舞ったという伝説の**神楽ヶ峰❹**(かぐらがみね)に着く。少し下ると苗場山がその全貌を見せてくれる。富士見坂を下ると**雷清水❺**だ。最後の水場なので十分水を補給し、お花畑へと下る。

お花畑は6月初旬のシラネアオイに始まり、7月中旬にはヒメシャジンなど50種以上の高山植物が咲き誇る。雲尾坂の急登をあえぎながら登り、ヒカリゴケを過ぎると**山頂❻**に飛び出す。目の前に広がる湿原に感激し、雲上の楽園を堪能したい。

▶ベニサラサドウダンの深紅

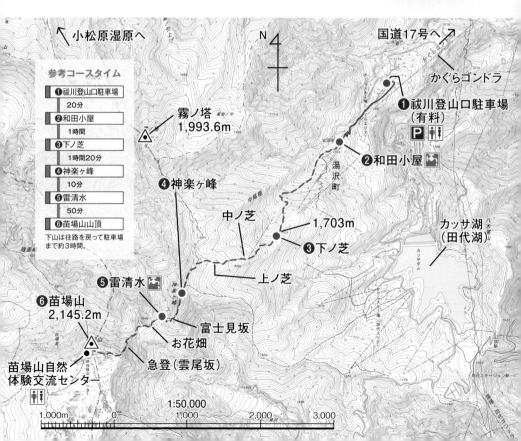

参考コースタイム

❶祓川登山口駐車場
| 20分 |
❷和田小屋
| 1時間 |
❸下ノ芝
| 1時間20分 |
❹神楽ヶ峰
| 10分 |
❺雷清水
| 50分 |
❻苗場山山頂

下山は往路を戻って駐車場まで約3時間。

← 小松原湿原へ

国道17号へ ↗

N

かぐらゴンドラ

❶祓川登山口駐車場（有料）

❷和田小屋

霧ノ塔 1,993.6m

❹神楽ヶ峰

湯沢町

中ノ芝

1,703m

❸下ノ芝

上ノ芝

カッサ湖（田代湖）

❺雷清水

❻苗場山 2,145.2m

富士見坂

お花畑

急登（雲尾坂）

苗場山自然体験交流センター

1:50,000

1,000m　0　　1,000　　2,000　　3,000

佐武流山
さぶりゅうやま

湯沢町・栄村（長野県）　2,191.6m

難易度 ★★★★☆

執筆／十日町山路野会　松岡東二
調査／新潟ランタン会　渡辺茂

▶切明発電所から笠法師山、佐武流山方向

秋山郷の最奥
森閑たる200名山

佐武流山は「苗場山→赤倉山→ナラズ山→佐武流山→赤土居山→白砂山」と連なる山群の最高峰である。苗場山より46.4メートル高い頂上には二等三角点があり、晴れていれば苗場はもちろん、槍や穂高といった北アルプスの山々、浅間山や草津白根山、岩菅山などの名峰が一望できる。

しかし、「佐武流」とはなんとも聞きなれない言葉である。本邦にはないこの山名の字義は何か？藤島玄著『越後の山旅・下巻』を参考に見ていきたい。まずは全体から見て「佐武流ノ頭を詰めて佐武流山とした」のを前提に考える。流は「リュウ」と読み、「ユウ」を当てはめてみる。ユウは谷川岳の幽ノ沢などと同義語であろう。ユウは「シウ」の訛りで「岫（くき）」を当て、その意味は「山の穴」「岩窟」であると思われる。

サブについてはこうだ。藤島はサブを「寒のサブ」「錆のサブ」よりも「宿ぶ」ではないか、としている。そうすると「サブリュウ」は「泊まり岩穴」すなわち「岩小屋」という意味になる。こう考えると、信州側の佐武流沢は泊まり岩穴のある沢ということができる。

現在の登山道は、大勢のボランティアの方々の努力により「復活」した登山道である。佐武流山は200名山に数えられながら、周囲の山々に埋もれて山麓からは目立たない。そんなこともあって以前営林署の作業道として使われていたこの道もいつの間にか廃道となっていた。これをボランティアの方々が平成10年（1998年）から平成12年にかけて再び整備したのである。

佐武流山は登る人が少なく、静かな山行を楽しめる。自然のままの奥深い山頂での一時は、訪れた者のみ知る喜びであろう。10年ほど前のことだが、誰もいないと思っていたら、ネマガリタケがゆさゆさ揺れて登山者が現れ、びっくりしたのを覚えている。東京農工大のワンダーフォーゲル部とのことで、4人のパーティーだった。白砂から来て、これから苗場山→赤湯→平標山へ行くとのこと。苗場山までのルートは、当時は大変なやぶ漕ぎだったと思うが、近年は西赤沢源頭分岐から赤倉山まで刈り払いが行われている。

▶ロープの張られた急斜面を登る

▲独特な形の猿面峰
さるつらみね

登山適期（月）

適期は6月中旬〜10月。5月は残雪があるため6月中旬からよい。

1	2	3	4	5	6	7	8	9	10	11	12

■ **交通・マイカー**
入山はマイカーあるいはタクシーが良い。関越自動車道塩沢石打ICから国道353号、117号を経由して津南町へ。津南町から国道405号で秋山方面、切明を目指す。決まった駐車場はない。JR飯山線を利用の場合は津南駅で下車。

■ **ワンポイントアドバイス**
①コース中に山小屋、避難小屋はない。水場は檜俣川より上部にはない。②檜俣川は増水すると渡渉できない恐れがある。天候に注意したい。③登山届のポストはドロノ木平登山口にある。④温泉は切明温泉と和山温泉がある。切明温泉は中津川渓谷の最も奥にある温泉で、和山温泉は少し下流にあり、川の向こうに鳥甲山の絶壁が見上げられる。

■ **問い合わせ**
秋山郷総合センター「とねんぼ」（栄村役場秋山支所）　☎025-767-2202
十日町タクシー津南　☎025-765-5200
森宮交通　☎0120-47-6300

コースガイド

秋山郷最奥「切明」の手前、**中津川林道手前のゲート❶**が起点となる。車は邪魔にならないよう道路脇に止めよう。木漏れ日を受けながらカラマツ林の林道を行くと、所々に丸太を削った距離表示の杭がある。1時間ほどで**檜俣川林道との分岐❷**だ。道は少しずつ高度を上げ、背後に鳥甲方面の山並みが見え隠れしてくる。左側前方に月夜立岩の岩峰が見えてくると登山口は近い。分岐から30分で**佐武流山登山道入り口❸**の道標が現れる。

檜俣川へ下るとロープの張られた**渡渉点❹**に着く。滑りやすい川床に注意して渡ろう。増水時は特に注意したい。広葉樹林の中を緩やかに登っていくと急登が待ち構えている。少し明るくなってきたと思ったら**物思平❺**だ。

再び急登の樹林帯の中を進む。道は岩や木の根が多く、ロープの張られた急斜面を5カ所ほど越えると**ワルサ峰(悪沢峰)❻**に着く。岩菅山や苗場、妙高、北アルプスを展望できる。

いったん下り、緩やかな斜面を進むと**西赤沢源頭分岐❼**だ。左はナラズ山、赤倉山、苗場山への縦走路である。右に進めば少し開けた**坊主平❽**で、ビバーク可能である(水場はない)。ふと、この山を登り始めてゴミが全く落ちていないことに気付く。登山者が少ない山域なのだ。

坊主平からはダケカンバにコバイケイソウ、ゴゼンタチバナ、ミツバオウレン、ウメバチソウなどを見ることができる。花々に励まされながら更に進むと、丸太の標柱が出迎える**佐武流山山頂❾**だ。下山は往路を戻ってもいいし、檜俣川林道分岐から「和山へ近道」の表示に従い、ドロノ木平登山口に向かってもいい。ドロノ木平登山口から駐車地点までは数分である。

▶佐武流山山頂

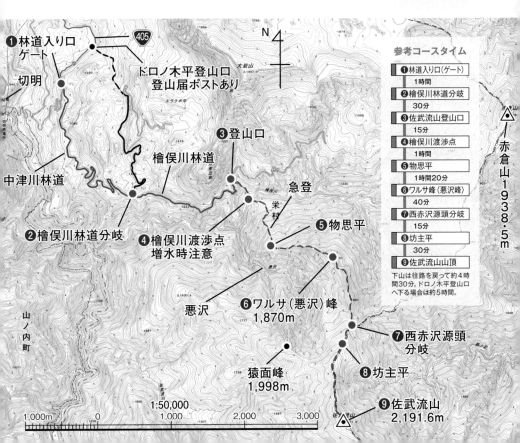

❶林道入り口ゲート
切明
ドロノ木平登山口 登山届ポストあり
中津川林道
檜俣川林道
❸登山口
急登
栄村
❷檜俣川林道分岐
❹檜俣川渡渉点 増水時注意
❺物思平
悪沢
❻ワルサ(悪沢)峰 1,870m
❼西赤沢源頭分岐
❽坊主平
猿面峰 1,998m
❾佐武流山 2,191.6m
赤倉山 1938・5m
山ノ内町

405

N

1:50,000
1,000m 0 1,000 2,000 3,000

参考コースタイム

❶林道入り口(ゲート)
1時間
❷檜俣川林道分岐
30分
❸佐武流山登山口
15分
❹檜俣川渡渉点
1時間
❺物思平
1時間20分
❻ワルサ峰(悪沢峰)
40分
❼西赤沢源頭分岐
15分
❽坊主平
30分
❾佐武流山山頂

下山は往路を戻って約4時間30分。ドロノ木平登山口へ下る場合は約5時間。

黒姫山(刈羽黒姫山)
くろひめやま(かりわくろひめやま)

柏崎市	891m

難易度 ★☆☆☆☆

執筆／長岡ハイキングクラブ　髙橋欣弘
調査／長岡ハイキングクラブ　菊入好子

▶刈羽富士とも呼ばれる美しい山容

七池七岩屋ありき
伝説を秘めた刈羽の黒姫

　黒姫山は古くから信仰と伝説の山とされ、米山、八石山と並ぶ「刈羽三山」の一座である。

　黒姫山の一帯はもともと海底で、砂や泥が積もって厚い地層を作り、およそ400万年前から海底火山の活動が始まった。この活動でハイアロクラスタイトなどが堆積し、活動の合間に砂や礫なども堆積して、そこに貝や海藻などの生物が多数生息していた。それを物語るかのように、中腹の礫の地層から貝の化石などが数多く発見されている。

　黒姫山は地元の人々に「くろひめさん」と呼ばれ親しまれている。伝説によると黒姫さんは女性の神様で、その名前を「罔象女命」といい、越後の国を治めた「大国主命」のお后であると伝えられている。

　また、「七池七岩屋ありき」との言い伝えも残っているが、池はおろか、岩屋の全部を知る人も現在では少なくなってきている。ここでは柳郷の伝説の中に登場する「4つの岩屋」を紹介してみよう。

①北の岩屋

　最も知られている岩屋で、鵜川神社裏から白倉に向かって10分ぐらいの所、清水谷集落に向いた断崖にある。罔象女命のお船の軸先が突き当たっ

てできたと伝えられており、その広さは奥行き三間(約6メートル)高さ一丈四尺(約5メートル)という。道から岩屋まで断崖で岩伝いに行かなければならない。

②東の岩屋

　黒姫神社裏の岩壁にある。神罰があるというので、今までに踏査した人はいないといわれている。

③西の岩屋

　美しい姫が機を織っていたという、黒姫機織神の由来にまつわる岩屋。古屋敷の西側の岩壁にあると伝えられている。

④南の岩屋

　中後(板畑集落より黒姫寄り、今は集落の跡地がかすかに分かる程度)から見える岩壁にあると伝えられている。

　黒姫山は伝説の山とされているが、残っている伝説はわれわれ一般人が考えているよりはるかに少ない。

▶ブナの原生林。幹が大きく曲がっている

▲眼下に「梨ノ木田の棚田」

登山適期(月) 適期は4月下旬〜11月。5月上旬の新緑、10月中旬の紅葉は素晴らしい。落葉期は山頂からの眺望が良い。5月上旬までは登山道に残雪がある。

1	2	3	4	5	6	7	8	9	10	11	12

■ **交通・マイカー**
登山口までは公共交通機関がなくマイカー利用が良い。登山口(黒姫キャンプ場)に20台ほどの駐車場あり。路肩にも10台ほど駐車できる。

■ **ワンポイントアドバイス**
①コース中の水場は鬼殺しの清水の1カ所。トイレは駐車場の1カ所(冬季は閉鎖)。②春は梨ノ木田の棚田、ブナやカエデなどの芽吹き、秋は落ち穂が黄金色に輝く棚田と紅葉のコントラストが素晴らしい。黒姫山は山腹のブナ林が美しく、新潟県森林浴の森百選にも選ばれている。③磯之辺集落から先は道路幅が狭く、農繁期は農作業車を優先すること。路上、路肩の駐車は通行の妨げとなるため、十分に注意したい。④登山口に登山届受理箱はないが、入山調査のカウンターとオリジナルスタンプあり。

■ **問い合わせ**
柏崎市高柳町事務所　　　　　☎0257-41-2233

コースガイド

　初心者から高齢者まで楽しめる黒姫山の登山コースは、4コースある。白倉、折居、清水谷、そしてここで紹介する磯之辺コースだ。磯之辺コースは山頂への最短コースで人気がある。

　磯之辺集落から日本棚田100選の「梨ノ木田の棚田」の田園風景を進むと、県道終点の手前で路肩が広くなる。ここが**登山口❶**である。

　春の花々を楽しみながら、平坦な登山道を歩き始めると黒姫キャンプ場に着く。キャンプ場からは危険箇所に鉄パイプ・ロープの手すりが設置されている。澄んだ低音で「ククッ・ククク」と鳴くニホンアカガエル、「クォオ・コココ」と鳴くアズマヒキガエルの合唱が楽しい。足元を見ればカタクリ、オウレン、オオバキスミレの群落、夏にはエゾアジサイ、クサアジサイ、コシジシモツケソウなどがコースを彩る。

　登山道を進んで行くと**鬼殺しの清水❷**に着く。

水はチョロチョロで冷たくおいしい。このコースで一番の難所、丁寧に土留めされた急な階段状の道を登り切ると樹齢100年以上のブナ林だ。木々の根元付近は豪雪のため谷側に這うように曲がっている。緩やかな坂道と石段を登り切ると**鵜川神社境内❸**と二十三観音の石仏が安置されている広場に出る。

　さらに観音脇を行くと、かつて電波中継局のあった広場で、眼下に柏崎市街と水平線上に浮かぶ佐渡を望む随一の場所。緩やかな道を行くと**黒姫山山頂❹**だ。避難小屋と石灯籠、石祠、二等三角点などがあり、越後三山をはじめとする県の山々の展望を満喫できる。

　「黒姫山」は信濃と越後に合計3山ある。それぞれの山頂にはこれまた、同じ神「黒姫命」が祭られている。何とも不思議だ。

▶登山口にあるスタンプ

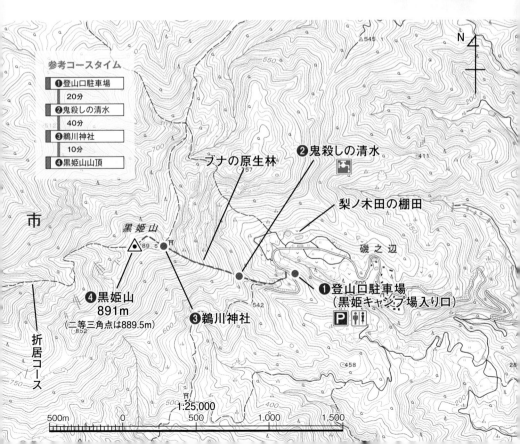

参考コースタイム

❶登山口駐車場
20分
❷鬼殺しの清水
40分
❸鵜川神社
10分
❹黒姫山山頂

ブナの原生林

❷鬼殺しの清水

梨ノ木田の棚田

黒姫山

❹黒姫山
891m
(二等三角点は889.5m)

❸鵜川神社

磯之辺

❶登山口駐車場
（黒姫キャンプ場入り口）

折居コース

市

1:25,000

500m　0　500　1,000　1,500

使用地形図一覧②

No	山名	使用地形図
38	光明山	1:25,000　粟ヶ岳 (H26.10.1)、光明山 (H28.2.1)
39	角田山	1:25,000　角田山 (H28.11.1)
40	弥彦山	1:25,000　弥彦 (H29.2.1)
41	粟ヶ岳	1:25,000　粟ヶ岳 (H26.10.1)
42	袴腰山	1:25,000　森町 (H14.7.1)、粟ヶ岳 (H26.10.1)
43	番屋山	1:25,000　光明山 (H28.2.1)
44	守門岳	1:25,000　栃堀(H28.3.1)、光明山(H28.2.1)、穴沢(H19.9.1)、守門岳(H25.4.1)
45	浅草岳	1:25,000　守門岳 (H25.4.1)
46	鬼が面山	1:25,000　毛猛山 (H28.3.1)
47	鋸山	1:25,000　半蔵金 (H27.6.1)
48	下権現堂山・上権現堂山	1:25,000　須原 (H26.11.1)
49	八十里越	1:25,000　光明山 (H28.2.1)、守門岳 (H25.4.1)
50	毛猛山	1:25,000　毛猛山 (H28.3.1)
51	未丈ヶ岳	1:25,000　未丈ヶ岳 (H27.3.1)
52	越後駒ヶ岳	1:25,000　八海山 (H26.11.1)
53	中ノ岳	1:25,000　兎岳 (H29.6.1)
54	八海山	1:25,000　五日町 (H27.8.1)、八海山 (H26.11.1)
55	荒沢岳	1:25,000　奥只見湖 (H29.12.1)
56	丹後山	1:25,000　兎岳 (H29.6.1)
57	平ヶ岳	1:25,000　平ヶ岳 (H27.7.1)
58	金城山	1:25,000　六日町 (H26.10.1)
59	巻機山・割引岳	1:25,000　巻機山 (H27.7.1)
60	大源太山	1:25,000　茂倉岳 (H27.7.1)
61	七ッ小屋山	1:25,000　巻機山 (H27.7.1)、茂倉岳 (H27.7.1)
62	武能岳	1:25,000　土樽 (H29.1.1)、茂倉岳 (H27.7.1)
63	茂倉岳	1:25,000　土樽 (H29.1.1)、茂倉岳 (H27.7.1)
64	一ノ倉岳	1:25,000　茂倉岳 (H27.7.1)、水上 (H26.2.1)
65	谷川岳	1:25,000　茂倉岳 (H27.7.1)、水上 (H26.2.1)
66	万太郎山	1:25,000　土樽(H29.1.10)、茂倉岳(H27.7.1)、三国峠(H28.11.1)、水上(H26.2.1)
67	仙ノ倉山	1:25,000　三国峠 (H28.11.1)
68	平標山	1:25,000　三国峠 (H28.11.1)
69	飯士山	1:25,000　越後湯沢 (H29.2.1)
70	苗場山	1:25,000　苗場山 (H28.9.1)
71	佐武流山	1:25,000　佐武流山 (H29.1.1)
72	刈羽黒姫山	1:25,000　石黒 (H19.6.1)
73	米山	1:25,000　柿崎 (H28.4.1)
74	尾神岳	1:25,000　原之町 (H19.11.1)

上越の山々

No.73〜100

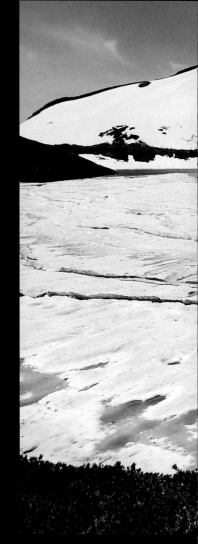

米山
（よねやま）

上越市・柏崎市　　992.5m

難易度　★★☆☆☆

執筆／柏崎山岳会　西村道博
調査／柏崎山岳会　近藤昭徳

▶柏崎から見た米山

端正な三角錐
日本三薬師の霊峰

　美しい三角錐の米山は上越市柏崎区と柏崎市の境、海岸からいきなり聳える独立峰だ。柏崎地区の人々は米山と呼び捨てにせず「米山さん」と呼ぶ。

　その昔、米山は五輪山と呼ばれ、泰澄禅師とその弟子の沙弥が開山したと伝えられる。伝説では、沙弥は海上を航行する船に向かって托鉢の鉢を飛ばし、生活に必要な食べ物を恵んでもらっていた。ある日、いつものように鉢を飛ばして少々の米をとお願いしたところ、出羽の国の上部清定は「これは献上米であり、乞食にやる米などない」と邪険に断った。そこで沙弥が呪文を唱えると、雁のごとく米俵が五輪山の方へ飛んでいった。困り果てた清定は丁重に謝罪し、米を返してくれるよう懇願、米俵は再び船に向かって飛んできたという。その後、強欲な清定は浄定行者と改名し、修験僧になった。五輪山はこのころから「米山」と呼ばれるようになったといわれる。

　米山の山頂には、静岡の鳳来寺薬師、宮崎の法華岳薬師と並ぶ日本三薬師の1つ、米山薬師如来が祭られている。米山薬師の別当寺密蔵院は和銅5年（712年）、泰澄禅師によって開かれたという。現在の護摩堂は文化14年（1817年）に再建された

ものだが、こちらの壁画彫刻は一見の価値がある。

　米山山頂には明治15年（1882年）に埋設された「原三角測点」がある。四方の峰には女人堂があり、これを四方戸羅場、または女戸羅場と呼び、かつて女性はこれより上に登ることができなかった。米山講の男衆が五穀豊穣のお札を授かりに登り、女衆はここで待機していたという。男衆が持ち帰った白抜き文字のお札は、当帰と一緒に田に祭り、豊作を祈願した。現在、この山頂には100人ほど収容できる立派な避難小屋がある。ここに荷物を置き、薬師如来にお参りして360度のパノラマを堪能していただきたい。能登半島、佐渡が見えればラッキーだ。

　登山口は柏崎側の下牧、水野、峠（小村峠、野田口）と、柏崎側から大平、吉尾、谷根がある。ただし、峠と谷根の登山道はアプローチが長く、4時間以上みておいた方がいい。下牧、水野、大平の登山口が昔から親しまれている。

▶山頂の避難小屋

▲三十三観音

登山適期（月）	適期は5月〜12月上旬。3〜4月上旬は登山道から雪庇が3〜5mも張り出しており不安定。崩落する危険があるため、一般登山者は5月に入ってからが望ましい。

1	2	3	4	5	6	7	8	9	10	11	12

■ 交通・マイカー
　JR信越本線柏崎駅から登山口のある下牧・水野方面へのバスは平日のみ1日3便あるが、デマンドバスのため予約が必要（不定期運行のため下記バス会社に要確認）。マイカーは下牧ベース993に駐車（50台、中型バス可）。

■ ワンポイントアドバイス
　①コース上に2つの避難小屋があり、山頂にはログハウス風2階建ての避難小屋がある。②山頂の薬師堂裏手にバイオトイレあり。雪害対策のため上屋が組み立て式で、例年11月中旬から5月中旬まで解体収納される。この期間はトイレの使用不可。③登山道のほとんどがV字状であるため、雨天時には注意を要する。④水場は大平口に5分ほど下った所にあるが水質は良くない。

■ 問い合わせ
　柏崎観光協会　　　　　　　　　　　　☎025-536-9042
　頸北観光バス　　　　　　　　　　　　☎025-536-2219
　頸城ハイヤー　　　　　　　　　　　　☎025-536-2218

コースガイド

ここでは人気が高い表登山口の下牧からのコースを紹介する。

下牧ベース993（2015年に新設された休憩施設）❶に車を置き、石段の奥にある「薬師御仮堂」の横を登り始める。ジグザグした道をひと登りし、緩やかな杉林の中を行く。登山道両側に安置された石仏を過ぎると本格的な登りとなる。雑木林の中を吹き抜ける風が心地いい。

4、5段の石段の場所が**水野ルートとの出合い❷**となる。ここで少し休憩しよう。頸城平野と日本海が美しい。道はやがてＶ字状となる。この形になる以前は尾根道であったが、長年の雨水と人が登って削られたためこうなったのであろう。

やがてやや広くなった所が**駒の小屋❸**である。小屋は長年の風雪で倒壊寸前であったが、当会の会員たちの尽力により再建できた。小休止したら、すぐ上にある三十三観音の石仏が整然と立ち並ぶ

横を登っていく。再びＶ字状の登りとなるが、この辺りからブナの原生林となる。足元が悪く注意しながらひたすら登る。

水野林道コースとの分岐❹に出ると、その先が**女尸羅場❺**だ。ここの避難小屋から少し下って馬の背のような鎖場を過ぎると、尾神岳と柿崎区の山間部の集落が箱庭のように見える。所々で火成岩の露出した箇所を通り、階段状から溝状の道を登ると、右側が急斜面の開けた所へ抜ける。標高も上がり、吹き上げの風が心地よい。

再び階段状の道を頑張って登り、緩やかになってくるともうすぐ山頂だ。**山頂❻**では立派なログハウスに荷物を置き、薬師様にお参りしてから景色を楽しもう。下山は登った道を下ることになる。ゆっくり歩いて2時間ほどで下牧ベース993だ。

▶山頂の原三角測点

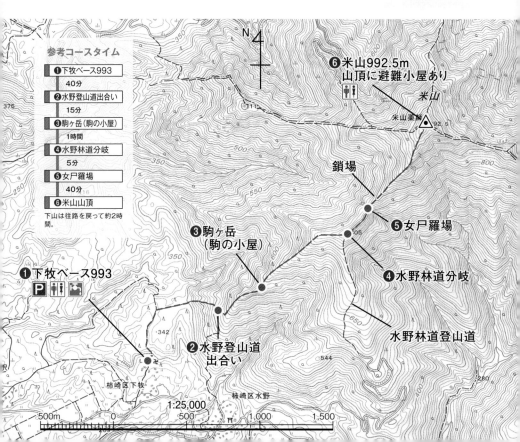

参考コースタイム

- ❶下牧ベース993
  - 40分
- ❷水野登山道出合い
  - 15分
- ❸駒ヶ岳（駒の小屋）
  - 1時間
- ❹水野林道分岐
  - 5分
- ❺女尸羅場
  - 40分
- ❻米山山頂

下山は往路を戻って約2時間。

N

❻米山992.5m
山頂に避難小屋あり

米山

米山薬師 △92.5

鎖場

❺女尸羅場

❹水野林道分岐

❸駒ヶ岳
（駒の小屋）

水野林道登山道

❶下牧ベース993

❷水野登山道
出合い

柿崎区下牧

柿崎区水野

1:25,000

500m　0　　　500　　　1,000　　　1,500

尾神岳
おかみだけ

上越市	757.0m

難易度 ★☆☆☆☆

執筆／柿崎山岳会　西村道博
調査／柿崎山岳会　近藤昭徳

▶突出したピークを
持たない尾神岳

独特な山容が目を奪う
中頸城を代表する里山

　尾神岳は米山の南に位置し、登る人は意外と少ない。しかし、昔は信仰の山だった面影を随所に残している。市道ができるまでは下川谷集落から兜巾山鞍部に出て登ったようだが、現在はパラグライダー基地および市道駐車場から登る。15分も登ると高さ5メートルもあろう立派な展望台に出る。この展望台から眺める頸城平野が箱庭のように見えることから「にいがた景勝100選」にも選ばれている。米山同様、晴れていても日本海からの気流状態で突然霧が発生し、霧雨が周囲を包み込む。これが幻想的な雰囲気を作り出す。

　その昔、天照大神が天岩戸に隠れたとき、八百萬神の計らいで手力雄神が石屋戸を引き開けると、1枚が信州の戸隠山となり、もう1枚が越後に落ちて尾神岳となったという。

　悲しい歴史も秘めており、元治元年（1864年）、京都東本願寺が諸堂を消失し、再建のため献納木を募り、吉川区川谷の大ケヤキを献木することになった。柿崎経由で直江津港に運び、海上運搬する手はずだった。明治16年（1883年）の3月、献納木を載せた「大持そり」が尾神岳の中腹の難所に差し掛かったとき大雪崩が発生、100人が巻き込ま

れた。近郷から2,000人以上が救助に当たったが、子どもを含む27名の尊い命が奪われ、明治20年、遭難地には供養の「報尽碑」が建立されている。

　二の峰を過ぎると小さな三体石祠に出合う。ご神体はないが、ここから北向きに米山が聳え立つ。何か米山と関係がありそうな雰囲気だ。雑木の隙間からは箱庭と錯覚するほどの景観が広がっている。棚田も美しい。尾神岳の山頂は20平方メートルと狭く、ブナ林と雑木で視界は皆無。しかし、樹齢300年以上と思われるブナの原生林を楽しむことができる。

　さて、下山後はこのまま帰宅するのはもったいない。麓のスカイトピア遊ランドは、以前は源小学校水源分校であったが廃校に伴い改装され、立派な施設に生まれ変わった。浴場から眺めるブナ林と日本海に沈む夕日は格別である。近くには「平成の名水百選」に選ばれた「大出口泉水」もある。地元日本酒の仕込み水「吟田川湧水」経由で「かきざき湖」も見学して帰宅されたい。

▶スカイトピア遊ランド。パノラマハウスの情報はこちらで確認を

登山適期（月）	適期は4月〜11月。一般的には市道尾神・川谷線が除雪された5月から冠雪までの期間が最適。

1	2	3	4	5	6	7	8	9	10	11	12

■ 交通・マイカー
JR信越本線柿崎駅から尾神までバス（平日5便、土日祝2便。デマンド運行区間のため要確認・予約）、またはタクシーで登山口まで90分弱。マイカーでは吉川区に入ると要所要所に案内板があり、パラグライダー離陸基地の駐車場（約15台）や登山口の駐車場（約20台）などが利用できる。登山口までのアプローチが長いのでマイカーが最適。

■ ワンポイントアドバイス
①コース上に水場とトイレはない。②パラグライダー基地から登ることもできるが、傾斜の急な直登コースである。③入山口に案内標識類はないので注意。

■ 問い合わせ

上越市吉川区総合事務所	☎025-548-2311
吉川観光協会（スカイトピア遊ランド内）	☎025-547-2221
頸北観光バス	☎025-536-2219

▲展望台からパラグライダー基地とパノラマハウス

コースガイド

　尾神岳の登山道は柿崎区の大出口泉水からのコースもあったが廃道となり、今は吉川区からの登山となる。

　ここでは市道の最高地点から登ることにしよう。**登山口❶**の駐車スペースに車を置き、展望台まで以前遊歩道として整備された赤土の道を登る。季節によって所々草が茂っているが、道幅が広いので問題ない。左側からパラグライダー基地からの道が合流すると、突然高さ5メートル以上もあろうかという立派な**展望台❷**が聳え立っている。北側に米

山、南側に兜巾山、東側に刈羽黒姫山、西側に日本海と頚城三山(妙高山、火打山、焼山)が見える。

　柿崎区の山間部を見て潅木の中を登るといつの間にか**一の峰❸**を過ぎる。**二の峰❹**を少し下って左右のブナ林をゆくと小さな**三体の石祠❺**が目の前に現れる。先人たちはここで米山を仰ぎ、五穀豊穣を祈願したと思われる。このすぐ先が**尾神岳山頂❻**だ。山頂には標柱と二等三角点があり、眺望は良くないが、米山をはじめ北側方面が望まれる。

　下山は登った道をそのまま下山することになるが、もう一度展望台に上って素晴らしい景観を楽しみたい。

▲ブナの原生林

▲三体石祠

▲尾神岳山頂

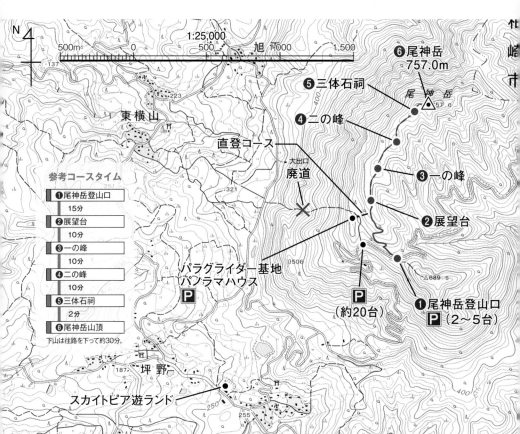

75 菱ヶ岳

上越

菱ヶ岳 (ひしがたけ)

上越市	1,129.2m

難易度 ★☆☆☆☆

執筆／高田ハイキングクラブ　七澤恭四郎
調査／高田ハイキングクラブ　湯本浩司

▶須川集落入り口からの菱ヶ岳

「菱山の奇事」で名高い 信仰と歴史のロマンが眠る山

菱ヶ岳は上越市安塚区にあり、南側の関田山脈を越えると長野県飯山市となる。地形は新第三紀の海底に堆積した地層が褶曲隆起した山地で、南側は南西から北東にかけて、陥没し断層ができた時、堆積地層にあったマグマが火山岩、安山岩として噴出を伴ったようである。山容は関田山脈から突き出た独立峰のように見えるがそうではない。

山名の由来は、和銅元年（708年）に裸形上人が妙高山山頂まで登り、東方に三角形の山ありと見届け、菱の形から菱ヶ岳と命名したと伝えられている。地元菱里地区で見た場合は台形を成しており、山名に相応しない形である。この山を四方から望み見し実証して「越の菱山」と呼んだのが江戸後期の文人、鈴木牧之（1770～1842）だ。牧之50歳の1月20日、新たな素材を得るため雪中行脚を試み、塩沢から越後上布（青苧）を持って小千谷、長岡、与板、燕、弥彦、寺泊、柏崎、直江津、高田と巡り、また柏崎に戻って岡野町を経て3月7日に帰宅しているが、その中で菱山の容姿が見る所によっていかに変わるかを知ったと思われる。その時の採集行脚は「北海雪見行脚集」として残されている。

古来、久比岐の須弥山は2つあるが、妙高山に対して、東の須弥山は菱ヶ岳だといわれている。山頂には薬師如来が祭られており、山岳修験の霊山として明治の初めごろまで女人禁制であった。この菱ヶ岳は山寺薬師（上越市板倉区）、金谷薬師（上越市高田）、米山薬師（上越市柿崎区）と並んで山岳修験者の道場として栄えた。今は急斜面下の緩慢な10度前後の裾野にキューピットバレイスキー場のゲレンデが広がり、スキーヤーを楽しませている。

来る途中、安塚集落を左に入って登ると直峰城跡（県史跡）がある。標高344メートルの直峰城跡は中世の典型的な山城であり、春日山から三国峠に通じる松之山街道の入り口にある要害である。南北朝争乱期からあったが、室町時代には上杉氏の直領となり、越後守護上杉房能の隠居所となった。その後、房能は守護代の長尾為景（謙信の父）に追われて松之山天水越で自刃した。また、直江兼続の父樋口惣右衛門兼豊が治めた城としても知られている。

▶山頂の菱薬師小屋と一等三角点補点

▲不動滝

▲可憐なミズバショウが咲く

登山適期(月)	適期は5月下旬～10月下旬。

1	2	3	4	5	6	7	8	9	10	11	12

■ 交通・マイカー
ほくほく線虫川大杉駅下車、東頸バスで安塚コミュニティプラザを経由し乗り換え須川下車。グリーンパーク登山口まで約3km。またはタクシー利用。マイカーなら国道253号の上越市浦川原区虫川南交差点を南に折れ、国道403号を約20分で須川集落へ。集落内の案内表示板にしたがってグリーンパーク登山口へ（駐車場約20台）。

■ ワンポイントアドバイス
①コース中での水場は「どんどん清水」のみ。トイレはない。ただし、ゴンドラ運行中なら終点駅に両方あり。事前にキューピットバレイまたは道の駅「雪のふるさとやすづか」への立ち寄りが無難。

■ 問い合わせ
上越市安塚区総合事務所　☎025-592-2003
安塚観光協会　☎025-593-2043

コースガイド

上越市浦川原区、国道253号の虫川南交差点を南に折れ、「雪だるま高原」「キューピットバレイスキー場」の案内板に従い須川集落へ向かう。集落入り口の展望東屋から菱ヶ岳の威容が迫る。そのまま進み、旧須川小学校先からグリーンパークの案内板に従う。

登山口（東口）①からしばらくはスキー場のゲレンデ内を登る。間もなく右の土手上の杉林に「赤はげ地蔵」、その後左に**「どんどん清水」②**が現れる。夏でも枯れないきれいな水場だ。**ゴンドラ山頂駅広場③**の登山道案内板横からゲレンデを外れて登山道に入る。数カ所で信越トレイルの枝線と接するが、案内標柱で迷うことはない。登山道はほぼ全体が赤土道で、降雨時や雨後は滑りやすい。

春は主にミズバショウが咲く沢沿いに、本峰を南から巻くように登る。ブナ林の急坂を登り詰めると平坦になり、北の方角が開けると**菱ヶ岳頂上④**

だ。「菱薬師」を祭った社と一等三角点がある。社は5、6人収容できる避難小屋を兼ね、馬で登った人の古い記念写真が飾られている。

山頂からの展望は素晴らしい。足元にキューピットバレイが広がり、東から越後駒ヶ岳に守門岳、刈羽黒姫山に米山、その先に佐渡島、頸城平野を挟んで西南に妙高山、火打山と一望できる。

山頂からは西登山口へ下りる。急坂が多く滑りやすい。このコースはブナの巨木が多く神秘的だ。小さな沢を幾つか横切り、やがて**西登山口⑤**へ出る。この後はすぐ先の不動滝と火炎石を見て回ろう。不動滝は落差30メートルで、ブナ林とともにマイナスイオンが満ちあふれている。火炎石は安山岩の一枚岩で、高さ60メートルはあろうか。いずれも迫力満点だ。

▶どんどん清水

N

⑭403⑮

参考コースタイム

①グリーンパーク登山口（東口）
40分
②どんどん清水
10分
③ゴンドラ山頂駅
40分
④菱ヶ岳山頂
50分
⑤西登山口
10分
不動滝・火炎石
1時間30分
①グリーンパーク登山口（東口）

帰路は
1時間半
車道を歩く

①菱ヶ岳グリーンパーク
登山口（東口）Ｐ

②どんどん清水

菱ヶ岳

山頂停留所駅

③ゴンドラ山頂駅

⑤西登山口
火炎石と不動滝

④菱ヶ岳
1,129.2m

1:25,000

500m　0　　　500　　　1,000　　　1,500

天水山
あまみずやま

十日町市・栄村（長野県）　1,088m

難易度 ★☆☆☆☆

執筆／高田ハイキングクラブ　七澤恭四郎
調査／高田ハイキングクラブ　星野　尚

▶信越トレイルの
　最終点「天水山」

森林浴を存分に楽しめる 信越トレイルの最終点

　天水山は新潟県の南西部に位置し、十日町市松之山と南は長野県栄村と境を接している。関田山脈の東端にあり、平成20年（2008年）9月、信越トレイルクラブの尽力によって信越トレイルの最後の区間「牧峠～天水山」の道が整備された。

　山名の由来は古名「雨溝」が天水山となったようだ。麓に天水越という集落がある。永正4年（1507年）、越後守護上杉房能が守護代の長尾為景（謙信の父）に追われ、天水山までよじ登って眼下の信濃川一帯を見渡すと、ことごとく敵兵の占拠するところとなったため、雨溝邑（天水越）に引き返し、主従もろとも潔く自刃したという場所である。その地には今、管領塚が建立されている。

　三方岳（深坂山）から天水山にかけてブナの原生林が広がり、北側（新潟県側）の太いものは目通り4メートル以上のものもある。ここ松之山地区は豪雪地帯で、年間の地温が低いためか、北部の松代地区との境の標高200メートル前後の低い丘陵地までブナ林が広く分布している。現在はそのほとんどが二次林であるが、昔はすべての山地がブナの原生林に覆われていたのであろう。

　麓の松之山温泉は関田山脈（洪積世の初期

200万年前、海の堆積面、海抜0メートル前後が隆起を続け1,000メートル以上にもなった）のできる前おおよそ1,200万年前、古代の海が地殻変動によって地中に閉じ込められ、マグマによって温められたものが噴出したものであるといわれている。お湯は硼酸塩泉で90度もある。惜しまれつつ廃業した兎口温泉は石油試掘により噴出した温泉で、明治39年（1906年）に開湯した含硼酸食塩泉である。塩分の濃度が海水と比べると半分に相当するため、戦後一時製塩事業も行われていた。

　この地は昔から山間地のため水田が少なく、「青苧」が貢租の代替的役割を果たしてきた。平場と違って代官による作柄「検見」と「巡見使」の回数も少なく、苛斂誅求は緩めだったのか、また江戸末期より発見された草生水販売による恩恵があったのか、その表れとして、各集落に戸数の割にはしっかりした神社が残されている。これもまたこの地の特色といえよう。

▶日本山岳会越後支部創立20周年記念事業のプレート

▲美しいブナ林

登山適期（月）	適期は5月下旬～10月下旬。

1	2	3	4	5	6	7	8	9	10	11	12

■ **交通・マイカー**
松之山温泉より天水越集落を通り、大厳寺高原に行き奥に進むと、野々海池と山伏山森林公園と表示した三叉路に出る。マイカーはここに駐車可能（6台程度）。

■ **ワンポイントアドバイス**
①登山口に登山届ポストはない。②コース上に水場とトイレはない。大厳寺高原駐車場にある。ここにはレストランを併設したキャンプ場施設がある。③大雪の時は5月中旬でも大厳寺高原までしか行けない。状況を下記の施設に問い合わせてみよう。④残雪期は天水山から三方岳の間は新潟県側に滑落しないよう十分に注意すること。⑤天水山登山口から深坂峠を結ぶ車道は令和元年7月の調査時点で通行止め。詳しくは越後妻有大厳寺高原キャンプ場に要確認。

■ **問い合わせ**
越後妻有大厳寺高原キャンプ場　☎025-596-2994
NPO法人信越トレイルクラブ事務局（なべくら高原・森の家内）　☎0269-69-2888

コースガイド

今回は旧道と違った松之山口を登って、下りに信越トレイルを西に進むコースを紹介する。まずは天水越の奥、標高約700メートルの大厳寺高原に行く。ここは50年ほど前まではブナの原生林が広がる高原であった。先へ進むと「栄村・深坂峠、野々海池」「津南町・山伏山森林公園」と表示されている**三叉路❶**に出る。道の上側に登山口の標識がある。

林道の砂利道を10分ほど行くと、ブナの落ち葉でフカフカした登山道となる。ブナ林の中は整備されており、低木のオオバクロモジ、コシアブラの実生（みしょう）、左手には白樺も見える。

稜線間近で山伏山方面から来る登山道と合流する**尾根❷**。側にはヤマブドウのからまるウリハダカエデ、リョウブ、オオカメノキがあり、2本そろったブナの大木を過ぎると**頂上❸**である。頂上にも大きなブナの木がある。北側の少し下った所に、プ

レートが食い込んだブナの木が立っている。これは昭和41年（1966年）に日本山岳会越後支部が創立20周年記念事業として県境踏査した時のプレートだ。ちなみにこの時の踏査内容は、新潟県境縦走踏査686.9キロメートルと大佐渡山脈の縦走であった。関田の区間は上越エリアを3つに分けた1つの区間で、飯山線の森宮野原駅が起点。天水山から斑尾山を経て信越線の田口駅（現在の妙高高原駅）に至る約69キロメートルの区間であった。高田ハイキングクラブ、柿崎山岳会、電々公社高田山岳部がこの区間を担当した。

春先はブナの原生林の中にイワウチワの群生を見ながら、天水山と双耳峰になっている西ノ峰（そうじほう）に行く。北側（新潟県側）は急崖が続き、所々で眺望が利いて大厳寺高原と松之山浦田地区の集落が見える。少し登って小さなピークを過ぎると**三方岳（深坂山）（まだらおやま）❹**に着く。そこから下って舗装道路を行けば**深坂峠の登山口❺**だ。

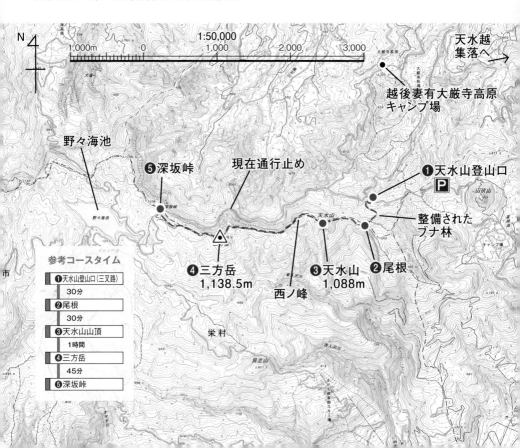

参考コースタイム

❶天水山登山口（三叉路）	
30分	
❷尾根	
30分	
❸天水山山頂	
1時間	
❹三方岳	
45分	
❺深坂峠	

難易度　★☆☆☆☆

執筆／高田ハイキングクラブ　七澤恭四郎
調査／高田ハイキングクラブ　陸川義輝

▶高田から望む
鍋倉山・黒倉山

近隣の古刹巡りも一興
巨木「森太郎」に出合う山旅

　鍋倉山は妙高市と長野県飯山市の境界にあり、関田山脈の最高峰で、高田平野から見ると黒倉山と双耳峰を成している。この山は新第三紀の海の堆積面が年月を経て隆起し続けてできた特異な山だ。山の南東側の谷には豊かなブナの原生林が残されており、中でも「森太郎」と呼ばれる巨木（樹高25メートル、目通り5.35メートル、推定樹齢約400年）があり、林野庁の「日本巨木100選」に選定されている。

　一帯は地元ボランティアによるトレッキング案内や保全活動が盛んだ。周辺には関田峠森林浴遊歩道があり、峠から程近い茶屋池の春と秋の景色は心に残ることだろう。

　山麓の上越市板倉区東山寺に、親鸞の内室恵信尼ゆかりの地として有名な古刹がある。ここに応永年間（1394～1427年）、南北朝合一後に造られたという山寺薬師三尊像（正面向かって右から釈迦如来、薬師如来、阿弥陀如来）が祭られている。また、裏参道を下ると名水「延命清水」もある。

　長野県側の飯山市南町には安養山笠原院真宗寺がある。この寺は島崎藤村の小説『破戒』に出てくる蓮華寺のモデルとして知られており、また、西本願寺西域調査隊の随行員として、当寺の24世井上弘円と義兄藤井宣正が名を連ねている。西本願寺西域調査隊とは、別名「大谷探検隊」。20世紀初めに中央アジアおよび中国西域地方の探検と、地図上の空白域の地理学的探検、埋蔵文化財の発掘等を行った調査隊のことである。北は天山、南は崑崙、タリム盆地、トルキスタン、パミール高原へ、国の事業でない宗教団体のみの派遣と探検を、西本願寺の法主大谷光瑞が最高責任者となって明治35年（1902年）から大正3年（1914年）まで行った。そのとき大谷光瑞は井上弘円を伴い中央アジアからインドにヒマラヤ山脈を越えて探検し、インドでは藤井宣正を伴って河口慧海と会っている（黄檗宗の僧であった慧海は真の仏教を求めて、禁断の未知の土地に踏み込み、インド、ネパール、チベットを明治33年から36年まで探検した）。なお24世弘円住職の妹は作詞家高野辰之（唱歌「ふるさと」「おぼろ月夜」などを作詞した）に嫁いでおり、真宗寺はあらゆる分野で功績を残した北信随一の名刹といえよう。

▶巨木100選「森太郎」

▲山寺薬師三尊像

登山適期（月）　適期は5月下旬～10月下旬。

1	2	3	4	5	6	7	8	9	10	11	12

■　**交通・マイカー**
　　県道上越飯山線経由で光ヶ原高原を目指し、それを抜けると登山口のある関田峠に到着する。駐車場は10台程度。

■　**ワンポイントアドバイス**
　　①登山口に登山届ポストはない。②コース上には水場はないが、光ヶ原森林公園施設にあり、トイレは茶屋池ハウスにある。③大雪の時は5月中旬でも入山できない場合がある。要問い合わせ。④帰りに板倉区久々野にある温泉「ゑしんの里やすらぎ荘（☎0255-78-4833）」に入って疲れを取るのもよい。⑤令和元年6月の調査時、登山道上に木が伸びており、跨いだり潜ったりして通る箇所が数カ所あった。

■　**問い合わせ**
　　上越市板倉区総合事務所　　　　　　　　　　　☎0255-78-2141
　　NPO法人信越トレイルクラブ事務局（なべくら高原・森の家内）☎0269-69-2888

コースガイド

関田峠へは県道上越飯山線経由で板倉区光ヶ原高原を抜け、南西の前衛峰黒倉山を見ながら進んでいくと**道路脇の駐車場❶**に到着する。「黒倉山登山道」の案内板を見て入ると、コースはよく整備された登山道となり、稜線伝いに南西への主稜縦走となる。

春先だとムラサキヤシオツツジ、ユキツバキ、タムシバ、オオカメノキの咲く傍らを通って、マルバマンサク、リョウブ、ナナカマド、コシアブラ、ウリハダカエデのある道を行く。雪消え間もない斜面にはカタクリの群落、ブナ林の新緑が心地よい。途中関田峠森林浴遊歩道への入り口がある。

まだ雪田が残る**筒方峠❷**から登りが続くが、両側のやぶにシラネアオイ、エンレイソウ、オオイワカガミ、コシノカンアオイなどが咲き、心を癒やしてくれる。やがて**黒倉山の頂上❸**となる。前に光ヶ原高原、高田平野、北西に南葉山塊、北の海岸線より米山、尾神岳(よねやま・おかみだけ)が一望できる。

黒倉山から南へ小さなブナ林を下って、鞍部の久々野峠に立つ。ここには巨木の谷に行く道標があり、行く場合はブナの原生林の中を下って30分ほどで巨木「森太郎」に出合う。久々野峠から鍋倉山の山頂を目指すが、6月上旬まで北西を向いた沢筋に雪渓があり、登山道が分かりにくい。十分注意する必要がある。雪渓が終わると**頂上❹**である。

山頂の木の刈り払った所より、南葉山塊から、火打山(うちやま)、妙高山(みょうこうさん)を望むことができる。南西には仏ヶ峰(ほとけがみね)への登山道が続く。下山は往路を戻って関田峠へと下る。帰りに茶屋池まで足を延ばし、茶屋池ハウスで休憩しながら池とブナ林を観賞するのもいい。

▶鍋倉山途中のブナ林

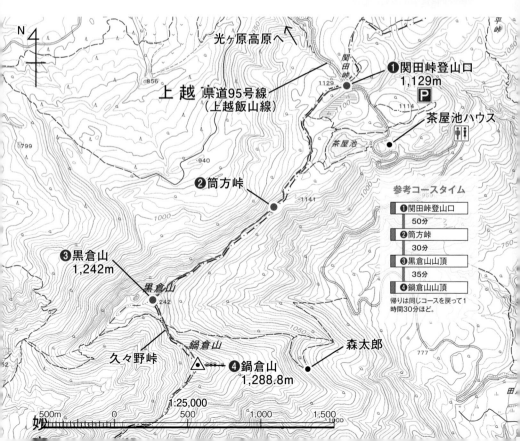

参考コースタイム

❶関田峠登山口
50分
❷筒方峠
30分
❸黒倉山山頂
35分
❹鍋倉山山頂

帰りは同じコースを戻って1時間30分ほど。

1:25,000

78
上越

あおたなんばさん
青田南葉山

| 上越市・妙高市 | 949.1m |

▶南葉高原からの青田南葉山

難易度 ★☆☆☆☆

執筆／高田ハイキングクラブ　七澤恭四郎
調査／高田ハイキングクラブ　山本優子

地元民に愛され続ける
作神「南葉大明神」の里山

　青田南葉山（地形図では青田難波山）は高田平野の南西に位置し、上越市と妙高市との境にあり、二等三角点も設置されている。この山域は総称「南葉山塊」と呼ばれ、北から南へ青田南葉山、猿掛山、籠町南葉山、猪野山南葉山、西に重倉山があり、古くから「南葉5連山」ともいわれていた。

　南葉山の山容はドーム形を呈し、青田川と桑取川（上越市の水道水の水源地）の分水嶺にもなっている。地質は新第三紀系の硬質砂岩、礫岩、泥板岩など堆積岩を中心に形成されている。

　頂上には、山の北西に位置する桑取谷16集落の人々が最も敬愛する作神様「南葉大明神」の祠があり祭られている。麓の皆口集落にある里宮の南葉神社には6センチほどの丸い銭形が往古より3個奉納されているとの言い伝えがある。伝承によれば、旱魃銭、雨降銭、風吹銭といわれ、旱魃銭を動かすと旱魃となり、雨降銭を動かすと霧雨となり、風吹銭を動かすと暴風となり、さらに3個を動かすと凶変になるといって、手を触れることは固く禁じられている。

　南葉山は花の宝庫でもある。カタクリ、シラネアオイ、オオイワカガミ、チゴユリ、マキノスミレをはじめ、四季折々の山野草が目を楽しませてくれる。また、この山は入会地（共有地）が多く、その昔集落全体が共同で持っている森、林、草刈り場などがあった。入会地に入って木を切ったり、草を刈ったりするのは、集落の人でも勝手にできない。集落の掟では、木や草がよく生育してから、日時を決めて一斉に入るという「山の口」や「口明け」があったようだ。春先に1年間の薪にする木を切り出す仕事の「春木山」でもあった。それが終わるころ、農耕時季の目安となる「種蒔き爺さん」の雪形が現れる。

　麓の集落には上杉時代の慶長3年（1598年）、会津移封に従わず帰農した者もいたようである。また、裏側の明神沢コースの途中にブナの大木があるが、周長3メートル以上のものはもしかすると、5代将軍綱吉によって天和元年（1681年）に改易させられた松平中将家（松平光長）の時代からあったのかもしれない。悲哀と数奇に満ちた眼差しで、この長い年月を俯瞰し、この地の人々に酸素を供給していたありがたいブナの木がある崇高な山である。

▶木落とし坂コースのササユリ

▲高田城址公園から見る南葉山塊

| 登山適期（月） | 適期は4月下旬～11月初旬。山開きは6月第1週の日曜日。 |

| 1 | 2 | 3 | 4 | 5 | 6 | 7 | 8 | 9 | 10 | 11 | 12 |

■ **交通・マイカー**
マイカーは灰塚集落より南葉高原へと上る。南葉高原キャンプ場駐車場（15台・下の駐車場30台）に駐車。

■ **ワンポイントアドバイス**
①水場はキャンプ場と6合目にある。トイレはキャンプ場のみ。②登山後は北陸新幹線上越妙高駅西口の「天然温泉 釜ぶたの湯（☎025-520-8126）」でのんびりしたい。

■ **問い合わせ**
上越市施設経営管理室（登山道）　　☎025-526-5111
上越市農林水産整備課（キャンプ場）　☎025-526-5111

コースガイド

コースには木落し坂コースと明神沢コースがあるが、ここでは登りに木落し坂コースを、下りに明神沢コースを紹介する。**南葉高原キャンプ場❶**の入り口にある大きな「南葉山案内図」でコースを確認してから、登山届の用紙があるので記入する。キャンプ場の管理道路を進み、道が左右に分かれる所を左にコースを取る。下った所で小さな流れをまたぐと緩やかな登りとなる。

道は4合目付近から勾配がきつくなるが、整備されているので安心して登ることができる。登山道脇のアズキナシの木を2本ほど通り過ぎるとブナが混在してくる。6合目の水場で水を補給しながら、ひと休みするとよい。ブナの二次林とネマガリダケの道を登る。7合目では右に入って**見晴らし台❷**。眼下には高田平野とその向こうに米山、尾神岳、刈羽黒姫山、関田山脈が一望できる。ここから上は5月下旬まで雪が残っており、道が分かりにくく注意

すること。緩やかな登りと左右にはブナ林が続く。

山頂❸は広く刈り込まれており、「南葉大明神」の祠がある。頂上は残雪期のみ展望が利くが、雪がないときは南方の妙高山、火打山、大毛無山方面の刈り払った所のみが見えるだけである。

帰りは明神沢コースを、ブナ林の中を下る。途中ブナ、タムシバの低木帯のある小さな窪地の所を行く。少し下るとブナの大木があり、その一帯は木漏れ日が差し、新緑のみずみずしさが、一段と引き立っている。少し休憩して森林浴をしながら、北西の方向を見ると鏡池が見える。また下ると**明神峠❹**の分岐となる。真っすぐ北西に下れば湯ったり村コースとなるが、右に下りて明神沢コースを行こう。

▶南葉山山頂の南葉大明神

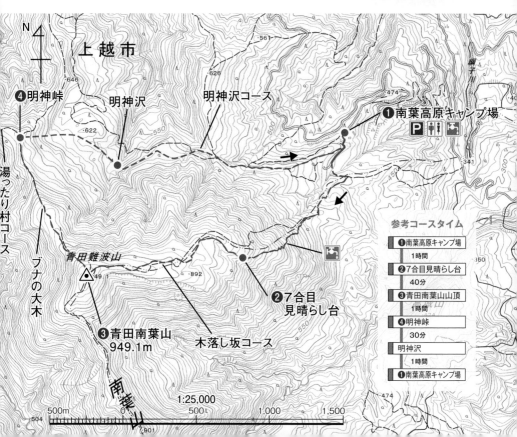

N

上越市

❹明神峠　明神沢　明神沢コース　❶南葉高原キャンプ場

湯ったり村コース

ブナの大木

青田難波山

❸青田南葉山 949.1m

木落し坂コース

❷7合目見晴らし台

南葉山

1:25,000

500m　0　500　1,000　1,500

参考コースタイム

❶南葉高原キャンプ場
1時間
❷7合目見晴らし台
40分
❸青田南葉山山頂
1時間
❹明神峠
30分
明神沢
1時間
❶南葉高原キャンプ場

せきだとうげ～ぶすのとうげ
関田峠～伏野峠（信越トレイル）

上越市・飯山市（長野県） 1,129m～1,000m

難易度 ★☆☆☆☆

執筆／高田ハイキングクラブ　七澤恭四郎　▶高田から「牧峠～
調査／高田ハイキングクラブ　星野　尚　　　伏野峠」

新緑、紅葉、山野草と野鳥
「信越トレイル」の自然を満喫

　関田峠（上越市板倉区）、梨平峠（上越市清里区）、牧峠（上越市牧区）、宇津ノ俣峠（同）、伏野峠（上越市安塚区）は標高1,000メートル内外の山々の連なりで、関田山脈の一部として形成されており、南は長野県飯山市と境を接している。これらをつなぐ登山道は信越トレイルクラブの会員の力によって整備開通された山道だ。

　峠にはほとんど新潟県側の麓の集落名が付けられているが、これは上杉時代にさかのぼって統治した時の名残のように思われる。昔から信越国境には16の峠があったが、関田峠（別名大明神峠）については、この近くの峠の中で最も歴史があり、交通量が多かった。一時期軍用道としても活用されたが、上杉家の会津移封とともに荒廃した。その後、松平忠輝時代にまた復活し、口留番所も設置して道を開いたので、庶民の交流も始まったようであるが、本当に多くの人が利用するようになったのは幕末からである。明治26年（1893年）に鉄道の信越線ができるまでは盛んに交易が行われたが、その後は衰退の一途をたどった。

　梨平峠については、明治の初期、荒廃した道を梨平集落と温井集落の話し合いのもとに双方で道普請をやったことがあり、その甲斐あってか人的交流も盛んになった。峠を挟んでの嫁取り、婿養子などの記録が残されている。ほかの峠と違って現在もなお数百年前の形で存在しているまれな例である。

　牧峠は古来関田街道の脇道であり、交易道として越後・信濃の住民には欠かせない道であった。江戸末期から明治にかけて交易は盛んであったが、信越線開通と大正10年（1921年）の飯山鉄道飯山豊野間開通で峠道の意義が失われていった。また、宇津ノ俣峠については江戸時代宇津俣に口留番所があり、こちらも交易があった。

　この列記した峠の交易物は、越後側から日常物資や米、酒、海産物（塩、魚、干物）、江戸末期よりこの地方でとれた草生水油、その後明治に入ってからは和紙の原料の楮の皮、蚕に食べさせる桑の葉などが送られ、信州側からは和紙の内山紙、絹布などが険阻な峠の道を越えてきた。

▶新緑の茶屋池

登山適期（月）　適期は5月下旬～10月下旬。

1	2	3	4	5	6	7	8	9	10	11	12

■ **交通・マイカー**
県道上越飯山線経由で光ヶ原高原を目指し、それを抜けると登山口のある関田峠に到着する。駐車場は10台程度。帰りのために1台伏野峠駐車場に置くとよい。伏野峠はマイカーで国道403号をキューピットバレイスキー場まで行き、ゲレンデ脇より菱ヶ岳西面を進んで不動滝登山口を過ぎ、伏野峠の駐車場まで行く。

■ **ワンポイントアドバイス**
①コース上には水場はない。光ヶ原森林公園施設の水場を利用。トイレは茶屋池ハウスにある。②大雪の時は5月中旬でも行けない場合がある。要問い合わせ。③帰りに各区にある温泉で汗を流すのもよい。上越市板倉区久々野「あしんの里やすらぎ荘」（☎0255-78-4833）、上越市牧区宇津俣「牧湯の里深山荘」（☎025-533-6785）、上越市安塚区須川「ゆきだるま温泉雪の湯」（☎025-593-2041）。

■ **問い合わせ**
上越市板倉区総合事務所　　　　　　　　　　　　　☎0255-78-2141
上越市清里区総合事務所　　　　　　　　　　　　　☎025-528-3111
上越市牧区総合事務所　　　　　　　　　　　　　　☎025-533-5141
上越市安塚区総合事務所　　　　　　　　　　　　　☎025-592-2003
NPO法人信越トレイルクラブ事務局（なべくら高原・森の家内）☎0269-69-2888

▲モリアオガエルの抱接

コースガイド

起点となる関田峠には登山口が2つあるので、道を挟んで東側にある「関田トレイル（信越トレイル）関田峠」の標柱のある方を登る。北東に延びる関田山脈の尾根上の道は信越トレイルクラブが整備した登山道だ。この山脈は、冬季には大陸から吹き出す北西季節風が、日本海の水蒸気を雪に変え大量の雪を降らせるため、尾根上の山道には雪の重みによって湾曲したブナが所々にある。ほかにミズナラ、ユキツバキ、マルバマンサク、タムシバ、ナナカマド、ハウチワカエデ、オオカメノキ、ウリハダカエデなどが混在している。湿地帯では希少種のナベクラザゼンソウも咲いている

梨平峠❶に着いたら、往時のままの姿をとどめる北側（梨平コース）の山道と原生林を見るのもよい。また、峠に戻って北東に下った窪地「**牧ノ小池❷**」で、日本固有種のモリアオガエルの産卵（6月上旬〜中旬）のための抱接を見るのも楽しいもの

だ。少し登って下ると**牧峠❸**である。峠からは北側に高田平野とその向こうに日本海、快晴であれば佐渡を望むことができる。この場所は越冬のために南下する絶滅危惧種のイヌワシ、ハチクマなどの猛禽類の渡りのコースとなっている所である。毎年9月下旬から10月中旬あたりまで、全国から野鳥ファンが訪れている。

花立山から長野県側は地図上の等高線が込んでいるため眺望が利く。鞍部をなした**宇津ノ俣峠❹**を過ぎると北側の下方に、宇津俣集落の「牧湯の里深山荘」が見え、しばらく行くと「幻の池」に着く。ここでもモリアオガエルとクロサンショウウオの産卵した卵塊を見ることができる。やがて菱ヶ岳（ひしがたけ）西面が見えてくると**伏野峠❺**に着く。

▶関田峠の登山口

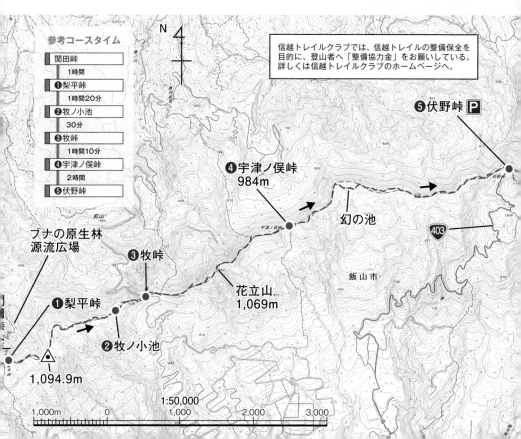

参考コースタイム

関田峠
1時間
❶梨平峠
1時間20分
❷牧ノ小池
30分
❸牧峠
1時間10分
❹宇津ノ俣峠
2時間
❺伏野峠

信越トレイルクラブでは、信越トレイルの整備保全を目的に、登山者へ「整備協力金」をお願いしている。詳しくは信越トレイルクラブのホームページへ。

N

❺伏野峠 P

❹宇津ノ俣峠
984m

幻の池

403

飯山市

ブナの原生林
源流広場

❸牧峠

花立山
1,069m

❶梨平峠

❷牧ノ小池

1,094.9m

1:50,000

1,000m　0　　1,000　　2,000　　3,000

伏野峠〜深坂峠（信越トレイル）

ぶすのとうげ〜みさかとうげ

上越市・十日町市・飯山市（長野県）・栄村（長野県）　1,030m〜1,090m

▶深坂峠

難易度 ★☆☆☆☆

執筆／高田ハイキングクラブ　七澤恭四郎
調査／高田ハイキングクラブ　小山静雄

塩の道、米の道
文化をつないできたいにしえの峠道

伏野峠（上越市安塚区）、須川峠（同）、野々海峠（上越市大島区）、深坂峠（十日町市松之山）は、関田山脈東端の天水山へと連なる1,000メートル内外の峠である。これらの峠をつなぐ道も信越トレイルクラブによって整備された。

関田山脈は特異な存在で、新しい時代に形成された洪積層からなる山脈の中で日本一高い山脈といわれている。一般的に洪積層は海岸近くの丘陵地かもしくは平地に分布する。しかし、関田山脈では標高1,000メートル前後の所に陸成（海より隆起し続けて堆積）した洪積層が分布している。これは極めてまれな例である。

伏野峠は菱ヶ岳西面と南東面の水を集めて流れる小黒川の源頭の西側にある。麓には伏野、真荻平があり、越後からの交易物は米、楮の皮などであった。須川峠は麓の須川集落より赤はげ地蔵、どんどん清水を経て、菱ヶ岳を東に巻き登った所にある。かつては信州街道と呼ばれて、古くから交易が行われていた。越後側からは米が主であったが、豆、稗、楮の皮、薬などが運ばれた。ここでいう薬とは、キハダの木の皮を草生水採掘の際に出た天然ガスで煮詰めて、竹の子の皮で包んで乾かした胃腸薬「百草圓」のことで、頸城地方では須川の「ニセ熊」として親しまれていた（平成8年に製造中止、今は手に入らない）。信州側からは内山紙が入ってきた。終戦直後にはヤミ米も運搬されたようである。

野々海峠は、江戸時代に麓の菖蒲集落（上越市大島区）に口留番所があり、交易もあった。深坂峠は信州側から登ると野々海池畔に出て分岐し、そこで野々海峠を越えて菖蒲へ通じる道と、深坂峠頂上に至る道とになる。峠からは越後側の急斜面を下って、松之山の浦田地区に出て松代から直江津、柏崎へと往還の役割を果たした。これは古代大和からの吉蘇路（木曽路）を経て、信濃路から越後路に出る山岳道路として開かれたものと推考され、そこに峠名の由来が成り立つようである。近世からの利用は塩の道、米の道となり、また江戸時代末期からは青苧から作られた越後縮の行商人が、文化の面では伊勢講、御岳講、長野善光寺参りなどにこの峠が使われた。

▶西マド湿原

▲深坂峠の馬頭観音

登山適期（月）　適期は5月下旬〜10月下旬。

1	2	3	4	5	6	7	8	9	10	11	12

■ 交通・マイカー
マイカーの場合、国道403号をキューピットバレイスキー場まで行き、ゲレンデ脇より菱ヶ岳西面を進んで不動滝登山口（西登山口）を過ぎ、伏野峠駐車場（10台ほど）に駐車。帰りのために下山口（深坂峠駐車場・4台ほど駐車可）に1台置くとよい。

■ ワンポイントアドバイス
①コース上には水場はない。トイレとともにキューピットバレイスキー場を利用。②国道403号不動滝登山口手前は春先に雪上崩落が多い。また、令和元年7月の調査時点では、野々海峠の長野県側の車道は通行止め（詳しくは上越市大島区総合事務所に要確認）。同じく深坂峠から天水山登山口までの車道も通行止め（詳しくは越後妻有大厳寺高原キャンプ場に要確認）。③帰りに温泉で汗を流すのもよい。十日町市浦田「渋海リバーサイドゆのしま」（☎025-596-3205）。

■ 問い合わせ
上越市安塚区総合事務所	☎025-592-2003
安塚観光協会	☎025-593-2043
越後妻有大厳寺高原キャンプ場	☎025-596-2994
上越市大島区総合事務所	☎025-594-3101
NPO法人信越トレイルクラブ事務局（なべくら高原・森の家内）	☎0269-69-2888

コースガイド

伏野峠の登山口❶に駐車し、須川峠まで1.8キロメートルと書かれた標柱を見ながら登る。1,094メートルのピークを登って下る途中、北側の眼下にブナの原生林と安塚区菱里地区の集落が見える。

須川峠❷からは新潟県側を巻いて行く。やがてゴンドラ山頂駅のコースと書いてある標柱前に着く。下の方にゴンドラ山頂駅が見え隠れする。この辺りにはブナ林の中にユキツバキ、マルバマンサク、タムシバ、リョウブ、ナナカマドなどがある。少し下ると右側のブナの林間に神秘的な湿地帯が見える。「西マド湿原」である。貴重な湿原性植物が生育する所なので近くを通ることにし、植生保護のため立ち入ることは遠慮しよう。ところどころ眺望が利き、安塚区、大島区の景観が広がる。

なだらかな山道を下ると**野々海峠❸**に着く。舗装された道が菖蒲高原から上がってきており、野々海池畔へと続いている。標柱を見て深坂峠の方に進む。やがて三等三角点のある野々海山(1,135.5メートル)に出る。ここが長野県の最北端だ。ここからは眼下に棚田や集落の光景が手に取るように見える。

起伏のないブナの原生林の中を通り、小高い所にある明治28年(1895年)建立の馬頭観音前に着く。馬頭観音は輪廻転生時の六道中の畜生道にあって、その中の人々を救うのを担当する仏である。松之山浦田集落から信濃に抜ける深坂越えは急峻な道が続く。馬の労苦を労い道中の安全を祈願するため、峠の頂に馬頭観音が建てられたのだろう。

少し下ると視界が開け、東頸丘陵の山々の向こうに米山、刈羽黒姫山が見える。程なく舗装道路がある**深坂峠❹**に着き、しばし古の思いに浸るのもいいだろう。

▶深坂峠の登山口

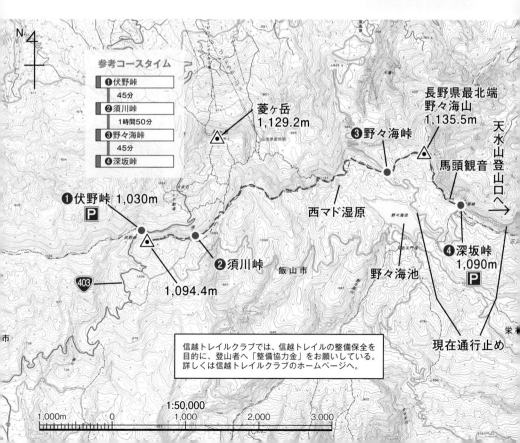

参考コースタイム

❶伏野峠	
	45分
❷須川峠	
	1時間50分
❸野々海峠	
	45分
❹深坂峠	

菱ヶ岳
1,129.2m

長野県最北端
野々海山
1,135.5m

天水山登山口へ→

❸野々海峠

馬頭観音

西マド湿原

❶伏野峠 1,030m
P

1,094.4m

❷須川峠

飯山市

野々海池

❹深坂峠
1,090m
P

403

現在通行止め

栄

市

信越トレイルクラブでは、信越トレイルの整備保全を目的に、登山者へ「整備協力金」をお願いしている。詳しくは信越トレイルクラブのホームページへ。

N

1:50,000

1,000m 0 1,000 2,000 3,000

<table>
<tr>
<td>

81

上越

</td>
<td>

<ruby>不動山<rt>ふどうさん</rt></ruby>

上越市・妙高市・糸魚川市　　1,430.0m

</td>
</tr>
</table>

難易度 ★★☆☆☆

執筆／高田ハイキングクラブ　市村英明
調査／高田ハイキングクラブ　七澤恭四郎

▶不動山(手前)と
火打山、焼山

雨乞いの伝説を残す
名立の奥山

不動山は上越市名立区の南奥に位置する独立峰だ。上越市の最高峰であり、標高は1,430メートルである。不動山から見ると左側に<ruby>妙高山<rt>みょうこうさん</rt></ruby>、右側に<ruby>火打山<rt>ひうちやま</rt></ruby>、さらにその右に活火山の<ruby>焼山<rt>やけやま</rt></ruby>があり、野尻湖や佐渡の眺望も得ることができる。

登山口は基幹林道南葉山線の起点(名立区側)から約9.6キロメートル入った所の右側、名立川の脇にある。

ただし、この基幹林道南葉山線は災害復旧工事のため、現在全面通行止めになっている。徒歩での進入も禁止されているため、一般登山者は毎年7月に開催される「市民登山」に申し込み、参加したい(有料)。

コースはかつて芭蕉ケ池を経由して山頂を目指すことができたが、現在は整備されていない。ブナの大木がある山道を進む。小さなガレ場を越してロープの取り付けられた箇所を過ぎれば山頂である。初めて登る人でも登山口から登りに3時間もみておけば十分だろう。

山頂には<ruby>日本武尊<rt>やまとたけるのみこと</rt></ruby>をお祭りしている<ruby>祠<rt>ほこら</rt></ruby>があり、展望標識も設置されている。かつては女人禁制の山であったが、現在ではそのような慣習はなくなり、地元の不動地区の人たちが毎年整備を行ってだれでも登れる山となった。例年4月26日が地元の「不動山参り」の日で、家内安全、無病息災、無災害が祈願される。

また、日照り続きで困った時には山頂で雨乞いをしたという言い伝えも残っている。その言い伝えの内容は次のようなものだ。戸隠の「水一升蛇一升」という池から水をもらい、その日のうちに不動山の山頂で神官がご祈祷した。そして神官がこの水を一滴たらすと1日、二滴たらすと2日雨が降ったという。

▲堰堤のある登山口

▶山頂の祠。晴れていれば360度の大パノラマ

▲ひっそりたたずむ芭蕉ケ池

登山適期(月)	現在、林道全面通行止め。一般登山者は毎年7月の「市民登山」に申し込み、参加したい(有料)。

1	2	3	4	5	6	7	8	9	10	11	12

■ **交通・マイカー**
国道8号名立大橋東詰信号から18.9km地点で通行止め。

■ **ワンポイントアドバイス**
①注意 現在、林道通行止めのため、個人での登山はできない。毎年7月に行われる市民登山(有料)に申し込みをして参加すること。②紹介コース上に水場、トイレ、避難小屋はない。

■ **問い合わせ**
名立体育協会　　　　　　　　　　　☎025-537-2182
〈上記不在の場合〉
上越市名立区総合事務所　　　　　☎025-537-2126

コースガイド

　現在、災害復旧工事による基幹林道南葉山線の全面通行止めに伴い、一般登山者は7月の「市民登山」への参加以外では入山できない。ここでは令和元年（2019年）の市民登山の様子をもとにコースガイドを記したい。

　7月15日、名立地区の不動地域生涯学習センターに集合。参加者は50人ほどである。市民登山での移動はマイクロバスだ。通行止め以前であれば、上越市中心部から国道8号を名立方面へ走り、「うみてらす名立」を過ぎた名立大橋東詰の信号を左折。ここから県道と林道を24キロメートルほど山に向かって進み、さらに堰堤工事用道路を1.4キロメートルほど入る。車は工事車両待避所に3、4台止めることができたが、登山口に駐車場はない。市民登山ではこの**工事用道路入り口❶**から歩くことになる。登山口までは約20分の下りだ。

　堰堤近くの**登山口❷**からサワグルミ、トチノキ、ミズナラの山道を登っていく。道はこの日に合わせて刈り払いされているが、ぬかるんでいて滑りやすい。1時間ほど登って**芭蕉ケ池分岐❸**に至る。以前はこの分岐を左に進み、10分ほどで芭蕉ケ池に出ることができた。現在、このコースは整備されていないが、道は1,182メートルのピークまで登り、そこから1,083メートルの鞍部まで緩やかに下っていくコースであった。

　今回は芭蕉ケ池分岐を直進する。道は1,182メートルのピークをトラバースするように付けられており、**1,083メートルの鞍部❹**まではブナ林の中を緩やかに登っていく。

　いよいよ山頂までの急登が始まる。鞍部から標高差約350メートルを、息を切らしながら一気に登っていく。1時間ほどで祠のある**山頂❺**だ。この日はあいにくだったが、山頂からの眺めは独立峰らしく雄大である。妙高連峰が指呼の間だ。下山は往路を戻ることになるが、山頂直下の急登は急な下りでもある。慎重に下っていきたい。

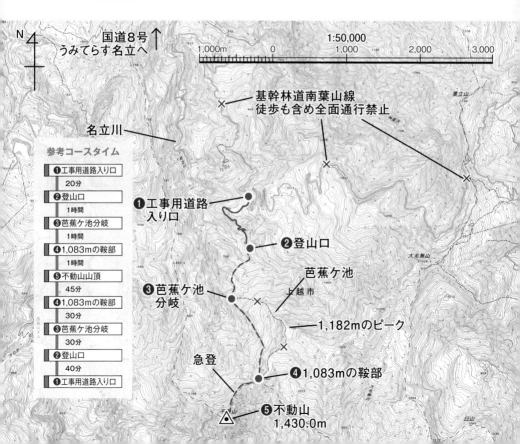

参考コースタイム

❶工事用道路入り口	
20分	
❷登山口	
1時間	
❸芭蕉ケ池分岐	
1時間	
❹1,083mの鞍部	
1時間	
❺不動山山頂	
45分	
❹1,083mの鞍部	
30分	
❸芭蕉ケ池分岐	
30分	
❷登山口	
40分	
❶工事用道路入り口	

N

国道8号
うみてらす名立へ

1:50,000
1,000m　0　1,000　2,000　3,000

基幹林道南葉山線
徒歩も含め全面通行禁止

名立川

❶工事用道路
入り口

❷登山口

芭蕉ケ池

❸芭蕉ケ池
分岐

上越市

1,182mのピーク

急登

❹1,083mの鞍部

❺不動山
1,430.0m

鉾ヶ岳
（ほこがたけ）

糸魚川市　1,316.3m

難易度　★★★☆☆

執筆・調査／いりやま岳友会　中村光信

▶金冠のピークが目を引く鉾ヶ岳

ホンシャクナゲが出迎える
多彩なコースが自慢

　鉾ヶ岳は、北の大沢岳（1,244メートル）から突鶏峰（トッケ峰・1,289メートル）、権現岳（1,104メートル）とコの字形に連なり、南へ放山、空沢山と続いて、能生川と早川を隔てる。鉾ヶ岳も権現岳も1,500メートルに満たないが、標高200〜300メートルの平地から一気に高度を上げるため、その迫力は2,000メートル級の山に劣らない。

　「鉾」の山名から鋭く尖ったイメージを与えるが、旧能生町から見ると、権現岳と合わせてラクダのこぶのように見える。藤島玄も『越後の山旅・下巻』の中で、「山を見た途端に見事に外れた、というだろう」と記している。

　山名の由来については定かではないが、ここでは同書で取り上げられている『越後地名考』の「矛岳」の項を紹介したい。
「頸城郡早川谷の東にあり。嶺に佐多神社の石祠と剣ノ池あり。楢の古木多し。古老伝曰、二神大八州国をしろしめし給ふ時、天瓊矛を以て築き立て給ふ故矛岳といふとぞ。麓より嶺に至り岩石一枚岩にしていかなる大地震といへども動くことなし（以下略）」

　権現岳は中腹に白山権現の小社を祭っており、別名は「白山岳」。毎年5月下旬に「霊峰権現ジオサイト登山」が開催され、多くの参加者が集まるという。しかし、その登山道は非常に手ごわく低山らしからぬ。山頂へ直接登る柵口ルート（250ページ参照）は急坂、岩場、ロープの連続で、「わらじぬぎ場」「胎内洞」「はさみ岩」と気の抜けない難所が続く。

　権現岳から突鶏峰へ向かう途中には、「のぞかずの窓」と呼ばれるキレットがある。キレットとは稜線の一部が急激に切れ落ちている場所のことで、漢字で「切戸」と書く。この傍らにそそり立つのが「万歳岩」で、この上で万歳三唱できれば一人前の登山家といわれるが、非常に危険であるため無理はしないこと。

　この鉾ヶ岳・権現岳の山域は、海抜750メートル付近から上部の険しい尾根にホンシャクナゲが自生している。ホンシャクナゲは本州中部以西の山地に分布しているが、この地域が自然分布の北限となっており、学術上貴重な存在となっている。

▶金冠の紅葉

登山適期（月）　適期は5月下旬〜10月下旬。5月下旬は残雪があり要注意。

1	2	3	4	5	6	7	8	9	10	11	12

■ 交通・マイカー
　島道、溝尾、柵口いずれもバス停から登山口までの距離が長く徒歩約40分。各登山口に駐車スペースがあるのでマイカー利用がよい。

■ ワンポイントアドバイス
　①縦走は車2台で行き、1台を下山口に置いておくと便利。②島道ルートは途中で沢水の補給が可能。③標高は低いが、急峻で岩場が多い。残雪期は特に注意を要する。④下山後は柵口温泉などで汗を流すといい。

■ 問い合わせ
　糸魚川市観光協会　　　　　　☎025-555-7344
　糸魚川バス　　　　　　　　　☎025-552-0180

▲妙高連峰の前にどんと構える鉾ヶ岳の山群

コースガイド

能生方面から鉾ヶ岳への登山道は3つ。「島道ルート」「溝尾ルート」「柵口ルート」である。糸魚川方面からは「吹原ルート」もあるが、いずれの登山口も標高が低く、体力的には2,000メートルクラスの山と同等と考えた方がいいだろう。ここでは能生方面からの登山ルートを紹介する。なお、文中に出てくる距離は、地元の有志2人が25メートルのテープを用いて行った調査に基づくものだ。昭和55年（1980年）の記録であるが、かなり正確であると思われるので掲載した。

まず、島道ルートであるが、登山口は島道鉱泉となる。溝尾ルートとの分岐点まで760メートル・30分だ。ここから溝尾ルートと合流する大沢岳までが2,665メートル・2時間30分で、途中には渡渉点もある。大沢岳から鉾ヶ岳は485メートル・30分である。

溝尾ルートは途中で金冠（きんかむり）のピークを経由する。

金冠は秋の紅葉期、金の冠のように見えることから名付けられた。断崖の岩峰は足場が悪く要注意だが、一帯では最も眺望が良い。登山口から大沢岳までは3,650メートル・3時間10分である。

柵口ルートは権現岳を経由するルートで健脚者向きである。先に記した通り難所も多い。権現岳まで約1,616メートル・2時間40分。ここから突鶏峰を経て鉾ヶ岳まで2,484メートル・2時間である。

鉾ヶ岳の山頂には山頂小屋があり、傍らの一等三角点（補点）が誇らしげだ。糸魚川市にはこここと黒姫山（くろひめやま）に一等三角点（補点）が設置されている。

▶鉾ヶ岳の一等
三角点（補点）

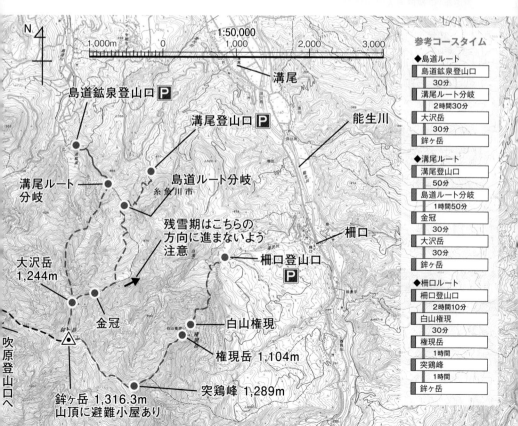

参考コースタイム

◆島道ルート

島道鉱泉登山口
30分
溝尾ルート分岐
2時間30分
大沢岳
30分
鉾ヶ岳

◆溝尾ルート

溝尾登山口
50分
島道ルート分岐
1時間50分
金冠
30分
大沢岳
30分
鉾ヶ岳

◆柵口ルート

柵口登山口
2時間10分
白山権現
30分
権現岳
1時間
突鶏峰
1時間
鉾ヶ岳

1:50,000

1,000m　0　1,000　2,000　3,000

N

島道鉱泉登山口 P

溝尾登山口 P

溝尾

能生川

島道ルート分岐
糸魚川市

溝尾ルート
分岐

残雪期はこちらの
方向に進まないよう
注意

柵口

柵口登山口 P

大沢岳
1,244m

白山権現

金冠

権現岳 1,104m

吹原
登山口
へ

突鶏峰 1,289m

鉾ヶ岳 1,316.3m
山頂に避難小屋あり

妙高山
みょうこうさん

| 妙高市 | 2,454m |

難易度 ★★★☆☆

執筆／高田ハイキングクラブ　七澤恭四郎
調査／高田ハイキングクラブ　渡辺喜一

▶いもり池から眺める雄大な妙高山

その雄大さに感動
日本を代表する越後の名峰

妙高山は新潟県の南西部に位置し、長野県境に近い妙高市にある。妙高火山群の主峰であり、火打山、焼山と並ぶ「頸城山群」でもある。その大きく裾野を広げた雄大な山容は別名「越後富士」。山名の由来は古名「越の中山」に名香山を当て、これを音読して「みょうこうさん」とした。仏教世界の最高峰に君臨した「須弥山」は「妙高山」の別名である。旧登山道は関山神社（妙高信仰の中核的存在）から発しており、社伝によれば、和銅元年（708年）に裸形上人が山頂まで登り、関山権現（明治以前の呼び名）を開基したとされている。平安時代の昔から信仰登山の場として親しまれ、江戸時代中期には登拝者数が1,200人（1712年）いたと記録されている。（宝蔵院日記）

深田久弥の『日本百名山』での紹介では「越後のみならず、私は日本の名山だと思っている。その均整の取れた山容の気品といい、どっしりと安定した量感といい、のびやかな裾野の雄大さといい、名山としての名に恥じない」と絶賛している。志賀高原から眺めた信越五岳は、右から斑尾山、妙高山、黒姫山、戸隠山、飯綱山の連なりが実に美しく、妙高山は特に男性的風貌を呈している。

山体は典型的な複式火山であり、妙高山（中央火口丘）を中心に外輪山（赤倉山、三田原山、神奈山、前山）などが囲んでおり、周りにはなだらかな裾野が広がり、高山植物（トウヤクリンドウ、ミョウコウトリカブト、コバイケイソウ、ワタスゲ、ハクサンチドリ、イワイチョウ、ハクサンコザクラなど）の多さに感動するだろう。外輪山との間には北地獄谷と南地獄谷があり、火口原から流れた水はそれぞれ大田切川と白田切川となってともに関川に注ぐ。

麓にある妙高高原温泉郷は、赤倉、新赤倉、池の平、妙高、杉野沢、関、燕の7つの温泉を有する。また、この一帯はわが国でも最も古いスキー場としての歴史も持つ。当地が国際的に紹介された端緒は、明治14年（1881年）にロンドンで発売された『中部・北部日本旅行案内』（アーネスト・サトウとホーズの共著）で妙高山が紹介されたことであろう。この特長ある山と山域は、四季を通していつもにぎわいを見せている。

▶北地獄谷の上部

▲妙高南峰から火打山、焼山を望む

| 登山適期（月） | 6月でも沢筋には雪があり注意。一般的な登山は7月1日の山開き以降が良い。例年10月初頭に初雪となるため、防寒具を準備すること。 |

| 1 | 2 | 3 | 4 | 5 | 6 | 7 | 8 | 9 | 10 | 11 | 12 |

■ 交通・マイカー
えちごトキめき鉄道関山駅から燕温泉行き市営バスで終点下車。マイカーの場合燕温泉駐車場（30台ほど）に駐車。

■ ワンポイントアドバイス
①コース中には山小屋はない。ただし緊急避難の場合、天狗堂より池の平コースを30分ほど下った所に大谷ヒュッテがあり、利用は可能。②水場は泉源清水と黄金清水の2カ所。トイレは燕温泉駐車場のみ。③登山ガイドを希望する場合、妙高高原観光案内所に問い合わせを。初心者から経験者までレベルにあわせた地元登山ガイドを紹介してくれる。④注意 燕新道の黄金清水から麻平までは、令和元年現在、災害により通行禁止となっている。

■ 問い合わせ
妙高高原観光案内所　　　　　　　☎0255-86-3911
市営バス（関山駅〜燕温泉間：妙高市環境生活課）　☎0255-74-0032

コースガイド

ここでは複数ある登山道の中で、最も親しまれている、燕温泉から登頂して燕新道、長助池を下るコースを紹介する。ただし、燕新道の黄金清水から麻平（あさだいら）の間は、令和元年（2019年）の秋の災害で大倉谷の仮橋が流失するなど、現在通行止めとなっている。黄金清水から燕温泉へのコースタイムも掲載したが、参考にとどめていただきたい。

燕温泉入り口駐車場❶にある「妙高山案内図」を見て今日のルートを確認する。4軒の宿と2軒の店を連ねた温泉街を通り抜けると道は二分し、右は惣滝（そうだき）、麻平へ続くコースなので、左の薬師堂前へ出る石段を上がる。

途中、ブナやトチのある緩やかな斜面を登ると露天風呂（黄金の湯）がある。少し登ると山ノ神大山祇命があり、その先に大倉谷より流れる惣滝が望まれる。スキー場跡の斜面を緩登して、引湯管の埋めてある道を赤倉温泉管理小屋へと進むと、傍らに泉源清水がある。これより先にある水は飲めないので補給しておく。

やがて硫黄の臭いがする川原に到着。渡って少し登ると麻平からの道と合流する。賽（さい）の河原を過ぎ、低木帯を進むと急に左に折れて、ネマガリダケに囲まれた急登を胸突八丁から**天狗堂❷**まで登る。天狗堂からは右前方に大岩壁の妙高山が見える。

少し登って光善寺池、右を巻きながら尾根道を進むと、風穴があり徐々に傾斜を増してゴツゴツとした岩場の鎖場となる。眼下には赤倉、池の平、野尻湖の景観が広がる。少し進むと西側前方に三田原山、火打山、焼山が見え、もうひと息の気持ちで頑張ると妙高の南峰、関山神社奥の院と将軍地蔵の祭ってある**山頂❸**に着く。眺望は北に佐渡、南に南アルプス、八ヶ岳、富士山、東に苗場山、谷川連峰、西に北アルプスと360度の大パノラマだ。

北峰の一等三角点を見たら、帰りは燕新道を**長助池❹、黄金清水❺**と下っていくが、この先は前述の通り通行止めだ。コースの復旧が待たれる。

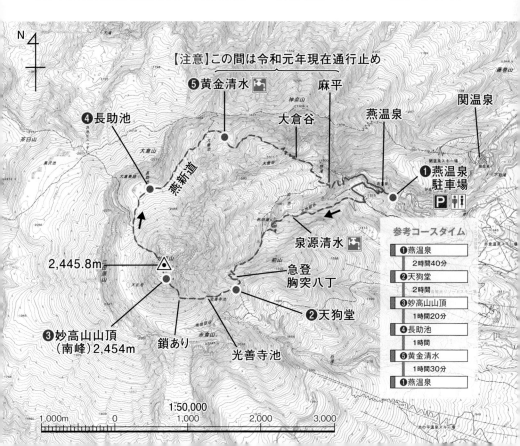

84
上越

火打山
ひうちやま

妙高市・糸魚川市　2,461.7m

難易度 ★★★☆☆

執筆・調査／直江津山岳会　長谷川喜行

▶天狗の庭から
火打山

白く優雅に聳える
妙高連峰の最高峰

　新潟県南西部に位置する火打山は妙高連峰の一座で最高峰である。主峰の妙高山、活火山の焼山と並び、この3峰を「頸城三山」または「妙高三山」と呼ぶ。山名から火山かと思われるが、地殻の隆起によりできた山で、妙高山、焼山とは対照的ななだらかな山容で品がある。

　その昔、火打山は「赤芝山」「マムシ」「赤倉山」などと呼ばれ、山名さえ定まっていなかった。それがなぜ「火打」と呼ばれるようになったのか。その理由についてこんな説がある。頸城の人々にとって、幾度となく噴煙を上げる焼山は恐怖の対象だった。その前衛に聳える真っ白な雪山。あたかも焼山の火を打ち消してくれているかのようだった。いつしか人はこれを「ヒウチヤマ」と呼ぶようになった。

　『日本百名山』の深田久弥も一点の黒もなく白銀に輝くこの火打山を絶賛している。妙高山は山岳信仰で、焼山は硫黄の採取で古くから登られ、火打山だけが不遇の山であった。しかし、近代登山の幕開けとともに地元、杉野沢の名ガイドであった岡田長助により現在の道が切り開かれた。

　火打山の魅力の1つに豊富な高山植物がある。冬の多量な降雪は夏まで雪田となって残り、標高2,100メートル付近の高谷池、天狗の庭では湿性高山植物の群落が随所で見られる。この火打山を代表する花がハクサンコザクラだ。亜高山帯の雪田周辺に生える多年草で、赤紫色の可憐な花と背景の火打山が相まって印象的だ。また、山頂付近のハイマツ帯には天然記念物のライチョウが生息していて、火打山が生息の北限となっている。

　山頂からの展望は最高峰だけに素晴らしく、北アルプスをはじめ八ヶ岳、上信越国境の山々、富士山まで見渡せる。山上の山小屋で1泊すれば妙高山へも足を延ばせ、より充実した山旅となろう。

▲妙高連峰を遠望する

▲高谷池と高谷池ヒュッテ

登山適期（月） 適期は6月〜10月。5月はまだ十二曲りなど急斜面に残雪が多く、一般登山者は6月に入ってからがよい。

1	2	3	4	5	6	7	8	9	10	11	12

■ **交通・マイカー**
えちごトキめき鉄道妙高高原駅から笹ヶ峰直行バスで終点下車。マイカーは笹ヶ峰駐車場（100台程度）に駐車。

■ **ワンポイントアドバイス**
①公共交通機関利用の場合、笹ヶ峰発の最終バスは16時となるので注意する。②紹介コース上の水場は黒沢のみ。高谷池ヒュッテに有料水あり。トイレは笹ヶ峰駐車場と高谷池ヒュッテ（有料）。③高谷池ヒュッテ、黒沢池ヒュッテの宿泊は予約が必要。④入浴施設は杉野沢温泉「苗名の湯」がある。⑤登山シーズン中、笹ヶ峰、燕温泉、新赤倉の各登山口で、妙高山・火打山の登山道整備およびライチョウ保護に関わる協力金500円を任意で受け付けている。

■ **問い合わせ**
妙高高原観光案内所　☎0255-86-3911
頸南バス（笹ヶ峰直行バス）　☎0255-72-3139

コースガイド

　ここでは日帰りコースとして一般的な笹ヶ峰からの往復コースを紹介しよう。登山者専用駐車場に火打山登山口の小屋があり、登山届に記入して小屋をくぐる。広葉樹の中、緩やかに木道が続く。黒沢まで整備されているが、滑り止めの桟に躓かないよう足元に注意して歩こう。笹ヶ峰1周歩道を右に分け、左の道を行く。小沢を3つ渡り大きなブナの木が両脇に現れ、沢の音が聞こえてくると**黒沢❶**に着く。冷たい清流で喉を潤し、水の補給もしておこう。沢に架かる立派な橋を渡りしばらく進むと十二曲りの急登が始まる。ジグザグのきつい登りだがひと汗かくころ尾根に上がる。さらに切り立つ尾根道を木の根や岩をつかんでよじ登る。

　ひんやりとした静寂のオオシラビソの林から沢状の石伝いに木道を行けば、明るく開けた**富士見平❷**に出る。分岐点で右は黒沢池より妙高山方面で、ここは左の道へ入る。やがて左手に火打山、焼山が望まれ、黒沢岳の中腹を巻きながら下り、笹原を過ぎれば**高谷池ヒュッテ❸**に着く。山頂往復となるので、ここで荷物を置いて行く人が多い。遅くまで残雪が残る庭園風の小高い台地へ上がる。花を楽しみながら**天狗の庭❹**の木道を歩けば、池溏に映る優しい姿の火打山が印象的だ。湿原東側の尾根より鬼ケ城の岩壁を見ながら火打山の肩へ。雷鳥平よりハイマツ帯を抜けると山頂直下の草原に取り付く。最後は階段状の急斜面を登り切れば広い**山頂❺**に出る。山頂からは目前に焼山、その奥に雨飾山（あまかざりやま）、はるか遠く富士山へと続く山並みが見渡せる。帰りは同じ道を下るが、時間が許せばひと足延ばして黒沢池経由で下山するのもよいだろう。

▶火打山山頂

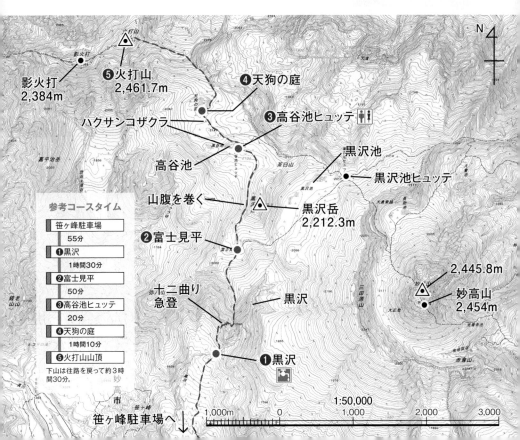

参考コースタイム

笹ヶ峰駐車場	
	55分
❶黒沢	
	1時間30分
❷富士見平	
	50分
❸高谷池ヒュッテ	
	20分
❹天狗の庭	
	1時間10分
❺火打山山頂	

下山は往路を戻って約3時間30分。

影火打
2,384m

❺火打山
2,461.7m

ハクサンコザクラ

❹天狗の庭

❸高谷池ヒュッテ

高谷池

黒沢池

黒沢池ヒュッテ

山腹を巻く

黒沢岳
2,212.3m

❷富士見平

2,445.8m

十二曲り
急登

黒沢

妙高山
2,454m

❶黒沢

笹ヶ峰駐車場へ

1:50,000

1,000m　0　1,000　2,000　3,000

N

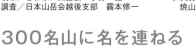

85
上越

焼山
やけやま

妙高市・糸魚川市　　　2,400.3m

難易度 ★★★★★（健脚者向き）

執筆／さわがに山岳会　小野　健
調査／日本山岳会越後支部　霜本修一

▶火打山からの
焼山

300名山に名を連ねる
活火山「新潟焼山」

　焼山は2,400メートル級の火打山、妙高山とともに「頸城三山」と呼ばれて、北部富士火山帯に属する活火山である。糸魚川―静岡構造線を西境とする北部フォッサマグナ帯の東北日本側にあって、妙高火山群の一峰を占めている。「焼山（やきやま、やけやま）」の山名は全国的にも多く、本県では阿賀町、新発田市、小千谷市にも存在する。頸城三山の焼山は、他山と明確に区別するため「新潟焼山」と呼ばれることが多い。

　山腹の地形は、金山から延びる西稜から、北方早川水系と南方真川水系（関川源流）の分水嶺になっている。火山活動の歴史は新しく、30万年前の妙高火山が収束した後、3,000年前から噴火活動を開始したといわれている。最初の噴火は、裏金山側と火打山側から活動を始め、300年前の第5期火山活動までに溶岩ドーム、火砕流（早川谷側）や土石流を発生させ、その堆積物によって賽の河原の緩斜面が形成された。

　昭和49年（1974年）7月の水蒸気爆発の噴石により、登山者3名が死亡する事故が発生し、その後も噴気活動を活発化してきた。山頂部には地熱帯があり、噴気口には黄色い硫黄の結晶も見られ

る。この事故以来、焼山への入山は禁止・解除が繰り返されてきた。そして平成30年（2018年）11月以降、噴煙活動に低下が見られたことから、登山規制が解除された。噴火警戒レベルは今も1であるが、入山者への注意は継続されている。

　登山道沿いの沢筋には8月遅くまで雪渓が残り、夏道との接続部に危険箇所がある。早川コースは富士見峠越えの長野県小谷村へ抜ける旧交易道で、路面勾配が緩いため歩行距離が長い。

　植生は火山活動の歴史が新しいため、北アルプスや火打山、妙高山とは異なっている。一般的に亜高山帯で見られるシラビソやコメツガの針葉樹林帯がなく、偽高山帯斜面が風衝帯になって森林帯が形成されていない。このため、ダケカンバ、ハンノキなどの広葉樹林から一気に高山植物が現れる。

　山頂は角礫安山岩の露頭と崩壊した崖錐帯で、斜面を砂状風化帯が覆い、粘土化した高熱帯や噴気口も各所に見られる。大塊岩礫には、コメバツガザクラ、イワヒゲが張り付き、山頂に根本が露出したコメススキの直立株が点在する。

▶噴気を上げる山頂
部の地熱帯

登山適期（月）　適期は7月～10月。

1	2	3	4	5	6	7	8	9	10	11	12

■ **交通・マイカー**
笹倉温泉より林道2kmにゲートあり。ゲートの入り口に駐車場がある。JR北陸新幹線・えちごトキめき鉄道糸魚川駅からはタクシーを利用。

■ **ワンポイントアドバイス**
①登山前には気象庁などから最新の火山活動情報を確認。②山頂から半径2kmエリアへの入山の際は、新潟県防災局防災企画課へ登山届を提出すること（詳しくは新潟焼山火山条例のHPへ。http://www.pref.niigata.lg.jp/bosaikikaku/yakeyama.html）。③溶岩台地のため、全コース水場なし。④登山道が未整備なので、沢筋の横断後の取り付きに注意。沢筋には8月中も雪渓が残る。⑤活火山なので登山中はヘルメットを着用し、常に火山活動に注意する。⑥携帯電話の電源は切らず、緊急速報メールで情報を得る。

■ **問い合わせ**
糸魚川市観光協会　　　　　　　　☎025-555-7344
新潟県防災局防災企画課　　　　　☎025-282-1605

▲大曲展望台から見た焼山

コースガイド

　登山道は、真川から富士見峠越え、金山からの縦走、笹倉温泉からの3コースだ。いずれも山頂から半径2キロメートル以内に入る場合は、登山届の提出が義務付けられている。ここでは一般的な笹倉温泉からの北側コースを紹介したい。

　笹倉温泉から**登山口❶**までは車道で8.2キロメートルあり、マイカー利用なら車止めの第一ゲートから6キロメートルの歩きとなる。6月から10月の土日祝日は、第一ゲートの先、第二ゲートまで車の乗り入れが可能だ。この場合は往復で2時間ほど短縮できる。

　登山口から20分ほど行くと**大曲の展望台❷**があり、焼山北東正面の全容を見ることができる。噴煙の状況をここで確認したい。火山活動が新しいため、火砕流斜面の筋状浸食もいまだ浅い。樹林帯に入ると、すっかり視界展望が消えてしまう。登山道は小谷村へ通じる交易道であったため勾配が緩く、賽の河原を少しずつ高度を上げていく。

　地獄谷の大沢は8月下旬まで雪渓を残し、いったん沢底へ下りてロープの下がった崖を登って再び斜面に取り付く。崖は滑りやすいので要注意。同じ地形を繰り返してトラバースすると**坊々抱岩❸**があり、右手に流理構造を示す溶岩壁がある。この先を進むと**富士見峠分岐❹**に出る。分岐を左折すると、すぐに**泊岩（岩窟避難小屋）❺**だ。この先の広葉樹林帯を抜けると森林限界を超え、歩きにくい砂礫斜面となる。直登を続けると、山頂直下の「お鉢」と呼ばれる中央火口（凹地）が見える。右前方の巨岩の急登を終えると焼山、溶岩ドームの**山頂❻**だ。山頂からの展望は日本海から北アの山々が素晴らしい。

▶賽の河原の雪渓のある沢筋を横断

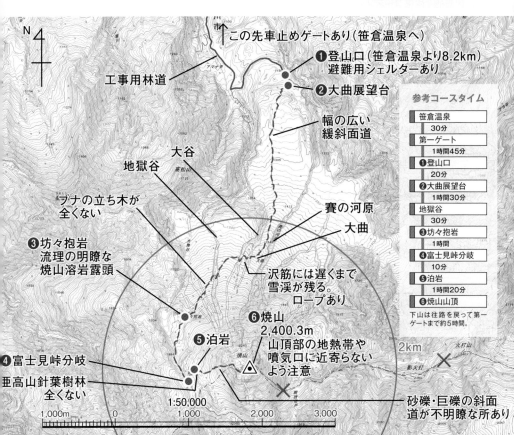

この先車止めゲートあり（笹倉温泉へ）

工事用林道

❶登山口（笹倉温泉より8.2km）
避難用シェルターあり

❷大曲展望台

幅の広い
緩斜面道

大谷

地獄谷

ブナの立ち木が
全くない

❸坊々抱岩
流理の明瞭な
焼山溶岩露頭

賽の河原

大曲

沢筋には遅くまで
雪渓が残る。
ロープあり

❻焼山
2,400.3m
山頂部の地熱帯や
噴気口に近寄らない
よう注意

❺泊岩

❹富士見峠分岐
亜高山針葉樹林
全くない

2km

砂礫・巨礫の斜面
道が不明瞭な所あり

1:50,000

1,000m　0　1,000　2,000　3,000

参考コースタイム	
笹倉温泉	
	30分
第一ゲート	
	1時間45分
❶登山口	
	20分
❷大曲展望台	
	1時間30分
地獄谷	
	30分
❸坊々抱岩	
	1時間
❹富士見峠分岐	
	10分
❺泊岩	
	1時間20分
❻焼山山頂	

下山は往路を戻って第一
ゲートまで約5時間。

雨飾山
あまかざりやま

糸魚川市・小谷村（長野県） 1,963.3m

難易度 ★★★☆☆

執筆／糸魚川山岳会 藤巻道夫
調査／糸魚川山岳会 本間政一

▶根知・稲場集落から雨飾山を望む

谷川岳と同標高
耳ふたつの100名山

深田久弥は、『日本百名山』の雨飾山の文中で「ついに私は久恋の頂に立った」と書いた。戦前の昭和16年（1941年）夏、糸魚川の梶山新湯から、続いて2週間後に長野県小谷温泉から登頂を目指したが果たせず断念した。戦後になって3度目の挑戦でやっと山頂に立ったのである。まさに久恋の頂だったろう。

雨飾山は、百名山登山ブームや中高年層の登山ブームもあって、厳冬期は別として早春から晩秋まで、代表的な両県コースは老若男女でにぎわっている。とりわけ近年は女性登山者が急増している。標高こそ2,000メートルを切るが、妙高、火打、焼山、金山、茂倉峰と続く「頸城アルプス」の一翼を担う。この山並みは日本海からも北アルプス後立山連峰からも望まれる。

山頂は360度の大パノラマで、南北に小突起があり、石仏、標柱などが安置されている。北峰には日本海に向けて大日如来、円光の阿弥陀三尊、薬師如来、不動尊の石仏と石祠、南峰（長野県側）には二等三角点、山名の標柱、ケルンなどがある。深田久弥をして「山にウラ・オモテがあるとすれば、雨飾山はやはり越後の方がオモテであろう」と言わしめた由縁であろう。

百名山の一座だけに、マイカーを駆使して難易度の高い縦走コースも選択できる。1つは妙高から火打・焼・金山から茂倉尾根、大曲から急登して笹平へ。もう1つは海谷山塊の駒ヶ岳・鬼ヶ面山・鋸岳3山から大曲を経て笹平へ。この2つの主稜線の接点が大曲で山頂へと続く。

信越国境に聳えるだけに、その山麓の根知谷には塩の道に通じた伝説・物語もあり、重要文化財も数多い。中でも国指定無形民俗文化財「根知山寺の延年」で知られる「おててこ舞」は有名だ。平成14年（2002年）には史跡「松本街道（塩の道）」、平成16年には「越後姫川谷のボッカ運搬用具コレクション」が矢継ぎ早に国指定文化財になり、小さな「おててこ舞」の里に集中した。山麓の山口集落には「塩の道資料館」や「塩の道温泉・美人の湯」があり、登山の疲れを癒やす施設も整備されている。

山容を代表する双耳峰は根知谷からが一番美しい。長野県小谷村からは急峻な三角形で2つの耳はない。

▶雨飾山の山頂部

▲初夏の笹平

登山適期（月） 適期は5月〜11月初旬。5月でも中ノ池上部は残雪が多い。

1	2	3	4	5	6	7	8	9	10	11	12

■ 交通・マイカー
JR大糸線根知駅から登山口（雨飾温泉）まで13km。JR北陸新幹線・えちごトキめき鉄道糸魚川駅から糸魚川バス根知線山寺上入口下車7.3km。マイカー、タクシーで登山口までが一番便利。

■ ワンポイントアドバイス
①雨飾温泉登山口から山頂までトイレ・水場はない。雨飾温泉・キャンプ場仮設トイレ使用。②雨飾温泉に登山届箱あり。③雨飾山は「糸魚川ユネスコ世界ジオパーク」を構成する24のジオサイトの1つに数えられる。④笹平から頂上までは高山植物の宝庫。

■ 問い合わせ
糸魚川市観光協会 ☎025-555-7344
雨飾温泉直通 ☎090-9016-3212（宿泊予約）

コースガイド

雨飾山は新潟・長野境界に聳えるだけに、四方からの登山道があるが、ここでは糸魚川市から雨飾温泉経由、薬師尾根コースを紹介する。まずは林道梶山線で「**雨飾温泉**」**駐車場❶**に向かう。

温泉前にある露天風呂「都忘れの湯」の横から本格的な登山道となる。千代の泉を右折して梶山薬師堂に参拝してから石畳の急坂を登ろう。20分で薬師尾根の**難所のぞき❷**で、眼下のシンナンショウ沢から水音が聞こえてくる。ブナの原生林が続く尾根筋の道はコース最大のポイント「中ノ池」まで続く。この道はブナ、ナナカマドの木々に囲まれた樹林帯を歩くので、午前午後とも体力的には助かる。かつて千丈ケ原国有林の看板が立てられていた場所は、現在「**一ぷく処❸**」と呼ばれ直下に5メートルほどの金属のハシゴが掛けられている。ここから山頂まで2時間40分、この先を考えればまさに一ぷくどころである。

天然スギの尾根を登り切ると、やがてダケカンバの群生地で、豪雪に耐えた樹形に疲れも癒やされる。振り返れば日本海の水平線を望み、根知谷を俯瞰し、海谷山塊の鋸岳、鬼ヶ面山、駒ヶ岳の3座が足元に広がる。このコース最大の眺望を楽しみながら、ひと息入れて汗をぬぐいたい。

薬師尾根と分かれ、左折して**中ノ池❹**までのトラバースの道をしばらく歩く。夏は小さな池になるが、春先から初夏にかけて雪の残る低地である。笹平までは空沢（雨天注意）で急登、特に遅くまで雪が残り、滑落や浮石落石にも注意がいる。**笹平分岐点❺**から山頂までは20分。広大な笹平の西に、双耳峰とは別のドーム状の**山頂❻**が眼前に迫る。

▶山頂の石仏群と石祠

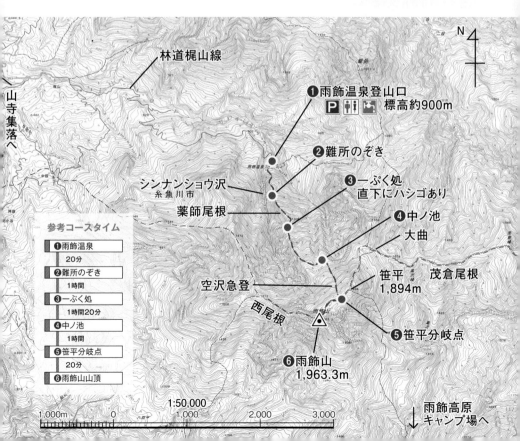

林道梶山線

山寺集落へ

❶雨飾温泉登山口
🅿️🚻🏠 標高約900m

❷難所のぞき

シンナンショウ沢
糸魚川市

薬師尾根

❸一ぷく処
直下にハシゴあり

❹中ノ池

大曲

N

空沢急登

西尾根

笹平
1,894m

茂倉尾根

❺笹平分岐点

❻雨飾山
1,963.3m

参考コースタイム	
❶雨飾温泉	
20分	
❷難所のぞき	
1時間	
❸一ぷく処	
1時間20分	
❹中ノ池	
1時間	
❺笹平分岐点	
20分	
❻雨飾山山頂	

1:50,000

1,000m 0 1,000 2,000 3,000

雨飾高原キャンプ場へ

金山
かなやま

妙高市・小谷村（長野県）　2,245m

難易度 ★★★☆☆

執筆・調査／中田良一

▶笹ヶ峰牧場から望む天狗原山・金山（左）と焼山

山の妖精が咲き競う花の金山

　金山は妙高連峰の焼山と雨飾山の中間にあって、頸城山地の最深部に位置している。笹ヶ峰牧場から見ると牛が寝ているように見えるなだらかな山容である。山頂は登山口のある小谷温泉側からは見ることができない。

　頸城の主山脈で金山だけが文筆家の筆にかかっていない。そして古地図にもその名はない。妙高山、火打山、焼山、雨飾山は古典となったいくつもの山岳書に書かれ、近年の雑誌、ガイドブックでも数多く紹介されている。そんな中で金山が脚光を浴びてこなかったのはひとえに、「山が遠いから、登山口まで不便だから」であろう。しかし、頸城山塊に深い思い入れがあった『日本百名山』の著者、深田久弥が主稜線にある金山に足跡を残していないのはなぜだろうか。

　金山は「花の金山」といわれる通り7月中旬から8月いっぱい、稜線の至る所に花が咲き乱れている。不便さから登山者を遠ざけていたことが、山の自然にとっては良かったことなのだろう。最近では訪れる人も多くなってきているが、依然として静かな山と自然のままに咲く花を楽しむことができる。この豊かな自然を残すため、心して登っていただきたいと思う。

　登山口は小谷温泉を基点にするのが一般的である。ブナタテ尾根から天狗原山を経て金山山頂へのコースだ。

　基点となる小谷温泉の歴史は古く、戦国時代、武田信玄と上杉謙信によって戦われた平倉・立山合戦の折に、武田方の武将が発見し将兵の療養に当てたと伝えられる。以来450年余り名湯として親しまれている。

▲神ノ田圃のお花畑

▲天狗原山から金山（左）と焼山

登山適期(月)	適期は7月～10月。妙高連峰の中でも最も積雪が多く、遅くまで残雪が残る。稜線のお花畑を楽しめる7月中旬から紅葉の10月中旬が最適期といえよう。

1	2	3	4	5	6	7	8	9	10	11	12

■ 交通・マイカー
JR大糸線南小谷駅または中土駅から雨飾高原行きバスで終点下車。マイカーは登山口に駐車スペース（6台程度）に駐車。

■ ワンポイントアドバイス
①マイカーで笹ヶ峰～小谷温泉の林道を利用する場合は、通行止めになることがあるので事前に妙高市農林課（☎0255-74-0029）や小谷村観光振興課農林係（☎0261-82-2588）に問い合わせをしたい。②バス利用の場合、アプローチが長いため小谷温泉に前泊し、早朝出発をおすすめする。③紹介コース上に山小屋、避難小屋はなく、トイレは小谷温泉以外ない。④水場は水量が少なく、雪渓が消える秋には枯れることがある。⑤雨飾荘付近の車道脇に露天風呂がある。風情があり下山後の汗を流せる。

■ 問い合わせ
小谷村観光連盟	☎0261-82-2233
アルピコ交通白馬営業所	☎0261-72-3155
小谷観光タクシー	☎0261-82-2045

コースガイド

登山口へのアプローチは**小谷温泉❶**から徒歩または車が一般的である。徒歩の場合、雨飾荘の手前に分岐点がある。右の笹ヶ峰林道をひたすら歩く。やがて**金山・天狗原山登山道の標柱❷**が林道左脇に見える。ここからブナ林の中をジグザグに登っていく。急坂を上り切ると**水場のある台地❸**に着く。ブナの大木を見ながらひと息入れる。

再び展望のないブナ林の中を行くと緩やかな尾根上に出る。樹林帯の木の根がからむ緩い登りが1,741メートルピークまで続く。ここからいったん下り、急坂を登ると登山道は狭い沢の中に入ってしまう。湿っていて滑りやすい。また、残雪時は道に迷いやすいので注意が必要。沢道を過ぎるとやがてミズバショウの葉の茂る小さな湿地になり、正面に**ガレの斜面❹**が広がる。ネマガリダケに覆われた登山道は左を巻いている。ロープが付いているが足元は不安定なので注意したい。

登山道はオオシラビソの林の中に入り、雨飾山が疎林の中から望まれる。登山道の両側はネマガリダケとなり、緩やかな斜面を登ると、視界が開け草原に出る。眼下に乙見湖を眺めながら行くと、小さな石仏がある。夏にはチングルマ、ミヤマキンバイの花が咲く。**天狗原山❺**の肩から約40メートル下がると、金山谷の源頭に着く。浸食のため道の崩れた斜面があるので、慎重にトラバースしよう。この沢は遅くまで雪が残るので道が分かりづらい。枯れ沢を登れば道は高山植物帯を突っ切るようになる。ここは神ノ田圃と呼ばれ、一面に花が咲き誇る。**山頂❻**は目前、もうひと頑張りである。山頂からは、焼山や雨飾山への縦走路が続く。

▶金山から望む焼山(左)と火打山

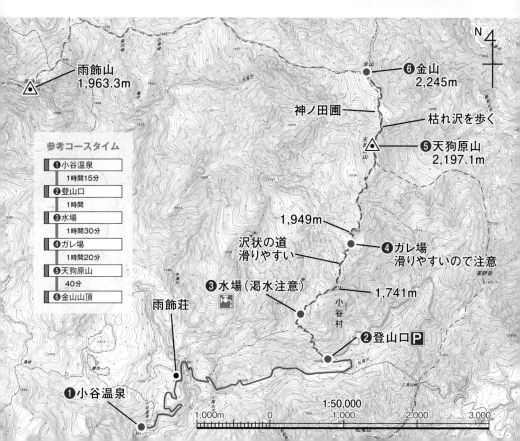

雨飾山
1,963.3m

❻金山
2,245m

神ノ田圃

枯れ沢を歩く

❺天狗原山
2,197.1m

1,949m

沢状の道
滑りやすい

❹ガレ場
滑りやすいので注意

1,741m

❸水場(渇水注意)

❷登山口P

雨飾荘

❶小谷温泉

参考コースタイム

❶小谷温泉
1時間15分
❷登山口
1時間
❸水場
1時間30分
❹ガレ場
1時間20分
❺天狗原山
40分
❻金山山頂

N

1:50,000

1,000m　　0　　　1,000　　　2,000　　　3,000

斑尾山
まだらおさん

飯山市（長野県）・信濃町（長野県）　1,381.5m

難易度 ★☆☆☆☆

執筆・調査／直江津山岳会　長谷川喜行

▶古海集落から望む斑尾山

「北信五岳」の一座
「信越トレイル」の起点

斑尾山は妙高市の最奥、新潟と長野県境にまたがる山である。野尻湖を挟んで連なる飯縄（飯綱）山、戸隠山、黒姫山、そして妙高山を合わせた「北信五岳（信越五岳）」の一座だ。五岳の中で最も標高が低くポツンと取り残されたようであるが、いくつかの伝説や言い伝えがあり、飯山地方の人々に親しまれている。斑尾山山頂を薬師岳といい、石の祠に13体の薬師如来が祭られていて、その昔祠より取り出した石仏1体がどう並べても入らずそのままにして翌日行くと元のように納まっていたという伝説がある。古くは「まんだらの峰」とも呼ばれ、密教の曼陀羅神を祭ることに由来する説や、山肌の雪の消え残りが斑模様になるところから斑山など山名起源はさまざまである。

斑尾山は丘陵地帯に溶岩が噴出してできた山で、関田山脈の南端に位置し、黒倉山、鍋倉山、黒岩山などと同一系統をなす。北信五岳の中でも一番古い火山で、長い年月による浸食で尾根筋は細く、火山体の原地形をほとんど留めていない独特の山容が特徴だ。山麓の野尻湖は火山の噴出物によって堰き止められてできた湖である。

登山口は下荒瀬原口、菅川口、古海口、斑尾高原口、大池口など各方面から登れる。一等三角点のある山頂は木々に覆われ展望はいまひとつだが、3つの登山道を合わせた山頂の一角、大明神岳は斑尾山随一の展望を誇り、遠く北アルプスの山並みまで望める。

近年では「信越トレイル」の起点となる斑尾山へ1時間40分ほどで登れることから、斑尾高原口が一般的になっている。「信越トレイル」は関田山脈のほぼ尾根沿いを縦走する、全長80キロにも及ぶ国内屈指のロングトレイルである。斑尾山周辺には、他にも数多くのトレイルが整備されており、体力に合わせてバリエーション豊かな山歩きを楽しむことができる。

唱歌「故郷」の「うさぎ追いし、かの山」とは斑尾山のことだ。周辺はスキー場やゴルフ場など観光開発が進んでしまったが、四季変化する美しき山はいつまでも「ふるさとの山」である。

▶スキー場最上部から妙高山

▲ミズバショウとリュウキンカが咲く沼の原湿原

登山適期（月）　適期は5月～11月中旬。4月はスキー場に残雪があり登山道はほとんど雪の下にある。一般登山は5月からがよい。

1	2	3	4	5	6	7	8	9	10	11	12

■ **交通・マイカー**
JR飯山線飯山駅から斑尾高原行きのバスで終点下車。マイカーは斑尾高原ホテル駐車場（50台程度）に駐車。

■ **ワンポイントアドバイス**
①斑尾山往復の場合、マイカーはレストラン「チロル」前に駐車可能（10台程度）。②紹介コース上には水場がないので事前に用意すること。トイレは斑尾高原ホテルと沼の原湿原の2カ所。③信越トレイルマップ（詳細地図）があると便利。ビジターセンターや登山口の斑尾高原ホテルで購入できる（500円）。④日帰り温泉は斑尾高原ホテルが利用できる。

■ **問い合わせ**
斑尾高原観光協会　　　　　　☎0269-64-3222
飯山市コミュニティバス　　　☎0269-62-3111

コースガイド

ここでは斑尾山を経由して山麓の湿原を巡る人気のコースを紹介する。**斑尾高原ホテル❶**前にある案内板でコースを確認して出発しよう。正面には斑尾山が望め、山肌にゲレンデが斑模様を描いてどっしり構えている。ホテル裏手のゲレンデから車道に出て下るとレストラン「チロル」前の登山口に着く。かえでの木トレイルと呼ばれるゲレンデ内のメインルートを登っていく。

ぐん平街道を横切り、やがて勾配も増しジグザグ切り返しながら上部に立つ大きなブナの木を目指す。振り返れば遠く関田山脈が続く。山道に入りスキー場最上部のリフト降り場を過ぎれば、**北峰の分岐❷**に出る。立ち木に囲まれた尾根を下り緩登すれば一等三角点の**山頂❸**だ。ここが遥か彼方、80キロ続く信越トレイルのスタート地点である。すぐ脇には13体の薬師如来を祭った石の祠があり伝説の説明が書き添えてある。この先、**大明神**

岳❹へは15分ほど歩き、眺望を楽しもう。眼下に野尻湖が青く輝き、その向こうに北信四岳を望むことができる。

北峰の分岐へ戻り、万坂峠方面の道に入ると、気持ちの良いブナ林を抜けリフト降り場に出る。袴岳を見ながらゲレンデ内の急坂から広い尾根コースを下り、やがて新潟・長野県境の**万坂峠❺**の車道を渡る。ここで「信越トレイル」のメイントレイルと分かれ、車道沿いから湿原西トレイルを進めば、目前が開け広大な**沼の原湿原❻**に着く。5月にはミズバショウやリュウキンカが咲き、木道を伝って周遊できる。湿原北側の分岐点から湿原東トレイルを通りペンション街の車道に出れば、斑尾高原ホテルはすぐである。

▶野尻湖から望む
　斑尾山

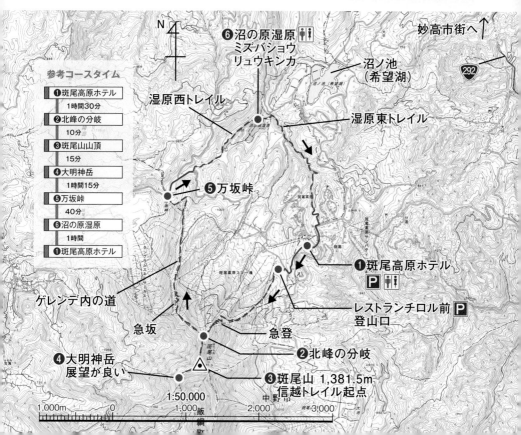

参考コースタイム

❶斑尾高原ホテル	
1時間30分	
❷北峰の分岐	
10分	
❸斑尾山山頂	
15分	
❹大明神岳	
1時間15分	
❺万坂峠	
40分	
❻沼の原湿原	
1時間	
❶斑尾高原ホテル	

❻沼の原湿原 🚻🍴
ミズバショウ
リュウキンカ

妙高市街へ →

沼ノ池
（希望湖）

292

湿原西トレイル

湿原東トレイル

❺万坂峠

ゲレンデ内の道

急坂

急登

❶斑尾高原ホテル
P 🚻🍴

レストランチロル前 P
登山口

❷北峰の分岐

❹大明神岳
展望が良い

❸斑尾山 1,381.5m
信越トレイル起点

1:50,000

1,000m　　0　　1,000　　2,000　　3,000

海谷山塊 鋸岳
うみだにさんかい　のこぎりだけ

| 糸魚川市 | 1,631.0m |

難易度 ★★☆☆☆

執筆・調査／とーろっこ山の会　古畑雅一　　▶海谷山塊の盟主「鋸岳」

岩峰猛々しい
海谷山塊の枢要

　日本全国に鋸岳と名の付く山があるので、ここではあえて「海谷山塊」を付け加えてみた。鋸岳は海谷山塊駒ヶ岳と雨飾山の間に位置する。海谷渓谷を挟む山塊は標高1,500メートル前後が多い中、鋸岳は1,631メートルと一際高く聳える。

　この海谷山塊は特に秋が素晴らしい。そして、訪れた登山者を虜にしてしまうのが、鋸岳から鬼ヶ面山を経て駒ヶ岳へ向かう縦走路である。この縦走路で重要な位置にあるのが鋸岳と駒ヶ岳であり、まさに「新潟100名山」に欠かせない山である。

　鋸岳から南へ雨飾山または金山方面へと登山道は続いているが、一般登山者が日帰りで楽しめるのが鋸岳～駒ヶ岳の縦走である。マイカーを2台用意し、駒ヶ岳登山口と雨飾温泉に置いておけば、今まで味わったことのないような最高の登山となるだろう。ただし駒ヶ岳と鬼ヶ面山の間には「東峰のキレット」という最大の難所がある。初心者には経験者の同行が必要だ。

　鋸岳は前述のように駒ヶ岳からも雨飾山からも登れるが、鋸岳単体の登山は根知地区の雨飾温泉からとなる。雨飾温泉から右の薬師尾根は雨飾山へのルートとなる。雨飾温泉の前を流れるコウドクラ沢を渡り、ブナ林の中を登るルートが第7ルートと呼ばれる鋸岳への登山道である。ブナ林の登りが終わると鋸岳が木々の間から見え隠れする。

　草地に出ると道は水平道となり鋸岳全体が見えるようになる。丁の字沢へ下ったあと登りとなり、もう1カ所第二の沢を渡り、登りになったあと再び水平道となる。ここからひと登りで雨飾山と鋸岳の分岐となる最低鞍部に着く。最低鞍部には雨飾山と鋸岳を分ける標識がある。これより右は金山・雨飾山方面へ向かう第8ルートとなる。

　鋸岳は左へ進む。しばらく登りで汗をかき、振り返ると第8ルートの尾根が同じ目線に見える。その先に雨飾山がはっきりと見え、高度を稼いだことが確認できる。前方には鋸岳頂上の黒い岩肌が間近に迫るようになる。雑木林が途切れると急に視界が良くなる。眼下には出発地点の雨飾温泉が遥か彼方だ。急登をロープと鎖を頼りに慎重に登る。山頂は5、6人が立てるかどうかと狭い。

▶丁の字沢の清冽な水で給水を

| 登山適期（月） | 適期は5月～11月。4月の残雪期も可能だが、一般登山者は5月以降が望ましい。 |

| 1 | 2 | 3 | 4 | 5 | 6 | 7 | 8 | 9 | 10 | 11 | 12 |

■ **交通・マイカー**
　JR北陸新幹線・えちごトキめき鉄道糸魚川駅前からタクシーで雨飾温泉まで40分くらい。マイカーも同時間。マイカーは雨飾温泉駐車場を利用。

■ **ワンポイントアドバイス**
　①雨飾温泉まではJR大糸線または路線バス利用も考えられるが、根知駅からは13km、路線バスで山寺バス停で下車しても3km弱の距離がある。タクシーかマイカーの利用をすすめる。②紹介コース上の水場は丁の字沢と第二の沢。トイレは雨飾温泉。③雨飾温泉に登山届箱あり。

■ **問い合わせ**
糸魚川市観光協会　　　　　　　　☎025-555-7344
雨飾温泉直通　　　　　　　　　　☎090-9016-3212（宿泊予約）

▲起点となる雨飾温泉

コースガイド

ここでは日帰りコースの雨飾温泉からの登山道を紹介しよう。**雨飾温泉駐車場❶**を後にして、コウドクラ沢沿いに作業道を登る。コウドクラ沢を渡ったらすぐに左に入る道がある。小さいが案内表示もある。見逃してそのまま作業道を登っていかないよう注意したい。ここからが第7ルートでいきなりきつい登りとなる。7〜8分で若木のブナの森に出る。ここからは緩い登りになる。ブナの森を登り切った辺りからブナの木の間から鋸岳が見え隠れするようになる。

ブナの森を抜けると道は水平になり、左手に鋸岳がすっきりと見えるようになる。一度**丁の字沢❷**（残雪の形が漢字の丁の字になることから名付けられた）へ少し下る。この沢は1年中枯れることがなく、ここで水を補給しておきたい。やがてトラバースぎみに**第二の沢❸**（この沢も1年中枯れない）を渡り、登り下りを繰り返して再び水平になる。

緩やかな登りの後、巨大なブナの木がある**最低**鞍部❹に着く。最低鞍部は、この先右に第8ルートと呼ばれる金山・雨飾山への登りと、左に鋸岳への登りを分ける。尾根で一番低い場所である。ここまで来ると今までと景色は一転して、海谷以東の烏帽子岳、阿弥陀山、鉢山そして焼山が見えるようになる。これより左へ進むと本格的な登りとなるが、最初のうちは起伏も緩やかで、振り向くと第8ルートの尾根と同じくらいの高さまで来たことが分かる。その先に雨飾山もはっきり見える。

やがて傾斜がきつくなり、頂上の岩肌も間近に見えてくる。樹木の背丈が低くなり、草と岩場の頂上直下に出る。遥か彼方に出発地点の雨飾温泉も見え、北アルプスの眺望も良い。ロープや鎖を頼りに、足場を探しながら岩場を登り切ると**頂上❺**に着く。

▶頂上直下の鎖場

鬼ヶ面山へ

❺鋸岳
1,631.0m
鋸岳

鎖やロープを
使用しての急登

❹最低鞍部

❷丁の字沢

❸第二の沢

参考コースタイム

❶雨飾温泉	
35分	
ブナの森通過	
20分	
❷丁の字沢	
15分	
❸第二の沢	
20分	
❹最低鞍部	
1時間5分	
鎖場（急登開始）	
25分	
❺鋸岳山頂	

下山は往路を戻って約2時間20分。

❶雨飾温泉
P

雨飾温泉

コウドクラ沢

雨飾山へ

1:25,000

1500m　0　500　1,000　1,500

海谷山塊 駒ヶ岳
うみだにさんかい こまがたけ

糸魚川市	1,487.4m

難易度 ★★☆☆☆

執筆・調査／とーろっこ山の会　古畑雅一

▶まるで要塞のような駒ヶ岳

穏やかさと厳しさ 対照的な2つの登山道

　海谷山塊は新潟県の南西部に位置し、標高1,500メートル前後の低山が点在する山域である。海谷渓谷を境に東側には烏帽子岳、阿弥陀山、鉢山、昼闇山、高松山、そして焼山と魅力的な山々が連なっているが、登山道はまだまだ未整備の山が多い。一方、西側は駒ヶ岳、鬼ヶ面山、鋸岳、雨飾山とこれまた魅力的で、こちらは比較的登山道が整備されていて、一般登山者も容易に登れる山が多い。

　どの山も切り立った形をしている中で、ドーム状で巨大な要塞を思わせる形の山が駒ヶ岳である。近年、この駒ヶ岳西面の絶壁に、「鰐口」と呼ばれる岩穴を地元男性が探し出し、その内部に祠と石仏と木仏があることが確認された。今まで伝説となっていた山岳修験が江戸時代から行われていた事実に、地元の方々も驚き、駒ヶ岳が以前にも増して注目されている。なお、駒ヶ岳という山名は全国的にも多く、武内正著『日本山名総覧』(白山書房)によれば14山を数える。

　海谷山塊の駒ヶ岳は、周りを急峻な崖に囲まれ、その一部は海谷渓谷にまで落ち込んでいる。急登を登り切ると巨大なブナ林が存在するが、こんな高所にブナ林が存在すること自体が不思議であ

り、見る者を圧倒する。

　登山口は西海地区海谷渓谷入り口となる三峡パークからと、海谷渓谷から鋸岳と鬼ヶ面山の間に出るルート、根知地区大神堂集落からのルート、そして鋸岳〜鬼ヶ面を経て登る4つのルートがある。ただし、鋸岳〜鬼ヶ面のルートは東峰のキレットという難所があり、私としては最高の縦走路と思っているが、初心者には少々きつい。どうしても鋸岳方面から登ってみたいという人は経験者の同行が望ましい。

　西海地区からの登山道は樹木の茂る所に垂直につけられているのに対し、根知大神堂集落からの登山道は断崖絶壁に自然が作り出したバンド(労山バンド)を通り、冬には巨大な氷瀑が姿を見せる場所の近くを通過するという荒々しいルートとなる。駒ヶ岳は対照的な2つの顔を持っているといえよう。西海地区からと根知地区からのルートは頂上直下で合流する。どちらのルートも3時間少々はみておきたい。

　頂上はブッシュに覆われていたが、地元山岳会の整備により展望も良くなり広くなった。三等三角点の横には祠も設置されている。しかし、展望が良くなったといっても初夏から初秋にかけては360度の展望というわけにはいかない。その分道中の展望を十分に楽しんでもらいたい。

▲頂上から鬼ヶ面山方面

登山適期(月)	適期は5月〜11月。4月の残雪期も魅力的だが、一般登山者は5月以降が望ましい。

1	2	3	4	5	6	7	8	9	10	11	12

■ **交通・マイカー**
西海地区からの場合、JR北陸新幹線・えちごトキめき鉄道糸魚川駅前から西海線来海沢行きバスで終点下車、三峡パークまで徒歩8.3km。タクシー利用は糸魚川駅前から三峡パークまで40分。マイカーでも同時間。マイカーは海谷三峡パーク駐車場(33台)を利用。トイレもある。根知地区からの場合、糸魚川駅前からタクシーで30分ほどで登山口。特に整備された駐車場はない。地元山岳会の善意によるトイレが設置されている。

■ **ワンポイントアドバイス**
①大神堂集落から登山口までの林道は道幅が狭いうえに急な登りが続く。2kmほど遠回りになるが山寺地区と梶山地区の間にある林道駒ヶ岳線を利用した方が安全。②紹介コース上の水場は西海地区からの場合はぶなの泉のみ。根知地区からの場合は駒清水と第二展望台の2カ所。

■ **問い合わせ**
糸魚川市観光協会　☎025-555-7344

コースガイド

ここでは西海地区からの日帰りコースを紹介しよう。**海谷三峡パーク駐車場❶**、ここが出発点となる。ここには水洗トイレもある。登山口には標識があり、左が海谷渓谷で右が駒ヶ岳となる。標識のすぐそばにおいしい湧き水があるので補給したい。後方に日本海、右方向に黒姫山、明星山を見ながら林道を歩く（林道は一般車両進入禁止）。ブナの林をゆっくり進むと**ロッジ駒ヶ岳❷**に出る。

標識に従い、ロッジの前から登山道に入る。3回ほど水のない沢を渡り本格的な登りになる。ここで最初の**アルミのはしご❸**に出合う。このはしごは11月上旬から6月上旬まで取り外されるので注意したい。

ロープを頼りに狭い道を進むと、地元のお年寄りが通称「ジョウゴ」と呼んでいる岩肌がむき出しになっている所に出る。残雪期もそうであるが、無雪期でも草が伸びると道が分からなくなる所である。ポイントはここで道を右へトラバースをすること。程なく今度は**縄ばしご❹**に取り付く。この縄ばしごも同様に撤去されるので注意しよう。ここから急登の始まりで、道には各所にロープが張られている。振り向けばロッジ駒ヶ岳や三峡パークの建物が遥か足元だ。左に海谷渓谷、後方に船浦山、その先に日本海と景色が良い。

急登が終わる❺と巨大なブナ林に出る。初めての人は急登が終われば頂上かと勘違いするが、頂上はまだ先である。しばらくすると巨大な**2本杉❻**に着く。私の記憶では3本杉だったはずだが、1本が倒れ2本杉になったようだ。その近くには**ぶなの泉❼**がある。夏ほどの水量はないが秋になっても枯れない。

ブナの森を登り切ると、頂上へと続く尾根に出る。頂上直下で根知大神堂からのルートと交わり**頂上❽**に着く。下山は来た道を戻るが、2時間20分くらいみておくとよい。

参考コースタイム

❶ 海谷三峡パーク	
	25分
❷ ロッジ駒ヶ岳	
	25分
❸ はしご取り付き	
	25分
❹ 縄ばしご取り付き	
	50分
❺ 急登終わり	
	15分
❻ 2本杉	
	10分
❼ ぶなの泉	
	50分
❽ 駒ヶ岳山頂	

根知地区からは、大神堂登山口→30分→駒清水→40分→水場→30分→展望台→1時間→駒ヶ岳山頂。

糸魚川市
海川第一発電所

❶ 海谷三峡パーク
❷ ロッジ駒ヶ岳
❹ 縄ばしご
❺ 急登終わり
❻ 2本杉
❸ はしご
❼ ぶなの泉
第一展望台
林道駒ヶ岳線
大神堂ルート
登山口
❽ 駒ヶ岳 1,487.4m
駒ヶ岳
第二展望台
鬼ヶ面山 1,591m

1:25,000
500m   0   500   1,000   1,500

明星山
みょうじょうさん

| 糸魚川市 | 1,188.5m |

難易度 ★★☆☆☆

執筆・調査／いりやま岳友会　中村光信

▶全山石灰岩から成る明星山

圧倒的な大岩壁
抜群の存在感を示す

姫川の西岸に一際目を引くずんぐりとした山がある。「明星山」である。藤島玄の『越後の山旅・下巻』によれば、地元では「みょうじ」と呼称するのが正しく、北越風土記節解では「明星岳」、越後地名考では「明神岳」、北越略風土記と北越雑記では「名字ガ岳」の表記で紹介されているという。

全山石灰岩の独立峰で、石灰岩の埋蔵量は黒姫山とともに日本海側最大とされ、長くにわたって町の産業を支えてきた。

山の東面、西面、南面は切り立った岩壁で、中でもヒスイ峡に垂直に落ち込む南面の大岩壁は、ロッククライマー憧れの地だ。一般の登山者が登るのは北斜面で、少し赤土の付いた所が登山ルートとして開かれている。

糸魚川地域では、本州中部を縦断する大地溝帯「フォッサマグナ」など貴重な地形を見ることができる。糸魚川市は平成3年（1991年）にこれら貴重な地形の見られる場所を総称して「ジオパーク」と呼んだ。平成21年（2009年）、北海道の洞爺湖有珠山、長崎県の島原半島と並んで、糸魚川地域が国内初の「世界ジオパーク」に認定された。糸魚川ジオパークにはジオサイトと呼ばれる個性豊かな24のエリアがあり、明星山一帯の「小滝川ヒスイ峡」も含まれている。本書では「焼山」「海谷渓谷」「雨飾山」「青海川ヒスイ峡（黒姫山）」「栂海新道」「蓮華」などがジオサイトだ。

明星山は、盆栽で人気の糸魚川真柏の産地としても有名である。また、山麓には国の天然記念物「小滝川硬玉」の産地「小滝川ヒスイ峡」があり、清流の向こうにヒスイの原石を見ることができる。

小滝川ヒスイ峡からしばらく車を走らせると、明星山を湖面に映す「高浪の池」がある。高浪の池には「浪太郎」と呼ばれる巨大魚（一説によるとコイ）がすむとされる。

▶ヒスイ峡と明星山の南壁

▲竜護の尾根にある通称「踏み付け松」

登山適期(月)　適期は5月上旬〜11月中旬。

1	2	3	4	5	6	7	8	9	10	11	12

■ **交通・マイカー**
JR大糸線小滝駅から岡集落作業道入り口まで2.5km。岡集落には専用の駐車場はない（小滝地区公民館の駐車場を利用）。ヒスイ峡コースは駐車場あり。

■ **ワンポイントアドバイス**
①岡コース、ヒスイ峡コースとも水場は各1カ所。②夏場は登山道が草に覆われる場所がある。③石灰岩で滑りやすいため注意。④残雪期はブロック雪崩が発生するので要注意。テープマーキングも見落とさないようにしたい。

■ **問い合わせ**
糸魚川市観光協会　　　　　　　☎025-555-7344

コースガイド

明星山の登山道は2つ。小滝地区の岡集落から登るコースと、ヒスイ峡から竜護の尾根を登るコースである。先述した通り、いずれも明星山の北斜面に付けられた登山ルートで、登りに3時間、下りに2時間ほどみておくとよい。

まずは岡集落からのコースだが、集落の上部まで来ると「明星山登山口」と書かれた標識がある。車はここまでで、この先は**作業道❶**を歩く。岡コースの大半はこの林道歩きで、余裕をもって1時間30分ほどみておく。

作業道と分かれて登山道に入る（**作業道分岐❷**）。10分ほど登ると「甘露の水場」で、さらに登ると**竜護の尾根との分岐❸**に出る。ここから一気に山頂を目指す。傾斜がきつくなり、石灰岩の上を歩くようになる。濡れている時は特に注意したい。山頂直下で竜護の尾根コースと合流する。明星山は独立峰であるため、**山頂❹**の展望と高度感は抜群だ。

雨飾山、金山、焼山といった頸城の山々をはじめ、目を転じれば北アルプス北端の眺めが広がっている。

もう一方のヒスイ峡コースはヒスイ峡の**駐車場❶**が起点。小滝川に架かる橋を渡って登山道へ入る。始めは杉林の中を進むが、徐々に開け、ガレ場歩きとなる。そそり立つ岩壁の脇を登る箇所もあり、落石には十分注意したい。

道は高度を稼ぎながらサカサ沢に近づく。尾根の分岐を過ぎ、小さな沢を渡って**竜護の尾根に取り付く❷**。ここは石灰岩の尾根に道が付けられた急な登りだ。傾斜が緩くなってくるとわずかなアップダウンで山頂である。ヒスイ峡コースは、樹林帯、ガレ場、渡渉、岩稜とバラエティーに富むが、初心者の方は十分に注意していただきたい。

▶高浪の池と明星山

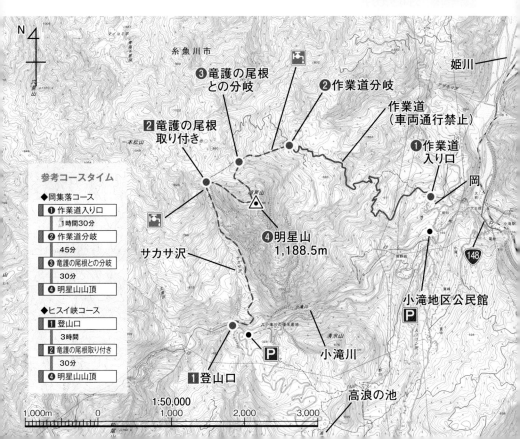

参考コースタイム

◆岡集落コース
| ❶ 作業道入り口 |
| 1時間30分 |
| ❷ 作業道分岐 |
| 45分 |
| ❸ 竜護の尾根との分岐 |
| 30分 |
| ❹ 明星山山頂 |

◆ヒスイ峡コース
| ❶ 登山口 |
| 3時間 |
| ❷ 竜護の尾根取り付き |
| 30分 |
| ❹ 明星山山頂 |

N

糸魚川市
姫川

❸ 竜護の尾根との分岐
❷ 作業道分岐
作業道（車両通行禁止）
❷ 竜護の尾根取り付き
❶ 作業道入り口
岡
❹ 明星山 1,188.5m
サカサ沢
小滝地区公民館
148
❶ 登山口
小滝川
高浪の池

1:50,000
1,000m 0 1,000 2,000 3,000

黒姫山(青海黒姫山)
くろひめやま(おうみくろひめやま)

糸魚川市　　1,221.5m

難易度　★★★☆☆

執筆／さわがに山岳会　小野　健
調査／日本山岳会越後支部　霜本修一

▶ヒスイ海岸から望む黒姫山

全山石灰岩からなる独立峰
大地のロマンを求めて

　青海黒姫山は、新潟県西端の県境に近い海岸沿いに位置し、日本海岸より一気に聳え立つ全山石灰岩からなる独立峰である。青海石灰岩は南部の明星山とともに日本海側最大の鉱量を誇り、石灰資源としてセメントや化学工業原料に利用され、地域産業を支えている。

　地質的には古生代の石炭紀〜ペルム紀に生成され、プレートの移動によって大陸に付加された。黒姫山石灰岩には、生成時代に生息していた多種類の古生物、つまりフズリナ、サンゴ、ウミユリ、ゴニヤタイト、三葉虫、腕足類などが化石として、産出する。また、長期間雨水等によって溶蝕されたカルスト地形が発達し、福来口鍾乳洞やマイコミ平の洞窟群を形成した。カルスト現象にはその形状により、カレン、ドリーネ、ウバーレ、ポノール(地表水の吸込口)などがあり、特に日本最深の洞窟白蓮洞(513メートル)、千里洞(405メートル)、奴奈川洞(345メートル)といった開放洞窟が多数存在している。海抜680メートルにある千里洞の開口部は、洞内になだれ込んだ雪渓の冷気により、盛夏でも8〜10℃の低温で氷河時代の環境が遺存されている。このため、洞口付近には、ミヤマアカバナ、ウ

サギギク、ハクサンシャジン、ムシトリスミレ、キバナノコマノツメなど高山植物が群生して、植生の高度逆転現象が見られる。擂鉢状の大型ドリーネ銀簸鉢の底部には万年雪が残り、植生が全くない。現在マイコミ平への入山は許可が必要だ。

　黒姫山山頂には黒姫権現を祭る祠があり、女人禁制の山でもあった。石灰岩の岩峰で、日本300名山にも選ばれていて、アルプスと海をつなぐ栂海新道の展望が素晴らしい。山頂は溶蝕されて犬牙状になったカレン石灰岩の露頭に囲まれ、一等三角点補点がある。周辺は擂鉢性凹地の集合体である一大ウバーレ地帯が発達する。植生は、厳冬の風雪に直接曝されるため、タカネバラ、イブキジャコウソウ、イワシモツケなどの高山植物がある。立ち木は背丈が低く矮性化している。祠の周辺の石灰岩には、フズリナやサンゴの化石が多いので、採取できれば最高の登頂記念になろう。

▶洞口周辺に氷河時代の環境を残す千里洞

▲石灰岩が露出する夏の山頂部

登山適期(月)	適期は6月〜11月。

1	2	3	4	5	6	7	8	9	10	11	12
					●	●	●	●	●	●	

■ **交通・マイカー**
清水倉道登山口までJR北陸新幹線・えちごトキめき鉄道糸魚川駅よりタクシー、マイカーで入る。

■ **ワンポイントアドバイス**
①一本杉峠上部までは草やぶになるので踏み跡を確認しながら歩く。②金木平の水場は夏季に枯れることがある。金木平はゴヨウマツの大木が目印。③全域石灰岩帯で岩場の露頭が多いので足元注意。特に下山時は滑りやすいので固定ロープを利用すること。④頂上南面直下は石灰石の採掘場で発破があるため接近しないこと。⑤山頂部はフズリナの化石が多い。⑥クマやサルなどの野生動物が出没するため、鈴などの音が出るもの必携。

■ **問い合わせ**
糸魚川市観光協会　　　　　　　　　　☎025-555-7344

コースガイド

　黒姫山登山道は、かつて田海道・大沢道・清水倉道の3コースがあったが、現在通行可能なのは清水倉道のみとなった。

　清水倉橋を渡ると、右側に広い駐車スペースと青海川下流側に廃木材の処理工場がある。杉林の中に**登山口の案内板❶**があり、裏側に登山ノートが入れてあって登山届を提出できる。スタートは古い農道を登っていく。旧田畑の跡を抜けて**一本杉峠❷**に達する。峠の南部は、サワグルミの密林になった旧耕作田跡が広がり、用水路も枯れたままである。

　緩やかな南向きの登りから、東向きに変わって石灰岩の露出した樹林帯を行くと、夫婦縄文杉や子宝杉と名付けられた杉の大木が出てくる。その先にキタゴヨウマツの大木が現れる。この辺りは**金木平❸**といわれ、石灰岩地帯には珍しい水場がある。ロープ設置箇所が続く急坂を直登すると、平坦な枯れ沢に出る。ブナ林が多くなった沢筋を詰めると、**旧大沢道❹**と合流する。旧大沢道は通行止めだ。

　合流点から15分、西稜のピークに出て一気に展望が広がる。山頂につながる西尾根はカレン石灰岩といわれる溶蝕地形の痩せ尾根で、凹凸が著しく歩きにくい。石灰岩の表面は矮性コナラとツゲが茂っている。割れ目には、石灰岩特有の希少種イチョウシダが見られ、立ち木のない所にはタカネバラ、イブキジャコウソウ、クガイソウ、キバナノカワラマツバの高山種とエゾスカシユリなどがある。

　頂上❺には一等三角点補点と黒姫権現を祭る大きな祠がある。参拝したら、眼下に広がる日本海や頸城山地、そして日本アルプスと日本海をつなぐ栂海新道の大展望を楽しもう。

▶黒姫山山頂のフズリナの化石

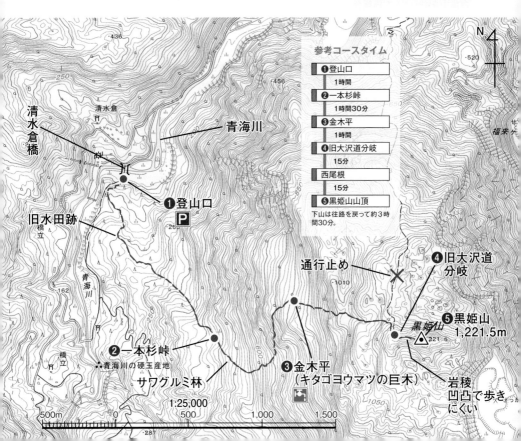

清水倉橋

青海川

旧水田跡

通行止め

❹旧大沢道分岐

❺黒姫山 1,221.5m

❶登山口 P

❷一本杉峠

青海川の硬玉産地

サワグルミ林

❸金木平（キタゴヨウマツの巨木）

岩稜 凹凸で歩きにくい

1:25,000

500m　0　　500　　1,000　　1,500

参考コースタイム

❶登山口
1時間
❷一本杉峠
1時間30分
❸金木平
1時間
❹旧大沢道分岐
15分
西尾根
15分
❺黒姫山山頂

下山は往路を戻って約3時間30分。

白鳥山
しらとりやま

糸魚川市・朝日町（富山県）　1,286.8m

難易度 ★★☆☆☆

執筆／さわがに山岳会　小野　健
調査／日本山岳会越後支部　靎本修一

▶秋の白鳥山南稜

鉱山としての歴史を有する北アルプスの最北端

　白鳥山は、北アルプス後立山連峰最北の1,000メートル峰で、山頂に白鳥小屋が立つ。新潟・富山県境にあって、栂海新道が伐開されて初めて登山道が開通した。山名は、残雪模様が白鳥に似ているとか、雪山全体が羽を広げた白鳥に見えるともいわれている。そのほか寺山、山姥山の別称もある。山麓には謡曲で有名な「山姥」に関連する地名が多く残されている。つまり、山姥神社、山姥洞窟、山姥拝岩や山姥の息子の坂田金時に関する坂田峠、金時坂などだ。

　白鳥山を中心とした地質分布は、南部が中生代ジュラ紀来馬層群で、北側の白亜紀手取層群との接点になる。来馬層群からは、アンモナイト、羊歯植物、二枚貝、球顆類など多様な古生物化石を産し、手取層相当層には恐竜発見の可能性もあって注目されている。東側山腹の古生層には、ヒスイ輝石岩や金鉱床があって、いずれも採掘されていた。橋立金山は、藩政時代より明治30年代までが最盛期で、白鳥山腹の金山に1,000人もの人々がかかわっていた。現在は、採鉱元山と製練所跡が残っている。青海川上流には、そのほかいくつかの鉱山跡があって、華やかな鉱山開発時代があったことがうかがえる。

　白鳥山直下では、昭和40年代に良質のヒスイ原石を採掘していたことがある。その後、金山谷からは青海石、奴奈川石などの新鉱物も発見されている。これら一連の地質資源を、糸魚川市は世界ジオパークに登録して活用している。

　白鳥山は、昭和46年（1971年）に栂海新道の開通によって、一般的な登山が可能となった。その後平成3年（1991年）、山頂に白鳥小屋が建設され、山小屋利用の登山者でにぎわうようになった。坂田峠、山姥洞登山口まで自家用車で入山できるため、日帰り登山で十分楽しめる山である。

　植生分布は、暖温帯の海岸植物タブノキ、ヤブツバキ、カシ、ヤブソテツ（羊歯類）などの常緑樹から、高度に沿って冷温帯のミズナラ、ブナの混交林に変わる。白鳥山ではブナ優生林となるが、ナナカマド、マンサク、タムシバ、ハウチワカエデなどの広葉樹も多く、秋季には素晴らしい紅葉が見られる。

　地床の草木類は、カタクリが登山道沿いに大群落をつくり、タケシマラン、イワハゼ、ミツバオオレンなどが多く、沢筋の草花とあわせて楽しめる。

▶山開きの頃、タムシバが満開

▲山頂に立つ宿泊可能な無人小屋「白鳥小屋」

登山適期（月）　適期は5月〜11月。

| 1 | 2 | 3 | 4 | 5 | 6 | 7 | 8 | 9 | 10 | 11 | 12 |

■ **交通・マイカー**
JR北陸新幹線・えちごトキめき鉄道糸魚川駅か富山県の泊駅よりタクシー利用。
マイカーは坂田峠登山口まで（大駐車場あり）。

■ **ワンポイントアドバイス**
①豪雨時には坂田峠までの林道が土砂崩れで通行止めになることが多い。事前に要確認。②4〜5月は白鳥山北斜面で春スキーが楽しめる。③山姥駐車場より山姥洞窟経由で白鳥山へは30分ぐらい短縮できる。ただし、山姥道は整備されていないのでやぶ漕ぎとなる。④親不知から入山する場合は坂田峠まで3時間。⑤親不知コミュニティー広場に栂海新道開拓に尽力された故・小野健さんの功績をたたえる銘板が設置されている。

■ **問い合わせ**
糸魚川市観光協会　☎025-555-7344

コースガイド

白鳥山登山は、犬ヶ岳からの下降縦走、親不知〜坂田峠と山姥洞窟からの3つのコースがある。親不知から入道山、尻高山、坂田峠越への栂海新道は健脚者向きなので、最も一般的な坂田峠、金時坂のコースを紹介する。

坂田峠❶には、1体の地蔵と歴史的な解説標識が立っている。坂田峠は橋立金山経由の山回り旧北陸街道の通過点で、栂海新道とクロスしている。親不知海岸が不通の時、越中〜越後の交易ルートとして利用されてきた。明治中葉の橋立金山最盛期には、大勢の金山関係者の通行でにぎわっていたという。

登山口には大小2つの駐車場があり、中型バスの乗り入れも可能だ。登山道は金時坂の急坂を一気に登っていく。**金時坂の頭❷**からやや下った沢筋に**シキワリの水場❸**がある。夏の渇水期には枯れることもあるが、まれである。沢筋では、古生層の結晶片岩も確認でき、シラネアオイ、サンカヨウ、バイケイソウ、ジャコウソウなど沢筋の植種が見られる。

沢筋から尾根に取り付きやや急坂を登る。ブナ林が多くなり、ミズナラ、ウダイカンバが混在する。雪渓が遅くまで残り、5月下旬にはタムシバの並木が出現する。稜線の傾斜が緩くなった所を**山姥平❹**と呼ぶ。時折、犬ヶ岳〜朝日岳に至る栂海新道の山並みや、山頂の白鳥小屋が見えてくる。山姥平は広く平坦な地形のため、春スキー・ボードの入山者が多くなった。

山頂まで15分ぐらいの所に、山姥道との合流点がある。山姥道は、林道が延長されて山姥洞窟までコースが整備され、さらに登山道が開設された。未整備のためブッシュになっているが、こちらを使うと山頂まで30分ほど短縮できる。**白鳥山の頂上❺**には広場と山小屋があり、毎年5月下旬には親不知にて「海のウエストン祭」と白鳥山の山開きも行われている。山小屋の展望台からの眺めは、日本海とアルプスをつなぐ栂海新道が一望できる。

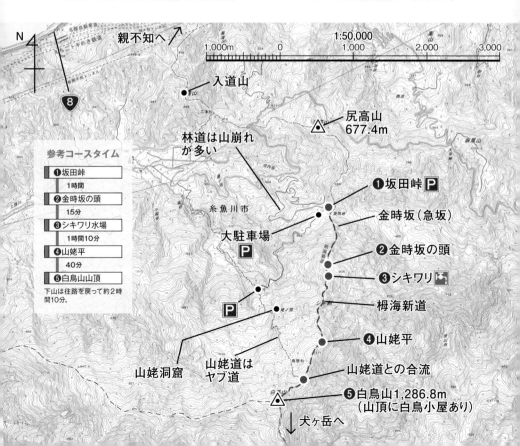

94 犬ヶ岳

いぬがたけ

上越

糸魚川市・朝日町（富山県）　1,592.5m

難易度 ★★★★★（健脚者向き）

執筆／さわがに山岳会　小野　健
調査／日本山岳会越後支部　霜本修一

▶紅葉を迎えた
犬ヶ岳（右後方
の台形）

栂海新道の中間点
健脚者向きのエキスパートコース

　加賀藩の時代、国境見廻り役が巡視していた記録があり、現在の県境稜線が国境警備の鬼門になっていた。国境稜線の山並みには、警備のため狛犬の山名が付けられていた。高位部では、白馬岳が上駒ヶ岳と呼ばれ、犬は唐松岳の辺りともいわれる。低位では、現在の犬ヶ岳と下駒ヶ岳（下駒山）が狛犬の役割を果たした。山容は、南北両面から見ると平坦な台形を成し、東西両側からは犬牙状の尖峰になっているので犬ヶ岳の名称がある。

　犬ヶ岳は朝日岳から親不知に至る栂海新道の中間点に位置し、頂上直下に無人避難小屋の栂海山荘がある。全行程は2日間になるので、避難小屋の存在価値が大きい。栂海山荘は、当初登山道伐開作業のベースとして建設されたが、登山者の増加に合わせて増改築を重ねて収容50名まで拡大された。栂海新道は開通以来、有志により毎年整備が継続されている。

　犬ヶ岳山頂は、低木帯のため展望が良く、1,600メートルの低位ながら亜高山性に高山植物が混在する。四方の稜線を延ばし、境川、青海川、小滝川、北又谷（黒部川）の源流となる。特に南北へ延びる遠大な稜線は、起伏の大きい飛驒山脈の北延主

稜で、まさにアルプスと海をつなぐ栂海新道の核心部である。栂海山荘からは、日本海に浮かぶ漁火を俯瞰でき、北アの高山にない異色のロケーションが見られる。

　地質は、黒岩山から白鳥山まで延長するジュラ紀来馬層堆積岩が分布して、犬ヶ岳が中間に位置する。山頂は来馬層を基盤として、閃緑玢岩、珪質流紋岩、蛇紋岩が貫入し、細い節理が発達して崩壊しやすい。珪質の岩盤は硬いため細稜を形成している。来馬層は化石の保存が良く、犬ヶ岳の南部・北部両面から採取できる。さわがに山では羊歯類などの植物化石、菊石山にはアンモナイト、二枚貝、球顆類（針葉樹）など動植物が混在して産出される。犬ヶ岳南部の細稜は、東面が雪崩等の雪によって浸食された急斜面、西側の緩斜面と合わせて非対称山稜を形成する。さわがに山には多重山稜もあり、船底型凹地に遅くまで雪渓が残って立ち木のない草場になっている。3〜4月ごろは、非対称山稜に張り出す雪庇が見事なアルプス芸術品を見せてくれる。

　植生は、海岸から高山に向かって暖温帯・冷温帯・亜寒帯までの垂直分布、つまり海岸植物から高山植物まで連続して確認できる。犬ヶ岳に数株あったコオニユリは絶滅した。

▲栂海新道の中間位置に立つ栂海山荘

登山適期（月）　適期は6月〜10月。

1	2	3	4	5	6	7	8	9	10	11	12

■ **交通・マイカー**
白鳥山と同様、坂田峠までタクシーもしくはマイカーで入る。

■ **ワンポイントアドバイス**
①豪雨時には坂田峠までの林道が土砂崩れで通行止めになることが多い。事前に要確認。②栂海山荘には水場がないので宿泊者は黄蓮の水場で確保。③黒岩山からの縦走者は北又の水場から持参。④栂海山荘は無人小屋なので自炊となる。⑤稜線の上下道が多いので健脚者向き。⑥栂海山荘のテント場はヘリポート周辺。⑦坂田峠より親不知までは2時間半から3時間かかる。

■ **問い合わせ**
糸魚川市観光協会　　　　　　　☎025-555-7344

コースガイド

　栂海新道親不知〜朝日岳の中間に位置し、夏山シーズンになると頂上直下の栂海山荘が縦走者でにぎわうようになる。登山者の大半は栂海山荘に宿泊し、親不知の日本海を目指して白鳥山へ向かう。つまり、犬ヶ岳は栂海新道縦走者の通過点という位置付けになる。

　登山コースは、白鳥山〜下駒ヶ岳〜菊石山〜黄蓮山経由となるが、白鳥山までの登山ガイドは「白鳥山」の案内とダブるので、ここでは主に白鳥山以南について紹介する。

　白鳥山へは坂田峠からと山姥洞コースがある。山姥洞へは、坂田峠より林道が延長されて、山姥道駐車場まで200メートルぐらい上るので、白鳥山まで近道として利用されている。しかし、登山道はあまり整備されておらず、夏山ではやぶ漕ぎとなる。

　白鳥山以南は、登山道が稜線上につけられており、大きな登降が続くので健脚者向きである。白鳥山❶から一気に下ると、途中来馬層群の泥岩層から羊歯類、イチョウ、球顆類など植物化石が産出する。主に富山県側にブナ林が発達し、細稜の新潟県側ではブナの全くない場所が多い。山姥洞コースにあったハクサンシャクナゲは、栂海山荘下部まで全く見られない。菊石山手前の裸地から栂海新道で初めてアンモナイトの化石が発見されたので、菊石山と名付けられた。

　菊石山❷は栂海新道開拓のための作業道の合流点でもあり、当初、青海川上流より三保倉尾根経由で伐開作業を実施した。富山県側に発達する黄蓮のブナ林は、見事に群生して栂海新道の目玉の1つでもある。地床には、一面オオレンが茂っていて、戦後橋立集落の人たちが漢方薬として採取したという。また、天然ナメコの産地で、例年栂海山荘雪囲い山行での名物料理になっている。

　増改築を繰り返した栂海山荘❸、殉職した伐開作業仲間のケルンを通って犬ヶ岳山頂❹に達する。山頂手前に栂海新道開祖の小野健碑が立っている。

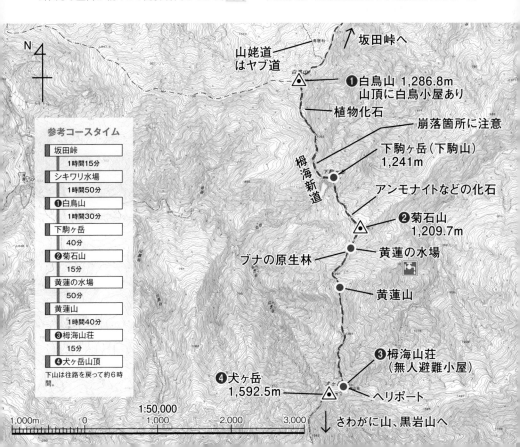

N

参考コースタイム

坂田峠	
	1時間15分
シキワリ水場	
	1時間50分
❶白鳥山	
	1時間30分
下駒ヶ岳	
	40分
❷菊石山	
	15分
黄蓮の水場	
	50分
黄蓮山	
	1時間40分
❸栂海山荘	
	15分
❹犬ヶ岳山頂	

下山は往路を戻って約6時間。

山姥道
はヤブ道

坂田峠へ

❶白鳥山 1,286.8m
山頂に白鳥小屋あり

植物化石

崩落箇所に注意

下駒ヶ岳（下駒山）
1,241m

栂海新道

アンモナイトなどの化石

❷菊石山
1,209.7m

ブナの原生林

黄蓮の水場

黄蓮山

❸栂海山荘
（無人避難小屋）

ヘリポート

❹犬ヶ岳
1,592.5m

さわがに山、黒岩山へ

1:50,000

1,000m　0　1,000　2,000　3,000

黒岩山
くろいわやま

糸魚川市・朝日町（富山県）　1,623.6m

難易度 ★★★★☆

執筆／さわがに山岳会　小野　健
調査／いりやま岳友会　丸山　優

▶草紅葉の黒岩平
　から黒岩山へ

高山植物、草紅葉
登山客を魅了する黒岩平へ

　黒岩山は栂海新道縦走者の通過点か、中俣新道から黒岩平への花見コースとして登られている。中俣新道は、小滝川東俣沢と西俣沢の間にある中俣山を経由する東尾根にあり、黒岩山で栂海新道と合流する。栂海新道伐開の後、地元いりやま岳友会によって開かれた中俣新道は、栂海新道縦走者のエスケープ道としても利用されている。黒岩山の山名は、来馬層群の黒色頁岩が黒岩沢や崩壊地に露出して黒色を呈しているためだ。

　黒岩山周辺の地質は、朝日岳から黒岩山南部まで広く分布して準平原を形成する青海蓮華帯変成岩と、黒岩山以北の細稜となる来馬層群との接点に位置する。つまり、地質の変化が地形を一変させる模式的地域だ。

　黒岩山以北の稜線は、東側に巨大な雪庇を張り出し、4月ごろに全層雪崩となって山腹を削り取って急斜面を形成する。西側は緩斜面のため明瞭な非対称山稜を形成して、犬ヶ岳方面まで延びていく。

　大正から戦後まで、黒岩山からアヤメ平周辺に入山する登山者は、越道峠から定倉山～白金ノ頭のコルより吹沢谷を下り、北又沢本流を渡って黒岩谷より黒岩山に登った。主に残雪期の黒岩平～朝日

岳踏破の記録が残っているが、昭和46年（1971年）、さわがに山岳会により栂海新道が開設されて、黒岩山の無雪期の登山が可能となった。

　犬ヶ岳～黒岩山間は、1,600メートル前後の山並みで、亜高山帯下部に位置してオオシラビソの高度下限帯になっている。黒岩平の雪田周辺には、キタゴヨウマツがハイマツ状に地面を這っているが、2,000メートルの低位ではキタゴヨウとハイマツが共生して、北アルプスではハイマツが最も下位まで確認できる地域だ。つまり、森林限界が最も低く、自然的条件が厳しいことを示している。準平原地形の積雪の多い所は、雪田や池塘植物の矮性低木と多種類の高山植物に覆われ、尾根筋には亜高山性の立木樹林帯を形成する。地形の変化に合わせて、草原と樹林が交互に現れ、高層湿原の終端に黒岩山がある。

▲中俣小屋

▶黒岩山山頂の標識

▲黒岩平の草原から黒岩山を経て犬ヶ岳を目指す（後方中央）

登山適期（月）　適期は7月～10月。

1	2	3	4	5	6	7	8	9	10	11	12

■ 交通・マイカー
　JR北陸新幹線・えちごトキめき鉄道糸魚川駅からタクシーで滝上発電所のゲートまで。マイカーはゲート手前左岸側に駐車場あり。

■ ワンポイントアドバイス
　①注意 滝上ゲートから中俣新道登山口までは長い林道歩きとなる。令和元年現在、林道は災害により通行止め。復旧状態については要確認。②中俣新道登山口の案内木柱の見落としに注意。中俣橋から約100m先林道の右側に設置。③中俣小屋、基盤平の水場以外に黒岩平に水場あり。④中俣新道は栂海新道の唯一のエスケープルートとなる。⑤黒岩山単独の登山者はほとんどなく黒岩平のお花畑や紅葉を見る登山者が多い。⑥クマなどの野生動物の出没があるので、鈴などの音が出るものの必携。

■ 問い合わせ
　糸魚川市観光協会　　　　　　　　　　　　☎025-555-7344

コースガイド

黒岩山は、山並みの中の小ピークという感じだが、地質の変位点としての存在価値が高い。山頂部は来馬層群と青海蓮華変成岩帯の境界部で、黒負断層（黒負山）線上にあって、南西に平原が広がり、北側が一気に細稜となり、東側に小滝川まで落ち込む中俣尾根が派生している。

ここで紹介する中俣新道は、黒岩平、アヤメ平への日帰りコースとして登られている。小滝川林道は、滝上発電所前にゲートがあるので、タクシー、自家用車はここまで入る。林道は小滝川の西俣と東俣の出合いまで延長されているが、2時間近い林道歩きとなる（林道は令和元年現在通行止め）。**登山口❶**の案内木柱を見落とさないように注意しよう。登山口から登って平坦地へ出ると、いりやま岳友会所有の**中俣小屋❷**があり宿泊が可能だ。小屋に近接して水場もある。中俣山までは急坂が続いてロープや鎖が張られている。

蛇紋岩転石の巨礫の辺りから山道も緩やかになり、間もなく**中俣山❸**に着く。看板1枚あるのみで、三角点が右側の林の中にあって気付かずに通り過ぎてしまう。ブナ優先林の平坦な道を行くと**碁盤平❹**の湿原帯に出る。蛇紋岩の崩壊地を詰めると沢水が流れ、中俣尾根唯一の水場となる。リュウキンカ、オニシオガマ、シラヒゲソウ、ウメバチソウを確認して沢筋を登る。尾根にはブナ、ミズナラの巨木が並ぶ。ここから山頂まで尾根歩きとなる。時折、栂海新道の山並みと犬ヶ岳、栂海山荘が右手に見える。

立ち木林の背丈が低くなってくると、ヌマガヤの草原が現れる。ミズナラ帯が消えると尾根全域が草原帯となり、ヌマガヤの間にチングルマ、ゼンテイカも混在する。ヌマガヤの根部にはミヤマリンドウ、トキソウを発見できる。展望が一気に開け、ネマガリダケの林を抜けると栂海新道に合流する。丸太の階段を登れば展望の良い**黒岩山の頂上❺**だ。

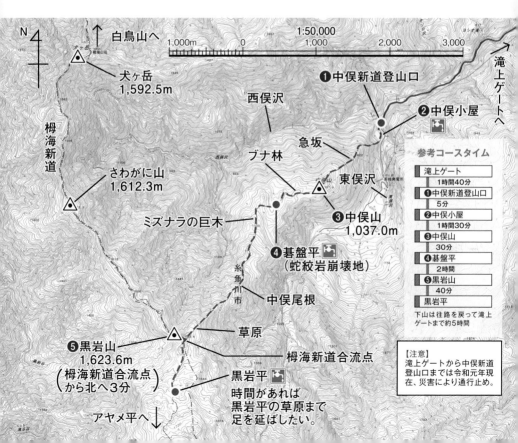

参考コースタイム
滝上ゲート
1時間40分
❶中俣新道登山口
5分
❷中俣小屋
1時間30分
❸中俣山
30分
❹碁盤平
2時間
❺黒岩山
40分
黒岩平

下山は往路を戻って滝上ゲートまで約5時間

【注意】
滝上ゲートから中俣新道登山口までは令和元年現在、災害により通行止め。

黒岩平
時間があれば黒岩平の草原まで足を延ばしたい。

長栂山
ながつがやま

糸魚川市・朝日町（富山県）　2,267m

難易度 ★★★★★（健脚者向き）

執筆／さわがに山岳会　小野　健
調査／日本山岳会越後支部　霜本修一

▶黒岩平、アヤメ平の広大な斜面を抜けて長栂山（最頂部）へ

栂海新道の全容を望む格好の展望台

　北アルプス後立山連峰の北延主稜は、白馬岳、雪倉岳を経て朝日岳東面の一大蛇紋岩斜面を下り、蓮華温泉道と分岐して栂海新道を北に向かうと長栂山となる。つまり、長栂山は特定の地点ではなく、オオシラビソ、コメツガ、キタゴヨウマツなど、樹林帯に覆われた山頂部周辺を呼ぶ。樹林帯の北部には岩盤の露頭も見られるが、富山県側の西斜面に強い季節風が吹き抜けて、雪もほとんど付けず、植生の少ない蛇紋岩の岩屑原が広がる風衝帯の周辺氷河地形が形成されている。

　地質は旧青海町上路地域を起点とする古生代の飛騨外縁帯に属する青海変成岩で、白鳥山、長栂山、白馬岳を経て槍ヶ岳方面まで延長する、日本列島の骨格を形成する代表的な地層である。緑色片岩、千枚岩、頁岩より成り、これら地層の境界に介在する蛇紋岩が長栂山を形成している。

　吹上のコルから栂海新道に入ると、平坦で広大な山容となり、樹林帯と草原が交互に現れる。間もなく南東落ちの二重山稜が見られ、窪地には照葉ノ池などが形成され、大量の雪が吹き溜まって草原帯になる。平坦地に池塘も見られ、コバイケイソウ、イワイチョウなどの群落が多く、傾斜面はゼン

テイカ、チングルマなどに覆われる。樹林帯の多くはオオシラビソで、コメツガや矮性のキタゴヨウマツなどが混在する。風衝帯の周氷河地形は、大半は岩礫の裸地のため植種が少ない。

　乾性の蛇紋岩植物には、ミヤマムラサキ、イワツメクサ、ミヤマウイキョウ、タカネシオガマ、イブキジャコウソウなどが多く、ハイマツ、ミヤマネズが地面にピッタリと張り付いている。亜高山帯下部に高山植物が分布したり、東斜面に万年雪渓が残ったりと、北アで高山帯が最も低位まで下がっている所だ。アヤメ平は、ヒオウギアヤメ、ハクサンフウロ、シロウマアサツキ、クロトウヒレン、ミヤマアケボノソウなどの草花が一斉に咲き誇ると、まさに桃源郷を現出する。

　長栂山山頂部に立つと、北ア最北の北延主稜が広大な山容から細い山並みに変わって日本海に達する景観を遠望できる。長栂山は栂海新道の全景を把握できる格好の展望台である。

▶吹上のコルに咲くウルップソウ

▲照葉ノ池と蓮華山群。右は朝日岳

登山適期（月）　適期は7月上旬〜10月中旬。

1	2	3	4	5	6	7	8	9	10	11	12

■ **交通・マイカー**
蓮華温泉までバス、タクシー、マイカーを利用。蓮華温泉の駐車場は、登山シーズンの休日はすぐに満車になるので注意したい。朝日岳の北又小屋コースなら小屋までタクシーのみ通行可。

■ **ワンポイントアドバイス**
①吹上のコルまでの諸注意は「朝日岳」を参照。②長栂山の風衝帯は目印がなく迷いやすい。③乾湿両性の植物が多く、高山植物の種類が豊富。④アルプスの秘境といわれる静かな山域である。⑤蓮華温泉駐車場トイレ前に登山届ポストあり。⑥長栂山をはじめとする栂海新道は「糸魚川ユネスコ世界ジオパーク」を構成する24のジオサイトの1つに数えられる。

■ **問い合わせ**
糸魚川市観光協会　　　　　　　☎025-555-7344
白馬岳蓮華温泉ロッジ　　　　　☎090-2524-7237

コースガイド

蓮華温泉❶から吹上のコルまでは次の「朝日岳」で詳述するとし、ここでは吹上のコルからアヤメ平までをガイドする。**吹上のコル❷**には赤字で栂海・日本海と塗られた岩塊があり、蓮華温泉道と栂海新道（さわがに山岳会が開拓した道）が分岐する。

樹林帯を抜け、池塘のある広い草原を、嵩上げした木道を渡っていくと遅くまで氷雪を浮かした照葉ノ池が現れる。北側上位の樹林帯と草原帯の境界部にほぼ水平の登山道がある。水平道の辺りは、数年ごとにゼンテイカの一大お花畑となる。登山道が再び樹林帯に入ると、白馬岳を主峰とする蓮華山群が視界から消える。地図上の長栂山はこの山域の総称で、特定の地点ではない。

蛇紋岩の露頭越しに、ほとんど植生を付けない風衝岩屑原に出る。西側に広がる風衝岩帯は周氷河地形と呼ばれ、視界のない時は迷いやすいので要注意だ。岩礫に赤いペンキのマークがあり、東側の

高台を**長栂山の山頂❸**とし、山名を打ち抜いた鉄板の標識が立つ。山頂からは樹林と草原を繰り返すアヤメ平、黒岩平の平原を経て、黒岩山以北の細稜の山並みが遥か日本海まで延びている。石灰岩の独立峰明星山、黒姫山や焼山、火打山の頸城山塊から富山湾の水平線も遠望できる。

登山道は蛇紋岩帯の岩礫原から再び草原と樹林の繰り返しとなり、すぐ**アヤメ平❹**の湿原植物帯に出る。積雪期は一大雪原となって方向感覚を失う所だ。8月下旬まで雪渓を残し、狭い範囲に多種類の草花が群落をつくり、特にヒオウギアヤメの開花期は圧巻である。登山者はしばし足を止め歓声を上げる。10月中旬には落葉樹が深紅、黄色の彩色を競い、源氏物語の絵巻を展開する。長栂山をはじめ栂海新道の地質、地形、植生の学術的価値はいずれも超一級である。

▶長栂山からアヤメ平へ

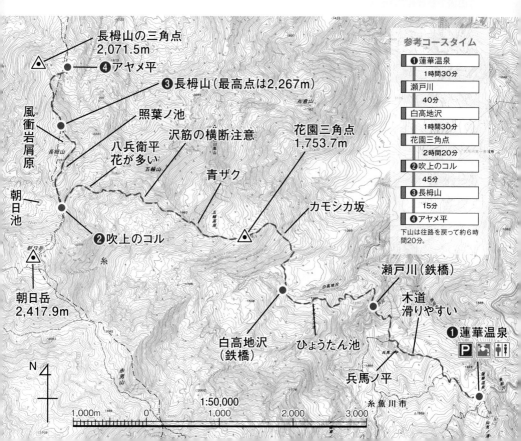

長栂山の三角点
2,071.5m

❹アヤメ平

❸長栂山（最高点は2,267m）

照葉ノ池

風衝岩屑原

沢筋の横断注意

花園三角点
1,753.7m

八兵衛平
花が多い

青ザク

朝日池

カモシカ坂

❷吹上のコル

朝日岳
2,417.9m

瀬戸川（鉄橋）

木道
滑りやすい

白高地沢
（鉄橋）

ひょうたん池

❶蓮華温泉

兵馬ノ平

N

糸魚川市

1:50,000

1,000m　0　1,000　2,000　3,000

参考コースタイム

❶蓮華温泉
1時間30分
瀬戸川
40分
白高地沢
1時間30分
花園三角点
2時間20分
❷吹上のコル
45分
❸長栂山
15分
❹アヤメ平

下山は往路を戻って約6時間20分。

97 上越	朝日岳 <ruby>朝<rt>あさ</rt></ruby><ruby>日<rt>ひ</rt></ruby><ruby>岳<rt>だけ</rt></ruby>

糸魚川市・朝日町（富山県）　2,418.0m

難易度 ★★★★★（健脚者向き）

執筆／さわがに山岳会　小野　健
調査／日本山岳会越後支部　霑本修一

▶吹上のコルから
朝日岳北東斜面

蓮華山群随一を誇る 高山植物の宝庫へ

　白馬岳を主峰とした蓮華山群の一峰で、元禄年間の加賀藩奥山御境目通絵図には、ゑぶりケ嶽の記録がある。現在のエブリ山（恵振山）と朝日岳が入れ替わって呼ばれていた時代があった。富山県には、山名を付けた朝日町がある。北又登山口から、イブリ山までは合分けされた標識が整備されている。

　かつて、朝日岳は北アルプス後立山連峰縦走の終着山で、富山県側が北又谷から小川温泉へ、新潟県側が五輪屋根から蓮華温泉に至る2コースの登山道で結ばれていた。昭和46年（1971年）、朝日岳北東斜面の蓮華温泉道と分岐する吹上のコルより、長栂山〜犬ヶ岳経由で親不知日本海に達する栂海新道がさわがに山岳会によって開設されて、縦走道が北に向かってさらに日本海まで延長された。

　山体はドーム状の地形で、飛騨外縁帯に属する青海蓮華帯と呼ばれる古生代の頁岩、片岩、千枚岩を蛇紋岩層が覆っている。山頂では、北西側が風衝砕屑原、南東側をハイマツの群落が覆って、線引きしたように植生が一変する。夕日ヶ原、朝日岳、小桜ヶ原、八兵衛平、五輪高原、照葉ノ池、アヤメ平、黒岩平など、全域に高層湿原や湿性草原が発達し、お花畑の桃源郷を現出する。森林限界の亜高山性樹林帯は、オオシラビソ、コメツガ、キタゴヨウマツにミネカエデ、ダケカンバが混在して、積雪の少ない尾根筋に群生する。風雪の厳しい稜線には、2,000メートル以下に高山性ハイマツと矮性キタゴヨウマツが共生して同じハイマツ林をつくる。頂上直下の湿性植物には、チングルマやハクサンイチゲなどが多く、緩斜面になるとハクサンフウロやコバイケイソウなどの高茎植物が群落をつくる。

　朝日岳山頂から北東斜面の蛇紋岩地形は、無植生の風衝帯と、一部にウルップソウ、タカネシオガマ、ミヤマムラサキ、タカネスミレ、ミヤマウイキョウなど高山荒原性蛇紋岩植物が点在する。

　このように、朝日岳周辺は2,400〜1,600メートルの間に、乾性・湿性・湿原植物と高茎〜低丈矮性の植物群落などが広域に分布しており、高山植物の種類では最も多い地域になっている。

▶白高地沢の鉄橋

登山適期（月）　適期は6月下旬〜10月中旬。

1	2	3	4	5	6	7	8	9	10	11	12

■ **交通・マイカー**
蓮華温泉までバス、タクシー、マイカーを利用。蓮華温泉の駐車場は、登山シーズンの休日はすぐに満車になるので注意したい。北又小屋コースなら小屋までタクシーのみ通行可。

■ **ワンポイントアドバイス**
①朝日岳への最短コースは北又小屋〜イブリ山コースとなる。②登山道には木道が多いので濡れるとスリップしやすい。③八兵衛平は沢筋が多く増水時は注意が必要。④朝日小屋は頂上の西側にあるので頂上経由となる。⑤花園三角点〜青ザク〜八兵衛平は遅くまで雪渓が残るので要注意。⑥下山時はイブリ山、雪倉岳、栂海新道のコースがある。⑦蓮華温泉駐車場トイレ前に登山届ポストあり。

■ **問い合わせ**
糸魚川市観光協会　　　　　　　　　☎025-555-7344
白馬岳蓮華温泉ロッジ　　　　　　　☎090-2524-7237

▲山頂部のハイマツ帯から蓮華山群

コースガイド

朝日岳は富山・新潟県境にあり、登山道が東西南北にあって、新潟側が蓮華温泉、富山側が小川温泉北又谷経由で登られている。朝日小屋が富山側にあるので、北又谷〜イブリ山から登る登山者が多い。

ここでは県内から登る蓮華温泉コースを紹介する。蓮華温泉**❶**は、白馬大池、鉢ヶ岳、雪倉岳、朝日岳の登山口となるが、朝日岳へは最も北側のコースで、兵馬ノ平湿原の中央部の木道を抜けていく。樹林帯をジグザグに下ると、瀬戸川**❷**に架かる鉄橋を渡る。永久橋ができる前は、ワイヤーモッコを自力で引っ張りながら渡る、風情のある吊り橋があった。瀬戸川から樹林帯を登り詰めると、薄暗いひょうたん池がある。白高地沢**❸**の川原をしばらく行くと、鉄橋が巨礫に取り付けられている。この橋が取り付けられる前は、増水のたびに流されて登山者を困らせていた。

カモシカ坂の途中から丸太の階段や木道が現れる。花園三角点**❹**の上部には展望休憩台がある。青ザクと呼ばれる蛇紋岩の軟弱斜面で、湿原植物が豊富である。草原帯から五輪の森に入ると、シラビソやコメツガも多くなり、登山道は水流のある沢筋を小刻みに渡る。五輪山の南斜面から八兵衛平に出ると、多種類の雪田植物に合う。ミヤマアケボノソウやワレモコウ、ヒオウギアヤメなどの群落だ。

平成20年（2008年）には環境省が登山道の整備を行って、新しい木道も敷設された。夏遅くまで雪田を残す斜面を登り切ると、栂海新道の分岐点吹上のコル**❺**に出る。朝日岳の登りは、一大蛇紋岩斜面となり、風衝帯にウルップソウ、タカネスミレ、ミヤマムラサキなど荒原植物が点在する。2,200メートルのハイマツ帯を抜けると大展望が楽しめる朝日岳**❻**だ。山頂から朝日小屋までは西に延びる尾根を45分ほどである。

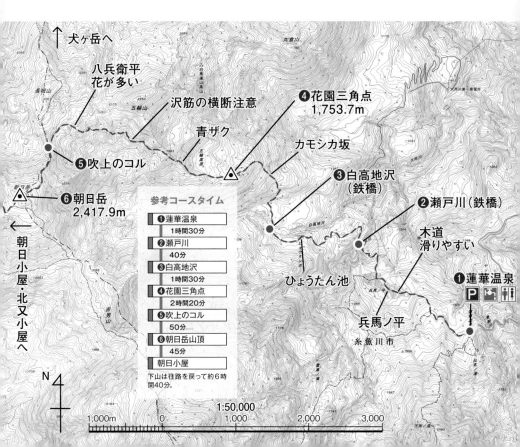

↑犬ヶ岳へ

八兵衛平
花が多い

沢筋の横断注意

青ザク

❹花園三角点
1,753.7m

カモシカ坂

❺吹上のコル

❸白高地沢
（鉄橋）

❷瀬戸川（鉄橋）

△❻朝日岳
2,417.9m

木道
滑りやすい

←
朝日小屋・北又小屋へ

ひょうたん池

兵馬ノ平

❶蓮華温泉

糸魚川市

N

参考コースタイム

❶蓮華温泉	
	1時間30分
❷瀬戸川	
	40分
❸白高地沢	
	1時間30分
❹花園三角点	
	2時間20分
❺吹上のコル	
	50分
❻朝日岳山頂	
	45分
朝日小屋	

下山は往路を戻って約6時間40分。

1:50,000

1,000m　0　1,000　2,000　3,000

雪倉岳
ゆきくらだけ

糸魚川市・朝日町（富山県）　2,610.9m

難易度 ★★★★★（健脚者向き）

執筆／さわがに山岳会　小野　健
調査／日本山岳会越後支部　霑本修一

▶天狗の庭から望む
雪倉岳

蓮華銀山として栄えた
いにしえの鉱山道を行く

　蓮華温泉への車道を走り、ヒワ平の展望台に立つと、小蓮華山から鉢ヶ岳、雪倉岳、赤男山、朝日岳、長栂山に続く北アルプス北延主稜の山並みが一望できる。これらの連山をハスの花に見立てて蓮華山群と呼んでいた。白馬岳はその主峰で、大蓮華山といったが、大正時代に入ると雪渓の代掻き馬模様から白馬岳の山名が定着した。雪倉岳は、蓮花山、銀山などの別称がある。

　雪倉岳東斜面の変成岩帯には、含銀石英脈の鉱床が存在し、蓮華銀山として天保年間より戦前まで採掘された坑道跡が各所に残っている。当時日本は銀本位制であったため重要な存在であった。現在の登山道は、当時の鉱山道で、幅員も広く緩勾配のため歩きやすい。瀬戸川の仮橋は増水すると流されることがあり、沢筋の横断ルートも損傷が著しい。白馬岳登山者は小蓮華山経由が多く、この鉱山道の利用者は少ない。ちなみに明治27年（1894年）、ウォルター・ウェストンが蓮華温泉に宿泊、体調不良のハミルトンを残し山崎巡査、浦口文治教授を随行して、鉱山経由で大蓮華山（白馬岳）に登っている。ウェストンはこの2年後に『日本アルプスの登山と探検』をイギリスで出版した。

　雪倉岳南鞍部には、暗緑色の蛇紋岩帯に雪倉岳避難小屋があり、西側斜面が多重山稜になっている。山頂部にはチョウノスケソウの群落がいくつか確認でき、白馬岳以北ではまれらしい。山頂南面の珪長岩帯にはトウヤクリンドウが点在するが、北部では全く姿を消しており、ここが北アの北限と思われる。山頂には、はんれい岩で作られた角形のモニュメントも設置されている。

　山頂の西側平坦地には風衡帯が広がり、ウルップソウと北限のコマクサが点在する。登山道は、西壁に阻まれて北斜面をトラバースするが、地域限定種のユキクラトウウチソウが見られる。鉢ヶ岳から雪倉岳にかけては、流紋岩、珪長岩、蛇紋岩、頁岩、結晶片岩など各地層が小刻みに変化する。

　雪倉岳の北東斜面には、円弧状に削られた雪倉カール地形が存在し、燕平の平坦地にモレーンで形成された雪倉池がある。雪倉銀山奉行屋敷のあった兵馬ノ平は、最も低位の氷河地形ともいわれている。

▶雪倉岳山頂北部
の風衡帯

▲鉢ヶ岳、旭岳、そして後方左に白馬岳

登山適期（月）　適期は6月下旬〜10月。

1	2	3	4	5	6	7	8	9	10	11	12

■　**交通・マイカー**
蓮華温泉までバス、タクシー、マイカーを利用。蓮華温泉の駐車場は、登山シーズンの休日はすぐに満車となるので注意したい。

■　**ワンポイントアドバイス**
①降雨時の鉱山道は危険箇所があるため要注意。②瀬戸川の仮設パイプ橋は増水時流失することがあるため、事前に蓮華温泉ロッジに問い合わせること。③雪倉上ノ沢と鉢ヶ沢は増水時の渡渉が危険。④雪渓がある時、登山道の接続点に注意。⑤旧鉱山道を登るので、途中鉱山事務所・比丘尼飯場・塩谷製錬所跡、雪倉東斜面の廃坑跡など鉱山関係の施設跡を各所に見ることができる。⑥蓮華温泉駐車場トイレ前に登山届ポストあり。

■　**問い合わせ**
糸魚川市観光協会　　　　　　　　　☎025-555-7344
白馬岳蓮華温泉ロッジ　　　　　　　☎090-2524-7237

コースガイド

雪倉岳は、東斜面に吹き溜まった多量の雪渓が、山腹に遅くまで残ることからこの山名がある。登山者の多くにとって、雪倉岳は朝日岳方面から白馬岳、白馬大池への通過点に過ぎない。つまり、**蓮華温泉❶**から鉱山道を通り、雪倉岳を目指す登山者はほとんどいない。蓮華銀山の鉱山道は、大半が白馬登山者に利用されているが、近年登山道の流出が進み、路面整備も十分でないことから、利用者数も減少している。鉱山道のコースガイドは鉢ヶ岳を参考にされたい。

ここでは**鉱山道合流点❷**から雪倉岳と、朝日岳方面から雪倉岳の南北両道を紹介する。鉢ヶ岳鞍部から東斜面の樹林帯をトラバースして雪倉岳へ向かう。鉢ヶ岳東面から崩壊した流紋岩崖錐には遅くまで雪田が残り、ミヤマキンポウゲの大群落が見られる。雪倉岳避難小屋のある鞍部には、流紋岩と蛇紋岩の2色の風衡帯が隣接している。

雪倉岳避難小屋❸は、入り口が南側に設置され、石垣で囲われている。栂海新道縦走者の中には、初日にこの避難小屋まで達し、翌日栂海山荘に入るパーティーもある。**雪倉岳❹**の登りは多重山稜の東側に登山道があり、飛驒外縁帯の結晶片岩、頁岩の間に白色珪長岩が介在する。

もう一方、朝日岳や朝日小屋方面からは、オオシラビソの樹林帯を抜けて小桜ヶ原の湿原に出る。白馬岳～朝日岳周辺に分布する高山植物は、特別天然記念物に指定されている。木道を渡って赤男山の大崩壊礫を横断する。再び樹林を抜けて高茎草原になると、ユキクラトウウチソウが出てくる。雪倉北壁を避けて北東斜面を越すと、雪倉池のある氷河地形が見られる。コマクサも交じる蛇紋岩帯を抜け結晶片岩に変わると雪倉岳頂上だ。

▶雪倉岳避難小屋

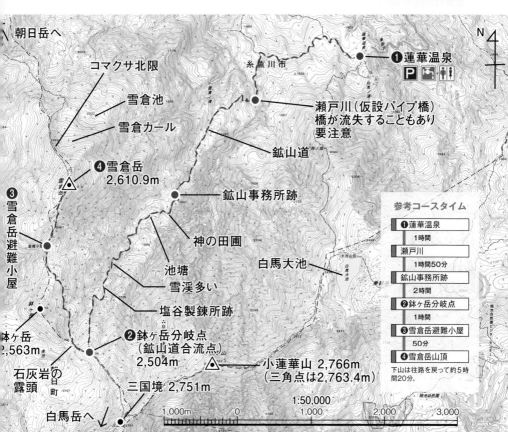

朝日岳へ

N

コマクサ北限
雪倉池
雪倉カール
糸魚川市
❶蓮華温泉
🅿

瀬戸川（仮設パイプ橋）
橋が流失することもあり
要注意

鉱山道

❹雪倉岳
2,610.9m

鉱山事務所跡

❸雪倉岳避難小屋

神の田圃

池塘
雪渓多い
塩谷製錬所跡

白馬大池

鉢ヶ岳
2,563m

❷鉢ヶ岳分岐点
（鉱山道合流点）
2,504m

石灰岩の露頭

小蓮華山 2,766m
（三角点は2,763.4m）

三国境 2,751m

白馬岳へ

1:50,000
1,000m　0　1,000　2,000　3,000

参考コースタイム

❶蓮華温泉
1時間
瀬戸川
1時間50分
鉱山事務所跡
2時間
❷鉢ヶ岳分岐点
1時間
❸雪倉岳避難小屋
50分
❹雪倉岳山頂

下山は往路を戻って約5時間20分。

鉢ヶ岳
はちがたけ

糸魚川市・朝日町（富山県）　2,563m

難易度 ★★★★☆（健脚者向き）

執筆／さわがに山岳会　小野　健
調査／日本山岳会越後支部　霧本修一

▶鉱山道合流点
から鉢ヶ岳

必見の珪長岩崖錐帯
三国境から鉢ヶ岳へ

鉢ヶ岳は、白馬岳北部の長野、富山、新潟3県に跨る三国境と雪倉岳の間、後立山連峰北部稜線上にある。鉢を伏せたようなたおやかな山容から名付けられた。山肌が白色系の流紋岩から成り、白倉岳の別称もある。北側の鞍部は、鉢ヶ岳流紋岩と雪倉岳蛇紋岩の接する風衝屑原で、両者の境界が明瞭に区別できる。南側鞍部は三国境珪長岩崖錐斜面と鉢ヶ岳流紋岩の間に蛇紋岩と石灰岩層の露頭が見られる。三国境から鉢ヶ岳への北斜面は、蓮華銀山跡をたどる鉱山道が合流し、凍結融解などによって破砕崩壊した一大崖錐帯が広がり、鉱山荒原性植物群のコマクサ、タカネスミレなど根の深い乾性植物の群落や、植生の全く付けない周氷河地形も発達する。風雨や崩落時に自然分級された岩礫の大きさにより、階段状構造といわれる地形が形成され、植生も影響を受けている。

鉢ヶ岳は県境にあって縦走道が山腹にあるため、山頂を目指す登山者がほとんどいない。縦走コースは東斜面の山腹をトラバースして雪倉岳の南鞍部に達している。新潟県側からの登山者は、白馬大池道が開設されるまで鉱山道を使用していた。明治27年（1894年）、ウォルター・ウェストン

が大蓮華山（白馬岳）登山の時、蓮華温泉に連泊して鉱山道を登っている。蓮華銀山は明治時代に産銀量が最も多く、銀鉱床を盛んに採掘していた。ウェストンは登山途中に採掘切羽を見学している。この鉱山道沿いには鉱山の関連施設や名称などが今も残っている。

瀬戸川の左岸上部には鉱山事務所跡の平坦地がある。当時鉱山事務所には神棚があって、その直下にご神体として最高品位の鉱石を埋めたといわれている。鉱山道上部には鉱山労働者が生活していた比丘尼飯場と鉱石を選鉱処理した塩谷製錬所跡も残っている。製錬所跡の焼成された砕山には、全く植物が繁茂せず裸地になっていて、登山道周辺も崩壊が進んでいる。

鉢ヶ岳西面の長池付近は遅くまで雪渓が残り、雪田植物のお花畑を見せてくれる。また、鉢ヶ岳周辺には高層湿原の神の田圃や北東斜面の一大風衝帯などがあり、地形、地質によって乾性、湿性の植物群を楽しむことができる。

▶植物が繁茂しない
塩谷製錬所跡地

▲三国境付近の珪長岩崖錐帯

登山適期（月） 適期は6月下旬〜10月。

1	2	3	4	5	6	7	8	9	10	11	12

■ **交通・マイカー**
蓮華温泉までバス、タクシー、マイカーを利用。蓮華温泉の駐車場は、登山シーズンの休日はすぐに満車となるので注意したい。

■ **ワンポイントアドバイス**
①降雨時の鉱山道は危険箇所があるため、小蓮華山コースが安全。②瀬戸川の仮設パイプ橋は増水時流失することがあるため、事前に蓮華温泉ロッジに問い合わせること。③鉢ヶ岳は雪倉岳への東斜面トラバースコースとなるため、山頂へ向かう登山者はほとんどいない。④蓮華温泉駐車場トイレ前に登山届ポストあり。

■ **問い合わせ**
糸魚川市観光協会　　　　　　　☎025-555-7344
白馬岳蓮華温泉ロッジ　　　　　☎090-2524-7237

コースガイド

　鉢ヶ岳は縦走登山の通過点で、単独で登られることはほとんどない。登山道は縦走なら白馬岳方面からと朝日岳方面から、単独で登るなら蓮華温泉〜鉱山道と小蓮華山経由となる。ここでは単独で登るコースを紹介する。

　鉱山道の登山口は蓮華温泉で、温泉ロッジの西側で白馬大池道と分岐する。蓮華の森キャンプ場を経て、兵馬ノ平や滝見尾根道と分岐する。樹林帯を抜けて瀬戸川を渡る。ここの橋は増水すると流されたりして危険を伴うことがある。登山道は、蓮華銀山の作業道だったので、幅員も広く勾配も緩い。1,940メートルの平坦地に鉱山事務所があった。大正時代の鉱山経営者の記念写真も残されている。神の田圃の湿原を経て、比丘尼飯場跡を通り、鉢ヶ沢を横断するが、登山道との接続に不明瞭な所があるので注意する。

　塩谷製錬所跡を過ぎると蛇紋岩の風衝帯とな

り、2,504メートル地点で縦走道と合流する。鉢ヶ岳に向かって少し下り、破砕された石灰岩の露頭を踏んで稜線を登り詰めると流紋岩の鉢ヶ岳頂上である。

　白馬大池を経由するコースは、小蓮華山までは「小蓮華山」のページを参考にしていただきたい。小蓮華山から三国境までは平坦な稜線となり、厚層な一大崖錐帯が広がっている。かつて珪長岩や流紋岩が北斜面に崩落を繰り返し、崖錐帯を形成し、信州側に滑った岩盤が崩落せずに多重山稜となった。三国境からこの崖錐帯を一気に下り、鉱山道との分岐を経て鉢ヶ岳の鞍部に達する。

▶信州、越後、越中が合流する三国境

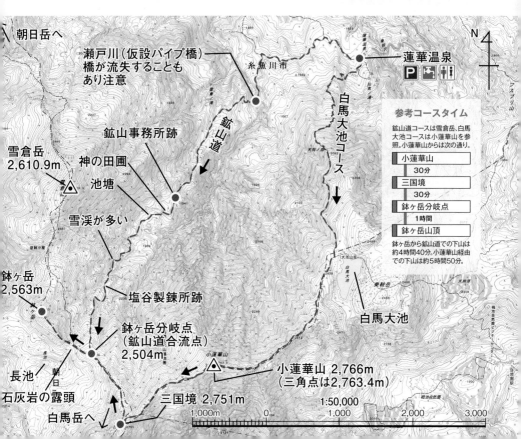

小蓮華山
これんげさん

糸魚川市・小谷村（長野県）　2,766m

難易度 ★★★★☆

執筆／さわがに山岳会　小野 健
調査／日本山岳会越後支部　霜本修一

▶白馬大池から小蓮華山（後方中央）

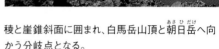

新潟100名山を締めくくる新潟県の最高峰

小蓮華山は、白馬岳を主峰とした蓮華山群の一座で、白馬岳東延稜に位置する新潟県の最高峰である。平成19年（2007年）6月ごろ、山頂部が地滑り崩壊して三角点が崩れたため、翌年10月、北側に3メートル下げて移設し、標高2,766メートルとなった。山頂部は、南側が滑り落ちて破砕溝になって止まっている。今後、破砕帯表面の浮き石が自然に整理されると、新規の二重山稜となって安定すると思われる。この地滑りは、二重山稜の生成過程を示した貴重なモデル事例であった。山頂には、享和元年（1801年）に建立された大日如来像が安置されており「大日岳」とも呼ばれている。

登山道は栂池と蓮華温泉からの2コースあり、白馬大池山荘で合流する。白馬大池周辺は、糸魚川方面から連続する青海蓮華帯の変成岩から成り、小蓮華山に近づくと白亜紀の花崗岩か花崗斑岩に変わる。白馬岳方面に向かうと、新期火山岩の珪長岩、流紋岩が小刻みに貫入し、地層境界面には蛇紋岩、かんらん岩の介在を繰り返しながら平坦な山並みを形成している。稜線の南東側は崩壊岩壁の急斜となり、北西側が崖錐緩斜面となって典型的な非対称山稜を示す。三国境は、多重山稜と崖錐斜面に囲まれ、白馬岳山頂と朝日岳へ向かう分岐点となる。

白馬大池は、白馬乗鞍火山の溶岩が沢筋を埋めて形成された堰止高山湖で、火口湖やカルデラ湖ではない。火山溶岩は、累々とした巨礫の化石周氷河地形を残し、植生の付けない所が多い。白馬乗鞍岳を姫川方面に下ると風吹大池火山があり、風吹岳、横前倉山の中央火口丘、小規模のカルデラ湖と、それを取り巻くように小さな火口池が点在する。姫川沿岸には、この火山帯を熱源とした温泉郷がある。

白馬大池周辺は、雪田植物のチングルマ、イワイチョウ、ハクサンコザクラなどの群落が広がる。雷鳥坂のハイマツ帯では、絶滅危惧種のライチョウが縄張りをつくって生息している。ハイマツの下にはキバナシャクナゲやリンネソウが群落をつくり、ハイマツ帯の間にトウヤクリンドウが点在し、全面をウラシマツツジが埋めて紅と緑の見事なコントラストを現出する。

▶小蓮華山南部の多重山稜

▲小蓮華山北斜面のハイマツ帯

登山適期(月)　適期は6月下旬〜10月中旬。

1	2	3	4	5	6	7	8	9	10	11	12

■ **交通・マイカー**
蓮華温泉までバス、タクシー、マイカーを利用。蓮華温泉の駐車場は、登山シーズンの休日はすぐに満車となるので注意したい。

■ **ワンポイントアドバイス**
①蓮華温泉道は6月下旬開通、10月下旬交通止め。②蓮華温泉以外の水場は蓮華の森の沢筋に1カ所のみ。③地質が小刻みに変わるので確認しながら歩くと面白い。④小蓮華山の頂上は浮き石が多く接近しない方が安全。⑤蓮華温泉駐車場トイレ前に登山届ポストあり。

■ **問い合わせ**
糸魚川市観光協会　　　　　　　　　☎025-555-7344
白馬岳蓮華温泉ロッジ　　　　　　　☎090-2524-7237

コースガイド

小蓮華山への登山道は、蓮華温泉からと栂池からの2コースあるが、いずれも白馬大池山荘で合流する。新潟県側からの蓮華温泉コースを紹介しよう。

蓮華温泉❶までは JR 大糸線平岩駅から約22キロ、タクシーや路線バスが入る。登山口には無料の大駐車場がある。露天風呂への登山道と分かれて、丸太橋を渡って斜面道に取り付く。東面にある地熱地帯と噴気を見ながら登るが、勾配が緩いため歩く距離の割に高度が上がらない。カラマツ、シラビソ、コメツガの樹立帯を抜ける。

天狗ノ庭❷に出ると、斜面には乾性の高山植物が多く見られる。ウメバチソウ、ハクサンシャジン、イブキジャコウソウ、タカネバラ、ユキワリコザクラなどだ。白馬乗鞍火山の溶岩道を行くと、オオシラビソに交じってハイマツが現れる。**白馬大池❸**の平坦地は草原帯で、一面チングルマの群落である。雷鳥坂を巻くように登っていくと、秋には崖錐帯を覆うハイマツの緑とその間を埋めるウラシマツツジの真紅が鮮明に色分けされている。

稜線に出ると、信州側に崩壊跡が目立ち非対称山稜を形成して植生も変わっている。ハイマツが断続的に稜線を埋め、ライチョウに出合うことも多い。岩場にはウラシマツツジ、コメバツガザクラ、トウヤクリンドウが見られる。登山道沿いには、白い珪長岩に黒色のかんらん石や蛇紋岩が介在して小刻みに変化している。

小蓮華山頂上❹は、信州側にずり落ちて、滑り面を岩礫が埋めている。登山道が新潟側に移設されて、県下の最高峰が3メートルダウンした。この地滑りから二重山稜形成過程を見ることができる。北ア北延主稜の雪倉～朝日～長栂（ながつが）の連山が北側正面に誇示している。

▶小蓮華山山頂部。右がずり落ちて段差となる

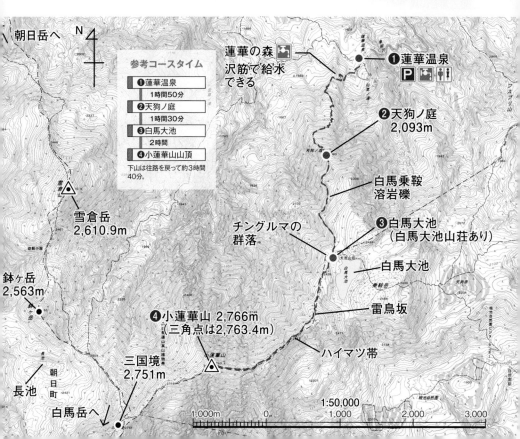

参考コースタイム

❶蓮華温泉
1時間50分
❷天狗ノ庭
1時間30分
❸白馬大池
2時間
❹小蓮華山山頂

下山は往路を戻って約3時間40分。

朝日岳へ

N

蓮華の森
沢筋で給水できる

❶蓮華温泉

❷天狗ノ庭 2,093m

白馬乗鞍溶岩礫

❸白馬大池（白馬大池山荘あり）

白馬大池

チングルマの群落

雪倉岳 2,610.9m

鉢ヶ岳 2,563m

❹小蓮華山 2,766m（三角点は2,763.4m）

三国境 2,751m

雷鳥坂

ハイマツ帯

長池

朝日町

白馬岳へ

1:50,000

1,000m 0 1,000 2,000 3,000

使用地形図一覧③

No	山名	使用地形図
75	菱ヶ岳	1:25,000 柳島 (H29.10.1)
76	天水山	1:25,000 松之山温泉 (H27.6.1)
77	鍋倉山	1:25,000 野沢温泉 (H28.12.1)
78	青田南葉山	1:25,000 重倉山 (H27.10.1)
79	関田峠〜伏野峠	1:25,000 柳島 (H29.10.1)、野沢温泉 (H28.12.1)
80	伏野峠〜深坂峠	1:25,000 柳島 (H29.10.1)、松之山温泉 (H27.6.1)
81	不動山	1:25,000 槇 (H27.11.1)、重倉山 (H27.10.1)、湯川内 (H26.12.1)、関山 (H27.8.1)
82	鉾ヶ岳	1:25,000 槇 (H27.11.1)
83	妙高山	1:25,000 妙高山 (H27.8.1)、赤倉 (H27.8.1)
84	火打山	1:25,000 湯川内 (H26.12.1)、妙高山 (H27.8.1)
85	焼山	1:25,000 湯川内 (H26.12.1)
86	雨飾山	1:25,000 越後大野 (H27.8.1)、雨飾山 (H27.8.1)
87	金山	1:25,000 雨飾山 (H27.8.1)、妙高山 (H27.8.1)
88	斑尾山	1:25,000 飯山 (H27.9.1)
89	海谷山塊 鋸岳	1:25,000 越後大野 (H27.8.1)
90	海谷山塊 駒ヶ岳	1:25,000 越後大野 (H27.8.1)
91	明星山	1:25,000 小滝 (H26.2.1)
92	黒姫山 (青海黒姫山)	1:25,000 小滝 (H26.2.1)
93	白鳥山	1:25,000 親不知 (H27.11.1)
94	犬ヶ岳	1:25,000 親不知 (H27.11.1)、小川温泉 (H26.9.1)
95	黒岩山	1:25,000 小川温泉 (H26.9.1)、越後平岩 (H27.6.1)
96	長栂山	1:25,000 小川温泉 (H26.9.1)、越後平岩 (H27.6.1)、黒薙温泉 (H27.3.)、白馬岳 (H26.9.1)
97	朝日岳	1:25,000 小川温泉 (H26.9.1)、越後平岩 (H27.6.1)、黒薙温泉 (H27.3.)、白馬岳 (H26.9.1)
98	雪倉岳	1:25,000 白馬岳 (H26.9.1)
99	鉢ヶ岳	1:25,000 白馬岳 (H26.9.1)
100	小蓮華山	1:25,000 白馬岳 (H26.9.1)
101	山毛欅ガ平山	使用地形図なし
102	白根山	1:25,000 粟ヶ岳 (H26.10.1)
103	金鉢山	1:25,000 天王 (H14.1.1)、上赤谷 (H27.10.1)、出湯 (H26.11.1)
104	魚止山	1:25,000 室谷 (H25.12.1)
105	日向倉山	1:25,000 奥只見湖 (H29.12.1)
106	阿寺山	1:25,000 五日町 (H27.8.1)、八海山 (H26.11.1)
107	高倉山	1:25,000 六日町 (H26.10.1)
108	権現岳	1:25,000 槇 (H27.11.1)
109	神奈山	1:25,000 赤倉 (H27.8.1)
110	高妻山	1:25,000 高妻山 (H27.9.1)

+10の山々

妙高山から高妻山を望む　【撮影】湯本浩司

山毛欅ガ平山
ぶながひらやま

佐渡市　　947.1m

難易度 エコツアーの内容により異なる

執筆／佐渡山岳会　磯部浩伸

▶両津港の海上から。左からドンデン山、中央が金剛山、右が山毛欅ガ平山

一等三角点が置かれた
大佐渡山脈の知られざる山

　佐渡には一等三角点がこの山毛欅ガ平山と小木半島の鶴巣の2カ所、補点が経塚山に1カ所設置されている。佐渡で最も目立つ金北山が二等三角点であり、地元以外ではほとんど知られていない山毛欅ガ平山が一等三角点になっているのは、設置間隔が40キロメートル必要なためであろうか。

　山毛欅ガ平山は、杉の巨木で一躍有名になった大佐渡山脈北東部の山の1つであるが、周囲の山々が杉に覆われている中で、この山の頂上部は笹原で見通しが良く、三角点の設置場所に選ばれるだけのことはある。また、笹原の中には強風のためか高木にはなっていないが、確かにブナの木が生えている。地元の人に伺ったところ、山名の由来は山頂にブナが生えているからだそうで、また海側から見ると「平」という字がぴったりななだらかな形をしている。

　かつてはスギやアテビ（アスナロ）を切り出し、炭焼きも行われた山なので、作業のための道が確保されていた。麓に住む現在90代の女性が20代の頃に三角点の設置が行われ、技師や大学生が山中に小屋を建てて寝泊まりして作業をしたそうだ。地元の人々も荷揚げや炊事などの仕事を頼まれ、その女性は米を担ぎ上げたと語っていた。

　現在、山毛欅ガ平山一帯は新潟大学の演習林となり、入山が規制されている。古くは歌見集落から歌見川沿いの林道を登り、石名小屋山を経由して山毛欅ガ平山の山頂に至る登山道があった。もちろん今は廃道状態である。山毛欅ガ平山周辺のトレッキングを楽しむには、コースガイドに記したエコツアーへの参加が必要だ。

▲雪割草（オオミスミソウ）

▲ウメバチソウ

▲センブリ

▲山毛欅ガ平山頂上の一等三角点標石

登山適期(月) エコツアーの開催期間は例年5月中旬から9月まで。詳しくは要問い合わせ。

| 1 | 2 | 3 | 4 | 5 | 6 | 7 | 8 | 9 | 10 | 11 | 12 |

■ **ワンポイントアドバイス**
　①エコツアーは3ルートあり、それぞれ有料で料金が異なる。ツアーには専門のガイドが同行する。②「千手杉ルート」は初心者向きだが、「外海府ルート」と「内海府ルート」は本格的な登山となる。装備をしっかり整えたい。

■ **問い合わせ**
　佐渡観光交流機構　　　　☎0259-27-5000

コースガイド

前述の通り、山毛欅ガ平山は地元以外では無名に近い山である。登山ガイドブックで紹介されたこともほとんどない。新潟県山岳協会監修の『新潟花の山旅』（2000年、新潟日報事業社）で登山ルートが詳しく紹介されたが、これも20年前の話だ。

現在、山毛欅ガ平山の一帯は新潟大学の演習林として管理されている。無許可で入山はできない。スギを主体とした林齢300年を超える天然林には、希少種・絶滅危惧植物が多数分布する。極めて自然度が高い「原生林」状の森林であり、その生態系を含めて保全を第一に考えていく必要がある。しかし、この森林への注目が高まるにつれ、演習林への無許可入山が相次ぐようになった。そこで、平成21年（2009年）から新潟大学と佐渡市が連携し、一帯の環境保全のため、入山制限を設けてエコツアーを実施することになった。

山毛欅ガ平山一帯のトレッキングは、このエコツアー（3ルートあり、いずれも有料。専門ガイド同行）に参加することで楽しむことができる。エコツアーの内容は次の通りだ。

①千手杉ルート

3つのルートの中で最も累積標高差が低く、子ども連れや初心者でも楽しめる。コース距離は約7キロメートルで、累積標高差は500メートル、所要時間は約6時間。

②外海府ルート

本コース見どころは「金剛杉」である。金剛杉が注目を集めたのは平成20年の洞爺湖サミット。写真家の天野尚氏が撮影した金剛杉の写真パネルが晩餐会で展示された。コース距離は約10キロメートルで、累積標高差は1,150メートル、所用時間は約8時間。

③内海府ルート

圧倒的な存在感を放つ大王杉をはじめ、風雪に耐えて屈曲したものなど、佐渡の特異な環境が育んだスギの巨木をめぐる。コース距離は約12キロメートルで、累積標高差は1,600メートル、所要時間は約9時間30分。

いずれも事前申し込みが必要。詳しくは佐渡観光交流機構に問い合わせたい。

白根山
しらねさん

| 三条市 | 918.0m |

難易度 ★★☆☆☆

執筆／新潟楽山会　大野新一郎

▶袴腰山からの白根山

360度の大展望を有する知る人ぞ知る名山

奥早出粟守門県立自然公園の北部に位置し、名勝八木ヶ鼻の下を流れる五十嵐川へ駒出川と親沢が注ぐ。この2つの川に挟まれた尾根の頂点が白根山だ。一帯は国の特別天然記念物指定のニホンカモシカ保全地域に指定されており、自然環境が保護されている。白根山の呼び名やその由来は定かではないが、地元集落の方々は親しみをもって「しらねさん」と呼んでいる。

山頂から望む展望は360度の大パノラマだ。北に一本岳を従えて堂々とした粟ヶ岳が目に入る。思わず歓声が上がるほど雄大で、この感動がこの山の最大の魅力だ。東に連なる堂ノ窪山、青里岳、矢筈岳、中ノ又山に登山道はない。わずかに残雪期のみ山の達人たちが入山できる川内山塊の秘境である。そして南に急峻な岩山烏帽子岳、その奥に守門岳、浅草岳が聳え立っている。西には八木ヶ鼻、袴腰山と三条市の街並みや遠く弥彦山、角田山、佐渡島までも望むことができる。標高は918メートルと低いが、ちょうどすり鉢の底から周りの山々を見上げる形になり、迫力あふれる展望台となっている。

道中に「山の神」と「熊狩りの眺め場」があり興味をひかれる。山の神は登山口から15分くらいの所に祭られており、子孫繁栄を願ったことがうかがえる。中間地点の熊狩りの眺め場は、地元のマタギ衆が使ったであろう絶好の展望台だ。粟ヶ岳や駒出川の谷底までも見渡すことができる。

春はキスミレ、イワウチワ、イワカガミ、イワナシ、タムシバ、ツツジ、ヒメサユリ、シャクナゲ、ドウダンツツジが咲き、秋は錦秋の紅葉に彩られる美しい山だ。しかし、知名度からすればマイナーだろう。1/2.5万の地形図上には登山道は記載されていないが、三条市では毎年7月に刈り払いが行われており、分かりやすくきれいに整備されている。

▲白根山山頂からの川内山塊の山々

▲熊狩りの眺め場からの守門岳

登山適期(月) 5月上旬〜11月上旬。

| 1 | 2 | 3 | 4 | 5 | 6 | 7 | 8 | 9 | 10 | 11 | 12 |

■ **交通・マイカー**
JR信越本線東三条駅前から越後交通バスで約40分「八木ヶ鼻温泉」行き終点下車、バス停から登山口の林道親沢線ゲートまで徒歩約5km。またはタクシー利用。マイカーは北陸自動車道三条燕ICより国道289号で八木ヶ鼻温泉を経由して笠堀ダム方向へ行くと左側に白根山登山口の標識がある。標識を左折して約1kmで林道親沢線ゲート前の広い駐車場に着く。駐車台数は約30台。

■ **ワンポイントアドバイス**
①コース中にトイレ、水場はないので道の駅「漢学の里しただ」で用意したい。②ヒルが出るので対策が必要。③下山後は八木ヶ鼻温泉「いい湯らてい」で汗を流すのも良い。

■ **問い合わせ**
三条市経済部営業戦略室観光係　☎0256-34-5511
越後交通三条営業所　☎0256-38-2215

コースガイド

　林道親沢線のゲート前❶に駐車して、砂利道の鬱蒼とした杉林を歩き始める。親沢に沿って約1キロメートル歩くと左側に「白根山登山道入り口」❷の標識がある。ここからが本格的な登山道となる。雑木林の急坂を15分ほど登ると休憩ポイントの山の神❸に着く。この辺りは春にはキスミレやツツジが咲いているので写真を撮りながら休み休み登ると良い。尾根に出るまでは傾斜のきつい急登が続き汗を絞られるが、南に烏帽子岳の奥に残雪の守門岳が見え始めると期待が膨らむ。

　やがて標高580メートル❹の見晴らしの良い稜線に飛び出る。左に粟ヶ岳、右に守門岳を眺めながらの気持ちの良い稜線歩きとなる。稜線に出てから10分ほどで熊狩りの眺め場❺に着く。眺めも良く時間的にちょうど中間地点なので休憩していくと良い。この辺りにはイワウチワやイワカガミ、イワナシなどが咲いていて癒やされる。ここからは

ブナ林や背の低い潅木が交互に現れる。切り株や痩せ尾根もあり所々が崩れているので足元に注意をしながら登る。山頂は見えず、3つほどのアップダウンを繰り返して行くことになる。

　638メートル地点❻を越え、前白根❼を越えるとあそこが山頂かなと思うピークが見えるが、これは"だまし"でガッカリする。最後の急な登りは濡れていると滑りやすいので注意が必要だ。小枝につかまり喘ぎながら登る。すると急に前が開けて三等三角点と標柱のある白根山山頂❽に到着する。大迫力の粟ヶ岳と守門岳に目を奪われる。米山、佐渡島、弥彦山、角田山、川内山塊の山々が手に取る近さで見渡せる。まるで箱庭の真ん中に立っているようだ。

　下山は来た道を戻ることになる。親沢ゲートまで約2時間だ。山頂より南に踏み跡があり白根越えの道もあるが、やぶ化しているので入り込まないように注意が必要である。

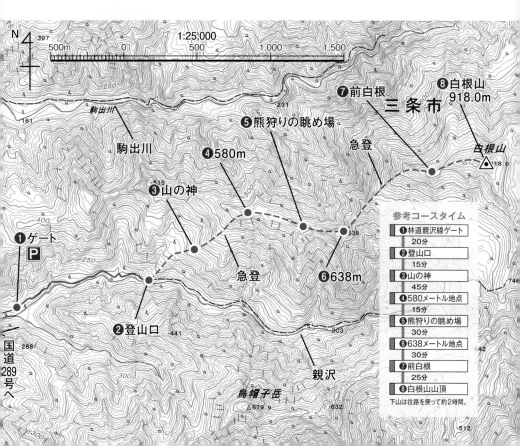

参考コースタイム

❶林道親沢線ゲート	20分
❷登山口	15分
❸山の神	45分
❹580メートル地点	15分
❺熊狩りの眺め場	30分
❻638メートル地点	30分
❼前白根	25分
❽白根山山頂	

下山は往路を戻って約2時間。

-512

103
下越

金鉢山
（かなばちやま）

| 新発田市 | 888.4m |

難易度 ★★★☆☆

執筆／下越山岳会　渋谷修一

▶五頭連峰の北端に
ある金鉢山

五頭連峰で唯一、登山道のない不遇の山

　金鉢山は五頭連峰の北端の雄峰で、その堂々とした山容は頂を一度は極めたいと思わせる山である。しかし現在まで五頭連峰の中で唯一、確たる登山道がない不遇の山だ。荒川剣龍峡（あらかわけんりゅうきょう）からの登山道が634メートルのコマタ（荒川山）山頂まで延びているが、その先はわずかなナタメをたどるか、残雪期に登頂するしかない。いつの日か登山道が確立され、多くの登山者に登ってもらいたいものである。

　この金鉢山の山名について、昭和51年（1976年）発行の『越後の山旅』の中で、藤島玄氏が「標高888メートルの三等三角点は金鉢山と誤認の記録もあるので、この三角点を折居山とする。南峰の890メートル峰を金鉢山と確定し、折居山を明瞭に区別する。山頂部の形容からの命名だから、山麓と松平山から見て南峰が金鉢そのもので、一目瞭然である」と記している。しかし、依然として国土地理院の地形図には三角点のある888メートルのピークが「金鉢山」として記載されており、その真偽のほどは定かではない。

　登山口のある荒川剣龍峡は、新発田市を代表する景勝地の1つだ。約1キロメートル四方の中に「畳岩と剣堀」「亀石」などの奇岩や怪石、「不動の滝」「禊の滝」（みそぎ）などの美しい滝や渓谷を有する。ここに広域林道の開発が進められ、平成17年（2005年）に登山道が整備された。登山道は周遊コースになっており、登山道のない金鉢山まで行く自信のない方は、こちらのコースを1日かけて楽しむのもいいだろう。

▲焼山から見た飯豊連峰

▲金鉢山山頂。新発田市街方面への展望は利かない

▲金鉢山から松平山と金鉾山（3月）

登山適期(月)　5月中旬～11月下旬。

| 1 | 2 | 3 | 4 | 5 | 6 | 7 | 8 | 9 | 10 | 11 | 12 |

■ **交通・マイカー**
登山口となる「荒川剣龍峡」まではマイカーを利用。国道290号沿いの荒川集落から剣龍峡まで約3.7km、車で約5分。駐車場は約10台。

■ **ワンポイントアドバイス**
①注意　登山道は剣龍峡登山口から634mのコマタ（荒川山）山頂まで。その先、金鉢山までの登山道はない。コマタから金鉢山へ行く自信のない人は、コマタ山頂から花ノ木平へ周回するのも良いだろう。②剣龍峡の橋を渡ると東屋の脇に登山ポストが設置されており、ここが登山口となる。③駐車場にトイレあり。水場はコース中に「堀切水場」などがある。

コースガイド

　金鉢山は新発田市の景勝地、荒川剣龍峡から登る。新発田市の中心街から国道290号を月岡温泉方向へ進み、荒川川に架かる新荒川橋手前を「剣龍峡」の標識に従って左折。集落を横切り、道なりに行くと**剣龍峡の駐車場❶**に着く。

　登山口は橋を渡った東屋の脇だ。ここから634メートルのコマタ（荒川山）山頂を目指して登ると、15分ほどで**山の神奥の院❷**の祠に出る。そのまま尾根伝いの緩い登りを45分で**スズメノ口**、さらに30分進むと**焼山❸**だ。ここからは西に弥彦山、角田山、北に二王子岳から飯豊連峰が広がる。

　続く**堀切水場❹**は分水嶺で沢水が取れるが、付近はやせ尾根なので注意して進もう。水場脇のアルミ梯子に取り付きブナ林を登れば**コマタ山頂❺**である。コマタ山頂は634メートルで、ここには「東京スカツリーと同じ高さ」との標柱がある。東に飯豊連峰、西に新潟平野が広がり眺めが良い。

　コマタ山頂から金鉢山へは登山道がなくなり、もちろん案内標識も出ていない。南方向に杉林の中を進む。踏み跡やナタメを頼りに稜線伝いに登っていく。時折、雑木の樹間から飯豊連峰や新潟平野が見えて癒される。途中、710メートル付近の右側で沢水が取れるが、そこは20メートルほど沢へ急斜面を下りなければならず、くれぐれも足元に注意したい。

　東側に気持ちの良いブナ林が続く急坂を喘ぎながら登ると、やがて緩やかになり、突然金鉢山の**山頂❻**が現れる。山頂は10人ほどが休める広さだ。東側に飯豊連峰、蒜場山、棒掛山、阿賀町の山々が見渡せる。南方向はやぶの隙間から金鉾山や松平山方向が見えるが、ここから続く五頭連峰の主稜線は雑木のやぶで踏破は難しい。

　下山はコマタ山頂まで戻り、**花の木平登山口❼**へ下りる。林道新発田南部線は途中をショートカットでき、最後まで静かな山歩きが楽しめる。

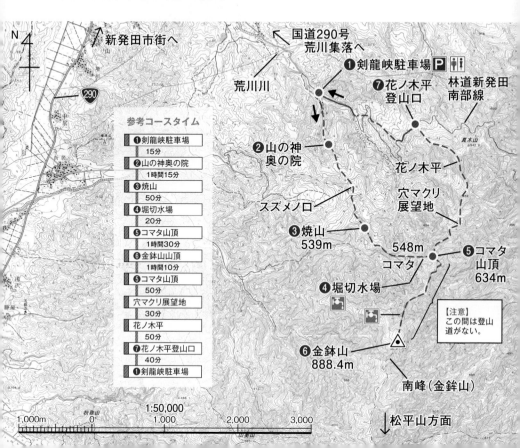

魚止山
うおどめやま

| 阿賀町 | 1,078.6m |

難易度 ★★★☆☆

執筆／豊栄山岳会　島　伸一

▶手前のピークが
魚止山

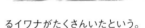

上川の最奥
残雪の尾根歩きを楽しむ

　阿賀町の魚止山は、御神楽岳の西に位置し、旧上川村の最奥に近く、登る人も稀で静かな登山を楽しめる。夏道はあるが、途中から整備されていない。夏道の登り口は、倉谷林道の橋から150mほど先に進んだ場所にある。コースガイドで紹介する冬の登り口とは場所が異なるので注意したい。夏道は850m付近まで刈り払いもあり、目印の赤いテープも多いが、そこから上部はヤブこぎになる。特に下りでは、道が葉や枝に覆われてほとんど分からず、何回も迷ってしまう。

　今回は3月中旬から4月下旬の残雪期のみに登ることができるコースとして紹介したい。標高は1,000m台だが、登り口までのアプローチが長く、矢筈岳へ登る途中に通過する山として岳人には知られている。

　登山の起点となる林道入り口には、9,200年以上前に遡る縄文時代の早期・前期遺跡の室谷洞窟があり、そこから続く会越街道の林道本名室谷線（峰越林道）を進む。

　魚止山の由来を室谷集落の方にお聞きしたところ、マスが遡上できない山で魚止山と言うとのこと。昔は冬に熊打ちに行くと、深い渕に50cmもあるイワナがたくさんいたという。

　林道歩きが終わると、登り口からは、ほぼ残雪の尾根上をたどって行く。途中に少し急な箇所もあるが頂上を踏んで十分に日帰りできる。ただし天候には留意し、アイゼン、ワカンなど装備を十分にし、できれば経験者と一緒に行きたい。

　車を置いてから登り口まで林道を2時間歩くため、ほとんど人が入って来ない。マンサクの花や咲き始めたイワウチワ、林道沿いにフキノトウが出始める頃の静かな登りが魅力である。

▲中腹の岩の急傾斜斜面

▶矢筈岳の南東斜面

▲頂上からの矢筈岳

| 登山適期(月) | 登山適期は3月中旬～4月下旬の残雪期のみ。残雪とヤブをかき分けて登るコースとなる。 |

| 1 | 2 | 3 | 4 | 5 | 6 | 7 | 8 | 9 | 10 | 11 | 12 |

■ **交通・マイカー**
JR磐越西線津川駅から登山口までタクシーで約30分。マイカーの場合は、国道49号を天満交差点から右折し県道227号線を旧上川村の室谷洞窟まで行く。室谷洞窟の手前の道路脇に4～5台駐車可能。

■ **ワンポイントアドバイス**
①残雪期の登山となるためアイゼンなど、十分な装備が必要。経験者との入山が望ましい。②登り口までは駐車場所（室谷洞窟）から2時間の林道歩きとなる。③健脚者は、魚止山山頂の先の分岐（三川分水峰）で1泊し、矢筈岳を目指すのもおすすめ。矢筈岳については本書82ページに詳しい。

コースガイド

登山時期は3月中旬から4月下旬まで。魚止山は矢筈岳への縦走路の途中に位置する。**室谷洞窟①**の手前から登り口までが長く、峰越林道と倉谷林道を2時間は歩く。4月初旬までは林道にも積雪があり、時期が早いと右の山側からの雪のデブリが道を覆っていて、その上をたどる箇所も出てくる。ピッケルがあると安心だ。阿賀町が行う除雪がないため、4月下旬になっても林道には一部、残雪や転石、倒木があり車は通行できない。

1時間ほど歩くと**分岐②**があり、右の倉谷林道に折れて少し緩斜面を上がって行き、倉谷沢沿いに進む。道が大きくU字形に曲がった橋の先30mくらいから右手に取り付く。この**登り口③**の近くは4月中旬になると雪解けで泥と水たまりが一帯に生ずる。登り口の標識はないが、赤布や先行者の登った跡を頼りに、両脇の枝をつかんでよじ登り、その後は杉やブナの木の下の残雪をたどる。

しばらく緩い斜面が続くが、650m付近から次第に急になる。途中、840m付近に岩がちの急斜面を両側の枝につかまって3mほど登る箇所があり、下りにも注意が必要だ。また、雪が正面に大きく張り出して真っすぐ行けず、左から回り込んで進む箇所もある。854m付近までは雪面の急傾斜が多くアイゼンが必要だ。

950m付近からは傾斜も緩くなり、魚止山のピークが見えてくると広い尾根歩きになる。西方向の今早出沢の対岸に矢筈岳の南東斜面が迫力をもって見えてくる。黒く大きく見えるのはガンガラシバナと呼ばれている雪の付かない岩場だ。その右奥には青里岳、五剣谷岳も見える。北西の進行方向に2つあるピークの手前が魚止山で、頂上直下の長い急傾斜は岩が出ており、下りも要注意だ。

頂上④は雪の上で、足跡が矢筈岳と駒形山との分岐（三川分水峰）へと続いている。東に御神楽岳が近い。南西に守門岳、越後三山、谷川岳、南南西に浅草岳、平ヶ岳や至仏山も白くまぶしい。

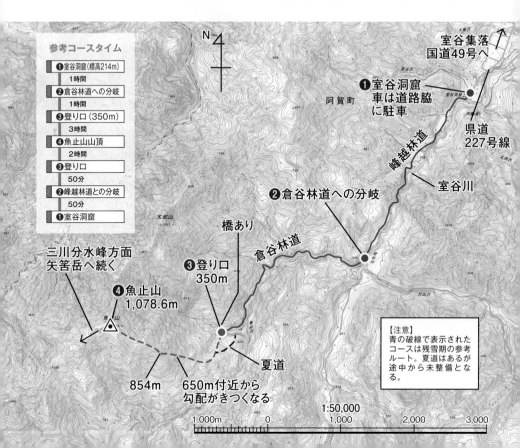

参考コースタイム

①室谷洞窟（標高214m）	
1時間	
②倉谷林道への分岐	
1時間	
③登り口（350m）	
3時間	
④魚止山山頂	
2時間	
③登り口	
50分	
②峰越林道との分岐	
50分	
①室谷洞窟	

N

室谷集落
国道49号へ

阿賀町

①室谷洞窟
車は道路脇に駐車

県道227号線

峰越林道

室谷川

②倉谷林道への分岐

太郎山

橋あり

倉谷林道

三川分水峰方面
矢筈岳へ続く

③登り口
350m

④魚止山
1,078.6m

夏道

854m

650m付近から
勾配がきつくなる

【注意】
青の破線で表示されたコースは残雪期の参考ルート。夏道はあるが途中から未整備となる。

1:50,000

1,000m　0　1,000　2,000　3,000

105 日向倉山

ひなたぐらやま

中越

| 魚沼市 | 1,430.6m |

難易度 ★★★★☆

執筆／ゆきみ山の会　小野島　守

▶赤崩山付近からの
日向倉山

魚沼の名峰に囲まれた
銀山平の知られざる山

日向倉山は銀山平の北側にあり、山名の由来は「この山の南面（山陽）だけを地元の人に見せているところから付けられた山名、反対は日陰（山）」（『日本山岳ルーツ大辞典』竹書房）とのことである。日向倉山から北への稜線は未丈ヶ岳、毛猛山、鬼が面山、浅草岳へと続いている。

この山には登山道がないので、残雪期のみ登山の対象となる。3月下旬の奥只見シルバーラインが開通してから約1カ月間が、残雪の上を歩くことができるが、4月下旬になると所々薮が出てくるので登るのが難しくなる。

銀山平の歴史は長寛元年（1163年）、藤原氏の尾瀬三郎が平清盛の策略により都を追われこの地にたどり着いたという伝説がある。

江戸時代に銀銅が採掘され鉱山町として栄え、最盛期には1,000軒以上の家があったといわれている。やがて採鉱が中止になると、人々が全て引き上げ無人となったということである。

明治の末に銀山平の農地の開拓が企画され、その後、入植者が移住して原生林を開墾し、田畑を耕作するようになり定住が始まったそうだ。

豊富な水資源が注目され、昭和36年（1961年）

に電源開発公社による奥只見ダムが完成すると、開拓された銀山平の村は湖底に沈むことになった。現在は奥只見湖が観光名所となり、多くの観光客が訪れる。尾瀬への新潟県側の入り口でもある。

▲コンクリートの建物のある登山口の様子

▲1,277m付近からの未丈ヶ岳

▲赤崩山付近から荒沢岳

登山適期（月） 登山道がないので残雪の上を歩くことができる3月下旬～4月下旬まで。それを過ぎると薮が出てきて歩行が難しくなる。

| 1 | 2 | 3 | 4 | 5 | 6 | 7 | 8 | 9 | 10 | 11 | 12 |

■ **交通・マイカー**
残雪期は銀山平までの公共交通機関はないので小出駅からタクシー利用で約50分。登山口に駐車場はない。白光岩橋付近の駐車スペースを利用。

■ **ワンポイントアドバイス**
①雪上を歩くのでアイゼン、ワカンまたはスノーシュー必携。ガスが出てきた場合に備えて地形図、コンパス、GPSが必要。②稜線途中にクラックが発生するので慎重に歩くこと。雪庇の踏み抜きにも注意すること。③奥只見シルバーラインの通行時間は4月下旬までは6時から18時までと制限されているので注意。

■ **問い合わせ**
（一社）魚沼市観光協会	☎025-792-7300
魚沼市産業経済部観光課	☎025-792-9754
小出タクシー	☎025-792-0019
奥只見さわやかタクシー	☎025-792-4141

コースガイド

　奥只見シルバーラインを通り、途中の明神トンネルの中の銀山平への信号を右折すると、すぐにトンネルから抜け出す。北ノ又川に架かる**白光岩橋❶**の近くの路肩にある駐車場に車を止める。

　雪の壁を乗り越えて、急登に備えアイゼンを装着する。雪原を180メートルほど西側に歩くとコンクリートの建物があり、その裏から尾根に取り付く。赤崩山（あかくずれやま）への稜線までほぼ一直線に登る。稜線に近づくと勾配がきつくなるが、背後の荒沢岳（あらさわだけ）、越後駒ヶ岳（こまがたけ）の眺めが良くなる。

　赤崩山の稜線❷に到着すると、未丈ヶ岳も姿を見せる。ここから東側の日向倉山を目指す。いったんわずかに下った後、広い雪原を登り返すと、すぐに下山で使う**尾根と合流❸**する。緩やかな起伏を登っていくと、やがて右前方向に燧ヶ岳（ひうちがたけ）が見えてくる。

　1,277メートル地点を通過すると、稜線上にクラックが発生する所があり、右側は雪庇（せっぴ）が発生し

ているので慎重に歩く。この場所は比較的早く薮が出現する所である。山頂直下の急登を登ると、広い雪原の**日向倉山の山頂❹**に到着する。

　山頂からの展望は東南から北東側に燧ヶ岳、中門岳（ちゅうもんだけ）、三岩岳（みついわだけ）、丸山岳（まるやまだけ）、会津朝日岳（あいづあさひだけ）までの奥会津の山脈、北側には未丈ヶ岳、毛猛山、桧岳（ひのきだけ）、そして南西側には越後駒ヶ岳、中ノ岳（なかのだけ）、荒沢岳と360度の展望が楽しめる。特に眼前に迫る荒沢岳の姿は見事である。

　帰りは同じ道を引き返し、赤崩山付近では登ってきた道より一つ手前の尾根を下る。登りで使った尾根より広いが、早く薮が出現するので注意が必要だ。

▶枝折峠から。中央のピークを挟んで左に未丈ヶ岳、右に日向倉山

N
未丈ヶ岳方面

❷赤崩山稜線

赤崩山
1,164.6m

❸手前尾根との分岐

クラック発生箇所

日向倉山

❹日向倉山
1,430.6m

1,277m　　雪庇

登り口
コンクリートの建物

352

❶白光岩橋

荒沢岳登山口　P

【注意】
青の破線で表示されたコースは残雪期の参考ルートで、一般登山道はない。

参考コースタイム	
❶白光岩橋	
	1時間15分
❷赤崩山稜線	
	15分
❸手前尾根との分岐	
	1時間35分
❹日向倉山山頂	
	1時間10分
❸手前尾根との分岐	
	45分
❶白光岩橋	

1:25,000

500m　　0　　　　500　　　1,000　　1,500

106
中越

阿寺山
あでらやま

南魚沼市	1,508.8m

難易度 ★★★☆☆

執筆／小千谷ハイキングクラブ　松井潤次

▶高倉山より望む
阿寺山

八海苗場と称される山頂部の湿原を巡る

　阿寺山は越後三山の1つ八海山（はっかいさん）の東端、五龍岳（ごりゅうだけ）から南に延びた尾根上にある二等三角点の山である。アテラは地形語で阿照（アテラ）のことで、周囲にこれという山がなく、日照りのよい山の意であるという。山体は石英閃緑岩から形成される。

　六日町から遠望すると八ツ峰の岩峰からなる荒ぶる八海山と平坦でたおやかな阿寺山の山容は対照的だ。真の山頂への道はなく、北西側を巻くようになるため、この山を目的にした登山者は少ない。八海山登山道の1つとしての阿寺山ルートはシーズン中、信者行者の登山者で賑わう他のルートとは違い静かな山行が楽しめる。ただ、十数年前の豪雨で山頂を水源とする広堀川が氾濫し、本流・沢の登山道が崩壊して荒れた箇所があるので天候によっては特に注意が必要だ。

　阿寺山から五龍岳への稜線上は広い尾根となり、台地上になった所には湿原が広がって四ノ池、三ノ池、神生ノ池（じんしょう）などの池と池塘（ちとう）が点在し、その景観から八海苗場とも称される。緩い登降の続く明るい湿原は、初夏にはタテヤマリンドウなど可憐な花が咲き乱れ、水面すれすれに戯れる昆虫たちと快適な稜線散歩とお池巡りが楽しめる。特に神生

ノ池から見る八ツ峰の岩峰群は圧巻で2,000メートルに満たない山とは思えない景観である。阿寺山の山頂に立つと深い黒又沢を挟んで雄大な中ノ岳（のだけ）と対峙し、また遠方には谷川連峰、巻機山塊（たにがわ／まきはた）の眺望が良い。

　阿寺山ルートは八海山の登山道の中では独特な雰囲気が味わえるコースだが、城内口から八海山を目指す各コースのなかでは一番長い。

▲大木原のブナ林

▲三ノ池と中ノ岳

▲神生ノ池と八海山八ツ峰・入道岳

登山適期（月）　登山適期は6月初旬から10月中旬。6月の新緑と10月中旬までの紅葉の時期がベストシーズン。盛夏の登山ルートは暑さが厳しく、薮化も顕著で不適当。

1	2	3	4	5	6	7	8	9	10	11	12

■ **交通・マイカー**
バスはJR上越線六日町駅から南越後観光バス八海山スキー場線で約30分、山口バス停下車。登山口まで徒歩約1時間30分。マイカーは関越自動車道六日町ICから八海山登山口・スキー場方面へ約30分、広堀橋を越えた右側に約10台駐車可。さらに上って広堀川河原登山口に約5台駐車可。

■ **ワンポイントアドバイス**
①登山口に登山ポスト、トイレはない。②広堀川左岸を進む区間やジャバミ沢をたどる区間は右岸の踏み跡が不明瞭な箇所があり、要所に付けられたマーキングテープに注意する。③樹林帯は急登が続くが、赤土で粘土質の登山道となるので滑りやすい。下降時は特に注意が必要。④悪天候時は川の増水に注意したい。

■ **問い合わせ**
南魚沼市商工観光課　　　　　　　　☎025-773-6665
南越後観光バス六日町営業所　　　　☎025-773-2573

コースガイド

　六日町から八海山スキー場、城内口方面に向かう。山口バス停から広堀川に架かる橋を渡り、右折して広堀集落を抜け、さらに広堀橋を渡る。未舗装になるとすぐに車止めのロープがあって**広堀川河原登山口❶**に着く。朽ちた標柱があり5台程度駐車が可能だ。

　車道を100メートルほど進み、テープを目印に川原に下りる。しばらく荒れた左岸をマーキングに注意しながら進み、護岸の上を歩いて堰堤を越えると水路が現れ、数本の丸木が架かった箇所を慎重に渡る。不明瞭な川原を15分ほど歩くと目印のテープから登山道に取り付き、**3合目「大芳尼龍神」碑❷**に着く。燭台と半鐘が信仰の山の雰囲気を醸し出している。水場もあり良い休憩ポイントだ。ここからジャバミ沢を遡上するが、踏み跡が不明瞭な薮化した右岸と川原を歩く。マーキングを見落とさないように注意して進みたい。

　最後の水場となる**4合目「ジャバミ清水」❸**も土石流で崩壊したが利用できる。しかし、以前の道と異なるので慎重に登ろう。ジャバミ沢を標高850メートル付近まで登ると雑木林の中に入り、ルートが明瞭となる。低潅木や笹薮などの箇所もある長い急登が続く。やがて「大木原」に着くと、標高900〜1,000メートル付近までブナ林が広がる。急登を更に登るが粘土質の道は滑りやすい。

　1,400メートル付近から林が切れ、傾斜が緩くなる。明るい草付きの道が水平になると「阿寺山」の朽ちた標柱が立つ稜線だ。**真の頂上❹**は南側にある小ピークで10分ほど薮を漕ぐ。山頂には三角点があるが山頂の標識はない。山頂からは越後三山の雄姿、振り返れば巻機山塊や高倉山へ続く尾根から遠く苗場山を望むことができる。頂上からは五龍岳〜八海山に続く登山道を進もう。いったん潅木帯に入るが、すぐに明るい湿原が現れる。ここからは平坦な広い台地状の稜線となり、**神生ノ池❺**まで「お池巡り」を堪能しよう。

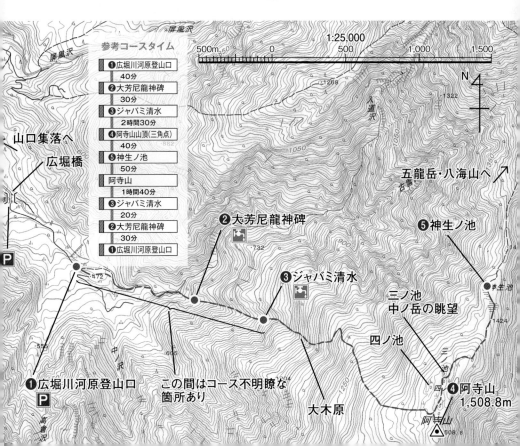

参考コースタイム

❶広堀川河原登山口	
40分	
❷大芳尼龍神碑	
30分	
❸ジャバミ清水	
2時間30分	
❹阿寺山山頂(三角点)	
40分	
❺神生ノ池	
50分	
阿寺山	
1時間40分	
❸ジャバミ清水	
20分	
❷大芳尼龍神碑	
30分	
❶広堀川河原登山口	

1:25,000

500m　　　　0　　　　500　　　　1,000　　　　1,500

N

山口集落へ

広堀橋

五龍岳・八海山へ↗

❷大芳尼龍神碑

❸ジャバミ清水

❺神生ノ池

三ノ池
中ノ岳の眺望

四ノ池

❶広堀川河原登山口

この間はコース不明瞭な箇所あり

大木原

❹阿寺山
1,508.8m

高倉山
たかくらやま

南魚沼市　　　1,143.7m

難易度 ★★★☆☆

執筆／小千谷ハイキングクラブ　松井潤次　▶「小川入口」から
高倉山西面

きつい登りの先に待つ
低山らしからぬ大展望

　コシヒカリの里、魚沼地方を流れる魚野川支流、三国川を遡ると右岸に高倉山を望むことができる。高倉山と名の付く山は多く全国に50座余り、県内にも3座を数える。山名の由来は定かではないが、高い断崖や岩場がたくさんある岩山で、かなり険しく、深い谷も多い山の意味らしい。確かに頂上付近の稜線には急な岩場が遠望できる。高倉山は、霊峰・八海山より南に続く阿寺山から、さらに西に延びる尾根上に前衛峰として位置する。低山ではあるが、越後の山々の連なりを360度のパノラマで目の当たりにできる展望の山として、知る人ぞ知る静かな名山である。

　登山道は中之峯新道のみである。以前は登山口に立派な石碑が設置され目印となっていたが、数年前の土砂災害で見当たらなくなってしまった。この登山道は地元、五十沢小学校のPTAの方々が、学童の体力向上と自然への触れあいを大切にしようと切り開かれ、昭和57年（1982年）9月に開道した。

　急な登りが続くコースではあるが、高度を稼ぐにつれ三国川ダム、しゃくなげ湖、五十沢の田園風景が見下ろせ、振り返れば巻機山塊や大きな山容の

ネコブ山と上越国境の山々が眺望できる。新緑時期にはイワカガミ、イワウチワ、シャクナゲ、ヤマツツジなど可憐な花に癒やされながら、秋には紅葉を楽しみながら、ゆっくり登りたい。登り切れば峻険な八海山ハツ峰とたおやかな阿寺山が視界に広がり、その展望の良さに疲れを忘れてしまうほどである。

▲5合目の入道ぶな

▲三国川ダムとしゃくなげ湖を望む

▲山頂から八海山と阿寺山展望

登山適期（月） 登山適期は5月中旬〜11月上旬。5〜6月の新緑、10月の紅葉シーズンがベスト。残雪期は雪の状態により登行が困難となる。また盛夏は厳しい暑さと草が繁茂してルートが藪化するので避けたい。

1	2	3	4	5	6	7	8	9	10	11	12

■ 交通・マイカー
JR上越線六日町駅から野中行きバスで小川入口下車。登山口まで2km、徒歩約50分。マイカーは関越自動車道六日町ICから約30分。登山口の砂防堰堤下に約3〜4台駐車可。ナビは「養徳寺」で検索。

■ ワンポイントアドバイス
①注意 数年前の土石流で登山口の様相が変わったので要注意。特に1合目の取り付きまでは沢伝いに登るが、藪化が進んでいるのでルートファインデングが難しい。②時季によっては、稜線上でも潅木の藪漕ぎを強いられることがある。③水場はないので水は持参のこと。トイレ、登山ポストもない。④登山道はきつい傾斜が続くので、下山時は滑らないよう足元慎重に行動のこと。

■ 問い合わせ
南越後観光バス六日町営業所　　　☎025-773-2573

コースガイド

南魚沼市六日町から県道233号線を三国川ダム方面に向かって進み、五十沢温泉を過ぎて「小川入口」のバス停を左折する。三国川に架かる橋を渡り右折し、小川集落内を道なりに進むと左側に養徳寺、さらに進んで古いアーチ型の看板ゲートをくぐって急坂のコンクリート舗装道路を上ると砂防堰堤に突き当たる。右側に進むと小さな水道建屋があり、**登山口の案内板❶**がある。

登り始めて堰堤の右端を通過し、杉林に沿ってしばらく進むと草薮に入る。マンホールの蓋を過ぎ、踏み跡をたどると沢に下りる。石伝いに登り赤ペンキの目印から右岸に取り付くと1合目だ。ここからは登山道がはっきりしている。1合目から急登が始まる。背丈まで伸びた草や雑木の茂る一本調子の急坂を2合目、3合目、4合目と展望もないなか、高度を稼ぐ。5合目には岩を抱え込んだ力強い姿の**入道ぶな❷**があり、ひと呼吸入れるのに良いポイントだ。

さらにブナ林の中、直線的な急登を進んで7合目を通過。8合目で大きな岩を目の前にすると、いったん緩やかな尾根道となる。ブナから低い潅木になってくると展望が利くようになり、右下に三国川ダムとしゃくなげ湖、左前方に山頂付近も見えてくる。ロープの付いた急な岩稜をよじ登ると**ラクダのコブ❸**だ。展望は一気に開ける。ここから岩場の危険箇所に張られたロープを頼りに馬ノ背を右に回り込んで進むと「めおと松」の表示板があり、鉄柱の立つ頂上はもう指呼の間だ。一度下りて登り返すと三等三角点のある**頂上❹**に着くが、高倉山の山名や標高を示す銘板はない。頂上は6畳くらいの広さで数人しかくつろげないが、西に遠く苗場山塊、南に大割山と大兜山を従えた巻機山塊、南東には大きな山容のネコブ山など上越国境稜線の山々が遠望でき、北東に目を移せば荒々しい八海山の八ツ峰の岩峰や右に続く阿寺山のゆったりした山容が美しい。

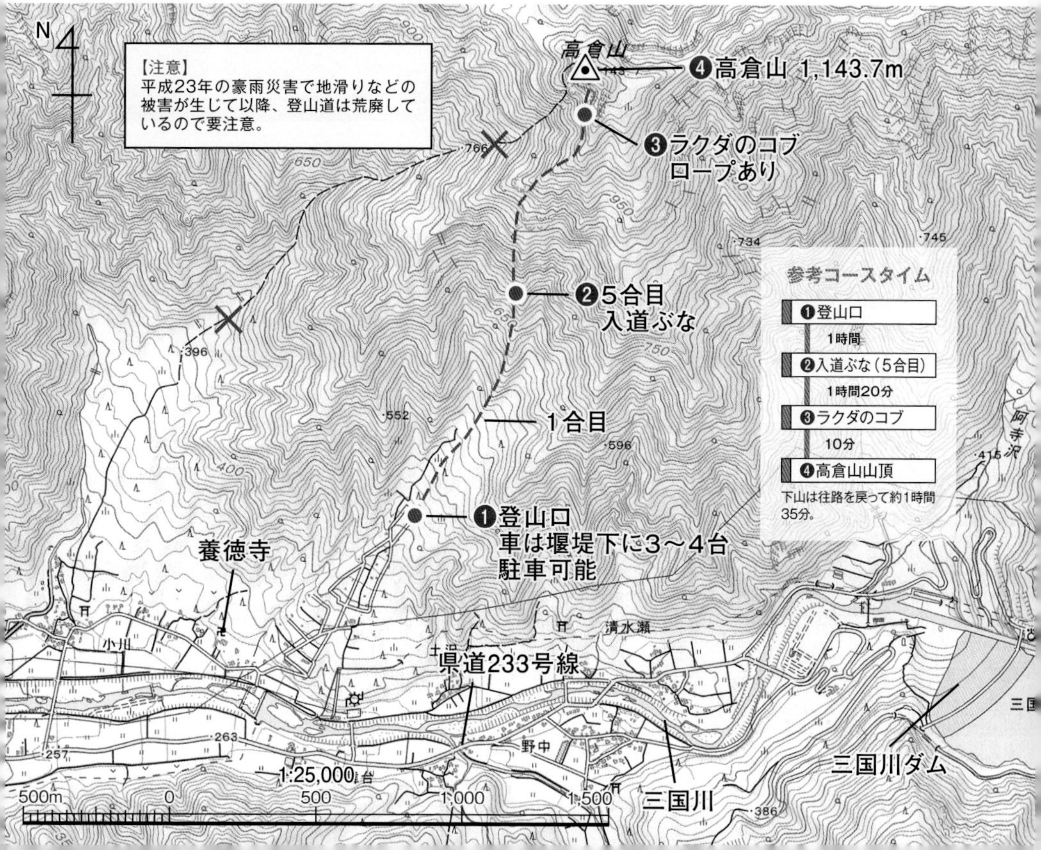

権現岳
ごんげんだけ

糸魚川市　1,104m

難易度　★★★☆☆

執筆／火打シャルマン友の会　清水文男

▶林道から権現岳

急登が代名詞
鉾ヶ岳に連なる霊峰

権現岳は古くから信仰の対象として崇められてきた霊峰だ。山頂下には白山権現（白山奥社）が祭られており、能生海岸弁天岩奥にある国の重要文化財、白山神社の奥社という位置付けである。糸魚川ユネスコ世界ジオパークの権現岳ジオサイトにあり、登山口の柵口集落から仰ぎ見ると圧倒的な迫力で迫ってくる。噴火ではなく、地下から上昇してきたマグマが浅い場所で固まってできた珍しい岩峰である。

標高は1,100mながら、柵口バス停付近から案内に沿って行くと、夏になっても残る「万年雪」が見られる。そして、雪にまつわる大災害を引き起こした山でもある。昭和22年（1947年）5月19〜20日にかけて53戸の人家を巻き込む大地滑りが発生。昭和61年（1986年）1月26日午後11時には、この地滑り跡を権現岳からの表層雪崩が秒速50mで流れ、13名もの命を奪った。

昔から当地では7月18日を「柵口盆」といって、盛んに盆踊りが行われてきた。盆踊りが終わると若い衆はタイマツを持って深夜0時に白山奥社に詣でた。人口減などで一時この風習は途絶えたが、地元有志が平成6年（1994年）に「権現たいまつ登山保存会」立ち上げ復活させた。しかし、たいまつ登山は数年前から安全性が考慮され、「霊峰権現岳ジオサイト登山」として日中の実施に変更されている。

権現岳〜鉾ヶ岳は「久比岐の異峰」とも称される。コース途中に25mほどのトンネル（胎内洞）があり、登山道は急登の連続。鎖、ロープが多数設置され、脚力よりも腕力を問う。

▲胎内洞

▶はさみ岩

▲登山道のホンシャクナゲ

登山適期（月）　登山適期は5月下旬〜11月初旬。5月下旬は残雪がある。

1	2	3	4	5	6	7	8	9	10	11	12

■ 交通・マイカー
えちごトキめき鉄道日本海ひすいライン能生駅から西飛山行バス、柵口バス停下車（日曜・祝日などは運行本数減となるため注意）、登山口まで林道約2km。マイカー利用は北陸自動車道能生ICから柵口経由で登山口まで約15km。駐車場は5〜6台程度。

■ ワンポイントアドバイス
①水場は登山口にあるがトイレはない。②登山道は急登の連続で、鎖やロープが多数設置されている。③ホンシャクナゲの大群落は5月上旬が多い。④鉾ヶ岳への縦走もおすすめ。鉾ヶ岳については196ページ参照。⑤麓の柵口温泉には山の名前を冠した「権現荘」ほか、数軒の宿泊施設があり、日帰り入浴が可能。

■ 問い合わせ
糸魚川市観光協会　　　☎025-555-7344
糸魚川バス　　　　　　☎025-552-0180
糸魚川タクシー　　　　☎025-552-0818

コースガイド

柵口バス停❶から登山口に向かう林道を進むと、目の前にどんと構える権現岳の大岩壁が迫ってくる。マイカーならば林道を少し遠回りして雪崩防護柵を通り、万年雪を見ていくといいだろう。

登山口❷の駐車場の横に大きなタンクの水槽があるので、ここで名水を汲んで行きたい。「頂上まで2時間40分」の道標が登山道の入り口で、すぐ近くに登山ポストもある。スタートからいきなりの急登だ。焦らずに行こう。雑木林の中を進むと40分ほどで「白滝」の休み場に着く。振り返ると正面にきれいな滝が見える。ひと息入れたら「わらじ脱ぎ場」に向かう。天気が良ければ上越市街から米山方面が一望できる。この辺りからロープ、鎖の連続となるので気を引き締めよう。

白滝の休み場から50分、わらじ脱ぎ場を通過して第一の名所「胎内洞❸」に着く。名前の通り岩の隙間にできたトンネルで25mほどある。中は暗く、段差のある岩を越えていく。ロープにしっかりつかまって登ろう。胎内洞を抜けた所にまた休み場があるが、ここは狭くて崖の縁になっているので要注意だ。

急登が続いてどんどん高度を上げていく。周りの景色もあっという間に変わってくる。次の名所が「はさみ岩」で、体の大きい人は要注意。ザックを下ろして横になって通ればまず大丈夫だ。無事通過すると白山権現の祠❹の前に出る。目もくらむ断崖の上にあるが、この先の安全を願ってお参りしていきたい。ここから先は道も少し緩やかになり、30分ほどで山頂❺だ。登山道沿い、山頂周辺にはホンシャクナゲの大群落がある。5月上旬に山はピンク色に染まるが、この時季は残雪が非常に多い。登山には細心の注意が必要だ。

▶白山権現の祠

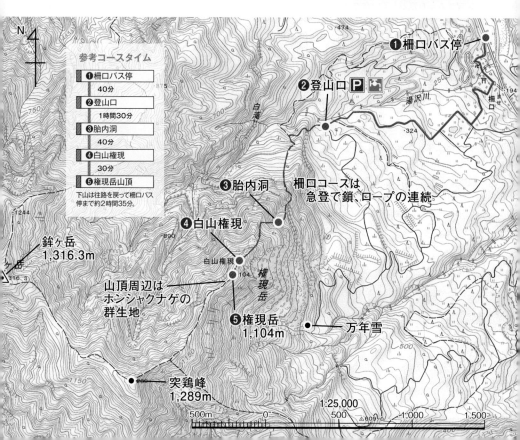

N

参考コースタイム

❶柵口バス停
　　40分
❷登山口
　　1時間30分
❸胎内洞
　　40分
❹白山権現
　　30分
❺権現岳山頂

下山は往路を戻って柵口バス停まで約2時間35分。

❶柵口バス停

❷登山口 P

湯沢川

柵口コースは急登で鎖、ロープの連続

❸胎内洞

❹白山権現

白山権現

権現岳

鉾ヶ岳
1,316.3m

山頂周辺はホンシャクナゲの群生地

❺権現岳
1,104m

万年雪

突鶏峰
1,289m

1:25,000

500m　0　500　1,000　1,500

妙高市 　1,908.9m

難易度 ★★★☆☆

執筆／高田ハイキングクラブ　後藤正弘　▶神奈山に現れた跳ね馬の雪形

春の訪れを告げる 妙高の「跳ね馬」の山

越後の名山「妙高山」は、越後富士とも呼ばれ、端正で雄大な裾野を持つ二重式火山である。中央火口丘(本峰)を中心に、北東から反時計回りに神奈山、大倉山、三田原山、赤倉山、前山などの外輪山が取り囲んでいる。神奈山は外輪山の中で唯一登山道がある山で、頸城の地に春の訪れを告げる雪形「跳ね馬」は、この神奈山の北面に現れる。南面は断崖となって切れ落ち、北面はどこまでも裾野を広げている格好だ。まだ笹ヶ峰に入るバスがなく、マイカーも普及していなかった時代は、火打山へのルートとして神奈越えが一般的だった。

妙高山周辺でも、燕温泉や関温泉一帯は特に積雪量が多く、古くからスキー登山が行われた。藤巻山から主稜線に延びる藤巻尾根は、標高1,400メートル付近まで広大なブナ林になっていて、現在ではバックカントリースキーの人気コースになっている。

燕温泉へ続く県道に「子宝橋」という橋があるが、その右手の道を少し登ると姥堂がある。昔は関山神社(密蔵院)からの妙高山登拝路で、修験者の道でもあった。この付近は渡るのに苦労した難所で「三途の川」と呼ばれ、これより先は女人禁制

だったという。木曽義仲の姥がここまで来て、北陸に侵攻する義仲の身の安全を祈願したと伝えられ、木曽義仲と姥の像が祭られている。お乳の神、子宝の神として今も参詣者が多い。

山名の由来については、頸城山地の登山史に精通した蟹江健一氏の遺稿「未完の頸城山地散歩」が面白い。高田高校山岳部部長であった佐藤俊一氏が部誌『LA(ラー)』2号で紹介したという説が紹介されている。「修験道華やかなりし頃、道者はこの山をかけ登り、かけ下り修行していた。山はもちろん女人禁制である。尾根の上に立った修験の者が下の方から女人の登ってくるのを見てムカつき、『クンナッ!(来るな)』と叫んだところ、岩壁にこだまして『カンナ』に聞こえたという」

▲シラネアオイが彩る登山道

▲縦走路下降点から妙高山と外輪山

登山適期(月)	登山適期は無雪期の6月中旬〜10月。残雪や初雪などは年により変わるので、事前に妙高市に確認したい。

1	2	3	4	5	6	7	8	9	10	11	12

■ **交通・マイカー**
えちごトキめき鉄道妙高はねうまライン関山駅から燕温泉行き市営バスで関温泉下車(1日6便)。駅からタクシーは関温泉まで15分。マイカーは関温泉入り口駐車場を利用(第1駐車場35台、第2駐車場86台)。

■ **ワンポイントアドバイス**
①コース中に水場はない。トイレは第1駐車場にあり。②関温泉の駐車場から温泉街を抜けた所に登山口がある。「関温泉展望台まで1km」の標識があるスキー場管理道路を登る。草で標識が見えない場合、斜面に上下2つある道の下が登山道なので間違えないこと。③神奈山からの縦走路は整備されているが、状況を事前に確認したい。神奈山から黒沢池ヒュッテまで1時間30分、三ツ峰経由で燕温泉に下りる場合は2時間30分である。

■ **問い合わせ**
妙高高原観光案内所　　☎0255-86-3911

コースガイド

　関温泉入り口の**駐車場❶**に車を止めて温泉街を抜け、スキーゲレンデに入る左手に「関温泉スキー場　ハイキングコース」の標識がある。ゲレンデ内の登りは「レストラン　タウベ」の前を通過し、展望台（神奈山第1リフト終点）まで続く。ここからは重機で削られた幅広の山道となっていて、神奈山第3リフト降り場まで登っていく。妙高山本峰が大きく聳え、温泉街も眼下に見える。樹林帯の入り口に「**関温泉口❷**」の標識があり、いよいよ登山道が始まる。

　ブナ林の気持ちの良い登山道は尾根沿い付けられ、1,300メートル付近まで登る。さらに進んで、今度は北面をジグザグに巻くようにして**大ブナ林（1,410メートル）❸**まで高度を上げていく。途中、崩壊地のトラバースがあるので慎重に通過しよう。一帯のブナ林の新緑と紅葉は素晴らしい。

　大ブナ林から少し先は、真っすぐの尾根の急登

が**八方睨❹**まで続いている。春から初夏にかけてシラネアオイ、チゴユリ、ツバメオモトなどの花々が咲き、振り返れば斑尾山や野尻湖がくっきり見え、遠くに志賀の山並みもかすんで見える。秋にはナナカマドやモミジなどの潅木の紅葉が見事だ。

　八方睨から見る稜線の背後に小ピークが隠れ、4つ目のピークが神奈山である。1つ目のピークまで岩場の多いトラバースが続くが、景観がどんどん良くなり花も多い。その先、小さなコルとピークを繰り返して**山頂❺**へ到達する。山頂は小さな広場になっていて、すぐ先に妙高山が圧倒的な迫力で聳えている。縦走路下降点では、妙高山のカルデラや火打山から北へ続く矢代山地の山並みを見ることができる。下降点は山頂から数分なので、ぜひ足を延ばしていただきたい。

▶神奈山山頂

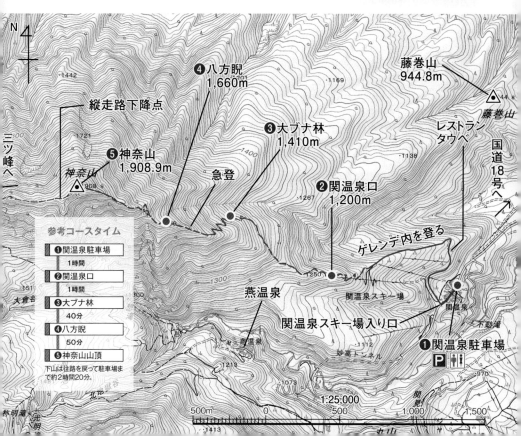

N

・1442

❹八方睨
1,660m

藤巻山
944.8m

△44.8

縦走路下降点

藤巻山

・1169

・1721

❸大ブナ林
1,410m

レストラン
タウベ

三ツ峰へ

❺神奈山
1,908.9m

神奈山
△908.9

急登

・1400

・1138

国道18号へ

❷関温泉口
1,200m

・1267

ゲレンデ内を登る

参考コースタイム	
❶関温泉駐車場	
	1時間
❷関温泉口	
	1時間
❸大ブナ林	
	40分
❹八方睨	
	50分
❺神奈山山頂	

下山は往路を戻って駐車場まで約2時間20分。

・1151

大倉谷

・1250

・1300

燕温泉

関温泉スキー場

❶関温泉駐車場

P

関温泉スキー場入り口

関温泉

不動滝

燕温泉

・1112

妙高トンネル

・1218

・1079

1:25,000

・1413

500m　0　500　1,000　1,500

秋明潭

北地

110 上越 高妻山

たかつまやま

妙高市・長野市（長野県）　2,353.0m

難易度 ★★★★☆

執筆／高田ハイキングクラブ　湯本浩司

▶戸隠山から望む高妻山

美しき「戸隠富士」 戸隠連峰の最高峰

高妻山は、平成27年（2015年）年3月に上信越国立公園から新しく分離独立した妙高戸隠連山国立公園のほぼ中央に位置する。山域的には戸隠連峰の北端だ。戸隠連峰は海底火山の隆起・浸食により形成された険しく美しい独特な景観を見せている。山名の由来はピラミッド形の高峰と、「端」すなわち新潟と長野の県境（端）にある山という意味からのようである。

戸隠山は、天照大御神の隠れた天の岩戸を手力雄命が開き、その戸を空に投げると、それが芦原の中つ国に落ちて山となったという伝説を持つ。屏風のように長々と岩壁を連ねた姿は、修験道の山、霊山の風格を存分に漂わせる。戸隠は平安朝から奥院、中院、宝光院と3つの群落に分かれ、それぞれ神仏混淆、数多の寺社が建立されたという。その栄えは高野山や比叡山にも劣らなかったそうだ。

高妻山は登山道が長野県側にしかないことから、専ら長野県の山として紹介される。『新潟100名山』で選外となったのもそれが理由だ。しかし、山頂域は新潟県にもまたがっている。

『日本百名山』の1座として有名なのは言うまでもない。著者の深田久弥氏は今回紹介するコースから入り、戸隠・飯縄を絶えず右手眼下に望みながら次のように紹介している。「もし本当に山の好きな人だったら、その眼をすぐ反対側に返すことを忘れないだろう。その側に、すぐ真近に、高妻山がスックと立っているからである。スックという形容がそのままあてはまる気高いピナクルである。殆どその土台から絶頂までの全容が望まれる。（中略）白馬連峰から、志賀高原から、頸城の山々から、いつも遠く眺めて見倦きない山であった。あまりその名が知られていないのは、平野からすぐ眼につく山ではなく、ごくそばへ近づくか、遠く離れなければ容易にその姿を見せないからである。古くから私の好きな山であった」

▲十阿弥陀

▶高妻山山頂の標柱と三角点

▲登山道の樹間から。スックと聳える高妻山

登山適期（月） 登山適期は6月中旬〜10月。高山で雪消えが遅く、一般登山者の入山は6月中旬からが望ましい。

| 1 | 2 | 3 | 4 | 5 | 6 | 7 | 8 | 9 | 10 | 11 | 12 |

■ **交通・マイカー**
マイカーは上信越自動車道利用なら信濃町IC下車、国道18号を信濃町柏原から県道36号線（信濃信州新線）を戸隠キャンプ場へ。登山者用無料公共駐車場あり（約60台）。駐車場から牧場を抜けた登山口までは徒歩約20分。バスは長野駅前バス停からアルピコ交通で戸隠キャンプ場へ。

■ **ワンポイントアドバイス**
①トイレは登山者用公共無料駐車場の向かいにある。②アップダウンが多いロングコースで、往復8時間以上（休憩を含まず）は確保したい。健脚者向けであり、体力に自信がない場合は不適当。また、日照時間の短い季節も要注意。③登山ポストは牧場入り口（右側建物）にある。

■ **問い合わせ**
（一社）戸隠観光協会　☎026-254-2888
アルピコ交通長野営業所　☎026-254-6000

コースガイド

登山道は一不動、二釈迦、三文殊、四普賢、五地蔵、六弥勒、七薬師、八観音、九勢至を通って、高妻山の山頂に十阿弥陀如来が、その先は十一阿閦、十二大日を通って、乙妻山の山頂には十三虚空蔵菩薩が祭られていたという。現在は石祠が信仰の山の痕跡を残している。高妻山から乙妻山へのルートは急峻な切れ落ちのある危険路だが、シラネアオイやシャクナゲが見事だ。高妻山への登山道は六弥勒までは2ルートで、ここでは上りは一不動ルートを、下りは弥勒新道を紹介する。

駐車場❶に車を止めたら、案内表示に従い戸隠キャンプ場内の道を進む。牧場を抜け「一不動・高妻山・五地蔵山」の標識が立つ**一不動登山口❷**から登る。登山道は小沢沿いに渡河を繰り返し、**滑滝❸**、続いて**帯岩❹**に達する。どちらも鎖場で緊張感を持って進みたい。その先が**氷清水❺**で、水を補給して行こう。

やがて空が開けて戸隠山コースとの合流点、**一不動避難小屋❻**に到着する。ここを右折北上し、一不動、二釈迦、三文殊、四普賢、五地蔵、六弥勒へと進む。この間右手には戸隠高原と飯縄山が常に目を引くが、三文殊、四普賢の辺りから反対左手、木々の隙間から迫力ある高妻山が現れる。

分岐合流点の**六弥勒❼**からは左折西上して山頂へ。帰りは右折東下してブナ林の急坂を踏ん張って下る。登りはここから七薬師、八観音、九勢至までアップダウンを繰り返す。帰りの登り返しを思うと辛いところだ。

九勢至からは一気に展望が開け、目の前に急登の高妻が迫る。ここを登るのかとウンザリするが、最後の踏ん張りどころだ。右手の妙高三山、背後の黒姫、飯縄、戸隠、左手のアルプスが、あともう少し頑張れと励ましてくれる。やがて大きな十阿弥陀の鏡が見えると、岩ゴロの先にある**山頂❽**まであとひと息である。

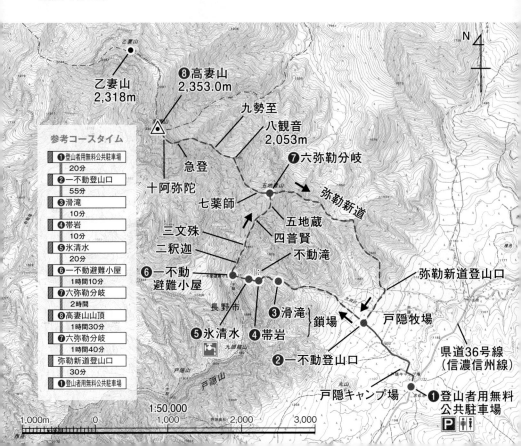

参考コースタイム

❶登山者用無料公共駐車場	
	20分
❷一不動登山口	
	55分
❸滑滝	
	10分
❹帯岩	
	10分
❺氷清水	
	20分
❻一不動避難小屋	
	1時間10分
❼六弥勒分岐	
	2時間
❽高妻山山頂	
	1時間30分
❼六弥勒分岐	
	1時間40分
弥勒新道登山口	
	30分
❶登山者用無料公共駐車場	

乙妻山 2,318m

❽高妻山 2,353.0m

九勢至

八観音 2,053m

❼六弥勒分岐

急登

十阿弥陀

弥勒新道

七薬師

五地蔵

三文殊

四普賢

二釈迦

不動滝

❻一不動避難小屋

弥勒新道登山口

長野市

戸隠牧場

❸滑滝

鎖場

❺氷清水

❹帯岩

県道36号線（信濃信州線）

❷一不動登山口

戸隠キャンプ場

❶登山者用無料公共駐車場 P

1:50,000

1,000m　　0　　1,000　　2,000　　3,000

N

新潟県の山の花

文と写真／加藤明文

佐渡

01. フクジュソウ（福寿草）
キンポウゲ科 フクジュソウ属

全国的に分布し、佐渡でも大きな群生が見られる。福神草、長寿草など多くの別名もありギリシャ神話では愛の女神キューテラに愛された少年の名アドニスがそのまま学名になっている。花期4月。

02. シラネアオイ（白根葵）
シラネアオイ科 シラネアオイ属

本州中部以北に分布、なぜか佐渡には多産し大きな群落も見られる。紫色の花弁状に見えるのはガク片で花弁はない。学名「青灰色のヒマワリ」で花はほとんど太陽に向く。日本固有種で花期は5〜7月、佐渡は4月から。

03. エチゴキジムシロ（越後雉蓆）
バラ科 キジムシロ属

新潟より北の日本海側に分布し佐渡では特に多い。小葉は5枚の羽状で先の3枚は大きく、脇の1対（2枚）は非常に小さいのが特徴。日なたの草原を特に好み牧場一帯に広がっている。花期5月。

04. カタクリ（片栗）
ユリ科 カタクリ属

05. ルイヨウボタン（類葉牡丹）
メギ科 ルイヨウボタン属

全国的に分布、落葉樹林内で樹木の葉が出る前の早春期に太陽の光を受けて咲く。佐渡産は他と違い葉に斑が入らず青々として清楚。佐渡の山はアリが多いといわれるが、共存するカタクリが多いからである。花期5月。

全国的に分布するが本県では佐渡以外で見つけるのは大変だ。葉はボタンの葉に良く似るも黄色い小粒の花はまったく似ていない。草丈1m近くにもなるが茎は細く針金状で丈夫でそのまま学名になっている。花期5月。

06. ヒロハヘビノボラズ（広葉蛇上らず）
メギ科 メギ属

　北海道、本州中部以北に分布。日の良く入る林縁を好み、多くの黄色い花が咲き多くの赤い実ができる。樹高1〜3mで長い刺が所々にありオオトリトマラズの別名もある。同属のメギは小刺が多くある。花期5月。

07. オオミスミソウ（大三角草）
キンポウゲ科 ミスミソウ属

　ミスミソウの品種で本州の日本海側に産し「雪割草」と称して人気の花。しかるに盗掘も多く年々その数を減らしている。花は紫色、紅色や白、また2色まであるがすべて花弁ではなくガク片。日が出て開く。花期4月。

08. アナマスミレ（アナマ菫）
スミレ科 スミレ属

　野や町に咲くスミレの変種で新潟県以北〜日本海側を北上、礼文島アナマ岩に分布。姿、形など母種に良く似るも花の紫色は濃く、葉の緑色も深くツヤがある。広々とした日なたの地を好み佐渡では多い。花期4〜5月。

09. アケボノソウ（曙草）
リンドウ科 センブリ属

　全国的に分布するも本県では少ない。秋、佐渡のドンデン高原など日なたの草地で高さ70〜80cmの大型の姿を見せてくれる。花は夜明けの空の色で紫色の点々がつく。これをまだ残る星にたとえている。花期9月。

10. フッキソウ（富貴草）
ツゲ科 フッキソウ属

　常緑の小低木で全国的に分布するが本県では佐渡以外あまり見かけない。学名パシィサンドラー（太い雄しべ）で白い雄しべ群が頂生に咲き、9月に白い実がつく。花のない林内に広がるところから富貴の名がある。花期4〜5月。

11. ミヤマウスユキソウ（深山薄雪草）
キク科 ウスユキソウ属

東北地方の日本海側の高山だけに産し本県の飯豊連峰がその南限になる。谷川岳に産するホソバヒナウスユキソウの母種で、姿はどっしりとして毛深く美しくヨーロッパのエーデルワイスに良く似る。日本固有種で花期は7月。

12. イイデリンドウ（飯豊竜胆）
リンドウ科 リンドウ属

ミヤマリンドウの変種で飯豊連峰の特産品。この種は5枚の花弁とその間に5枚の副片があり母種はすべて平開するのに対して副片は直立してきれいな三角形。草丈も10〜20cmと大型。花期は8月。

13. マルバコゴメグサ（丸葉小米草）
ゴマノハグサ科 コゴメグサ属

ミヤマコゴメグサの変種で飯豊連峰だけの特産品。この種の分類は葉の形をして区別するものも多いが、扇状の葉は丸っこい。連峰には葉の細いホソバコゴメグサも産するが不思議と同居はしない。花期8月。

14. ナンブタカネアザミ（南部高峰薊）
キク科 アザミ属

岩手山から南へ東北の高山に産し本県では飯豊連峰のみに見られる。同属の種に比べて刺が非常に荒々しく葉など硬ければそのまま槍として使えるのではと思わせる。草丈50cm、花は上向きに咲く。花期8〜9月。

15. ハクサンコザクラ（白山小桜）
サクラソウ科 サクラソウ属

北海道のエゾコザクラの変種で飯豊〜加賀白山の日本海側に分布。特徴は葉の元が細くなるいわゆるクサビ状形。群生が好きで6月、飯豊連峰北股岳に広がる大群落は圧巻。花期は6〜7月で残雪により8月。

16. センジュガンピ（漢字不明）
ナデシコ科 センノウ属

本州中部以北の大きな山岳に産し、木漏れ日の入る林内を好む。飯豊連峰実川のマタギ故猪俣次郎とこの花のかかわり合いは古い越後の岳人の昔をしのばせる。白いナデシコ状で日本固有種、花期は7〜8月。

17. オヤマノエンドウ（御山の豌豆）
マメ科 オヤマノエンドウ属

日本アルプスなど本州高山の花、本県では飯豊連峰や白馬岳で見られる。豆科の花を蝶花といい翼弁、竜骨弁、旗弁でできていてその特徴などで分類するが、この種は旗弁だけが特に大きい。日本固有種で花期は6〜7月。

18. ヒオウギ（桧扇）
アヤメ科 ヒオウギ属

北海道以外の全土に分布するも、昔と違い現在はほとんど見られなくなった。薄い剣状の葉が扇状に重なって開く故の名であるが花は美しい。山地草原を好み、暑い夏の日差しの中、角田山で見られる。花期8月。

19. ミヤマシャジン（深山沙参）
キキョウ科 ツリガネニンジン属

本州中部以北の高山に産し岩場や岩のすき間を好む。ヒメシャジンの変種で母種とはちがって花柱が長く突き出る。葉が非常に細いものをホソバノミヤマシャジンというが、どちらともつかぬ中間品もある。花期7〜8月。

20. ツルカノコソウ（蔓鹿の子草）
オミナエシ科 カノコソウ属

低山帯の日影の湿地を好む。カノコソウ（ハルオミナエシ）の仲間で花後ツルを出して増える。したがってよく群生している。学名「やわらかい体の」で、へたにさわるとすぐ折れる。角田山で見られる。花期4〜5月。

21. ホソバヒナウスユキソウ（細葉雛薄雪草）
キク科 ウスユキソウ属

　東北産のミヤマウスユキソウの変種で至仏山と谷川岳の蛇紋岩地に特産する。茎も葉も非常に細くなぜか岩陰に支え合って生きている感じだ。この種の花は黄色が鮮やかなほど若い。花期は7月。

22. ジョウシュウオニアザミ（上州鬼薊）
キク科 アザミ属

　新潟の群馬県境付近に産する高山植物。したがって尾瀬、谷川岳、巻機山などに見られる。草丈70cm～1m、花は下を向いて咲き、オニアザミとよく似るも、茎、葉など細く優しい感じがする。花期7～8月。

23. クチバシシオガマ（嘴塩竈）
ゴマノハグサ科 シオガマギク属

　本州中部に産する。なぜか谷川連峰の縦走路に多く見かける。ヨツバシオガマの品種で花弁は白く嘴は濃紅色で長い。同属のシロバナヨツバシオガマは全体が白いので明らかに区別される。花期は7～8月。

24. ジョウシュウアズマギク（上州東菊）
キク科 ムカシヨモギ属

　山地に咲くアズマギクの蛇紋岩変種で至仏山と谷川岳に特産する。栄養素の問題で姿は細く岩焼けのせいか暗紫色を帯びて花も母種より小さい。学名「異形の毛がある」で長毛と短毛がある。花期6～7月。

25. ナエバキスミレ（苗場黄菫）
スミレ科 スミレ属

　オオバキスミレの変種で、飯豊連峰～谷川連峰～苗場山～北アルプス北部と本県中心に産する。大きな1枚の葉は母種よりもずっと小さくツヤがあり茎、葉柄など赤味を帯びる。花期は6～7月。

26. ベニサラサドウダン（紅更紗灯台）
ツツジ科 ドウダンツツジ属

サラサドウダンの変種で花が濃い紅色の種。新潟県の群馬や福島などの県境に多く、谷川岳の縦走路、特に平標山などは山道にかぶさり花のトンネルもしばしば。高さ2m内外、日なたの地を好み林間では見られない。花期6〜7月。

27. オゼソウ（尾瀬草）
ユリ科 オゼソウ属

至仏山と谷川岳の蛇紋岩地に特産する、日本固有種で学名Japonolirium Osense（日本のユリ、尾瀬の）で氷河時代の生き残りといわれている。草丈10〜20cmで淡黄緑色の花が総状に咲くが目立たない。花期6〜7月。

28. イカリソウ（碇草）
メギ科 イカリソウ属

本来太平洋側の種で本県にはないとされてきたが、数は多くないが魚沼地区で見られる。トキワイカリソウ（白花と紅花がある）との雑種との説もあるが冬は葉が枯れて越冬しない。花期4〜5月。

29. ヒメサユリ（姫小百合）
ユリ科 ユリ属

新潟〜山形〜福島の県境の山地〜亜高山帯に産する。花は淡紅紫色〜白、清楚でやわらかな感じからオトメユリの別名もあり人気の品種だ。三条は下田の光明山にはなぜか白花だけの群生地がある。花期は5〜7月。

30. ミヤマクルマバナ（深山車花）
シソ科 トウバナ属

東北〜北陸にかけて分布し本県にはなじみ深い。さらに清水峠に咲く種が基準品であると聞く。低山帯に産するクルマバナとは同属で名前も似るがまったく関係のない高山植物である。花期8〜9月。

31. タカネヤハズハハコ（高峰矢筈母子）
キク科 ヤマハハコ属

　本州中部の産で県内では白馬〜雪倉岳の高山帯にだけ見られ、別名タカネウスユキソウともいわれる。他の同属と比して小さく岩場や乾いた草地を好む。日本固有種で花期は7〜8月。

32. ダイニチアザミ（大日薊）
キク科 アザミ属

　北アルプスも北部だけの花で県内では白馬岳一帯で見られ、特に白馬大池では大きな群落にも出会える。花の首は極端に曲がり、総苞片は逆向きになるので区別しやすい。日本固有種で花期は8〜9月。

33. ミヤマイワニガナ（深山岩苦菜）
キク科 ニガナ属

　本州中部以北の高山に産するジシバリの高山種。蓮華温泉付近の瀬戸川や白高地沢の岩のごろつく河原などでよく見かける。細いツルを長々と出して所々小さな葉がつくのが特徴（母種はつかない）。花期は7〜8月。

34. ミョウコウトリカブト（妙高鳥兜）
キンポウゲ科 トリカブト属

　ミヤマトリカブトの変種で妙高山など頸城山域を中心とした山岳に産し、一見して母種のミヤマと良く似るも雄しべや雌しべにも毛がある。妙高山頂部にはまとまった群落も見られる。日本固有種で花期は8〜9月。

35. ミヤマシオガマ（深山塩竈）
ゴマンハグサ科 シオガマギク属

　本州中部以北の高山帯に産する。草地を好み花の紅色が美しく葉の緑も羽毛を思わせて「葉まで美しい」とよくいわれる。夏も早いうちに咲き、東北でも6月下旬に咲く。日本固有種で花期は7月。

36. トウヤクリンドウ（当薬竜胆）
リンドウ科 リンドウ属

　本州中部以北の高山帯の風の強い原っぱに産するシベリア系の種。本州では黄色い花のリンドウはこれだけなので他との区別は容易。この花が咲くと高山の夏も終りを告げる。花期8〜9月。

37. タカネナデシコ（高峰撫子）
ナデシコ科 ナデシコ属

　本州中部以北〜北海道の亜〜高山帯に産し県内の高山なら全域で見られ、上越地区の天狗の庭などで手軽に見られる。北海道のエゾカワラナデシコの高山型変種で、花の切れ込み方がよく似る。花期は7〜8月。

38. ミヤマタンポポ（深山蒲公英）
キク科 タンポポ属

　中部地方の日本海側の高山に産し、白馬や妙高連峰の岩礫地や草地に見られるが個体数は多くない。同地域には変種のシロウマタンポポも同居するがこちらは葉の切れ込みが深い。日本固有種で花期は7〜8月。

39. コオニユリ（小鬼百合）
ユリ科 ユリ属

　北海道〜本州〜四国の山地草原に産し妙高山一帯には多く手軽に見られる。オニユリと同じような花をつけるがこれより小さく、何よりも葉の脇にムカゴはつかない。草丈は2mにもなり、花期は長く7〜9月。

40. ササユリ（笹百合）
ユリ科 ユリ属

　本州中部以西の全土に産する草原の花。本来越後には産しないと聞いていたが上越地域には多くが来県している。葉は他のユリと比して少なく笹の葉にそっくりだ。草丈が高いのでよく目立つ。花期は6〜7月。

【謝辞】

本書発行にあたり、新潟県山岳協会の皆様、関係各市町村の皆様にご協力をいただきました。
特に以下の皆様には大変お世話になりました。あらためて深く御礼申し上げます。

新潟県山岳協会理事長　楡井利幸様
下越山岳会　佐久間雅義様
佐渡山岳会　磯部浩伸様
豊栄山岳会　島　伸一様
見附山岳会　井口光利様
高田ハイキングクラブ　七澤恭四郎様

写真協力／齋藤日出子様、野島俊介様、米山孝志様、靏本修一様、木村昌克様

2020年４月
新潟日報事業社
編集担当／佐藤大輔

新潟100名山＋10

2020(令和２)年４月30日　初版第１刷発行

監　　修／新潟県山岳協会
発 行 者／渡辺英美子
発 行 所／新潟日報事業社
〒950-8546
新潟市中央区万代３丁目１番１号　メディアシップ14階
TEL 025-383-8020　FAX 025-383-8028
http://www.nnj-net.co.jp
印刷・製本／株式会社 第一印刷所
デ ザ イ ン／株式会社 ワーク・ワンダース

定価はカバーに表示してあります。
落丁・乱丁本は送料小社負担にてお取り替えいたします。
ISBN978-4-86132-743-8